绘者简介

Iggy，插画师，图书装帧设计师，设计出版了《阿金库尔战役》《魏晋南北朝》《魔法四万年》等特装作品。

译者简介

管昕玥，纽约大学应用心理学硕士，译有《北欧神话》，参与翻译《裴伽纳的诸神》《小埃达》等。

[英]唐纳德·A.麦肯齐——著
Iggy——绘　管昕玥——译

北欧神话与传说

Teutonic Myth and Legend

An Introduction to the Eddas & Sagas,
Beowulf, The Nibelungenlied, etc.

江苏凤凰文艺出版社
JIANGSU PHOENIX LITERATURE AND
ART PUBLISHING

序言
Preface

本书讲述的是条顿人（Teutons）的神话和传说。这一族群指的是诺尔斯人（Norsemen）、哥特人（Goths）、汪达尔人（Vandals）、勃艮第人（Burgundians）、法兰克人（Franks）、盎格鲁人（Angles）、撒克逊人（Saxons），以及所有其他日耳曼部族。如今，他们的后裔占据了英格兰、法国北部、瑞士、比利时、荷兰、德国、丹麦、瑞典、挪威和冰岛。本书亦可被称为"北欧神话与传说"。它包含了所有盎格鲁-撒克逊人直接传承自祖先的民间故事、史诗和宗教信仰，它们深深根植于日常用语和思维之中，比如：一个星期中各个日子的名称，就呼应着我们的先辈所信仰的男女众神的名字。

被罗马征服之后，法国和瑞士的民间诗歌受到了更加高等、更加温和的统治者文化的影响。罗马文化的影响所到之处，部落歌谣被结合进细致的叙事，而且每个故事中都有一个流行的英雄作为核心人物，例如伯尔尼的狄特里希（Dietrich of Bern）。

与之相似的进程随后推进到了北方，由此产生了史诗故事群。漫游的吟游诗人们将这些故事散布到了广阔的地域,并根据时代和地方的需求对它们加以改动。后来,受过教育的诗人们开始更加自由地使用部落歌谣的主题,创作出用于向有文化的听众朗诵而非用于吟唱的史诗,文学从而取得了最大幅度的发展。这些作品后来又经过修改,落成为适于阅读的手稿。这类作品包括两部杰作——日耳曼人的《尼伯龙根之歌》(*Nibelungenlied*)和个性鲜明的盎格鲁-撒克逊人的《贝奥武甫》(*Beowulf*)。

接下来,笔者将为读者提供北欧神话和英雄文学的全面概览。笔者对北欧神话的情节进行了重构,尽可能地采取了连贯的叙事形式。古老的斯维普达格(Svipdag)神话也被纳入其中,中世纪传奇显著地受到了它的影响。笔者把各个英雄前往冥界的探险之旅归拢在一起,使读者可以了解我们的祖先对彼世的构想。笔者对英雄故事进行了散文化的改写,包括贝奥武甫(Beowulf)的史诗、巴德尔(Balder)和霍泰尔(Hother)的传奇、哈姆莱特(Hamlet)的传说、沃尔松格(Volsung)家族的萨迦,以及相对陌生的狄特里希传说——在这个故事里,原始的索尔(Thor)的事迹被附加到了关于罗马哥特皇帝的记忆之中。

北欧的民间故事和民间信仰与苏格兰、威尔士、爱尔兰和布列塔尼(Brittany)的民间故事和信仰存在着广泛的联系。因此,笔者在前言中提及了古老的苏格兰巨人传说,它与康沃尔(Cornwall)的巨人传说有关。此外,笔者还将目光投向了迄今为止一直遭到忽视的高地"七睡仙"(Seven Sleepers)传说。在这些惊人的相似处中,有一些源自维京时代,还有一些则定然能被追溯到更加久远的时期。凯尔特人(Celts)和条顿人都源于"宽头型"的阿尔卑斯人和"长头型"的北欧人这两个古老种族的融合。他们因此继承了共同的信仰。不过,条顿传说本质上以"父系"为主,一位伟大的父神掌控着北欧的神祇,他们的精灵服从于一位国王的统治。而凯尔特传说则以"母系"为主,他们的神祇则是一位伟大母神的后裔,他们的精灵也是由一位女王统领。

在这一点上,盎格鲁-撒克逊史诗《贝奥武甫》中关于格伦德尔

（Grendel）及其母亲的故事具有特别的意义，因为它是一个凯尔特式的"母系"传说。有人认为，在英格兰赋予这一史诗最终形态的诗人有一位凯尔特母亲，或者多少受到过凯尔特思想的影响。就像莎士比亚会借鉴古老的戏剧那样，这位诗人可能改编了某一首更早的盎格鲁诗歌，改写了它的地理设定，并对其整体注入了自己天才的火花。

目 录

序言 i

导言 1
1 创世的故事 26
2 九个世界 35
3 奥丁的功绩 44
4 邪恶入侵阿斯加德 51
5 凛冬之战 67
6 爱情的胜利 76
7 失去胜利之剑 84
8 阿斯加德的覆灭 91
9 诸神重归于好 100
10 洛基的邪恶后裔 107
11 索尔的伟大垂钓 114
12 魔法之城 128
13 索尔陷入危机 139
14 高大的石巨人 148
15 俊美的巴德尔 155
16 洛基被缚 175
17 诸神的黄昏 186

18	贝奥武甫的到来	194
19	连战双魔	203
20	贝奥武甫与龙	213
21	霍泰尔和巴德尔	223
22	原版哈姆莱特的故事	232
23	哈姆莱特的风暴之磨	243
24	不死者之地和种种异事	249
25	沃尔松格家族的劫数	280
26	西格蒙德复仇记	289
27	匈丁的屠夫海尔吉	294
28	屠龙者希格尔德	305
29	布伦希尔德和古德露恩	316
30	沃尔松格家族的最后一人	330
31	古德露恩的复仇	335
32	齐格弗里德和尼伯龙人	344
33	克里姆希尔德的婚约	351
34	布伦希尔德与克里姆希尔德出嫁	359
35	齐格弗里德遭到背叛	366
36	尼伯龙根悲剧	373
37	伯尔尼的狄特里希	383
38	巨人的国度	392
39	美妙的玫瑰园	399
40	群山女王维尔吉娜	407
41	流亡的狄特里希	411
42	国王归来	419

导言
Introduction

"条顿神话与传说"指的是非凯尔特的北方民族的古老宗教观念和传统故事。欧洲大陆的学者倾向于把这些民族统称为最广义的"日耳曼人"。这些神话在各个地区和时代都有所不同。在这片由多个独立国家组成的广阔土地上,或许在任何一个特定的年代都不曾存在完全统一的宗教信仰。事实上,有迹象表明,早期条顿人的派别和信仰就像今天这样多种多样。口头传诵的故事也会发生变化,它们深受大众喜好的影响,并且能够通过加入地方色彩而增强感染力。

形态最明确的条顿神话保存在斯堪的纳维亚文学中。因此,我们在考察它的时候必须采取北欧视角,尽管其中的大量内容明显并非起源于北欧。关于这个了不起的异教信仰体系,我们的主要知识来源是冰岛的两部《埃达》(*Edda*)。

这两部《埃达》是神话故事与英雄史诗的合集。一部被称为《老埃达》(*Elder Edda*)或《诗体埃达》(*Poetic Edda*);另一部被称为《斯诺里埃达》(*Snorri's Edda*)或《散文埃达》(*Prose Edda*)。率先被发现的是后者。慧眼识珠的学者们在 17 世纪接触到这部作品，并对其进行了研究和妥善的保存。

《散文埃达》对北欧神话进行了概述，其中引用了一些已经散佚的诗歌和一部更早的作品。书中的内容部分为原创，部分则是搜集而来的。它的编写者是杰出的冰岛学者斯诺里·斯图鲁松（Snorri Sturlason）。他出生于 1179 年至 1181 年之间，是一位首领之子，由智者塞蒙恩德（Saemund the Wise）的孙子约恩·洛夫松（Jon Loptsson）抚养长大。斯图鲁松早年生活在奥迪（Oddi），他的文学才能就是在这里得到了培养与发展。他迎娶了一位富有的女继承人，并于 1206 年定居雷克霍特（Reykjaholt），过上了相对奢华的生活。虽然斯图鲁松名义上是个基督徒，但他实际上是受过教育的异教徒。他既是诗人又是历史学家，还身兼律师和政治家之职。他志向远大可又缺乏勇气，贪得无厌而"厌恶努力"。他的道德标准也不怎么牢靠。1215 年，斯图鲁松成为冰岛领导人，之后去挪威做了一段时间的宫廷诗人。1222 年，他再度坐上了故乡的首领之位。他在位约十年，用尽一切机会动用权力，为自己聚敛财富。和妻子共同生活二十五年之后，他离婚再娶，和另一位女继承人结为连理。因此，他和姻亲们陷入激烈的争斗之中，便毫不奇怪。此外，他还参与了一些政治纠纷，并以悲剧告终。1241 年，出于挪威国王的授意，他被自己的女婿谋杀。

除了《散文埃达》，斯诺里还著有《世界之轮》（*Heimskringla*），又称《挪威列王传》（*Sagas of Norse Kings*）。这本书以《英林萨迦》（"Ynglinga Saga"）为开篇，随后是《圣奥拉夫萨迦》（"History of Olaf"）。

17 世纪《斯诺里埃达》的发现促使人们开始搜寻书中提到的更加古老的合集。幸运的是，求索收获颇丰，一位冰岛主教找到了一部曾经失落的手稿，并首次将它命名为《塞蒙恩德埃达》（*Edda of Saemund*）。

塞蒙恩德是挪威王室的后裔，他生于 1056 年，去世于 1133 年。他曾在法国和德国求学，之后前往冰岛的奥迪担任教区教士。据说他写过一部散文体的神话作品，但不幸失传。然而，斯诺里生活在奥迪时，有可能读过那份散佚的手稿，并在编写《散文埃达》的时候引用了它。无论如何，尽管这部《埃达》在很长一段时间内都和塞蒙恩德的名字联系在一起，学者们如今已经达成共识：他既非其作者，也非其编者。

《老埃达》是一部由多个佚名作者创作的神话与英雄诗歌合集，诗中歌颂了诸神、沃尔松格家族和其他英雄。这些诗歌是旧日的珍贵宝藏，因为它们展现了北欧的信仰、礼仪和习俗。有些诗歌只剩断章残篇；有些还相当完整，诗前还有简短的散文体概要。其中部分诗歌明显在基督教传入以前就出现了。

作为文学作品，这些诗歌的质量参差不齐。它们适于聆听，是为吟唱和背诵而作的，因此声调悠扬，音韵悦耳，清晰流畅。相比之下，许多现代作者的诗歌则适于阅读，且更加注重和谐而非音律——它们是为阅读而作的。在这些诗歌中，有一部分比其他诗歌更富有戏剧性和想象力。一些评论家倾向于认为，它们之所以能够得到高度发展，是因为受到了凯尔特文化的影响。冰岛人的祖先并非全部来自挪威，还有一部分来自赫布里底群岛（Hebrides），维京人在那里与当地人混居、通婚。许多定居者身上还带有爱尔兰血统。诗歌中也不乏古英语元素，某些被借用的词语清楚地展现了这一点。尽管我们应当充分考虑这些事实，但同时也不能忘记，文学——尤其是诗歌——往往受作者个人的影响胜过受族群的影响。假如我们对济慈（Keats）的了解就像对《贝奥武甫》的作者的了解那样少，那么我们可能会认为他的父母是移居英国的希腊人。

在基督教时代，这些异教《埃达》诗歌竟然还能流传下来，这表明旧日的信仰并没有快速消亡。冰岛于公元 1000 年皈依基督教。而在一个世纪之前，基督教就已席卷挪威。到了公元 1200 年，瑞典人才可以说是抛弃了自己的古老宗教。然而，我们绝不能就此推断，在塞蒙恩德甚至是斯诺里生活的时期，冰岛人都是"模范基督徒"。毫无疑问，他们中的大多数人是半异教徒，例如：罗斯郡（Ross-shire）的苏格兰高地人（Highlanders）直至 17 世纪还在马里湖（Loch Maree）边献祭公牛并举行其他异教仪式——此事曾让丁沃尔（Dingwall）的长老会深感震惊。基督教传入后很长一段时间，冰岛人必然还保留着异教信仰，以及伟大的海上王者曾经举行的仪式。我们知道，他们仍在吟诵关于故国诸神和海上英雄的诗篇和古老传说。事实上，对于这些口头歌谣和令人难忘的传统，搜集汇编者所看重的或许并不单纯是其文学价值。

当斯诺里还是个小男孩的时候，一位名叫萨克索（Saxo）的丹麦教士正在撰写自己本国的历史。正如蒙茅斯的杰佛里（Geoffrey of Monmouth）所著的《不列颠诸王史》（Histories of the Kings of Britain）一般，萨克索的前九本书均以当时的传统诗歌和故事为基础。在写到奥丁（Odin）和其他神明时，"博学者"萨克索的态度就像是对待凡夫俗子。每次把他们称作"诸神"，他都会借机嘲讽这一称谓之虚妄，并鲜少不对"无知民众"所抱有的"荒谬信仰"做一番批判。他的史学著作包含大量民间故事和传奇。倘若没有他的作品，就不会有莎士比亚的《哈姆莱特》（Hamlet），因为我们这位伟大诗人的灵感来源正是丹麦教士在他不朽的著作中所重述的故事。

对斯堪的纳维亚宗教的研究者来说，这些"历史"不容忽视。瑞典诗人兼民俗学家维克托·吕德贝里（Victor Rydberg）写就了里程碑式的著作《条顿神话》（Teutonic Mythology）。① 在该书中，他对萨克索的作品里所包含的故事进行了详尽的、批判性的考察，展现了这些故事与《埃达》、萨迦和北欧现存的口头诗歌之间的关联，并借助它们巧妙地重构了北欧人宏大壮阔的神话。并非没有人对他提出过批评，但绝大多数批评都无法动摇他的声誉。他所提出的任何一个观点都绝非尽善尽美，但古往今来，从未有哪个学者能够从一团乱麻中重建出更加完善的神话体系。吕德贝里对自己本土的传说有着亲身的体悟，这赋予了他特殊的创作才能。和吕德贝里不同，其他学者没有在民间故事的奇异氛围中度过自己的早年岁月，因此在对其进行研究时，往往会因为疏离的论证方式而不能切中肯綮。当一个曾经虔诚地信仰巨人、精灵、灵魂之声和奇异征兆的人成为理论家，没有人能比他更加值得信赖。

---

① 1889 年，R. B. 安德森（R. B. Anderson）的英译本在伦敦出版，但已经脱销。（本书脚注除特别说明外均为作者注）

弗雷德里克·约克·鲍威尔（Frederick York Powell）写道："从来不曾有人像瑞典学者维克托·吕德贝里那样，对萨克索的神话做出如此精彩、如此细致入微、如此成功的注解……有时他也会犯下严重的错误，但他从一个全新的立足点出发来考虑这整个话题，他的《条顿神话》将使后来者受益良多。"①

笔者对吕德贝里表示感激，本书的部分内容便是基于他的研究成果。

"埃达"这个词的来源并不明确。在一首12世纪的诗中，它被用来指代"曾祖母"。因此有人提出，在那之后，对神话传说心存怀疑的编者们用这个词来表示"老妇人的故事"。这一理论带有一种相对现代的色彩，因为传说中的老妇人要么令人害怕，要么受人尊敬，在苏格兰传说中尤甚。可怕的巨人之母、邪恶女巫被称为卡莉亚赫·摩尔（Cailleach Mor），意思是"高大的老妇人"，而向人们传授奥秘和力量的智慧女巫则被直接叫作"老妇人"。

在冰岛，"埃达"的含义与诗歌创作的技巧规则有关。"平生不曾识埃达"指的是对诗歌艺术一窍不通。因此，对多民族混杂的人群来说，这位"曾祖母"可能是一位外来的缪斯女神，来自某个母系氏族。众所周知，人格化的萨迦是一位受奥丁追求的少女。一种新颖的理论认为，"埃达"来自"奥迪"这个地名，在那里，塞蒙恩德曾经传教布道，斯诺里度过了他的求学时光。②

《埃达》是北欧民间歌谣和民间故事的合集。除此之外，还有其他一些古老的手稿和大量珍贵的传说可供我们研究，后者是近些年从口头来源搜集得来的。一些流传至今的知名萨迦以及吟游诗人（诗歌匠人）的短诗中也充满了神话典故。

有些民间故事是早已被遗忘的神话的残篇；另外一些则属于零散的素材，而神话就是从中衍生而出的。为了做出清楚的阐释，这两类故事应

---

① 参见 *The First Nine Books of the Danish History of Saxo Grammaticus*. Translated by Oliver Elton, with introduction by Frederick York Powell, (London: David Nutt.1984.).
② 由埃里克·马格努松（Eirikr Magnusson）提出。

该被放在一起研究。同时，我们也不能忽视民间对古老宗教的信仰。诸神是从信仰演化而来的。早在这些信仰被赋予明确的、象征性的表现方式之前，它们就已广泛而模糊地存在于人类的精神世界中。事实上，相互独立的诸神故事——尤其是关于自然神的故事——必然早就出现了。不知道过了多么漫长的岁月，它们才被整合起来，纳入一套完备的生活哲学之中。因此，神话不能被看作某个特定年代的自发创作的产物。相反，它应被视为一种发展的成果，背后必然有着一段历史，就好比那精雕细琢的石刻艺术，或是在泰晤士河的淤泥中找到的形状优美、带有装饰的凯尔特青铜盾牌。

马修·阿诺德（Matthew Arnold）把诗歌看作"对生活的批判"。在一定程度上，这一定义或许也适用于神话，尤其是结构高度发达且复杂的神话。我们可以断定，为了符合特定时代的需要，在使宗教信仰系统化的过程中，某个思想流派对当时的材料进行了批判性的甄选，由此演化出了神话。由于宗教和法律在古代息息相关，所以对一个组织良好的国家——尤其是一个多民族混杂的国家——来说，官方宗教一度必不可少。因此，神话可能是国家运动的产物，并且与法律的调整以及中央政府统一各个部落的过程紧密相关。通过诸神的融合和划分，我们可以推测出民族的联合以及两个部族之间可能存在的政治关系。如果各个方面的利益都要被包括在内，那么任何神祇都不能遭到忽视，因为每个部族都会带来掌控其命运的一个或一族古老的神灵。被统治者的神明也必然会臣服于统治者的神明。

因此，神话不仅仅是一种批判，还是一种妥协。统治者接纳了弱势的神明，并推行强势的神明，于是必须创造出新的神话故事以调节诸神之间的关系。自相矛盾的元素就此产生。诸神之间存在着极大的差异。有些神明由自然现象演变而来；另外一些则是被神化的英雄。海滨的部落所敬仰的神明起源于其特殊的经历和理念，因此和其他人——例如居住在内陆森林中的族群——的神明相比，就会大为不同。定居民族和游牧民族会根据各自独特的生活方式来选择信仰。甚至在同一个社会组织内，不同的阶层之间也存在着本质上相互抵触的宗教理念。入侵者形成了军事贵族阶层，他们会引入并延续自己的一套信仰和仪式，而那些被征服者则依然遵循过去的习俗。实际上，考古遗迹充分显示，同一地区的人们会同时采取多种丧葬仪式，每一种都来自不同类型的宗教理念。试举两个例子：（1）用食物容器陪葬的屈肢葬，是因为人们相信死者的灵魂会在安葬之处逗留，必须予以抚慰；（2）火葬则确保死者永远不会从冥界（Hades）归来，例如帕特洛克洛斯（Patroklos）在葬礼上得到了应有的火焰（《伊利亚特》第 23 卷第 75 行）。在北欧的故事中，也出现了各式各样的丧葬习俗。巴德尔在阿斯加德（Asgard）接受了火葬，但在萨克索的英雄故事里，他被葬在了一座坟冢里。贝奥武甫和希格尔德（Sigurd）都被送上了火化的柴堆，海尔吉（Helgi）瘗骨于丘墟，西格蒙德（Sigmund）和他的儿子被活埋于一座封闭的墓室之中。

虽然混杂在一起的民族会举行不同的宗教仪式，但就像罗马人那样，入侵者也会向本土的神明和信仰致以敬意。随着时间的流逝，不同的信仰会相互影响。民族的融合带来宗教的融合，但每个地区、每个社群所受的影响不尽相同。理念的碰撞可能引发丰富的联想，而每一个时代都会以其所积累的思想和经验为之注入新的元素。然而，对远古理念的信仰始终存在于大量零散的民间故事中，因为民间信仰在本质上是保守的。一个民族代代相传的迷信无法被迅速根除。昔日之影，仍现于今。即使在今天，基督教的影响已经持续作用了漫漫数百年，源自异教的民间信仰和民间习俗依然顽强地延续了下来。

因此，在构建宏大的神话体系时，斯堪的纳维亚半岛的思想家和教化者们必须做出选择和妥协。他们不仅是批评家，也是外交官。新的故事必须从头创建，旧的故事必须予以调整，从而使社会各面都得到指引、同心皈依、团结一致。社会关系被赋予了宗教意义。普通民众的神明服从于统治者的神明。所有重要的民间信仰都要被考虑在内，这导致英雄传说与自然神话被混为一谈，伦理和政治目的也渗入到所有故事之中。于是，神话受到了时代思潮、族群境遇与民族性格的修饰，同时也自然而然地被赋予了符合当地景观的环境背景。

北欧条顿神话必然经历了渐进的发展过程。它似乎在维京时期达到了巅峰。在这个时代，整个民族团结一致，强大有力，再加上组织有序的政治条件的推动，一次伟大的觉醒发生了。他们远征四面八方，将自己的规则与文化带给其他民族。在早期的迁移过程中，部族的暴力融合导致了激烈的战争，新的宗教体系在战乱中逐渐成形。举例来说，当维京人踏上盎格鲁人和撒克逊人居住的岛屿时，奥丁信仰尚未在当地产生深刻的影响，占主导地位的仍是神化了的部落英雄。斯托普福德·布鲁克（Stopford Brooke）在他的著作《早期英国文学史》（*History of Early English Literature*）中对这一点进行了详尽的论述。

根据笔者所能重新构建出的神话——对此笔者并不奢望得到专家们的一致认可——它似乎已经获得了高度的发展，即使是最微小的细节也经过了调整。当然，官方信仰可能没有被所有的阶层全盘接受。各个群体或许依然信奉自己偏好的神祇，但他们也接纳了祖先们不曾听闻的神明。众所周知，奥丁在雅好学问的吟游诗人中更受尊敬；相比之下，战士们仍然对索尔加以歌颂和崇拜，并视他为地位最高或影响最大的神，而每逢两军对垒，他们又把信心寄托在神秘而古老的战神提尔（Tyr）身上，希望他能施展神力。当时的教化者们无疑颇有从容的信心，认为和掌管肉体力量的神相比，灵魂之神最终会赢得思考者们更高度的尊崇。然而，基督教的逐步推进抑制了伟大异教神话的发展。在本书中，笔者给出了通行的重构版本，还原了神话可能的模样——特别是北欧的版本。当时，巴德尔的故事已经受到了更加强大的全新宗教的影响，奥丁之上还出现了一个更加伟大的众神之父。本书还引用了一些萨克索的故事来填补神话中的空白，尽管这些空白或许始终存在。还要补充一点，笔者之所以倾向于把这些神话称为"北欧条顿神话"而非"日耳曼神话"，不仅仅因为地理背景，还因为大部分流传下来的故事是民族混杂的北欧人所创作的版本。

在这个特殊的神话体系中，地方色彩淋漓尽致地体现在创世的故事里。只有紧邻北极冰原的北欧人才能构想出这样一道混沌的深渊：北边是阴冷黑暗的尼福尔海姆（Nifelheim），南边则是温暖明亮的穆斯贝尔海姆（Muspelheim）。当冰块融化成水，生命就此诞生。斯堪的纳维亚半岛的环境也影响了诸神及其行为。在这片季节分明的土地上，"光明之战"和严酷的自然战争得到了着重刻画。不管诸神来自何方，此地漫长的冬夜让他们都具有了气候和自然的属性。他们抗击土生土长的霜巨人；他们先是与本土的华纳（Vana）神族作战，然后又与之结盟；他们前往海底宫殿，拜访沿海部落恐怖的风暴之神埃吉尔（Ægir）；他们染上了北欧人的气质，并如古往今来的所有海员那样，成为宿命论者。

条顿神话中弥漫着条顿式的宿命感。奥丁和他的阿萨（Asa）神族一直生活在饶纳诺克（Ragnarok，意为"诸神的黄昏"）的阴影之下。这种宿命感就像是北欧的风暴云，沉重地笼罩着早期"条顿"文学。它渗透在《埃达》和萨迦里；它萦绕于盎格鲁-撒克逊的诗行间。克拉克·霍尔（Clark Hall）博士是这样评价《贝奥武甫》的："相较于第一部分，第二部分无疑更加暗淡、更加阴郁。预言在第一部分中频频出现、引人注目，而到了第二部分，它们的存在感分外强烈，以至于形成了一种宿命论的无望基调。阳光和阴影不再交替——一切都被阴影笼罩了。"对于《尼伯龙根之歌》来说，同样的评论或许也完全适用。尽管近些年来，"忧愁"和"凯尔特式"已经成了同义词，然而和条顿文学相比，凯尔特（爱尔兰）神话和古盖尔（Gaelic）文学的风格还算是较为明朗、欢乐的。这种忧愁可能是这片土地与生俱来的，能一直追溯到凯尔特文化和条顿文化形成之前。它是一些原始而持久的思维习惯留下的阴影。

与希腊神话一样，条顿神话里也残留着古老的种族记忆。在石器时代晚期的漫长岁月中，"宽头型"的亚洲人开始"一波波地"横跨欧洲大陆。他们不仅带来了新的习俗和新的武器，必然也引入了古老神话的碎片。就算石刻的纪念碑都已湮灭，民间崇拜仍然具有生命力。它们从一种语言转化为另一种语言，从一片土地流传到另一片土地，乘着浮木远渡大西洋，从美洲漂到赫布里底群岛岸旁。在北欧的创世故事中，有一件事或许值得注意：混沌巨人尤弥尔（Ymer）死后，身体被拆得支离破碎；他的血肉和骨骼变成了泥土和石头；他的头颅化作了天穹；他的血液汇聚为海洋，将他的子孙后代淹没。类似的故事也出现在巴比伦的石板上：万物伊始，彼勒-马尔杜克（Bel-Merodach）杀死了混沌女巨人提亚玛特（Tiawath），并将她肢解，用她身体的一部分构筑了大地，又将另一部分打造成天空；一阵强风从北方吹来，推动她的血液向南流淌，从而有了奔腾入海的河流。

我们也可以把条顿神话与希腊神话进行对比，不过二者的相似度较低。它们所共有的元素中，有一些并非来自亚洲，而有可能源于早期的地中海。就像古城之下还埋着更加古老的城市，古老的神话同样依托着其他更加久远的神话的残骸。朱班维尔（Jubainville）在《爱尔兰神话群与凯尔特神话》(*Le Cycle Mythologique Irlandais et la Mythologie Celtique*)中已经表明，希腊和凯尔特关系紧密，且大体上拥有相同的起源。二者好似一母同胞，而斯堪的纳维亚神话充其量只能算是远亲。

这三种神话均含有一个关键的悲剧性自然神话。在希腊神话里，白天杀死了夜晚。别名为阿古革丰忒斯（Argeiphontes）的赫尔墨斯（Hermes）本质上是白昼之神，他用一块圆形的石头杀死了代表黑夜的百眼巨人阿耳戈斯（Argus），而这块石头就是太阳的象征。凯尔特（爱尔兰）神话中，光明之神鲁格（Lugh）杀死了代表黑夜的邪眼巴罗尔（Balor of the Evil Eye），所用的武器同样是一块象征着太阳的圆石。这一神话也可以被解释成夏天杀死了冬天、善良战胜了邪恶。与之相反，斯堪的纳维亚神话中的悲剧故事是黑夜（或冬天）杀死了白天（或夏天）。以生长于冬季的槲寄生为箭，盲眼的霍德尔（Hoder）杀死了巴德尔（在《埃达》中他是夏日阳光之神）。引诱霍德尔的是洛基（Loke）——斯堪的纳维亚版本的梅非斯特（Mephistopheles）。洛基为了加速诸神的灭亡而设下了阴谋。就这样，光明败给了黑暗，夏天被冬天征服，邪恶令善良退避。

关于"夜晚"这个概念，北欧神话与其他欧洲神话之间也存在着巨大且根本性的差别。不同于爱尔兰神话中暴君式的巴罗尔或希腊神话中怪物般的阿耳戈斯，北欧的夜之女神诺特（Nat）是仁慈的。她是象征智慧的密米尔（Mimer）的女儿，是命运女神乌尔德（Urd）的姐妹。她使人们恢复精力，为人们带来灵感。她的爱人是红色黎明的精灵得林（Delling），他们的儿子是象征白昼的达古（Dag）。

诺特显然源于东方。在《梨俱吠陀》（*Rig-veda*）中，夜之女神（肤色黝黑的白昼之女）和诺特一样，拥有端庄的相貌和高贵的品性。她能"增长财富"。第十卷中这样描述她：

> 今夜你就这样惠顾我们，
> 随着你到来，我们回家了，
> ……　……
>
> 请挡开母狼与公狼，
> 请挡开盗贼，啊，星夜女神；
> 以让我们容易度过……①

在条顿神话中，邪恶并非总是和黑暗密不可分。英俊潇洒的洛基是引诱者、阴谋家，但他本质上是火神。他明显与苏尔特尔（Surtur）结成了同盟，后者在诸神的黄昏中将世界变成了一片火海。让洛基腐化堕落的是铁树林中的恶女巫。她是"邪魔之母"，生下了各路妖魔鬼怪，其中包括凶悍的恶狼、中庭巨蟒，以及令人厌恶、沉迷酷刑的海拉（Hel）。她所诞下的恶狼，一头把月亮吞入腹中，另一头则吞噬了奥丁。在巴比伦神话中，与她对应的角色是提亚玛特——巨蛇、火龙、狂犬、人鱼等都是她的后裔。北欧的恶女巫有一个名叫盖密尔（Gymer）的丈夫，他负责为她看管群兽，而提亚玛特的丈夫金固（Kingu）也担负着同样的任务。

根据北欧人的信仰，整个世界由一棵永世常青的大树支撑着。这种概念并非为斯堪的纳维亚半岛所独有，但在其他任何地方，梣树都不曾获得如此尊荣。世界树的根部有三口水井，其中一口井里盘踞着一条啃噬树

---

① 该译文出自林太译著《<梨俱吠陀>精读》，复旦大学出版社2008年12月版。——编者注

根的龙或巨蛇。大树的枝丫荫蔽着诸神居住的宫殿；树下是死后的下层世界，诸神在这里对亡者进行审判。等到饶纳诺克临近之时，世界树将发生动摇——这便是预言。显然，北方世界普遍存在着对树木和水井的崇拜，而最常见的观念就是大树撑起了宇宙。即使在现代，依然不乏对"许愿井"的迷信崇拜，井边的树上也飘扬着祈愿的布条。在凯尔特神话中，橡树之神达格达（Dagda）的妻子博安（Boann）就是博因河（Boyne）的化身。河流源头处的水井是有关龙的神话故事中的一大名胜。芬恩·马格努森（Finn Magnusen）大概会认为"世界树"象征着无所不在的自然，但它更可能是出自对民间信仰的妥协，并为了符合总体的神话架构而被推崇。

奥丁最初似乎是一位独立存在的部落神，一位被神化的军事领袖，后来则与自然神话联系在了一起。他是战争之神，同时擅长魔法。他不仅能掌控战局，还是卢恩字母（runes）的发明者。世界树名为尤克特拉希尔（Ygdrasil），意为"尤克（Ygg，奥丁的别名之一）的吊架"。奥丁把自己吊在世界树上，如同一位被献祭的国王——这可能是他的真实身份。天穹是他的冠帽，天空是他的斗篷，斗篷上缀着点点云彩，这显示出他无所不在。他只有一只眼睛，就像独眼巨人库克罗普斯（Cyclops）。他失去的那只眼睛沉入密米尔之井，就像太阳西沉入海。他还是风之神，是狂猎军团（Raging Host）中的野性猎手。作为风之神，他也身兼灵魂之神，因为"风""呼吸"和"灵魂"有着千丝万缕的联系，例如：英语中表示"精神"的"spirit"，词源为"spiro"，意为"我呼吸"。他把灵魂赋予一段梣木和一段桤木，把它们变成了第一个男人和第一个女人。他是诸神之父，也是世界的建构者。由于奥丁是灵魂之神，斯堪的纳维亚半岛的智者们或许对他多有推崇，并将他提升成了阿斯加德的最高统治者。然而，奥丁与其他神明之间的关系是随意且单薄的。他的儿子索尔原本是一位橡树神，并且像朱庇特（Jupiter，又作Jove）一样手持雷电。不过这与北欧条顿神话的神圣属性是一致的：灵魂之神理应至高无上，并始终与他的族人——乌尔德（命运）之父密米尔（智慧）——为友。

这些宏大的故事背后的思想则较为低微、平凡。其中唯有一个例外，那就是索尔在乌特加德－洛奇（Utgard-Loki）宫殿中的历险。在那里，他与一个邪恶的女巫比赛摔跤，却以失败告终，因为对手其实是"老年"的化身。索尔还试图饮尽沧海。对于其他的故事，笔者无法进行过于精细的神话解读，以免发掘出其原本并不具有的含义。显然，吟诵者可以尽情发挥奔放的想象力，将故事演绎成长篇传奇，并赢得大众的喜爱。

为了赞颂北欧的部落英雄，无一例外地，讲故事的人总是把他们描绘成巨人杀手。蒙茅斯的杰佛里在神话与历史掺半的著作中写道，康林纽斯（Corineus）成功地击败了康沃尔的巨人——死在他手中的巨人有数十个。他在摔跤比赛中击败了最强巨人歌革玛各（Goemagot），然后将其扔下了悬崖。《尼伯龙根之歌》中的齐格弗里德（Siegfried），以及具有桑诺尔（Thunor，即索尔）神性的狄特里希，都是巨人克星。在高地的巨人故事中，也有好几位同类型的英雄，他们和索尔一样，都是农夫之友。猎人们则拥有自己的狩猎巨人，例如高地芬恩（Finn）和他的勇士团，尽管在爱尔兰传说中他们的身份乃是骑士。

值得注意的是，北欧条顿神话中的霜巨人是土生土长的生灵。此外还存在着另一种巨人，他们广泛分布于各地，就像是神秘的先民四处遗落的水瓮——这个民族定居在各个岛屿以及斯堪的纳维亚半岛的丰饶地带，其来历可以一直追溯到欧洲中部。这种巨人就是山巨人。在遭到忽视的古老的苏格兰故事中，他们被称为弗摩尔（Fomors）①，不过他们和爱尔兰的弗摩尔并不相同，与海洋或黑暗没有必然的联系。就像河流被人格化为飞驰的女神，弗摩尔乃是他们栖居的山岭的化身。苏格兰山巨人从不离开他们的山岭。他们彼此不断争斗，隔着宽广的山谷或海湾互相投掷巨石。攻击对方的机会每天只有一次：A 在星期一朝 B 扔了块石头，B 在星期二报复回来，如此反复。因此，被称为"霍姆冈"（Holmgang）的对决方式似乎有着悠久、神圣的历史。到了夜里，这些巨人也会睡去。他们和人类一

---

① 在苏格兰的盖尔语中写作"Fomhair"和"Famhair"，读作"foo-ar"和"faa-har"。认为他们是海民（Fomorib）的理论早已被里斯（Rhys）教授摒弃。

样害怕黑暗。在因弗内斯（Inverness）有三名关系友好的巨人，他们每天早上都会将一把石锤来回飞掷，用来确认彼此安好。和男性巨人相比，他们的母亲恶女巫①更加强大。她们不仅能用巨石打斗，还拥有改变自身形态的能力。除了这些巨人，还有投掷火球的雷云女巨人、风暴女巨人、火炬女巨人、海洋女巨人，等等。同康沃尔的巨人们一样，她们与人类争斗之时总是摔跤角力。

在苏格兰，还生活着另外一种住在山洞中的巨人，其中有些生着多个头颅。他们收集财宝并将其牢牢看守。想要打败这些巨人，每个英雄都必须获得狗（"能够有出头之日"的神犬）的襄助，还离不开手持魔杖的智慧女性②的教导。在所有关于索尔的故事中，看上去最古老的一个就属于这种类型。索尔前去拜访盖尔罗德（Geirrod）时，既没带雷神之锤，也没系力量腰带。女巫格莉德（Grid）扮演了苏格兰传说中智慧女性的角色，给了他警示和指引，还借出了自己的腰带和魔杖。在这个故事里，索尔朝一位女巨人掷出巨石，砸断了她的脊柱。或许在雷神之锤被创造出来之前，他手中挥舞的便是声如雷鸣的巨石。

因此，苏格兰的巨人更像是斯堪的纳维亚半岛的巨人，而非爱尔兰巨人。如果说他们是被维京人带来的，那么有人会问，为什么索尔遭到了遗忘？为什么阿萨神族和华纳神族被抛在脑后？如果把这些巨人和爱尔兰的巨人归为一类，那么我们需要注意，在埃林（Erin）③击败了弗摩尔的达纳（Danann）神族并没有出现在苏格兰。我们是否可以坚持认为，爱尔兰人只带来了他们的"黑夜之神"，却落下了他们的"白昼之神"？在威尔士和康沃尔，也有一些苏格兰式的巨人。事实上，蒙茅斯的杰佛里告诉我们，当布鲁特（Brute）和第一批人类抵达古老的不列颠之时，巨人是当地唯一的居民。

---

① 在盖尔语中被称为"卡莉亚赫·摩尔"。
② 在基督教时代之前，善女巫是人类的朋友，帮人们对抗恶女巫和巨人。
③ 爱尔兰的古称。——译者注

> 在高卢（Gaul）的疆域之外，日落之下
> 坐落着一座岛屿，四面被大海环绕，
> 海洋为其护卫——它曾是巨人的家园。①

原始的巨人故事似乎在凯尔特和条顿之前的时代就出现了，因此成为一种共同的遗产。奥林匹斯诸神（Olympians）对抗提坦巨人（Titans），爱尔兰达纳族对抗弗摩尔，阿萨神族对抗约顿巨人（Jotuns）。从他们的战争中，我们可以看出远古种族冲突留下的痕迹。古老的部落族人把自己的胜利归功于本族的神明，并把自己经历的战争作为敌对神明之间的战争来铭记。因为在古人看来，这些巨人也是神明。在苏格兰，一些巨人被认为关系着家族和部落的运势。另一方面，诸神也不过是地位更高的巨人。精力旺盛的奥林匹斯诸神与更加优雅的阿萨神族和华纳神族相去甚远，反而和斯堪的纳维亚躁动不安的约顿巨人颇为相似。

这些巨人还与精灵有所关联。在条顿传说中，大部分精灵是男性，尽管这些传说并非完全源自条顿人。在苏格兰，精灵以女性为主，且由一位女王统领，在希腊神话中也是如此。苏格兰传说中还有一些精灵铁匠，但他们像独眼巨人一样只有一只眼睛，而且有时被与巨人混为一谈。事实上，在因弗内斯的一处坟冢，费奥纳巨人（Fian-giants）便与仙子混淆；而吟游诗人托马斯（Thomas the Rhymer）则被列为"七睡仙"的一员。在爱尔兰，达纳神族和仙子同样难以区分。对于这种关联，需要注意的是，条顿的精灵铁匠是巨人的盟友，有时甚至比巨人还要强大。当齐格弗里德打败尼伯龙（Nibelung）的巨人守卫之后，接下来出现的侏儒让他感到更难对付。索尔和精灵关系友善，但精灵艾吉尔（Egil）之子斯维普达格却用胜利之剑毁掉了雷神之锤。

另外一种精灵——"光精灵"——在北欧条顿神话中并没有得到详细的描写。弗雷（Frey）在年轻时曾经担任他们的统治者，这意味着弗雷自

---

① 在古英语中，"巨人"写作"eotens"。

己就是精灵，后被升格成了神。聪慧的华纳神族同样具有精灵的属性，他们过去可能是某个古老的航海民族所信奉的精灵一族。尼约德（Njord）和斯卡蒂（Skade）的不幸婚姻或许包含了部分史实：一个航海部族和一个狩猎部族结盟，却无法融洽地相处。

相对常见的一类女性精灵变成了瓦尔基里（valkyrie）。她们也是与人类发生爱情悲剧的天鹅仙女。布伦希尔德（Brynhild）既是天鹅仙女，又是一名瓦尔基里。她在《尼伯龙根之歌》中还是一名抛掷巨石的女巫。因此，虽然巴德尔的故事得到了大量的研究，但在神话形成的过程中，经历剧变的例子绝非只有这一个。弗雷泽（Frazer）教授在《金枝》（Golden Bough）中写道，巴德尔原本是一位树木神，其灵魂寄寓在槲寄生中。这一理论在民俗学领域产生了深刻的影响，赢得了达尔文的进化论一般卓著的声望。

但最有趣的一类精灵或许要数伊瓦尔德（Ivalde）的儿子们——沃伦（Volund）和他的兄弟们。他们展现出的特质时而像侏儒，时而像巨人，时而又像星辰之神。他们身上似乎融合了多个古老的人物，来自某个盛行于奥丁崇拜之前的神话体系。吕德贝里表明，沃伦，即维兰德（Wieland），和巨人夏基（Thjasse）实为一体。对北欧民间故事的细致研究能够佐证这一观点，而深入了解精灵-巨人信仰者的思维习惯，就能更加充分地理解他们的相似之处。沃伦身披双翼，夏基也可以飞翔，而且他是唯一拥有此能力的巨人。与之类似，洛基和芙蕾雅（Freyja）是阿萨神族中仅有的两名可以化身为鸟的神。夏基和沃伦都被比作山中之狼，而且都是星辰之神。相较于两个版本的巴德尔，他们之间的相似度更高，似乎是衍生自同一个古老的拼接而成的传说，而这段传说则属于某个更加久远的神话体系。

在北欧的创世故事中，这些精灵或皮肤黝黑的侏儒明显被故意贬低了。他们像蛆虫一般从尤弥尔的血肉中诞生。但他们为诸神打造了不可或缺的神器——奥丁的矛、索尔的雷神之锤、弗雷的野猪和宝船。夏基飞往阿斯加德的故事或许是特地编造出来的，目的就是解释他的陨落，因为他和奥丁一样，都是灵魂之神。夏基又被称为拜尔（Byrr）或古斯特雷（Gustr），分别意为"风"和"大风"。

这个以伊瓦尔德和他的儿子们为主导的神话，似乎存在于奥丁崇拜之前，而如今要重构它，已无可能。银河被称为"伊尔明（Irmin）之路"，而根据狄特里希故事中老希尔德布兰特（Hildebrand）的说法，伊尔明是"主宰之神"。银河也被称为"碧尔（Bil，伊瓦尔德之女）之路"。吕德贝里认为，比弗罗斯特（Bif-rost）原本便写作"碧尔罗斯特"（Bil-rost）。在盎格鲁－撒克逊人口中，银河被称为"惠特灵大道"（Watling Street）。[1]

弓箭手艾吉尔是沃伦的兄弟，他与云朵和大海相关。冰霰和雨滴都是他的箭矢，他也可以用"艾吉尔手中跃出的鲱鱼"为箭，而鲱鱼也被称为"海洋之箭"。[2]艾吉尔的儿子是冰岛版的哈姆莱特，也是世界之磨（World-Mill）的守护者。他名叫斯维普达格，手持一把光芒四射的宝剑，如同一位光明英雄。

在更加古老的月亮神话中，月亮船的守卫者是格瓦尔（Gevar），即霍泰尔和巴德尔的故事中的那位格瓦尔（Gewar）。月亮船后被伊瓦尔德摧毁并焚烧。这个神话隐晦难解且意味深长，流传至今的只剩残篇断章。伊瓦尔德的三个儿子想要博得天鹅仙女的欢心，而伊瓦尔德和格瓦尔又曾经作为情敌而发生激烈的争执。

这一族身兼猎人、雪靴行者和乐师。巴德尔故事的一个早期版本也与他们存在关联。在萨克索的英雄故事里，斯维普达格以霍泰鲁斯（Hotherus）的身份出现，想要求娶格瓦尔之女南娜（Nanna），巴德尔是他的情敌，并最后沦为他"神剑"下的亡魂。如果我们把巴德尔看作树木神，将他和树旁的水井联系起来，那么井中映月或许就代表着巴德尔在向月神南娜求爱。基于这种关联，我们或许应当注意，巴德尔的坐骑在地上留下的蹄印会涌出泉水；而在萨克索的故事里，他能为麾下口渴的士兵提供井水。所以，他的竞争对手就是佩着闪亮的夏日之剑的光明英雄斯维普

---

[1] 在爱尔兰，银河被称为"鲁格的锁链"。鲁格是白昼之神，是黑夜之神的孙子。
[2] Saga Library, Morris and Magnusson, Vol. I, 339.

达格。这把剑曾经被封存于下层世界的山洞中，在那里度过了一个季节，与季节变化有关的"七睡仙"也沉眠在这座山洞里。在北欧条顿神话里，广受欢迎的巴德尔取代了斯维普达格，变成了夏日的太阳神，也是南娜唯一的丈夫。就这样，通过替代或变更一位英雄，故事成了现在的版本，我们对这个过程非常熟悉。阴暗的霍德尔或许就是从原本故事中的情敌转变而来的，以适应新的神话体系。

正是因为有这一系列关于情敌、天鹅仙女和月亮少女的古老故事，才有了中世纪通俗传奇故事的瑰宝。吕德贝里所说的"伊瓦尔德神话"，是《沃尔松格萨迦》（The Volsunga Saga）、《尼伯龙根之歌》和巴德尔的英雄故事的源头。斯维普达格就是齐格弗里德和希格尔德的原型。他是一个背负冤屈的王子，哈姆莱特和芬恩·麦克库尔（Finn-mac-Coul）的诞生都受到了他的这一人物特质的启发。芬恩·麦克库尔的武器是一把锤子——芬尼亚之锤（Ord na Feinne），这将他和索尔联系了起来。同时，索尔和希格尔德、齐格弗里德和狄特里希等其他巨人杀手之间也存在着关联。一位部族英雄持续不断地吸收其先辈们的特性，并发展变化，以适应不同时期、不同国度的受众和吟游诗人们的品位。在斯堪的纳维亚半岛，当基督教的传播开始威胁阿萨神族的地位，斯维普达格被塑造成了基督的敌人埃里克（Eric），还被污蔑与恶魔有所勾结，而恶魔后来被人们称作"老埃里克"（old Erik）。奥丁也遭受了同样的待遇，他被安上了尼克（Nik）这重身份，成了名为"老尼克"（old Nick）的地狱恶魔。芬恩·麦克库尔亦被早期基督教传教士描绘为"地下世界"的住民。

贝奥武甫的故事以一种有趣的方式将欧洲大陆北部和早期不列颠的英雄传说连接了起来。和狄特里希一样，贝奥武甫或许曾经是一个历史人物，但在诗歌里，他成了一位斯维普达格式的英雄，不过不完全是光明英雄。他杀死了吞食战士的格伦德尔。在关于狄特里希的故事群中，也有一首诗写道，狄特里希帮助邻国君主阿提拉（Attila）摆脱了宫廷中吃人的怪兽。《贝奥武甫》的第二部分明显是后来的增补，笔者在此姑且不论它是否与第一部分出自同一作者笔下，在这一部分中，英雄又杀掉了格伦德尔之母。尽管诗人暗示,她并不像她的儿子那么可怕,但她实际上是一个更加凶残的对手。想要把她杀死,唯一的方法就是使用那把我们所熟悉的"神剑"。从这个角度来说,她类似于狄特里希故事中的格里姆(Grim)之妻希尔德(Hilde),但她其实更像不列颠的恶女巫,即巨人之母。芬恩·麦克库尔在"巨人国"(the Kingdom of Big Men)的经历与之相仿。他先杀死了海巨人,然后与可怕的海巨人之母展开了搏斗。在高地的巨人传说中,类似的故事比比皆是,毫无疑问,它们一度传遍了不列颠。对于恺撒(Caesar)所提到的那些母系氏族来说,这样的故事在其成员或后裔中尤为盛行。

斯托普福德·布鲁克在《早期英国文学史》中写道:"一些凯尔特传说在很久以前演变成了条顿传说,而格伦德尔的故事可能并不属于这类传说。"他还引用了一个极为类似的冰岛传说——格拉姆(Glam)的故事。他说:"贝奥武甫和格伦德尔的故事为什么会被遗漏,而没能像其他北欧史诗一样进入北日耳曼传奇故事群——这个问题耐人寻味……我有时候会想,是否只有盎格鲁人把相关的神话和传说编成了歌谣,而当他们全体迁入我们的岛屿时,没有给欧洲大陆留下这个故事的任何痕迹……据我推测,欧洲大陆上的文学传承曾经出现过断层,或者这个故事是在盎格鲁人进入不列颠之后才成形的。"考虑到苏格兰依然存在巨人传说,且这些故事显然一度在古不列颠十分常见,上述两种猜想中,第二种更加令人信服。如果要相信盎格鲁人全体迁徙到了不列颠,还不如相信早期不列颠人已全部灭绝,这两种理论的可信度同样低,后者虽然还没被完全否定,但也没有任何切实的根据。博学多才的克拉克·霍尔博士是《贝奥武甫》的译者兼编辑,他认为这位英雄"完全是一位历史人物"。这就好比狄特里希之于狄奥多里克大帝(Emperor Theodoric)[①]。尽管他和斯托普福德·布鲁克及其他理性的批评家一样,摒弃了太阳神话的理论,但在笔者看来,他却走上了另外一条歧途。他说:"我们的英雄(贝奥武甫)不但在凡人

---

① 东哥特国王,晚年兼任西哥特摄政王,约公元455至526年在世。——编者注

的战争中创下了许多英雄事迹，而且有可能碰上过两三头神秘的野兽，这些野兽经过夸张的演绎，变成了格伦德尔和龙……19世纪，一位大体可信且想象力不甚发达的老海员曾当面向我讲述了一则关于海蛇的奇闻轶事。我毫不怀疑，那个故事具有一定的事实依据。"①

凡是听过《贝奥武甫》歌谣的人，无不认为格伦德尔和英雄一样栩栩如生。毫无疑问，在那遥远的过去曾有许多类似的故事，只因没有一位伟大的诗人把它们写成隽永的诗歌，就默默无闻地消亡了。

学者们相信，《贝奥武甫》的创作时间是公元8世纪早期。作者是一个人还是一群人，尚存在争议。然而，人们似乎普遍认为，它起源于异教信仰，然后才加入了基督教的元素。唯一一份幸存的手抄本出自两位抄写员的手笔，现保存在大英博物馆。"有明显的迹象表明，"克拉克·霍尔博士说，"这首诗最初是用盎格鲁方言［可能是莫西亚语（Mercian）］写就的，但流传至今的版本用的是西撒克逊语（West Saxon），在第二位抄写员誊抄的部分中还有一些肯特语（Kentish）的拼写方式。"

在这首诗的各个角落，都能找到吟游诗人们先前所讲述的故事的痕迹，其中不仅包括西尔德（Scyld）②和赫尔莫德（Hermod）的神话，还有古老的西格蒙德传说，后者在《沃尔松格萨迦》和《尼伯龙根之歌》中达到了艺术发展水平的最高峰。前文已经提到，有学者认为，《老埃达》中的某些诗歌体现出来自不列颠的影响。研究者若想要更加全面地了解我们民族混杂的祖先拥有怎样的文学、神话和历史，可以在考察时多加借助各方学者的假说，如施瓦茨（Schwartz）、弗雷泽、巴格（Bugge）、斯托普福德·布鲁克、约克·鲍威尔、维格夫松（Vigfusson）等。

《尼伯龙根之歌》完全成形的时间可以追溯到12世纪下半叶，其诗歌版本或许源自奥地利或蒂罗尔（Tirol）——对此尚无定论。这部作品的诗律采用的是中古高地德语。流传至今的古手抄本数量众多，最为重要的三

---

① *Beowulf*, Clark Hall, Introduction, lix-lx.
② 陈才宇所译《贝奥武甫》中作"希尔德"。为与Hilde相区分，本书译作"西尔德"。——译者注

份出自 13 世纪的抄写员之笔。其中年代最早的一份于 1755 年被发现，由一位瑞士学者出版成书。之后人们又发现了其他手抄本，但最早出版的完整版本却没有引发太多关注。事实上，这本书被题献给了腓特烈大帝（Frederick the Great）[1]，后者却拒绝将其纳入自己的图书馆，并宣称该书的价值甚至抵不上一管火药。如今，它已成为德国的骄傲。

希格尔德和齐格弗里德的故事显然源于同一个古老的自然神话。在它们出现之前，还有一个拥有同样来源的更早的版本，那就是斯维普达格的传说。经过发展，这些传说演变成通俗故事，其中的神话意义遭到遗忘。随着时间的流逝，故事中的某些角色还与历史人物产生了联系。在原本的情节之外又加上了其他传说，例如北欧版本的海尔吉故事，以及德国的狄特里希故事。在演变的过程中，这两部伟大的史诗都染上了当地文明的色彩。

对于一位广受欢迎的英雄而言，零散的神话和传说会汇集在与他有关的记忆中。狄特里希故事群中的诗歌清晰地呈现了这一过程。伯尔尼的狄特里希就是狄奥多里克大帝。[2] 尽管他在匈人王阿提拉[3]去世两年后才出生，但在《尼伯龙根之歌》中，他却出现在阿提拉的宫廷里。厄尔曼纳里克（Ermenerich，又作 Hermanric）[4]是东哥特国王，在他的晚年，狂暴野蛮的匈人从亚洲而来，占领了他的国土。据称，厄尔曼纳里克死于战场，他的权力也就此土崩瓦解（约公元 374 年）。其后，东哥特人被匈人统治，直到公元 453 年阿提拉逝世。公元 454 年，国王弗拉米尔（Walamer）在一场大战中击败了匈人，东哥特人重新获得独立。国王弗拉米尔的两个兄弟分别是狄奥多里克（狄特里希）之父狄奥德米尔（Theudemir）和维德米尔（Widemer）。他们为罗马帝国看守东方边境，以此换取资金支持。后来，罗马突然停止支付报酬，维德米尔便入侵伊利里亚（Illyria），并成功地迫

---

[1] 普鲁士国王，1712 至 1786 年在世。
[2] 在高地德语中，"Dietrich" 等同于 "Theoderic"，"Bern" 即为 "Verona"。
[3] 匈人帝国单于，公元 406 至 453 年在世。——编者注
[4] 东哥特格鲁森尼（Greuthungi）国王，约公元 291 至 376 年在世。——编者注

使罗马人续签了条约。狄奥多里克被送往君士坦丁堡，充当人质以维系和平。他在那里居住了十年之久，并接受了罗马的教育。狄奥德米尔是其兄弟的继任者，在他去世后，狄奥多里克就成了游牧民族东哥特人的领导者。

公元480年，日耳曼雇佣兵首领奥多亚克（Odoacer）废黜了西罗马帝国的最后一位皇帝——年仅十七岁的罗穆卢斯·奥古斯都（Romulus Augustulus）。八年后，东罗马帝国的皇帝芝诺（Zeno）派遣狄奥多里克入侵意大利。奥多亚克的统治被推翻，传说中的狄特里希成为罗马境内一位伟大而强势的国王，只是在名义上忠于东罗马帝国。公元526年，狄奥多里克去世，葬于拉韦纳（Ravenna）一座宏伟的大理石坟墓中。在因斯布鲁克（Innsbruck）的方济各教堂，还有一座全副武装的狄奥多里克雕像。

在狄特里希的故事中，厄尔曼纳里克和奥多亚克之间产生了混淆，同时，英雄被描绘成了一位流亡者，因此人们把他和他的父亲当成了同一个人。关于狄特里希的记忆聚集了大量零散的传说，其中包括希尔德布兰特的故事和雷神桑诺尔（索尔）的神话，前者源自古老而普世的父子冲突主题，后者则是巨人与侏儒的克星。但即便是索尔，身上也有作为人类的一面。他原本可能是一位部落英雄，并被人们当成橡树神和某个自然神话中的核心人物。[①]尽管被升格为阿斯加德的神明，他依然保持着"人类之友"的身份。所有这些受到欧洲吟游诗人们歌颂的英雄，彼此之间都存在关联，因为他们都是同一个被神化了的人物或某个拟人化的神的虚构的后裔。相比于以奥丁为至高统治者的神话，这个古老的形象所属的神话更加久远，也更加质朴。

条顿神话中最有趣的问题之一在于"七睡仙"的故事。在下层世界，密米尔的七个儿子陷入了魔法的沉眠，等到饶纳诺克之日，才会被号角声唤醒。这支号角被挂在某座山洞里。在陪伴国王高姆（Gorm）及其随从前往盖尔罗德的领地时，托基尔（Thorkill）见到了这支悬挂着的号角。

[①] 西赫梯人（western Hitties）把风暴之神塔库（Tarku）当作众神之首。东赫梯人（eastern Hitties）称他为"特沙普"（Teshup）。这位神是一名战士，他一手持锤，一手握着三道跃动的闪电。锤子是生殖力的象征。通过在山羊上方挥舞雷神之锤，索尔使它们死而复生。

当有人贪婪地攫取号角时,它变成了一条龙。

吕德贝里认为,欧洲和非洲北部的各种"七睡仙"传说都源于斯堪的纳维亚半岛,由占领了意大利、希腊、埃及和小亚细亚的北欧战士们散布到各地。他的主要论据是一个非常引人注目的巧合。在以弗所(Ephesus),"七睡仙"的身份是基督徒,他们被罗马皇帝德西乌斯(Decius)判了死刑。皇帝给了他们时间放弃信仰,但他们把自己关在了山洞里,一睡就是"三百六十年"①。到了罗马皇帝狄奥多西(Theodosius)统治时期,一位牧羊人闯进山洞,惊醒了沉睡之人。吕德贝里指出,德西乌斯在与哥特人作战时阵亡,"哥特人在数年之后入侵了小亚细亚,并夺取了以弗所及其他地区"。

在德国西部,据传有七个身穿罗马服饰的人在山洞里沉睡。一则公元8世纪的传说提到,有人在发现他们之后试图把其中一个人的衣服脱下来,结果一碰上去,他的手臂就萎缩了。那片区域附近曾生活着一个斯科利德芬人(Skridfinns,又作 Skritobians)部落。

在阿拉伯,"睡仙"们和一条狗酣然同卧。穆罕默德(Mahomet)到来之前,曾让睡仙们为他预言。而那条名叫克拉提姆(Kratim)的狗则是十只可以进入天堂的动物之一。

如果这个传说源于斯堪的纳维亚半岛,那么就产生了一个问题:苏格兰高地的故事里为何也存在着狗的身影?然而不幸的是,吕德贝里和其他研究这个传说的人对苏格兰高地的故事并不熟悉。睡仙们出现在布莱克半岛(Black Isle)的克雷格豪威(Craig-a-howe)②山洞、格伦科(Glencoe)的莪相之穴(Ossian's Cave),以及斯凯岛(Skye)的铁匠岩(Smith's Rock)。在这些故事中,他们的身份都是费奥纳勇士(Fians,又作 Fingalians),而芬恩·麦克库尔的身边趴着他的爱犬布兰(Bran)。③在因弗内斯的汤纳赫里奇(Tomnahurich),睡仙之首为吟游诗人托马斯,他

---

① 根据传说计算。
② 亦作 Craigiehowe 或 Craig-a-chow,意为"回声石",此处采用音译。——译者注
③ See *Finn and His Warrior Band*.

也出现在伊耳敦丘陵（Eildon hills）的睡仙故事中。

在苏格兰的故事里，山洞顶上挂着一把号角。当号角被吹响三次，睡仙们就会一跃而起。有位牧羊人找到了山洞（发现他们的总是一位牧羊人），拿起号角吹了两声。但勇士们看起来太过凶悍，他还听到一个声音在高喊："如果号角再被吹响一次，世界将天翻地覆。"牧羊人被吓得心惊胆战，逃离了山洞，勇士们依然曲肱而枕。费奥纳勇士们喊道："啊！因为你的出现，我们的处境比之前更加糟糕了。"牧羊人锁上门，然后把钥匙扔进了海里。在因弗内斯流传着一句盖尔语的谚语："号角一声响，诚实的托马斯就出现。"

如果这个高地故事是由北欧人带来的，那么阿拉伯故事中的狗为什么也出现在此？这可能是因为，我们在阿拉伯和苏格兰高地找到的是故事最原始的版本，而条顿神话则是以包括它们在内的零散材料为基础构建起来的。①

这个传说在南尤伊斯特岛（South Uist）的版本似乎十分古老。三十年前，一位学校督察从牧师口中听到了这个故事，并向记录者转述如下：

> 费奥纳勇士们躺在一座山洞里，每个人都枕着自己的胳膊肘，下巴靠在手上。他们沉浸在自己的内心之中，却并没有睡着。
>
> 他们听着水滴落下，风暴吹过，不萦于心……数千年就这样过去了。
>
> 他们依然休憩在那里，沉思默想，突然其中一人动了动手肘，说道："Och! Och! 's mi tha sgith."（哦！哦！我厌倦了。）
>
> 又过了几千年……他们听着水滴落下，风暴吹过，不萦于心。
>
> 一位伟大的费奥纳勇士突然说道："Mur a' sguir sibh dhe 'n chonnspoid seo, theid mi mach 's fagaidh mi an uaimh agaibh fhein."（如果你们不结束争论，我就离开山洞，把它留给你们自己。）
>
> 数千年过去了……他们听着水滴落下，风暴吹过，不萦于心。

---

① 在阿富汗北部，"七睡仙"的传说中也出现了一条狗。

在很多传说中，"睡仙们"（在尤伊斯特岛，他们并没有睡着）的动作往往与痛苦、灾祸或季节的更替有关。忏悔者爱德华（Edward the Confessor）①曾经在威斯敏斯特（Westminster）的宫殿中举办一场宴会，当时他眼前出现了幻象，看到以弗所的睡仙们翻了个身。他派了一位信使前往以弗所，信使发现睡仙们侧卧的姿势从向右变成了向左。这件事被当成了灾祸的征兆。事实上，它被认为与萨拉森人（Saracens）带给基督教世界的苦难有关。睡仙的动作与季节变换的关系保留在圣斯威逊节（St. Swithin's day）②的信仰中。

很多英雄都沉睡了，包括查理大帝（Charlemagne）、腓特烈一世（Frederick of Barbarossa）、瑞士的威廉·退尔（William Tell）、爱尔兰的布赖恩·博茹（Brian Boroimhe），以及威尔士的亚瑟（Arthur）。当沉眠者离开山洞，"世界将天翻地覆"——这一警告变成了一种通俗的信仰：在祖国陷入危急之时，英雄们将会挺身而出。法国农民相信拿破仑会重整旗鼓，就像瑞士人相信威廉·退尔会再度归来。在日俄战争中，俄罗斯农民相信斯科别列夫（Skobeleff）将军会冲向中国东北，领导军队取得胜利。③时至今日，仍然有很多高地人相信，赫克托·麦克唐纳（Hector Macdonald）爵士将军并没有死，只是在等待着归来的时机。对于战死在弗洛登（Flodden）的詹姆斯四世（James IV），人们也抱有类似的信念。同样，许多"古老的思维方式"一直保留到了20世纪，而它们的来源或许可以追溯到遥远的石器时代。那时，金发碧眼的"长头型"人从北非而来，走遍了尚未划分国界的古代欧洲，与更早的居民以及亚洲的"宽头型"后来者融为一体。

---

① 英格兰国王，约公元1003至1066年在世。——编者注
② 英国传统节日，为每年的7月15日。根据传说，圣斯威逊节的天气决定了之后四十天的天气。——编者注
③ 斯科别列夫（1843—1882），俄国步兵上将，号称"中亚屠夫"，曾带军占领吉尔吉斯，为进一步占领中国帕米尔高原打开了通道。日俄战争期间俄军总司令是库罗帕特金将军。——编者注

1
创世的故事
Story of Creation

很久很久以前，一切皆虚无，唯有一道空寂、浩大的深渊——金伦加鸿沟（Ginnunga-gap）。这道鸿沟极其之长，宽广到无法丈量，深度更是不可思议。那时既没有海岸，也没有清凉的波涛。因为海洋尚未形成，大地和天穹还有待造就。

万物发端于深渊之中。时间初启。众生之父出现在永恒的微光里，普天之下莫非他的领土，事无巨细都在他的掌控之中。

深渊的北边形成了第一方世界——尼福尔海姆。这片广大的天地黑暗迷蒙，寒冷凝冰。深渊的南端形成了穆斯贝尔海姆，一个充满温暖和光明的灿烂国度。

尼福尔海姆中央涌出了一口巨大的喷泉，江河湖海无不发源于其中，最终也都归于此处。这口泉眼被称为赫瓦格密尔（Hvergelmer），意思是"轰鸣的大锅"。起初有十二条大河从中腾跃而出，朝着深渊一路向南翻滚而去，它们被称为埃利伐加尔（Elivagar）。离开源头之后，它们流过了漫漫长途。接着，随水奔涌的毒液开始凝结，如同浮渣一般泛起在水面上。

最终，河水封冻成冰。于是，这些河流沉寂了下来，不再前行，庞大的冰块静静挺立。凝固成冰的毒液上水汽升腾，然后又凝结成霜，一层层堆起来，构造出重重叠叠的奇异形态。

深渊以北的地带乃是恐怖之地、纷扰之地。冰霜四周笼罩着厚厚的黑色水雾，水雾之中是永不止息的飓风，发出尖锐的呼啸，还有一团团惨淡的云雾飞驰。而在南边，穆斯贝尔海姆放射出耀眼的光芒，艳丽的火舌和明亮的火花从中飞溅而出。一方是风暴与阴霾，一方是温暖与光明，横亘在两者之间的是宁静的微光，就像无风的空气一样安定。

当来自穆斯贝尔海姆的火花穿过凝结的水雾，众生之父以他的权能让热量传到彼方，冰霜开始融化成水滴落。生命于此时此地萌芽。水珠被赋予了生命，一大摊无形无状的水变成了人形。高大迟缓的黏土巨人尤弥尔就这样诞生了。

尤弥尔粗野又笨拙。就在他舒展身体、开始四下游荡的时候，一阵强烈的饥饿感突然袭来。于是，他开始疯狂地寻找食物，然而尚没有任何东西可以供他充饥。飓风在他身边来了又去，阴沉的雾气像裹尸布一样将他包围。

幽暗的水雾中滴落了更多水珠，进而形成了一头巨大的母牛欧德姆布拉（Audhumla），其名意为"空无的黑暗"。一片昏蒙之中，尤弥尔看见母牛站在冰块旁，便虚弱地摸索了过去。他惊喜地发现，母牛的乳头中淌出了四股纯白的乳汁。他贪婪地喝了又喝，直到饱饮了生命的种子，心满意足。

随后，尤弥尔感到身体无比沉重。他就地躺下，进入了无梦的深眠。暖意与力量充盈全身，让他滋生汗水。汗液积聚在左侧的腋窝里，众生之父发挥权能，从中造出了一儿一女，男的叫密米尔，女的叫贝斯特拉（Bestla）。华纳神族就是密米尔的后裔。尤弥尔的脚下冒出了一个怪物般的儿子，他有六个头，是邪恶可怕的霜巨人（Hrimthursar）的始祖。然后尤弥尔就醒来了。

那时还没有出现大母牛欧德姆布拉能吃的绿色植物。它伫立在黑暗的边缘，不断舔舐巨岩上的盐霜，从中获取养分。母牛就这样舔了整整一天，直到石块上显现出根根发丝，下面连着一颗庞大的头颅。第二天，母牛又回到这块石头旁，在它停止舔舐之前，酷似人类的脑袋显露了出来。第三天，整具伟岸的身躯跃然而出。这个生灵天生仪表非凡，灵巧又强壮。他名叫布里（Bure），是阿萨神族的始祖。

从那以后，更多的生灵出现了——高尚的巨人、邪恶的巨人、诸神。密米尔是思想和记忆的化身。他生下了一群女儿，其中最尊贵的要数命运女神乌尔德，她也是执掌生与死的女王。布里生下了一个儿子，名叫博尔（Bor）。博尔娶了密米尔的姐妹贝斯特拉为妻，他们育有三个儿子，老大名为奥丁（象征"灵魂"），老二叫菲（Ve），又名霍尼尔（Honer），老三是威利（Vile），人们也叫他洛德尔（Lodur）或洛基。奥丁成为阿萨神族的最高统治者，霍尼尔则统御着华纳神族，直到被洛基夺权篡位。

由于尤弥尔和他邪恶的后裔对神族心生愤恨与仇怨，双方之间很快爆发了战争。他们并没有轻易地分出胜负。在大地形成之前的漫长岁月里，激烈的战斗持续进行。最终，博尔之子打败了敌人，逼得他们节节败退。随后发生了一场大屠杀，邪恶巨人的军团被尽数消灭，只留下一个活口。

诸神就这样赢得了胜利。尤弥尔被打倒了，胜利者跳到他身上，割开他脖子上隆起的血管。血液如滔天洪水般喷涌而出，巨人一族全部被淹没了，只有"山中老人"贝格尔米尔（Bergelmer）和他的妻子躲在巨大的世界之磨的大梁上，从而逃过一劫，并留在了那里。他们诞下的约顿巨人一族，世世代代铭记着对诸神的血海深仇。

巨大的世界之磨为诸神所有，由蒙迪尔法利（Mudilfore，一说为洛德尔－洛基）照管。九个女巨人用蛮力推动石磨，两片磨石相互碾磨，制造出令人毛骨悚然的尖啸，即使是最响亮的暴风雨在它面前也恍若无声。石磨之大超过了整个世界，因为大地上的泥土都是用它磨出来的。

尤弥尔死后，诸神相聚商议，并开始构建世界。他们把黏土巨人的身躯放在石磨上，让女巨人们将其碾碎。磨石染上了污血，深色的血肉流淌出来，变成了泥土。大地就这样产生了，诸神按照自己的喜好赋予它形状。尤弥尔的骨骼被塑造成岩石和山岳；他的牙齿与颌骨被磨成了粉，女巨人们一边绕着石磨劳作，一边将碎屑四处抛撒，于是有了大大小小的石头。巨人冰冷的血液化作了海水，形成了无边无际、吞没一切的大海。

等到尤弥尔的身躯被完全磨碎，诸神也已将大地安排妥当，女巨人们仍没有停止工作。石磨在海底之下研磨着一具又一具的巨人尸身，血肉齑粉被源源不断地冲上世界各地的海岸，化作茫茫沙粒。石磨不停地旋转，把海水向下吸引，形成了可怕的大旋涡。当海水被吸入尼福尔海姆中"轰鸣的大锅"赫瓦格密尔，大海就退潮了；当海水重新喷涌而出，就有了涨潮现象。世界之磨推动着漫天的星辰一同旋转，它们所环绕的中心是"世界之钉"（Veraldar Nagli），也就是北极星。

诸神造好大地后，将尤弥尔的颅骨置于其上，充当天穹。他们在天空的四角各安排了一名强壮的侏儒担当哨兵，他们的名字分别是：奥斯特（东）、韦斯特（西）、诺德（北）和苏德（南）。尤弥尔的颅骨就被扛在他们宽阔的肩膀上。

迄今为止，太阳还没有安身之处，月亮不知道自己的权能，星辰也没有固定的居所。

星辰原本是从穆斯贝尔海姆飞出的明亮的火花。它们洒落在深渊上，然后被诸神安置在天穹之中，给世界送去光明，用星光点亮海面。除了这些固定不动的火花，还有一些游走的火星，诸神为每一颗星星安排了秩序和行动的轨迹，这样它们都会在自己特定的位置、时间和季节现身。

太阳和月亮也被约束在自己的轨道上。它们同样来自穆斯贝尔海姆，只不过是两团更大的火花。为了载着它们跨越天穹，诸神命令精灵铁匠——伊瓦尔德之子和辛德里（Sindre）一族——用纯金打造两辆战车。

世界之磨的照看者蒙迪尔法利一心想要对抗奥丁。他有两个俊俏的孩子，一个叫玛尼（Mani，月亮），一个叫苏尔（Sol，太阳）。蒙迪尔法利的狂妄激怒了诸神，作为对他的惩罚，诸神从他身边带走了他赞不绝口的两个孩子，并让他们在天上驾驶战车，为人类计数岁月。诸神让美丽的苏尔驾驶太阳战车。她的坐骑分别是阿尔瓦克（Arvak），意为"凌晨"，和

阿尔斯维（Alsvid），意为"灼热"。在两匹马的鬐甲下，安置着装满冰冷空气的皮袋，带来清凉和舒爽。他们穿过冥界之门（Hela-gate），驶入东方的天空，死者的灵魂正是通过这道门去往下层世界。

玛尼是一位英俊的少年，诸神让他驾驶月亮战车。他从大地上带了两个漂亮的孩子做伴，男孩叫修齐（Hyuki），女孩叫碧尔。① 在黑夜中，他们被父亲维达芬（Vidfinner）派去一口叫邦爵（Byrger，意为"隐匿"）的山泉，从中汲取诗仙蜜酒。泉水的发源地乃是密米尔之泉。他们用蜜酒灌满了水桶萨格尔（Saegr），一直漫到了边缘，以致当他们用挑水杆西木（Simul）抬起水桶时，珍贵的蜜酒溢了出来。他们刚开始下山，就被玛尼捉住并带走了。夜里，你总能看到皎洁的月亮上有些许暗影，那就是修齐和碧尔。吟游诗人们都向美丽的碧尔祷告，这样她在听闻之后，可能会从月亮上洒下充满魔力的诗仙蜜酒，滴落在他们的嘴唇上。

玛尼保管着一捆荆棘，凡是做了恶事的人都要遭受荆棘刺身的痛苦惩罚。

太阳永远在飞驰，月亮也是如此。在它们身后，嗜血的仇敌穷追不舍。只有进入西方地平线之下的华恩（Varns，意为"庇护者"）森林庇身，才能免于被追逐者摧毁。追逐它们的是两头凶恶的巨狼。一头名叫斯库尔（Skoll），意为"紧追者"，他跟在太阳身后，终有一日会将它吞下；另一头名叫哈提（Hati），意为"仇恨者"，他在"天空中明亮的少女"前方狂奔，不停地追逐着月亮。

斯库尔和哈提是化作狼形的巨人。派他们前去的是阴险可怕的恶女巫古尔薇格-霍德尔（Gulveig-Hoder）。她是邪恶之母，而他们都是她的子嗣。她住在一个叫作雅恩维德（Iarnvid）的地方，那是一片长满钢铁之树的黑森林，位于世界的边缘地带。那里是女巫一族的地盘，无论是神还是人，都对她们深感畏惧。恶女巫生下了许多状如恶狼的儿子，其中最可怕的就是哈提，他也被称为玛纳加尔姆（Managarm），意为"月亮吞噬者"。

---

① 北欧语中的杰克（Jack）和吉尔（Jill）。

他赖以为生的食物是垂死之人的血液。先知们曾经预言，当他吞下月亮的时候，天空和大地将会变成血色。那时，伟大的诸神的宝座也会被血染红，夏日的骄阳暗淡昏黄，剧烈的风暴猛然爆发，席卷整个世界。

令人害怕的日食和月食，就是巨狼一次又一次地吞下了太阳或月亮。幸好还有用于对抗它们的咒语，以及受到惊吓的人们制造出的震天声响，能够挫败他们的邪恶计划。

夜之女神名叫诺特，她皮肤黝黑，是华纳神族中的巨人"捆缚者"纳尔弗（Narve）之女，纳尔弗也就是密米尔。和她的所有族人一样，她拥有一头漆黑的秀发。她的眼神温柔又和善。她让辛勤劳动者得到休息，让精疲力竭者恢复精力，并给所有人带来睡眠和梦境。她将力量赐予战士，使他们可以赢得胜利。她带走忧虑和悲伤。诺特是诸神的慈母。她曾经结过三次婚。她的第一任丈夫是掌管星星的尼哥菲（Nagelfare），他们的孩子是富饶之神奥德（Aud）。她的第二任丈夫是安那尔（Annar），意为"水"，他们生下了大地女神约德（Jörd），她是奥丁之妻、索尔之母。她的第三任丈夫是红色黎明的精灵得林，他们的儿子是白昼之神达古。

诺特和达古母子俩各得到了一辆珠光宝气的战车。每隔十二小时，他们轮流驾车穿越世界。先出发的是诺特。她的马名叫赫利姆法克西（Hrim Faxi），意为"冰鬃"。它在天空中疾驰而过，嘴里喷吐出纯净的白沫。每天早晨，这些飞沫落到地上，于是就有了露珠。达古的马名为斯基法克西（Skin Faxi），意为"金鬃"。它金色的脖颈放射出绚烂的光芒，照亮了天空和整个世界。在所有的骏马之中，它最受旅行者的称颂。

季节分为两种——夏季和冬季。阴沉的维瑟德（Vasud）生下了"冰风"温德斯瓦尔（Vindsval），后者又生下了冷酷的凛冬之神；温和仁慈的斯瓦索德（Svasud）生下了美丽动人、人见人爱的夏之神。

人们不知风起自何处，吹得大海动荡、恐怖，把黯淡的火星煽成了明亮的火焰。它来无影，去无踪，为人眼所不可见。在北方天空的最高处，停驻着一只化作鹰的巨人，他的名字叫赫拉斯瓦尔格尔（Hraesvelgur），意为"尸体吞噬者"。当他舒展宽大的翅膀飞翔，便振起了翅膀下的风，风朝着大地呼啸而去。不论鹰飞来还是飞去,或者在空中四处巡游,都会从双翼下鼓起风来。

尽管太阳和月亮已被安置在各自的轨道之中,昼夜和季节秩序分明,但直到此时,大地上还没有人类居住。有一天,博尔的儿子们沿着世界的海岸散步,看见了两段木头。它们生于尤弥尔的毛发——尤弥尔的血肉化作了大地上的泥土,他的毛发拔地而起,成了郁郁葱葱的森林。其中一段来自梣树,诸神用它造就了一个男人;另一段来自桤木,诸神用它塑造了一个美丽的女子。两人本没有生命,就像静静生长的树木一样,但诸神赋予了他们思想、意志和欲望。然后,男人被赐名阿斯克(Ask),女人被唤作恩布拉(Embla),他们是全人类的始祖。人类住在"中庭"米德加德(Midgard),这里也叫玛纳海姆(Mana-heim),即"人类的家园"。

米德加德被大海环绕,海的另一头是巨人的领地约顿海姆(Jotunheim)。为了抵御巨人,诸神从引发动乱的尤弥尔身上取来眉毛,用以建造一道冰雪堡垒。尤弥尔的大脑被送上了高高的天空,化作一团团厚重的云朵,四处飘来荡去。

致奥丁

万物伊始,诸神尚未诞生,
天空还没有被造就,你杀死了
巨人尤弥尔,那来自深渊的生灵,
你和你勇猛的同胞,博尔之子,
用他的躯干填平了空荡荡的深渊。
又用他的血肉和肢体,造出了
大地、海洋,和上方的天空。
从穆斯贝尔(Muspel)统治的火焰之国,
你取来火种,创造出光明,

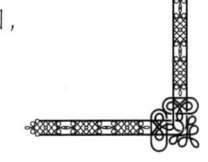

太阳、月亮和群星，是你把它们悬在空中，
　　清楚地划分出黑夜与白天的轨迹。
你建造了阿斯加德和米德加德；
　　然后你造出了我；我们又生出了诸神。
最后，漫步海边之时，你找到了几段
木头，将它们塑造成了人类，在大地上耕作，
　　或是在海上航行，穿过海盗的水域。
尤弥尔一族全都被你淹死，
只有一个除外，贝格尔米尔——他乘船逃脱了
　　你的洪水，巨人都是他的后裔。
但你把他们全族送去了遥远的地方，
　　让他们住在大海尽头的边缘；
只有海拉被你丢进了尼福尔海姆，
　　让她统治九个暗淡无光的世界，
　　　　成为所有死者的女王。

——《**巴德尔之死**》（*Balder Dead*），马修·阿诺德

2

九个世界

The Nine Worlds

　　阿萨诸神为自己筑造了天宫阿斯加德，让它高高地凌驾于天空之上。阿斯加德美轮美奂，散发荣光，矗立在一条大河中央的神圣小岛之上，被幽深的河水环绕。这条河始自万水之源——"轰鸣的大锅"赫瓦格密尔。雷雾从赫瓦格密尔升起，顺着世界树来到此处，汇聚成河流。河中的旋涡和激流永不停歇，河面上徘徊着层层叠叠的阴森雾气。这种水雾一点就着，被称作"黑色的恐怖幽光"。迅疾之焰的火舌无休止地从雾气中腾跃而起，（闪电）充斥在空气中，四散纷飞，好似随着巨浪翻卷而溅出的白色泡沫。

　　阿斯加德四周环绕着一道阴森而高耸的城墙，喧嚣的河水汹涌地拍击在它的基座上。除了奥丁的大门，别无他途可以进入这座城池。不管是神、巨人、还是人类，倘若有谁竟能通过迅疾之焰，毫发无伤地渡河登岛，当其推开阿斯加德城门之时，门锁就会凭借一种神奇的机制突然发射出一条锁链，将其碾为齑粉，彻底摧毁。

　　在阿斯加德正中央，诸神建造了庄严的裁判庭艾达华尔（Idavoll）。

这是诸神的上议事厅，神族内部的诸般事务都在这里得到商议和安排。在九个世界之中，没有任何事物能够与这座宫殿媲美。它拥有闪闪发光的银顶，里里外外都缀满了精雕细刻的璀璨金饰，灿然生辉。殿堂之中安放着阿斯加德的领袖奥丁的至高黄金王座，它的周围环绕着十二把黄金座椅。当诸神进行裁决之时，其他神明就坐在奥丁身旁，众生之父赐予了他们决断和发布谕令的力量。

坐在高高的黄金王座上，奥丁能够俯瞰巨人、精灵和凡人的家园，将万事万物尽收眼底。他不发一言，只是默默倾听。

诸神还修筑了另外一座华美、壮丽的殿堂，作为女神们的圣殿。在吟游诗人们的传诵中，它被叫作梵格尔夫（Vingolf），意为"朋友之厅"。

阿斯加德有一个铁匠作坊，里面配有各式铁砧、锤子和钳子。机敏的精灵铁匠——伊瓦尔德之子和辛德里一族——用这些器具锻造出了诸神所需的一切物件。他们只使用贵重金属作为原材料，其中最宝贵的乃是黄金，以至于阿斯加德中的每一样用品都是用纯金制成的。

天宫的绿地上散落着几块金板，诸神曾经用它们做游戏。那是诸神的黄金时代。后来，三名女巨人从约顿海姆而来，给阿斯加德带来了腐败和堕落，黄金时代就此终结。

很久很久以前，诸神得知在米德加德生活着侏儒一族。他们聚集在尤弥尔的躯体所化成的深色厚土之中，好似蛆虫扎堆于腐肉之中。侏儒们四处游荡，漫无目的，蒙昧无知。所有神明齐聚上议事厅，奥丁端坐在黄金王座上，共同商议此事。他们决定赋予侏儒人类的外形，但仍保留了他们黝黑的肤色，其颜色一如侏儒曾经栖身的土壤。诸神从侏儒中选拔出摩索尼尔（Modsognir）为王，他也被称为密米尔。这些泥土般黝黑的精灵中的一个部族生活在大地上的山丘里，另一族生活在岩石中，还有一支则住在陡峭的高山上。除此之外还有巨怪（Troll），他们总是拿着一捆捆树枝飞来飞去，并且有能力改变自己的外形。

按照众生之父的安排，宇宙中诞生了一个奇迹——生命之树尤克特拉希尔。那是一棵巨大的梣树，它滋养并维持着一切有灵或有实的生命。它的树根深深下扎，直抵充塞在金伦加鸿沟中的世界；它的枝叶高高上扬，遮蔽了诸神超拔绝世的天宫。它自过去而来，存在于当下，向未来伸展。

世界树有三条主根。一条在米德加德下方，伸向冥界的闪光平原。命运与死亡女神乌尔德在此执掌着一口深深的泉眼，给予世界树温暖和生命。另一条主根伸向了密米尔之泉。密米尔是智慧和记忆的化身，从他的泉眼中流出的泉水像鸡蛋一般纯白。最后一条主根伸向幽暗的尼福尔海姆，从"轰鸣的大锅"赫瓦格密尔中汲取将凝未凝的泉水。万水之源从赫瓦格密尔山喷涌而出，冰冷刺骨，永世长存。

行善之人死后，灵魂会去往乌尔德的国度，也就是冥界。密米尔之泉位于冥界附近的下层世界，周围环绕着密米尔之林。等到人类世界灭亡之后，生活在树林中的族群将使之重生。在又黑又冷的尼福尔海姆下方，有九处酷刑之地，邪恶之人的灵魂在这里接受惩罚。伊瓦尔德在赫瓦格密尔的泉眼处看守着世界树的树根，他和他的儿子们一同抗击威胁冥界的风暴巨人。

通过树根，巨大的世界树从三口永恒之泉中汲取泉水，而当它们混合起来，便产生了不朽的生命。由于智者密米尔的泉眼里盛着神圣的蜜酒，此处的根须都变得洁白无瑕。凡人喝下这种蜜酒就能头脑聪敏，出口成章。此外，它还是带来永生的灵丹妙药。

在尤克特拉希尔的高枝上，在比阿斯加德更高的地方，栖息着一只睿智的老鹰。它的双眼间停着一只隼，名叫维德佛尔尼尔（Vedfolner）。世界树的顶端伫立着一只叫作金冠（Goldcomb）的公鸡，它被称为"北方的雄鸡"。每天早上，它将诸神从梦中唤醒，妖魔鬼怪闻声而逃之夭夭。冥界里有一只红色的雄鸡与它遥相应和，这只雄鸡释放出的火焰能让美好的事物更加纯净，令一切邪恶灰飞烟灭。

世界树固有顶天立地之高，却承受着凡人难以想象之苦。在赫瓦格密尔的泉眼中，在永夜国度尼福尔海姆，盘踞着食尸恶龙尼德霍格（Nidhog），其名字意为"低下者"。它日日夜夜啃噬着世界树的树根。树上生活着四头巨大的雄鹿，永无休止地大嚼新叶和枝芽。岁月从四面八方袭来，侵蚀、腐化世界树。还有众多蟒蛇在黑暗的下层世界啃咬幼嫩的根须。所有的美好终会招致邪恶的亵渎。月满则亏，盛极必衰，乃自然之理。

每天早晨，冥界的诺伦女神（Norns）都会从乌尔德的生命之泉中汲取珍贵的蜜酒，将它洒在高大的梣树上，以保枝叶常青。有些泉水滴落尘世，被蜜蜂采集起来，就酿成了蜜露。在乌尔德之泉里，游弋着两只神奇的天鹅，它们是米德加德中所有天鹅的始祖。

松鼠拉塔托斯克（Ratatosk）不停地沿着世界树上上下下，在树梢的雄鹰和树根的尼德霍格之间传递闲言碎语，不断制造争端。尼德霍格是一条可怕至极的恶龙，它会把死尸挂在翅膀下面，飞往下层世界的山岩绝壁。

命运女神有三位，分别是乌尔德和她的两位姐妹，她们被合称为"诺伦女神"。乌尔德意为"现在"，薇儿丹蒂（Verdande）意为"过去"，诗蔻蒂（Skuld）意为"将来"。芸芸众生的命运之线就是由她们纺织而成的。乌尔德有一群侍女，她们被称为狄丝（Dises），承担着各种各样的任务。哈敏嘉（Hamingjes）这类狄丝守护人的一生，还会在梦中现出身形，给人以警告和崇高的指引。倘若有人犯下过错，这些神圣的精灵就会将其抛弃，使其陷入迷惘。基布特（Giptes）负责执行乌尔德的指令，受到青睐的人会突然获得好运和财富。其他狄丝看护着家庭甚至是部族。在乌尔德的美丽国度中，还有一些可爱的精灵少女。她们照料着尚未出生的胎儿，并为他们在人世间寻找善良的母亲。有些少女则为死者的灵魂提供引导，带领他们前往冥界的闪光平原。

诸神的下议事厅位于冥界，死者的灵魂在这里接受审判，然后由奥丁施以奖惩。从阿斯加德前往此处，只有一条路可以走，那就是弯弯的"彩虹桥"比弗罗斯特。诸神都可以从桥上通行，只有索尔无法踏足。桥的基座远在人类世界之外，它的南端一直延伸到乌尔德之泉，那里的土地永远绿意盎然，从来不曾衰败。

比弗罗斯特是用空气和水筑成的，桥的边缘被火红的烈焰保护着。霜巨人和山巨人一直想要夺取这座桥梁，这样他们就可以登上阿斯加德攻打诸神，但彩虹桥的哨兵海姆达尔（Heimdal）总是对他们保持警戒。

海姆达尔是海浪女神之子，诸神派他永世守卫彩虹桥，以防敌人入侵。他身披银甲，头戴镶有羊角的闪亮头盔。他乘着奔驰如风的骏马古尔托普（Gull-top），驻守在彩虹桥的最高点。他的宫殿希敏约格（Himinbjorg）就位于此处，其名意为"天卫之宫"。这是一处戒备森严的要塞，里面存放着珍贵的蜜酒。转瞬之间，他就能从桥的一头抵达另外一头。他的目光十分敏锐，不论白天黑夜，都可以看到一百里格（league）[1]以外的东西；他还有一对顺风耳，连小草生长的声音都能听见。他像鸟儿一样不需要多少睡眠，而且容易被惊醒。待到饶纳诺克那一日，当巨人和怪兽前来袭击诸神，海姆达尔将吹响声如雷鸣般的加拉尔（Gjallar）号角，这把号角就藏在世界树最深的阴影之中。在最终之战的战场上，他将用自己的长剑击败罪魁祸首。

诸神和人类都喜欢海姆达尔，他又名古尔林塔尼（Gullintani），因为他生着一口金牙。他曾经化身为孩童前往米德加德。长大之后，他成了人类的教化者，被人们称作斯基夫（Scef）。

诸神每天都要经比弗罗斯特往返于下议事厅和阿斯加德之间，他们的坐骑踏过彩虹桥，发出雷鸣般的轰响。雷神索尔却无法从桥上通行，因为他的雷霆战车上有熊熊燃烧的火焰，可能会烧毁桥梁。他不得不穿越环绕着下层世界的四条大河，涉水而过，才能抵达冥界的闪光平原。

抵达冥界之后，诸神跳下马背，在议事厅中落座。随后，死者被带到他们的面前。

在来到这里之前，死者们已经走过了一段漫长而艰辛的旅程。他们先要穿过一片遍生荆棘的山谷，那些生前与人为善者不会经受多少苦楚，因为人们为其在坟墓中准备了鞋子陪葬；而邪恶之人只能赤着双足，脚上被扎得血肉模糊。接下来，他们要渡过一条河，里面满是刀枪剑戟。正义之士可以踩着木板过河，但不义之人必须从河里趟过去，因此遍体鳞伤，鲜血淋漓。

---

[1] 古老的距离计量单位，分为陆上、海上两个标准。其中陆上1里格大约为4.8公里，海上为5.6公里。——编者注

进入议事厅时，男男女女都盛装打扮，佩戴着亲爱之人在下葬前为他们备好的珠宝首饰。战士们手持兵器，披盔戴甲，这样他们就有可能作为备受爱戴之人被举荐给诸神。不过，死者不会说话，除了安葬前在舌下放置了有魔力的卢恩符文的幸福之人。这些人在遭到指控之时可以作答，并为自己的行为辩护。哈敏嘉也能替死者发声，而那些没有哈敏嘉代为发声的人必然曾犯下恶行，他们的狄丝在愤怒和悲伤中将他们抛弃。清白之人去往永恒的冥界，并在那里长享欢愉，因为他们度过了正直的一生，言行举止值得尊敬，而且心怀怜悯，乐于助人；因为他们英勇无畏，不惧死亡；也因为他们崇拜诸神，向神庙奉献祭品。

被判有罪之人则被送往尼福尔冥界，那里是酷刑之地。如果有人通过弄虚作假或为非作歹伤害了他人，或是犯下了通奸、谋杀、掘墓的罪行，又或是畏缩不前、背叛不忠、亵渎神庙，就会被认为是卑劣之徒。

那些共享无尽欢愉之人将被赐予乌尔德的角杯，饮下杯中的蜜酒就会获得源源不断的力量。角杯中混合了三种蜜酒，酒浆来自滋养世界树尤克特拉希尔的三口泉眼。而那些注定受罚之人则会得到一杯烧灼的毒液，喝完之后就从人类变成了怪兽。从此以后，他们的舌头再也不能言语，只能发出声声呻吟。

幸福的死者在冥界的绿色原野上嬉戏，他们在那里见到了死去的朋友和祖祖辈辈的先人。一段段美好的旅程任他们畅游，无数个精彩的故事供他们聆听。孩子们在密米尔（记忆）的国度接受照料。在那里，他们永远快快乐乐，并以蜜露为食。

注定受罚之人戴着镣铐，在暗精灵的驱使下前往尼福尔冥界。暗精灵们扛着荆棘大棒，要是有人脚步迟缓或想要回头，就会遭到他们的抽打。罪人们所受的第一重刑罚乃是穿越长乐之地，他们眼睁睁地看着受祝福之人纵享欢欣，满腔悔恨却无法诉说。接下来，他们要渡过环绕在冥界周围的河流，朝着尼福尔冥界黑暗的群山跋涉。阴暗的山谷中，有一头胸口沾染着鲜血的狼犬冲着罪人们狂吠，它在那里守卫着冥界的边境。当他们走过蜿蜒曲折的山路，小心翼翼地踩着小径通过令人头晕目眩的悬崖，始终能听到可怕的看门狗在尼福尔冥界之门发出的狂吠。恐怖的恶龙尼德霍格在他们附近盘旋，山岩上盘踞着一只只食肉的猛禽。

在那之后，他们进入尸体之门（Na-gates），经历第二次死亡。根据犯下的罪行，他们会在九个酷刑之地接受不同的惩罚。有些人落入恶龙之爪，有些人被猛禽扑啄，都是罪有应得。有些人陷入幻觉，永远被自己生前追求的罪孽之物诱惑着，还有一些人被巨狼撕成碎片。

在毒液之谷中，流淌着一条叫作斯利德（Slid）的河，河中满是尖刀与锋利的长矛。作伪证者、谋杀犯和通奸者必须涉水而行，身上不断增添狰狞的新伤。另外一些人身处一座大殿，他们并排坐在铁制的长椅上，毒液从上方滴落，整座厅堂内弥漫着令人难以忍受的恶臭。背叛者被吊在树上，怯懦者被浸在污浊的水池里。一切都被笼罩在永恒的夜色之中。

"死亡之船"纳吉尔法（Naglefar）停泊在尼福尔冥界的外围，泊船的海湾叫作"黑色的悲伤"。它被锁链牢牢地拴在一座幽暗的岛上，不到饶纳诺克——诸神的黄昏——都无法挣脱。它是用死者的指甲建造而成的。由于做过坏事，邪恶之人不受同伴欢迎，所以没有人在他们生命的尽头为其整理遗容，也没有人在下葬前替他们修剪指甲。当纳吉尔法脱离束缚之时，复仇的军团将乘着它前往战场，与诸神开战。

死于战场或溺于海中的勇士会被乌尔德的侍女们带往阿斯加德的瓦尔哈拉（Valhal）。这些侍女被称作瓦尔基里。勇士们乘着飞驰的骏马，先在冥界稍做停留，接受诸神的审判，可鄙之人将被拒之门外。然后，瓦尔基里会带着他们通过彩虹桥，座下的马蹄声回荡在阿斯加德。在宏伟的瓦尔哈拉，英雄们与奥丁一同宴饮，永享胜利和喜悦。

宇宙是这样划分的。大地米德加德位于中间，被大海环抱。阿斯加德高高在上，俯瞰其他所有世界。阿斯加德下方是光精灵的国度，他们在高大的世界树的枝丫间飞跃来去。华纳海姆（Vana-heim）是华纳神族的家园，它是一座海上空中之城。在西方的深海中，坐落着海神埃吉尔的宫殿。位于东方的亚尔夫海姆（Alf-heim）是精灵们的国度。在下层世界，尼福尔海姆的下方是尼福尔冥界的酷刑之地，米德加德的下方是密米尔和

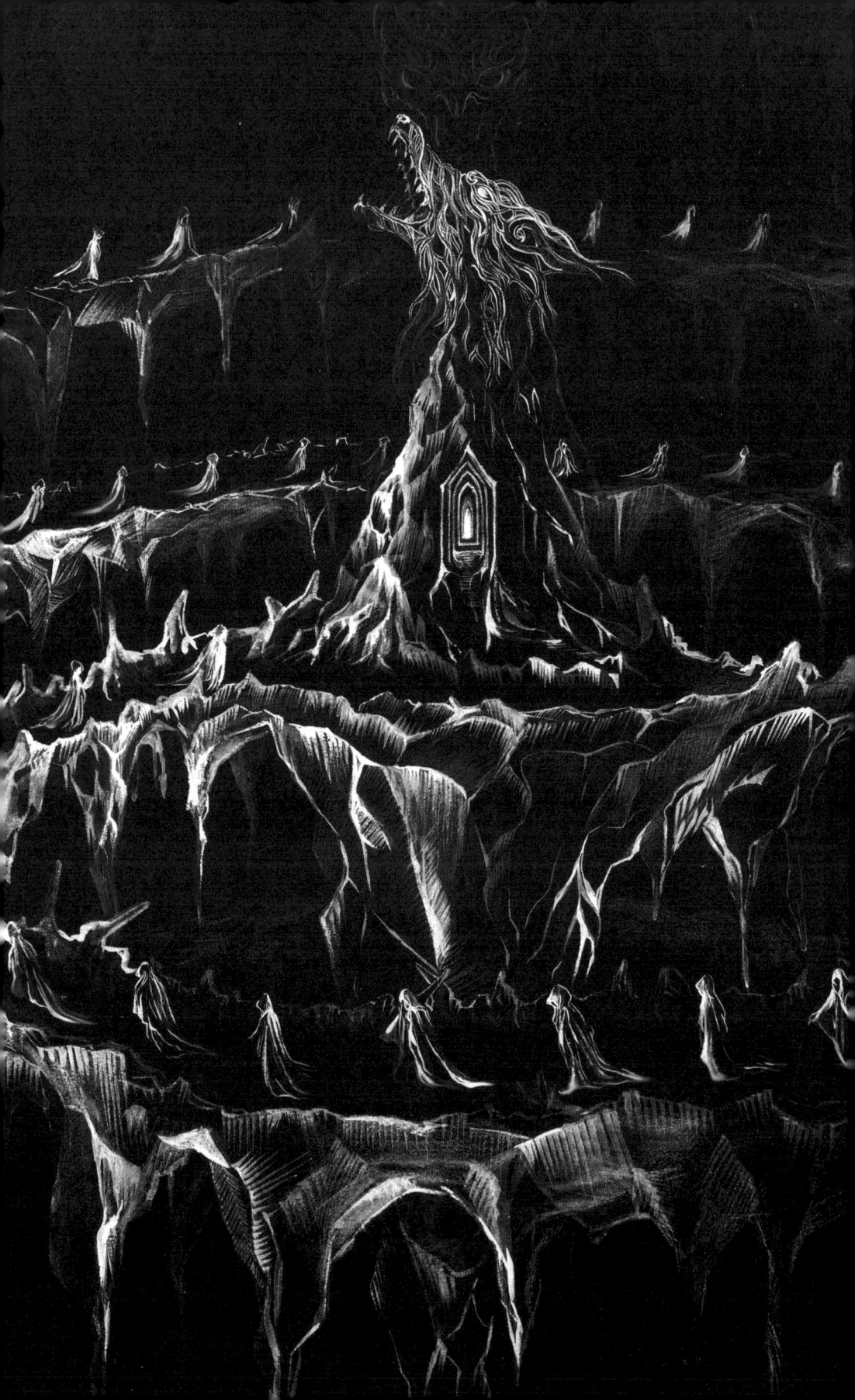

乌尔德的冥界国度。从冥界的极乐之地出发，沿着诸神的道路再向下很长一段距离，是苏尔特尔的深谷。它位于穆斯贝尔海姆的边缘，高大黝黑的巨人苏尔特尔在这里担当哨兵，始终手持火焰之剑，并保持警戒。约顿海姆位于北方和东方，远在世界之外。

精灵比林（Billing）守卫着西方的天空。白昼之神、夜之女神以及太阳和月亮驾着战车来到西方时，便从这里进入"庇护者"华恩的森林，然后穿过下层世界中密米尔和乌尔德的国度，驶向东方的得林之门，即黎明精灵之所在。到达冥界之后，诺特需要在此休息，黑夜在她四周蔓延开来，那些受到祝福之人从而得以安睡。诺特用阴影和沉眠笼罩大地，达古的出现则会使光明再度降临。

诸神降临

……诸神站起身来，

骑上了自己的骏马，前去

穿过比弗罗斯特，海姆达尔的守卫之地，

奔向梣树尤克特拉希尔和艾达（Ida）平原；

索尔徒步而行，其他的神明都骑在马背上。

他们看见密米尔坐在

智慧之泉旁边，泉水从梣树下喷涌而出；

他们还看见诺伦女神在浇灌树根，

用蜜露滋养荫蔽世界的大树。

诸神从天而降，在石头上落座。

——《巴德尔之死》，马修·阿诺德

3
奥丁的功绩
The Deeds of Odin

奥丁是诸神的至高统治者。他身材魁伟，年事已高，仪表中流露着智慧，令人望而起敬。他蓄着一把长长的白胡子，似乎总是在沉思生命与死亡之谜。奥丁只有一只眼睛，因为他以另一只眼为祭品，换取了渊博的智慧。事实上，他曾在年少之时畅饮过密米尔之井中拥有魔力的蜜酒。

每天早上，沉稳庄重的密米尔都会用加拉尔号角喝上一杯鸡蛋般纯白的蜜酒。当时奥丁年纪尚轻，极为渴望获取蜜酒所能赋予的独一无二的智慧和力量。他请求密米尔给他一杯蜜酒，并付出了一只眼睛作为代价，那只眼睛被沉入井里。用加拉尔号角喝下蜜酒之后，他立刻获得了统治诸神和人类的资格。关于蜜酒带给他的力量，奥丁后来是这样唱的：

> 从那以后我开始成长，
> 头脑聪敏，
> 蓬勃发展；
> 一个词在我心中

引出另一个词，

一件事在我心中

引出另一件事。

因此，奥丁用他的经验告诉所有人，想要获得智慧和力量，必须在年轻时做出巨大的自我牺牲。

奥丁也饮用过月亮战车中的诗仙蜜酒。修齐和碧尔从山中的秘密泉眼里取来了这罐蜜酒，然后他们被月神玛尼带到了天上。失去了蜜酒和子女的维达芬怒不可遏，比起见不到孩子，得不到蜜酒更加让他心痛。维达芬又名伊瓦尔德，他曾经宣誓守卫赫瓦格密尔和十二条埃利伐加河。他还有一个名字叫斯维德（Svigdur），意为"豪饮王"。终于有一天，斯维德背叛了自己曾宣誓效忠的诸神，抛下了自己的岗哨，冲到天上杀害了月神，还放火烧毁了他的尸身。斯维德的儿子修齐挺身而出与他搏斗，却没能取胜，还受了重伤——一位诗人是这样说的——"伤口深至腿骨"。犯下滔天大罪之后，伊瓦尔德-斯维德逃到看守穆斯贝尔海姆的巨人哨兵苏尔特尔的深谷中，住进了苏尔特尔之子苏图恩（Suttung）的宅邸。苏尔特尔和他的族人们与密米尔和华纳神族素有仇怨，且自阿斯加德创立、世界得到划分以来，就对阿萨神族也充满敌意。伊瓦尔德将珍贵的诗仙蜜酒交给了苏图恩，作为回报，巨人把自己的女儿冈罗德（Gunlad）许配给他为妻。

奥丁坐在至高王座之上，将事情的经过尽收眼底，他决心要用智谋取回蜜酒。于是，他启程前往"蜜酒之狼"苏图恩的宫殿。通往苏尔特尔领地的路充满艰难险阻，对众神来说尤其危险重重。它位于黑暗的下层世界，比冥界还要深、还要远。苏图恩的宫殿建在山上，唯一的出入口位于一道深渊之中，门前还有一名凶狠的侏儒哨兵把守。

然而，奥丁取得了侏儒的信任。若非侏儒许诺相助，他的计划万万不可能取得成功。比弗罗斯特的守卫海姆达尔同样提供了帮助。他的另一个名字是瑞提（Rati），意为"旅行者"。他在山中钻出了一条狭窄的通道，供化身为鹰的奥丁逃脱。一切筹划妥当之后，奥丁走向了宫殿的大门，去面对高大的火巨人苏图恩——他也被称为法亚拉（Fjalar）。

宫殿里正在举办一场盛大的宴会，邪恶的霜巨人们坐于客席，相聚于此迎接巨人少女冈罗德的求爱者——斯维德。奥丁变成了斯维德的样子，谈吐之间也模仿着他的口吻，唯恐吐出半句良言益语，从而招致他人的怀疑，让自己命丧此地。苏尔特尔的儿子们总喜欢制造幻象，并扮成其他人的样子四处游荡，为非作歹，而奥丁正是以同样的方式骗过了他们。

巨人们准备了一把用黄金打造的高背椅，留给婚礼的贵客。当奥丁化作"豪饮王"斯维德的样子走进宫殿，他受到了热烈的欢迎。奥丁忠实地扮演着自己的角色。他接过巨人们递给他的琼浆玉液，把它们喝得一干二净，因此生出了醉意。即便如此，他还是保持着高度的警惕，生怕自己露出马脚。

奥丁落座于席间，冈罗德走上前来，给他斟了一杯盗来的蜜酒。然后，巨人们为他们举办了庄严而隆重的婚礼。奥丁给巨人少女戴上了神圣的戒指，面对他的求爱，新娘发誓将对他忠贞不渝。

就在这时，真正的情郎伊瓦尔德-斯维德来到了宫殿的门口。得知冒名顶替者已经捷足先登，他怒火中烧，想要揭露至高神的真面目，让他死在巨人们手中。然而，伊瓦尔德-斯维德被侏儒哨兵送上了绝路。侏儒哨兵制造出一幅幻象，并在山崖上开了一扇门，透过门能看到灯火通明的厅堂，参加婚礼的宾客们围坐在苏图恩的宴席上。冈罗德伴在奥丁身旁。伊瓦尔德-斯维德一跃而起，朝着阿斯加德至高神的幻象扑了过去，结果一头扎进了岩石里。大门在他身后闭合，他就这样被大山吞没了。

婚宴结束前，奥丁的只言片语让巨人们起了疑心。他带着冈罗德离开宴席，躲入婚房，并在那找到了伊瓦尔德-斯维德从月神处盗走的珍贵的蜜酒。冈罗德这才知道，原来她的爱人乃是奥丁，但她还是帮助他化身为鹰逃离此地。于是，奥丁穿过海姆达尔-瑞提钻穿的通道，带着珍贵的蜜酒平安无事地飞回了阿斯加德。

第二天一早，巨人们想起了新郎古怪的言语，就来婚房找人，却发

现奥丁已经逃之夭夭。因此,巨人们称他为博尔维克(Bolverkin),意为"作恶之徒"。

尽管取回蜜酒对诸神和人类都大有裨益,但为了完成此事,奥丁采取了不正当的手段。他所造成的恶果注定在未来招致灾难。苏尔特尔将为冈罗德所受的伤害复仇,使整个世界陷入火海。即便目标是好的,恶行结不出善果。

奥丁得胜返回阿斯加德，正是意气风发之时，但他提起遭到自己背叛、又因为自己的离去而落泪的巨人少女，却是不甚怜悯。

伊瓦尔德-斯维德死在山中之后，诸神不准他进入冥界的闪光平原，禁止他和受到祝福的死者们待在一起。诸神责令他永世居住在月亮上，为自己犯下的罪行承受无尽的惩罚。他痛饮自己盗走的蜜酒，而这酒对他来说就是毒液。被他杀害的月神获得了重生，并时时用荆棘抽打他。伊瓦尔德的儿子修齐赢得了凡人的爱戴。他又被叫作斯拉格芬（Slagfin），撒克逊战士们称他为亨格斯特（Hengest）。他也是盖尔德（Gelder，意为"骗马者"），以骗马作为自己的标志。他还是最杰出的雪靴行者，无论是在陆地上还是海洋里。

诸神都有很多名字，奥丁自己就有四十九个名字。正如吟游诗人们所说，这是因为使用不同语言的人们需要用不同的名字来称呼他们，而诸神也因为不同的特质和伟大的功绩而被赋予一些称号。

与时间初启时出现的那位大能者一样，奥丁也被称为"诸神之父"，因为他生下了诸位神明。他还被叫作"英灵之父"（Val-father），因为对那些住在天宫阿斯加德的英灵殿里的勇士来说，奥丁就像父亲一样。

当奥丁坐在黄金制成的至高王座上的时候，他披着一袭绚烂的斗篷，它瑰丽的纹理渲染出晚霞与夏阳的丰富色泽。斗篷的兜帽如天空般蔚蓝，上面缀有点点灰色，宛如朵朵浮云。他戴着一顶同样蔚蓝的帽子，宽大的帽檐耷拉下来，如同低垂的天穹。他离开阿斯加德去周游世界时，则会换上一顶闪亮的头盔。有时他混迹于人群之中，就把帽子斜戴，用来掩饰献祭一只眼睛后留下的空眼眶。

奥丁高坐于阿斯加德，一边沉思，一边倾听，肩头栖着两只渡鸦。它们的名字是海基（Hugin，意为"思考"）和穆林（Munin，意为"记忆"）。天光破晓之时，奥丁将它们放飞，等到黄昏时分，它们返回奥丁身旁，在他的耳边低声诉说人类的全部所作所为。因此，他被称为哈弗那古德（Rafnagud），意为"渡鸦之神"。他还有两头狼犬，一头叫基利（Gere），意为"贪吃"，一头叫弗力奇（Freke），意为"暴食"。与英灵们宴饮之时，奥丁就把摆放在他面前的食物喂给两头狼犬吃，因为他不需要进食，只靠饮用琼浆来获取养分。

饮下诗仙蜜酒之后，奥丁开始创作诗篇。从来没有谁能像他那样写得美妙、壮阔。他是世界上第一位诗人，并且对蜜酒的魔力了然于心。蜜酒的来源极为隐秘，只有伊瓦尔德曾经发现它的所在。伊瓦尔德是原初泉眼的看守者，它是生命的起源之地，并且不断为生命提供着滋养。接下来，蜜酒被带到了华丽的月亮战车上，又从那里被盗去了火焰之国。依靠爱情和诡计，至高神将它取了回来。他降临深渊，饮下蜜酒，然后化身雄鹰直冲云霄，让诗歌响彻天空。歌声从空中飘落到大地上，诉说着因争夺蜜酒而产生的一切苦难。

奥丁也是萨迦女神的好友兼伴侣。萨迦女神位于阿斯加德中的宫殿叫作索克瓦贝克（Sokvabek），意为"深流之溪"。宝贵的思想从泉眼中潺潺涌出，化作金玉良言随水流淌。它们讲述着过往的故事，引发奥丁的深思。日复一日，夜复一夜，至高神坐在女神身边，倾听着潺潺的流水声。溪流蜿蜒前行，越来越深沉、广阔，用旧日的荣耀洗濯着他们的心灵。

具有魔力的、神秘奥妙的卢恩符文也是奥丁发明的。他把自己吊在尤克特拉希尔的高枝上，度过了整整九个夜晚，只为思索、探寻心灵和宇宙的奥秘，因为卢恩符文的力量源于人类出现之前的岁月。卢恩符文与命运交织在一起。饮下密米尔之井中的蜜酒后，奥丁才发现了它的作用。它的力量甚至能够超越死亡，还能够作用于世界之外。卢恩符文可以平息纷争，清除烦恼，驱走疾病，让仇敌的利剑失去锋芒，让紧锁的镣铐松开、滑落，还能止息风暴，隔绝邪魔，让死人开口说话，让少女倾心相许，让孽缘退避远离。它所能做的事情还有很多很多。

把神秘的符文刻在兵器上，这把兵器或是它的持有者就能获得卢恩符文的魔力，因为符文掌控着万事万物，并能带来取胜与征服的力量。一个人如果期盼成就某事，并且知晓能够促成此事的卢恩符文，那么必然能够实现心愿。这是因为卢恩符文来自奥丁，他是宇宙的至高统治者，也是最有智慧的神。奥丁的力量和渊博的学识全都蕴藏在卢恩符文之中。

除了奥丁，诸神之中最强大的当属他和大地女神约德所生的儿子索尔。索尔在阿斯加德拥有一座壮观的宫殿，它叫毕尔斯基尔尼尔（Bilskirnir），里面共有五百四十间厅堂，屋顶用闪亮的白银打造而成。索尔驾驶着一辆由两头山羊拉动的战车。他拥有三样宝物：雷神之锤妙尔尼尔（Mjolnir），它砸在山上便会引燃大火，锤下已经收割了众多霜巨人的性命；力量腰带，能够赋予他三倍的力量；强力铁手套，只有戴上它，索尔才能挥舞雷神之锤。

奥丁还有一个儿子，叫作俊美的巴德尔（Balder the Beautiful）。他的母亲弗丽嘉（Frigg）是女神中的王后、诺特之女、尼约德的姐妹。巴德尔的面容白皙、清秀，一头银发如阳光般闪耀。他充满智慧，极为温和可亲，而且能言善辩。在阿斯加德和米德加德，没有哪一个神比巴德尔更受爱戴。

华纳神族的尼约德也在阿斯加德，充当阿萨神族的人质。他是男神弗雷和美丽的女神芙蕾雅的父亲。在所有女神之中，芙蕾雅的地位仅次于弗丽嘉。奥丁的兄弟霍尼尔被派往华纳海姆，并被选为华纳神族的统治者。他并非主动担任此职，而且难以做出明智的裁决。

提尔是伟大的战神，他将勇气赐予战士们，因此成为他们祈愿的对象。

博拉琪（Brage）是音乐与诗歌之神，他娶了伊瓦尔德之女绮瞳（Idun）。绮瞳看守着令人永葆青春的苹果。

4
邪恶入侵阿斯加德
How Evil Entered Asgard

如果说奥丁追求智慧，热爱正义，那么他的兄弟洛基则总想要为非作歹，并因此成了诸神与人类的麻烦之源。在黄金时代，阿斯加德一片祥和，洛基还没开始惹是生非，尚拥有良好的声誉。洛基容貌俊俏，仪态端庄，一言一行都令人如沐春风。

洛基、奥丁和霍尼尔三兄弟赋予了第一个男人和第一个女人种种特质。但诸神赐下的礼物各不相同。奥丁给了他们一心向善、勇敢诚实的灵魂，还教他们热爱慈悲和正义。霍尼尔给了他们理智、记忆和意志。而洛基（又名洛德尔）给了他们如同神明的外形，并让他们有了激情、爱欲和渴望。这几样东西往往会使人软弱、痛苦。因此，洛基的馈赠与奥丁和霍尼尔的馈赠总是处于冲突之中。

然而黄金时代尚未落幕，洛基就已经堕落，人类也走上了邪路。正如吟游诗人们所说的那样，三名女巨人从约顿海姆带来了腐败，于是诸神与人类告别了纯真。三名女巨人共用一具身躯，表面上看起来美丽而无害。巨人们早就盘算着要毁灭诸神，其中一个名叫格列普（Grep）的还妄图占有貌美的丰饶女神芙蕾雅。芙蕾雅总是坐在世界树尤克特拉希尔硕果累累的树枝下，身边环绕着她的侍女们。

巨人们从约顿海姆派出的这位三生一体的少女名叫古尔薇格－霍德尔，她的另一个名字是奥尔波达（Aurboda）。[①]她是雅恩维德的恶女巫，也就是"邪魔之母"。她把自己打扮得年轻、美丽，混入了阿斯加德最美的小树林，成为芙蕾雅身边的侍女之一。她获得了洛基的爱慕，并嫁给他为妻。在她的煽动下，洛基生出了统治诸神的野心，还沾染了她的邪恶天性与阴险狡诈。她自己则一直想要诱惑芙蕾雅离开安全的家园。一天，她的愿望终于实现了。她做下的恶事引发了接连不断的战争。

她的阴谋之所以能够实施，主要是因为有洛基的帮助。她在阿斯加德散播骚乱，让阿萨神族和华纳神族对彼此生出仇怨。与此同时，洛基也在和邪恶的巨人们一起筹划，试图毁灭自己的亲族。

那时，阿斯加德高大的城墙尚未建立。洛基出于阴暗的野心，安排了一名手艺高超的霜巨人，扮作侏儒的模样觐见诸神。他提议为诸神修建一座坚不可摧的城池，即使面对霜巨人和山巨人的袭击也永远稳如泰山。只需要一个冬季，他就能完成这项浩大的工程。

诸神愿意为阿斯加德修建防御工事，便问工匠想要什么样的酬劳。工匠回答，他想得到女神芙蕾雅，还要一并带走太阳和月亮。但如果没能按照规定的日期完成工作，他愿意分文不取。

他的话让诸神感到不快，于是他们聚在一起商议此事。有些神明想要拒绝他的提议，另外一些则深表怀疑。不过，他们全都认为应当修筑防御工事。

这时，洛基建议诸神接受工匠的提议，前提是他真的能够独自在规定时间内完成工作。"这是因为，"洛基说，"只要侏儒不能按时建好，我们什么都不用付出，就能将防御工事据为己有。"

诸神采纳了洛基的主意，不过当工匠得知他们的决议，他提出自己

[①] 又作安格尔伯达（Angerboda）。

应当有权驱使他的马斯瓦迪尔法利（Svadilfare）参与工程建设。在洛基的劝说下，诸神接受了这位巧匠提出的条件。双方郑重宣誓，确认达成交易。

工程当即启动。冬季的第一天，伪装成侏儒的巨人为打地基做好了准备。当天夜里，他的马把石头拉到了阿斯加德。天一亮，诸神惊奇地发现，地上已经垒起了大块大块的巨石。他们意识到，大部分工作是由高大健壮的骏马斯瓦迪尔法利完成的。整个冬季，繁重的工程持续进行，雄伟的城墙迅速拔地而起，将诸神的宫殿环绕。

等到夏季将至的时候，工程已经进入尾声，诸神意识到工匠肯定能在指定日期之前完成任务。城墙已然建得又厚又高、坚不可摧，在夏日来临之前三天，只剩下城门还没有建好。

面对即将到来的灾难，诸神震怒。他们聚集在议事厅中，互相询问当初是谁提议接受工匠的条件，劝大家把芙蕾雅交给约顿海姆，还让人从天空中带走太阳和月亮。他们一致认定罪魁祸首不是别人，正是洛基，是他的阴谋诡计招致了危险。他们责怪洛基办了坏事，还说除非洛基有办法阻止工匠完成工作，让他拿不到想要的报酬，否则就要让洛基以死谢罪。

诸神立刻逮住了洛基，让他惊恐万分。他知道，如果不能延缓巨人的进度，自己一定会被处死。因此洛基发下重誓：不管会遭到怎样的报应，他都将阻止巨人，不会让可能到来的灾难变成事实。

趁着漆黑的夜色，洛基前去智取工匠。工匠驱赶着高大的骏马斯瓦迪尔法利，前去搬运最后一批巨石，用来建造城门。就在此时，密林之中冲出一匹母马，朝斯瓦迪尔法利高声嘶鸣。斯瓦迪尔法利激动地跳了起来，转头追随母马，工匠竭力想要控制住它，却是白费力气。骏马挣脱了缰绳，朝着母马追逐而去。母马的身影消失在树林里，筑城者空有一身杰出的技艺，却怎么也找不到他的马。就这样，一整个夜晚被白白浪费了。到了早上，工匠明白自己无法按时完工。他气得发狂，深知自己中了他人的诡计。盛怒之下，他冲动地变回巨人的样子，去找诸神算账。诸神这才知道，工匠原来是个残暴、可怕的霜巨人。

诸神发现自己受了骗，居然跟一个阴险小人一起立誓，就再也不愿意遵守誓言。奥丁召来了索尔，让他提着大石锤出战。巨人不是索尔的对手，他没能带走芙蕾雅和日月。伟大的雷神给出的报酬乃是死亡，只用一击就敲碎了巨人的头盖骨。然后，诸神拎起巨人的尸体，扔到了尼福尔冥界的最深处，那是一个充满悲伤、苦痛与无尽酷刑的地方。

斯瓦迪尔法利追逐的那匹母马生下了一匹色若乌云、天生八足的小马驹。长大之后，它成了九个世界中速度最快的骏马，它的名字是斯莱普尼尔（Sleipner）。

斯莱普尼尔成了奥丁的专属坐骑。奥丁在它的牙齿上刻下了神圣的卢恩符文。每当风声猎猎、群星粲然绽放之时，他总是骑在斯莱普尼尔的背上跨越天穹，沿着银河游猎。每天前往诸神的下议事厅时，奥丁也骑着这匹高大的骏马踏过彩虹桥比弗罗斯特。

因此，人们创作了一个谜语：策马前往下议事厅的是哪位神明？骑手和坐骑加起来有十条腿，三只眼，尾巴却只有一条。

答案是奥丁和斯莱普尼尔：奥丁只有一只眼；马有八条腿，奥丁还有两条；只有马有一条尾巴。

斯莱普尼尔不仅是奥丁征战、狩猎时的坐骑，它还负责驮着诗人前往天国。因为世间第一位诗人——也是最伟大的诗人——奥丁，正是乘着它升上天空。

尽管洛基和他的妻子没能成功陷害诸神，但他们依然坚定地想要实现自己邪恶的目标。有一天，新的灾难降临到阿斯加德的居民们身上，并在各个世界引发了激烈的纷争。丰收女神西芙（Sif）是索尔的妻子，拥有令人挪不开视线的美丽容颜。她的美貌和神力全部来自一头浓密、亮泽的金发。

装扮成少女的恶女巫觊觎她那丰盈的秀发，渴望将其据为己有。于是，洛基趁西芙入睡之时，用一把利剑剃光了她的头发，并将其全部带回。

索尔勃然大怒，奥丁和其他神明同样义愤填膺，因为西芙的秀发是富

饶与丰产的象征。

洛基又一次被逮住了。在死亡的威胁下，他许诺重还西芙一头浓密的秀发，并向各位主神赔礼道歉。洛基发誓要兑现自己的诺言，然后离开了阿斯加德，前往藏满黄金珍宝的下层世界。尽管害怕受罚，洛基还是没有放下作恶的念头。因此，他打算一边履行承诺，一边制造更加深重、更加难解的纷争。

洛基找到了智者密米尔统领的精灵铁匠们，怀着阴险的目的寻求他们的帮助。

在精灵当中，有两个家族都是擅长打造金银器皿的能工巧匠，他们分别是伊瓦尔德之子和辛德里之子。他们在密米尔的国度里建起了黄金殿堂，里面收藏着旷世奇珍。他们与诸神关系和睦，贡献良多，常常向诸神奉上种种饰物，并用他们精美的杰作装点阿斯加德的宫室。

洛基企图让两个精灵铁匠家族反目成仇，不仅如此，他还想离间精灵铁匠们与诸神的关系。

  首先，他请伊瓦尔德之子用黄金为女神西芙打造一把发丝，它们要像真正的头发一样能够生长。他们着手锻造，不仅满足了他的需要，还应他的要求，为奥丁炼造了一把叫作昆古尼尔（Gungner）的长矛。他们为金色阳光之神弗雷建造了一艘神奇的船，名叫斯基德普拉特尼（Skidbladner）。船上可以载下阿斯加德的所有战士，无论去往何方，都有温和的顺风伴它前行。这艘船还有一大妙处，那就是它能被收缩、折叠，变得只有一块手帕那么大。

  西芙重获金发之后，诸神原谅了洛基。长矛被献给了奥丁，弗雷得到了宝船。

  然后，洛基恶意挑衅辛德里一族，说他们比不上伊瓦尔德之子，无法打造出同样神奇、同样精致的作品。辛德里的兄弟勃洛克（Brok）表示反对，认为自己的家族技艺更加高超。于是洛基用自己的项上人头作为赌注，赌他们的作品无法超越已被造出的奇珍异宝。这一赌注被接受了。辛德里建造了一间巨大的作坊，和族人们一道忙碌了起来。洛基化作一只巨大的吸血虻，在他们工作的过程中寻衅骚扰。

  辛德里首先将一块猪皮放进了炉火里。然后，他让勃洛克持续鼓动风箱，不到铸造完成不能停歇。勃洛克出色地履行了使命。但是一只大飞虻落在了他的手上，狠狠地叮咬他，并吸着他的鲜血。他很想停下手中的活去驱赶飞虻，但如果他真的停手，施法就会被打断，之前的工作全都会白费。因此，他强忍着痛苦，坚持握住风箱的把手，直到辛德里取出了一头神妙的金鬃野猪，此猪足以令人大为惊奇。

  接下来，辛德里将一块贵重的黄金放进了炉膛，勃洛克再次为他鼓起了风箱。但是那只大飞虻又来了，这次它叮在他的脖子上，吸走了更多鲜血。勃洛克既打不到它，又没法将它赶走。有那么几回，他看上去不得不停止工作了，但他战胜了痛苦，最终让辛德里打造出了一枚魔法指环。它被称为德罗普尼尔（Draupner），意为"滴落者"。

  下一件被辛德里放进炉子的东西是一大块铁。当勃洛克开始鼓风，那只大飞虻又来了。它比此前任何时候都更加凶猛，直接叮在勃洛克两眼中间的位置，鲜血流到了他的眼睛上，导致他几乎什么都看不见了。勃洛克仍然辛勤地工作，只在中途为了驱赶飞虻而暂停了一瞬。辛德里最终从炉子里取出了一把大锤。除了索尔，没人挥得动此锤。

"这些作品，"辛德里说，"伊瓦尔德的儿子们谁也做不出来。"

勃洛克带着这些礼物去了阿斯加德，洛基和他同行。

至高无上的诸神坐在议事厅里，准备评判哪一方的宝物更加贵重。他们选出奥丁、索尔和弗雷作为裁判，然后一同品鉴各色珍宝。

伊瓦尔德之子和辛德里一族之间向来存在着激烈的竞争。洛基深知，获得嘉许的一方必遭另一方憎恨，而诸神也会被不受青睐的一族厌恶。

每一样礼物都博得了诸神的赞赏。但在他们看来，辛德里的作品意义最为重大。德罗普尼尔指环是一枚能带来丰收与多产的吉物。每逢第九个夜晚，就会有八枚同样大小的金戒指从它上面掉落。只凭这枚指环，就能衍生出一根无穷无尽的链条。德罗普尼尔被献给了奥丁，除了这件宝物，至高神还拥有伊瓦尔德之子铸造的昆古尼尔。这把长矛的枪尖可以作为誓言的见证。当奥丁把它投掷出去，长矛从群星间划过，枪尖上闪动着明亮的光芒。奥丁将这把长矛的力量赐给伟大的战士们。

金鬃野猪被献给了弗雷，骑着它可以跨越天空，亦能横渡大海。它跑得比任何一匹马都快，唯独比不上斯莱普尼尔。在一片漆黑之中，它还会发出灿烂的金光。每当弗雷在早晨或夜晚出行，野猪的金鬃都在空中放射出道道光芒。

在所有礼物中，最珍贵的莫过于献给索尔的大铁锤妙尔尼尔。它只有一处缺陷，那就是手柄短了一截，因为勃洛克在鼓风时因飞虻叮咬而模糊了视线，暂停了一瞬。就这样，这件绝佳的礼物因为洛基而变得不完美。这把锤子还具有一种魔力：每当索尔将它掷出，它都能飞回主人身旁。

由于诸神把最高的赞誉给了辛德里一族，伊瓦尔德之子被深深地激怒了。他们愤然离去，发誓要狠狠地报复诸神。洛基就这样达成了他的目的。

勃洛克渴望报仇雪恨，便凭雷神之锤向诸神索要奖赏。他想要取走洛基的脑袋作为报酬，因为那是他赢得的赌资。洛基愿意交出头颅，但除此之外精灵铁匠什么也别想得到。

洛基拥有一双神行之靴，让他得以在空中和海上都迅捷如飞。他冲勃洛克高喊："来抓我呀！"然后就消失不见了。

但愤怒的精灵铁匠找到了索尔，请他帮忙抓住洛基。这位势不可当的伟大神明应邀出手，把洛基带了回来。

"你的头是我的了。"勃洛克大声宣告，然后准备斩下洛基的头颅。

"只有头是你的，"洛基回答，"可别伤到脖子。"①

勃洛克向诸神申诉，但他们给出了有利于洛基的判决。诸神告诉勃洛克，他可以取走洛基的头，但必须保证脖子完好无损。

勃洛克气得发狂，转而要求缝上洛基的双唇，以断绝花言巧语的来源。由于他们的赌局，洛基的头颅确实为他所有，所以无人能反驳。他拿出自己的刀，想要在邪恶之神的嘴唇上打洞，但刀子竟然不够锋利，怎么也刺不进去。于是他大喊一声："要是我兄弟的锥子在这就好了。"话音刚落，那把锥子就出现在他身旁。勃洛克用锥子缝上了洛基的嘴，使他茫然地陷入沉默。

怀着满腔怒火，勃洛克离开了阿斯加德。就这样，洛基又实现了一个目标。因为诸神在勃洛克索取赌资时做出了有失偏颇的判决，所以辛德里的族人们被他们激怒了。

伊瓦尔德之子发起了叛乱，他们联合霜巨人，一同向阿萨诸神开战，给阿斯加德带来了灾难。

在背叛诸神之前，伊瓦尔德看守着赫瓦格密尔和埃利伐加尔诸河。他结过两次婚。他的第一任妻子是太阳女神苏尔，他们的女儿是绮瞳，她嫁给了博拉琪为妻。天鹅仙女们也是伊瓦尔德与苏尔之女，她们在尼约德的西方国度的边境歌唱。伊瓦尔德的第二任妻子是女巨人格蕾普（Greip），

---

① 与之相似，莎士比亚的剧作《威尼斯商人》（*The Merchant of Venice*）中，夏洛克（Shylock）想要取走一磅肉，却遭到了挫败。

他们有三个儿子，个个都是精灵铁匠——夏基-沃伦、神箭手奥文戴尔-艾吉尔（Orvandel-Egil）、艾迪（Ide）。艾迪又被叫作修齐、亨格斯特和"骗马者"盖尔德。

为伊瓦尔德生下子嗣之后，格蕾普嫁给了一名巨人。他们生下了两个儿子，进而又有了两个孙女，分别名叫芬妮雅（Fenja）和梅妮雅（Menja）。

就像先前所说的那样，由于洛基的邪恶行径，伊瓦尔德之子联合霜巨人向诸神宣战，凛冬之战就此打响。

与此同时，扮作少女的恶女巫古尔薇格-霍德尔秘密地将女神芙蕾雅诱离阿斯加德。芙蕾雅中了巨人毕利（Beli）的埋伏。这名高大的巨人是格列普的父亲，他把女神带到了约顿海姆，并把她囚禁在自己坚固的城堡中。诸神这下可谓祸不单行。

侏儒们

洛基坐在那里琢磨，直到他的黑眼睛
　　为他干的坏事而亮起喜悦的光芒；
当西芙在水晶般清澈的溪流中照见自己，
　　她的勇气几乎彻底消失。

再也没有一头琥珀色的柔顺发丝
　　能被她雪白的素手编成长辫；
她绝望地转身背对这可憎的景象，
　　滚滚热泪夺眶而出。

洛基坐在山洞的洞口，像只狡猾的狐狸，
　　躲在大松树的树荫下，
山岩中突然响起一声惊雷，

震得林间空地剧烈颤抖。

他知道这声音对于自己绝不是个好兆头,
他知道索尔正在朝此处赶来;
他立刻变身成一条鲑鱼,
惊恐地跃入了格洛马河(Glommen)①。

但索尔也改变了形态,他变成了一只大海鸥,
一口叼住了鲑鱼;
他大喊:你这个叛徒,我对你可是一清二楚,
你一定要为自己的恶作剧付出代价!

我要把你这个卑鄙小人敲得筋骨寸断,
就像石磨将谷物碾成粉末。
当洛基发现自己的法术失去了作用,
他变回了自己原来的样子。

就算你将我挫骨扬灰又怎样?
他说,这能弥补你的损失吗?
这能还西芙一根头发吗?
你怀里的老婆还是个光头。

但如果你能宽恕我无心的玩笑——
我真的没有恶意——
我在此向你发誓,以树根、波涛和岩石为证,

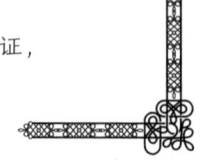

---

① 位于挪威,是斯堪的纳维亚半岛上最大的河流。——译者注

以欢乐之石(Beata-stone)上的青苔为证,
以密米尔之井、奥丁之眼为证,

以万物之中最强大的妙尔尼尔为证,
我将直接奔赴秘密的洞穴,
找到侏儒们,我身材矮小的族人们;

我将从那里给西芙带回一头全新的秀发,
用黄金打造,在白昼消逝前就能返回,
这样她就能像春日原野一般,
周身披覆着金黄的花朵。
…… ……

洛基巧舌如簧,许下美好的诺言,
阿萨诸神最终放他离开,
他潜入泥土,潜入黑暗的岩石间,
靠近地下深处冰冷的泉眼。

他肚子贴地爬行,像鳗鱼一样灵巧,
从坚硬的花岗岩上裂开的缝隙中钻了过去,
最终他抵达了侏儒们锤炼钢铁的地方,
他们站在那里,映照在苍蓝熔炉的火光之中。

这幅景象对我来说真是壮观极了,
侏儒们系着围裙,
忙忙碌碌地锤打、冶炼,
从粗糙的棕色石头中提取出纯金。

将沙砾和坚硬的燧石炼成水晶，
再用玫瑰花蕾着色，
把它们铸成红宝石和石榴石，
再藏进附近坚硬的岩缝里。

他们取来初绽的紫罗兰，每一瓣都滴着露水，
女侏儒们在早晨摘下花朵——
然后用它们的汁液染出剔透的蓝宝石，
丹麦国王的王冠上一向镶着蓝宝石。

他们为绿宝石寻来最鲜艳的翠色，
宛如春天嫩绿的草原，
还有粒粒浑圆、纯白无瑕的珍珠，
取自孀妇和少女的泪滴。
…………

当洛基把自己的任务告诉侏儒们，
刹那间他们就做好了开工的准备；
德瓦林（Dvalin）是这样说的：啊，洛普特（Lopter），是时候展现
侏儒们坚不可摧的友谊了。

我们的家系可以追溯到共同的祖先；
你的请求将被快速满足，
因为世人皆知，岩石之子绝不会
对需要帮助的族人置之不理。

他们取来了一张巨大的野猪皮，

那是他们所能找到的最大的，
他们鼓动风箱，直到熔炉开始咆哮，
风吹得火焰一蹿三丈高。

他们举起大锤，敲了一下又一下，
野猪皮上火星四射，溅得老高，
洛基从头到尾一言不发，无论褒贬，
尽管他的眼中潜藏着阴邪的恶意。

他心痛地盘算着，远在天边的雷神
总共会拿到多少宝物，
就像夏日的清风般反复无常，洛基这时急切地想要
让侏儒的辛劳化为乌有。

勃洛克鼓着风箱，辛德里挥着锤子，
索尔让火花高高飞扬，
拱形的洞穴里滑轮吱呀作响，
洛基变成了一只巨大的飞蝇。

他饱含着毒液和恶意，落在
勃洛克的手腕上；
但侏儒的皮肤太厚了，他根本咬不穿，
更别提让风箱的鼓动停止一瞬。

虽然这么说很奇怪，但是呼啸的火焰中
出现了金鬃的古林博斯帝（Gullinburste），
它将成为太阳神弗雷的坐骑，

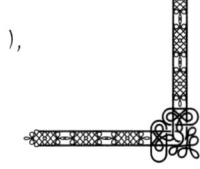

在所有的野猪中它当数第一。

他们从秘密的宝库里拿出纯净的黄金,
只取了小小一块,
然而它在咆哮的熔炉中经历过千锤百炼,
可以说是无价之宝。

百炼之金铸成了一枚赤红的宽厚指环,
款式是衔尾蛇形,
指环上镶嵌着一圈宝石,
并饰有罕见的花纹。

它既结实又沉重,出自精工细作,
在白炽的烈火中过了三遍。
这枚指环是为奥丁打造的,
我想他们没有偷工减料。

他们用神奇的技艺反复雕琢,
最后赋予它一项珍稀的特性,
每到第九个夜晚,指环上就会掉落
八枚戒指,和原版一样华丽。
…… ……

接下来他们在铁砧上放了一块冰凉的钢铁,
他们不用火也不用锉;
他们连续不断地用大锤敲打,有如雷声滚滚,
与此同时,辛德里吟唱起卢恩符文。

洛基看到这块铁如何获得力量,
它的制作过程是多么精细,
——这是为阿克 - 索尔(Ake-Thor)打造的新锤子——
他准备再次施展诡计。

一眨眼,他变成了一只大黄蜂,
趁着抑扬顿挫的敲击之声,
用刺蜇伤了为首的侏儒的前额,
一道血淌了下来。

侏儒迅速地抬手擦了擦眉毛,
然而铁块还没有被完全打好,
他们发现锤柄短了一寸,
想要修改却为时已晚。
…… ……

达成目的之后,洛基不再逗留地下,
而是直接去找索尔,
给了他举世无双的华丽发丝,
他从未见过任何能与之媲美的东西。

弗雷骑着野猪,骄傲地离开了,
索尔拿走了指环和锤子,
他们前往瓦尔哈拉,阿萨神族的所在,
大殿中充斥着刺枪和酒宴的喧嚣。

在庄重的议事厅中,索尔把指环交给了奥丁,洛基卑劣的背叛之举得到了宽恕；
但这宽恕只是徒劳，因为他很快再度犯下罪行，
这个变本加厉、奸诈狡猾的罪人必须受到惩罚。

——亨利·华兹华斯·朗费罗（Henry Wadsworth Longfellow）

5

凛冬之战

The Winter War

当凛冬之战打响时,一场大地震动摇了九个世界。大地震颤,天空失衡。阿斯加德的神祇听到了可怕的喧嚣,坚固的城墙也在微微摇晃,仿佛心生惧意。地震是这样产生的:伊瓦尔德之子不再为诸神效力,转而与诸神的仇敌——可怕的霜巨人——勾结在一起,两名女巨人芬妮雅和梅妮雅握住手柄,猛地推动巨大的世界之磨,让它脱离常轨,整个宇宙都受到了灾难的威胁。霜巨人拥向南方,与诸神及其盟友交战。

华纳神族的尼约德想要让诸神和伊瓦尔德之子和解,因为他的儿子阳光之神弗雷正在北方的亚尔夫海姆担任君王。弗雷年纪尚轻,伊瓦尔德之子的力量足以伤害到他。

比约诺-霍德尔(Bjorno-Hoder)与尼约德同行,他是俊美的巴德尔的兄弟,也是一位声名远扬的弓箭手,此时他还没有双目失明。巴德尔的儿子凡塞堤(Forsete)也和他们一道,因为他和他父亲一样,是一名公正的裁决者,擅长调停纷争。他天赋异禀,言行举止令人信服,即便是最顽固的纠纷,他也能化解。但他们发现弗雷已经落入"嘶吼者"毕利之手,被这名体型庞大的巨人绑了起来。

比约诺-霍德尔勃然大怒，他拉开自己的弓，想要杀死伊瓦尔德的两个儿子——夏基-沃伦和奥文戴尔-艾吉尔。但奥文戴尔-艾吉尔也是一名神箭手，因此他也被叫作阿沃（Avo）。霍德尔还没来得及放箭，奥文戴尔的箭已经切断了他的弓弦。霍德尔将弦系好，奥文戴尔的第二支箭又射了过来。这次它擦过了霍德尔的手指，却没有造成任何伤害。巴德尔的兄弟无视了这一箭中隐含的可怕警告，继续弯弓搭箭。然而他刚刚拉开弓，奥文戴尔就击中了他的第三支箭矢，将它打落弓弦。霍德尔因此声名扫地。

于是，调停者们掉头离去，伊瓦尔德之子继续向北方前行。

怀着对诸神的无比仇恨，伊瓦尔德之子夏基-沃伦前往自己的作坊，在那里铸就了一把胜利之剑。自时间初启以来，还不曾有过一把像它这样的武器。这把剑光芒万丈，宛如天上的太阳，它无坚不摧，没有任何东西能够将它阻挡。它比辛德里之子打造的雷神之锤还要可怕，因为只要手持此剑，雷神也甘拜下风。夏基-沃伦决心击败诸神，攻占阿斯加德。他还制作了一只可以增殖的臂环，它最终会变成一条锁链，连风都逃不过它的束缚。

但沉稳、庄重的密米尔-尼德乌德（Mimer-Nidhad）——他也被叫作"捆缚者"纳尔弗——听闻了此事，得知自己的子民公然反叛并造出了一把危险的宝剑。密米尔依然是诸神忠实的盟友，他深知此剑威力无穷，担心它可能带来灾祸。因此，他前往尼福尔海姆的乌尔弗峡谷（Wolfdales），也就是夏基-沃伦的作坊所在之处，抓住了这位精灵铁匠，并用锁链将他捆住。然后，捆缚者取走了那把剑，又从七百个臂环中找出了衍生出它们的那个魔法之环，并把它们带到了河流环绕的冥界。这两件宝物被藏在深深的山洞里，和其他宝物堆放在一起，由密米尔的儿子看守。宝剑和臂环一直尘封于此，等待勇敢的斯维普达格——英雄中的英雄——让它们重见天日。斯维普达格被称为"闪耀者"，他击败了索尔，成为阿斯加德诸神中的一员。但在那一天到来之前，还有许多场大战要打，还有许多英勇强悍的战士骄傲地死去。

在凛冬之战中，挺身而出抗击巨人和伊瓦尔德之子的大英雄是哈夫丹（Halfdan）。他是索尔之子，那些讲述古老传说的人也把他叫作马努斯（Mannus）。

哈夫丹的降生伴随着可怕的征兆，它们预示了他的荣光和劫数。群鹰啼鸣，雷声隆隆，索尔的影子落在屋顶上。诺伦女神现身，织出了他的命运之线。她们以金线为经纱编织丝网，将网拴在月亮下面，线头分别藏在东方和西方。一根命运之线被引向北方，延伸到巨人的家园约顿海姆。乌尔德发下神圣的指令，宣告它将永不偏移。

饥饿的渡鸦们鼓噪相庆，迎接这个眼睛如狼的孩子。他将带来尸山血海，让它们的种族繁荣兴盛。渡鸦们知道，不久之后各地将会沦为战场，那就是令它们欢欣雀跃的盛大宴席。

哈夫丹的母亲听到了渡鸦的歌声，因此为他的命运感到恐惧。她的家中收藏着两把受过诅咒的利剑。为了不让孩子在长大、变强之后发现它们，她将两把剑深深地埋入地下。但哈夫丹很快便展现出了战士般的伟力。当他还是个少年的时候，他就能和巨熊徒手搏斗，最后将其击杀。

终于有一天，哈夫丹将一把剑从埋藏之地找了出来，并在争斗中用它杀死了自己同母异父的兄弟，而他并不知道对方的身份。由此可见，这把剑确实遭到了诅咒。

哈夫丹从父亲那里习得了神圣的卢恩符文，他还能听懂鸟儿的话语，因此在危险到来之前总能得到预警，从而领先对手一筹。

他用了几年时间来增长智慧、增强力量，然后出门闯荡，寻找出人头地的机会。一天，哈夫丹遇见了西格恩-艾尔薇格（Signe-Alveig），其名意为"滋养的佳酿"，两人坠入爱河，结为夫妻。西格恩-艾尔薇格是一位美丽的天鹅仙女，她有个姐妹名叫格萝亚（Groa）。格萝亚嫁给了伊瓦尔德之子奥文戴尔-艾吉尔，并生了一个名叫哈丁（Hadding）的儿子。虽然哈夫丹与伊瓦尔德一族长期和平共处，但在后者联合霜巨人对抗诸神及其盟友之后，哈夫丹选择了与他们为敌。

霜巨人企图占领米德加德，将其置于自己的奴役之下，于是索尔之子在米德加德的边界上和他们打了一场硬仗。巨人的首领是弗罗斯特（Froste），来自苏尔特尔所在的深谷的火巨人法亚拉－苏图恩与他并肩作战。大军向南方进发，哈夫丹在途中截住了队伍，趁乱把他们驱往荒凉的北方。他在斯瓦林（Svarin）之墓激烈地作战，杀死了自己的岳父西格特里格（Sigtrygg）。他俘虏了格萝亚，并侮辱了她，还把她的儿子斯维普达格一并带走。

哈夫丹乘胜向北进军，奥丁派出昭示胜利的瓦尔基里和他相伴而行。每到夜里，她们的光芒在天空中飞舞，这就是人们口中的"北极光"。

在约顿海姆的边境，哈夫丹趁夜把神箭手奥文戴尔－艾吉尔围困在宅院里，将他击败。

哈夫丹听说，奥文戴尔曾经吹嘘自己技艺惊人，就算是把一只小苹果放在竿头，他也能够遥遥一箭射中。于是哈夫丹让斯维普达格头顶苹果站在远处。① 然后，他又命令奥文戴尔证明自己的豪言壮语，如果真能做到，就放他自由，否则就要他付出生命的代价。

斯维普达格被带到了场地上。他的父亲对他多加劝勉，让他能够面对考验而不畏缩，同时也防止他意外移动，使箭矢脱靶。奥文戴尔让斯维普达格转过身去，背向而立，这样他就不必眼睁睁地看着父亲拉弓放箭。

奥文戴尔从箭筒中取了三支箭，用其中一支瞄准了儿子头上的苹果。他仔细对准目标，箭离弦而出，苹果被劈为两半，而他的儿子则毫发无伤。

哈夫丹询问奥文戴尔，为何要从箭筒中拿出三支箭。奥文戴尔－艾吉尔答道，倘若他的儿子有所闪失，那么迫使他们进行这项残酷考验的人也别想从他的箭下逃得性命。

不过，哈夫丹的杀身之祸并未在此时来临，他的报应还要待到斯维普达格得胜的那一日才会到来。

格萝亚在哈夫丹身边凄凉度日，了无生趣。她为他生下了一个儿子，

---

① 威廉·退尔的故事在萨迦中的翻版。

名叫古德霍姆（Gudhorm）。在那之后，格萝亚被冷落在一旁，遭受了更多屈辱。待到她和斯维普达格终于回到奥文戴尔身边，格萝亚已经伤透了心，命不久矣。她唤来斯维普达格，说自己因父亲之死而满心悲伤，又被哈夫丹强加侮辱，在双重打击之下，她已是大限将至。她又告诉儿子，他必将陷入一重又一重的艰难困苦与激烈纷争，很多时候还要面临威胁生命的危险。"如果你在任何时候需要我的帮助，"她说，"那就来到我的墓前，唤醒我的灵魂，我会从地下而来，帮你渡过难关。"说完没多久，格萝亚就去世了，母亲的死令斯维普达格潸然泪下。

奥文戴尔又娶了一位美丽的妻子，名叫希丝（Sith）。他们生了一个儿子，名叫乌尔（Ull）。和他同父异母的兄弟一样，乌尔也长成了一名年轻力壮的勇士。

斯维普达格满心只想着找哈夫丹复仇，打算对他开战。但在希丝的劝说下，他答应先行前往约顿海姆的群山，打入巨人坚固的城堡，从他手中救出遭到囚禁的女神芙蕾雅和男神弗雷。

不过，斯维普达格认为希丝没安好心，他也害怕自己踏上征途之后可能一去不回。他迫切地需要建议和帮助。于是他在漆黑的夜色中前往母亲的坟茔，在墓石前呼唤她。

"醒来吧，"斯维普达格喊道，"就像你向我许诺的那样，来到我身边吧！啊，母亲，请助我摆脱严峻的困境！"

格萝亚的灵魂听见了儿子的呼唤，便从冥界返回人世，她的声音在墓中响起。她告诉斯维普达格，他必须长途跋涉，历尽艰辛，才能找到芙蕾雅。她又让他牢牢记住，他的命运女神将为他指引方向。

随后，她为斯维普达格吟诵咒语，保佑他一路上化险阻为坦途，受到伤害能快速痊愈，随时随地都不缺乏勇气，身陷囹圄也能脱离束缚；保佑他安然跨越必经之途，无论前方是汹涌湍急的河流、危机重重的大海，还是连绵险峻的高山。

格萝亚一共念了九条咒语，最后一条咒语的作用是使他平安穿过尼福尔冥界，进入密米尔之林。

咒语念完之后，格萝亚的声音就消失了，她的灵魂重归下层世界。

知晓自己面对任何危险都能安然无恙，斯维普达格信心十足，朝着北方巨人们的战场进发。在开始寻找芙蕾雅之前，他想要先为外祖父之死和母亲所蒙受的羞辱复仇。因此，他率领着一支巨人军团与哈夫丹的大军交锋，双方打了一场恶仗。

斯维普达格亲自上阵和哈夫丹对决，然而他终究不敌哈夫丹，沦为阶下囚。巨人们被逼得匆忙向北逃窜。

年少英勇的斯维普达格令哈夫丹大为赏识。他提出，倘若斯维普达格能够成为他的同伴，帮他继续对抗伊瓦尔德之子的巨人盟友，他就愿意与斯维普达格缔结友谊。可斯维普达格对他的友好不屑一顾。盛怒之下，哈夫丹将斯维普达格绑在树上，丢在了一片密林里，任由野兽捕食。

等到人们离开之后，格萝亚之子开始回忆母亲所吟诵的咒语。他反复念诵其中的一条，随后，捆在身上的锁链不翼而飞，他重获自由。斯维普达格孤单而又失落，四处游荡，但他连一个巨人或仇敌都没碰到，也不知道自己应该去往何方。

这时他撞见了月神。那是在月亮升起之前，月神还没有踏上自己跨越天穹的轨道。斯维普达格从月神口中得知了在哪里才能找到夏基-沃伦铸造的胜利之剑。

"密米尔的山洞，"月神说，"就是藏宝之处。你必须打败冥界之门的守卫者才能得到它。"

于是，斯维普达格以赫瓦格密尔所在的山峰为目标，走向杳无人烟的荒原，一路探访由巨人们守护的藏宝洞，那些洞穴里堆积着受诅咒的财宝。他冒着凛冽的严寒，跨过冰封的道路和拦路的雪堆。他不得不攀上悬崖峭壁，且常常置身于令人眩晕的山脊之上，脚下就是狰狞、可怕的深渊。穿越了无数险恶之地，斯维普达格终于抵达了冥界的边缘。展现在他面前的是一片熠熠生辉的美丽沃土，遍地盛放着香气馥郁的鲜花。

斯维普达格穿过了一道黑暗的山谷，一头地狱恶犬穷追不舍，犬吠声声震耳。然后他来到了刀锋之河的岸边，一座金桥横跨两岸。河对面就是冥界城墙的石门，门口有一位强壮的看门人。斯维普达格打败了他，得以进入亡灵之地，密米尔和尚未诞生的复兴之族就住在这里。

凭借格萝亚的魔法的庇护，斯维普达格找到了密米尔藏宝的山洞。他小心翼翼地前进，连影子也没有落在山洞里，生怕惊扰了看守此处的密米尔之子密明古斯（Mimingus），导致他躲进山里。

密明古斯正在睡梦之中，斯维普达格趁机将他打败，就地绑了起来。

他从墙上取下了闪亮的胜利之剑和神奇的臂环，带着夏基－沃伦铸造的宝物，马不停蹄地按照原路返回。斯维普达格再度穿过了大雪纷飞、雾气迷蒙的黑暗群山，越过了惊心动魄的艰难险阻，带回了从下层世界取得的宝物。

出于对复仇的渴望，格萝亚之子立即对哈夫丹发起了新一轮的征伐。阿斯加德诸神已然得知，斯维普达格拿到了夏基－沃伦所铸的惊天利剑，因而拥有了战胜神明的力量。强大的雷神索尔抓起铁锤，前去援助自己的儿子。

那是一场激烈的大战。斯维普达格杀死了面前所有的敌人，奥文戴尔－艾吉尔一箭重创哈夫丹。随后，索尔冲进战场，一路勇猛地将巨人击倒在地，最终对上了斯维普达格。然而辛德里打造的铁锤无法对抗年轻的英雄。闪耀者用胜利之剑劈断了锤柄。

尝到失败的索尔退出了战场，将哈夫丹也一起带走。

就这样，斯维普达格赢得了胜利。对于诸神的裁决，这无疑是一个挑战，因为他们曾经认定辛德里一族的技艺超越了伊瓦尔德之子。

哈夫丹伤重不治，索尔匆匆赶回了阿斯加德，和诸神一起等待斯维普达格的到来。他将随身携带胜利之剑，而这把剑被铸造出来，就是为了有朝一日彻底击败诸神，将阿斯加德夷为平地。

6

爱情的胜利

Triumph of Love

战胜哈夫丹之后,斯维普达格班师凯旋。一见到希丝,他便记起了自己曾经许下的诺言——从巨人的城堡中救出被囚的弗雷和芙蕾雅。于是,他准备和继母所生的兄弟乌尔一道出发,前往巨人的国度——森冷、黑暗的约顿海姆。出发前,希丝用三条大蛇身上的脂肪为两人制作了智慧的食粮,以支撑他们度过漫长而危险的旅途。在两份魔法食物中,斯维普达格挑了分量较大的一份留给自己。

他们必须横渡一片具有魔力的辽阔大海,冒着海上呼啸而来的恐怖的暴风雨,避开无处不在的旋涡和激浪。等到他们远远离开海岸,风暴巨人突然现身并发动攻击,但斯维普达格出手将其降伏。有了格萝亚的咒语的庇护,斯维普达格和乌尔一路平安。他们抵达一座港口,不远处便是"嘶吼者"毕利阴森的城堡,芙蕾雅和弗雷就被囚禁在里面。

上岸后,他们遇上了巨人的三个儿子。三兄弟都以格列普为名,其中一位是吟游诗人,正是他想要娶芙蕾雅为妻。他与斯维普达格和乌尔爆发了激烈的争执,试图劝他们打道回府。两人轻蔑地表示拒绝,最终巨人们撤出了海滩。

随后，斯维普达格和乌尔前往城堡寻找芙蕾雅和弗雷。巨人们怒火中烧，发出了野兽般的嚎叫，并模仿风暴之神的吼声，想要吓走年轻的英雄们。他们制造的嘈杂之声确实令人毛骨悚然，只有勇敢的人才会冒险进入如此恐怖的地方。

当他们来到庭院之中，弗雷和芙蕾雅在巨人仆从的簇拥下出来迎接。作为见面的问候，斯维普达格给了芙蕾雅一个吻，芙蕾雅立刻明白，自己将成为他的新娘。

但弗雷和芙蕾雅被巨人施了魔法。他们曾被迫饮下遗忘魔药，因此往日的记忆变得模糊不清，只剩下深重的怨恨和痛苦。弗雷自觉羞愧难当，既不打算逃跑，也不期盼重获幸福。他就这样待在毕利坚固的城堡里，陷入深深的绝望。

芙蕾雅容颜苍白，悲痛欲绝。她极其厌恶对她痴心妄想的格列普，并为此饱受煎熬。她的一头金发在额前死死地拧了起来，这是毕利在俘获她的时候所施加的惩罚。芙蕾雅尝试过梳理打扮，想要恢复自己的绝世美貌，但由于无法打破身上的魔咒，她的努力终究是徒劳。在她的双眼之中，只有茫然与哀伤。就算看到斯维普达格和乌尔前来营救，芙蕾雅也不曾展露欢颜，因为她的心一片冰凉，掀不起半点波澜。

可怕的巨人们还在发出野兽般的嘶吼，在他们的嚎叫声中，斯维普达格和乌尔步入了城堡的厅堂。宽敞的大殿里燃烧着一堆熊熊大火，以抵御凛冽的寒冷。

巨人们正在举办一场盛宴，两人便加入了宴席。弗雷坐在一把高高的椅子上，面色惨淡，郁郁寡欢，而巨人们则围在他身边高声歌唱，痛饮美酒。

巨人们被斯维普达格和乌尔气得暴跳如雷，恨不得置他们于死地。双方爆发了激烈的争吵。吵到最后，追求芙蕾雅的那名格列普朝斯维普达格扑了过去，不料乌尔拔剑砍来，让他命丧剑下。巨人们一拥而上，围攻艾吉尔之子，却被全部击退。

两位英雄最终说服芙蕾雅跟他们一起逃脱，却没能说动弗雷。因为他深深地为自己感到羞耻，表示再也无颜出现在阿斯加德诸神面前。

一路上，芙蕾雅都对斯维普达格态度冷漠，从来不曾看他一眼或开口说一句话。他们渡过了魔法海洋，开始攀登崇山峻岭。翻过群山就能抵达奥文戴尔的住处，见到苦苦守候的希丝。然而直到此时，芙蕾雅还是没有为从巨人手中逃脱而表露出一丝一毫的欣喜或感激。

斯维普达格的心中充满了怒火，于是他抛下了芙蕾雅，让她独自游荡。芙蕾雅误入一片荒原，那里是女巨人们的住处。一名女巨人发现了她，把她当作奴隶使唤，让她为自己放羊。但斯维普达格仍旧对芙蕾雅怀着满腔柔情蜜意，等到怒火平息之后，他立刻后悔了，于是再度开始寻找她的身影。

他从女巨人手中救出了芙蕾雅，和她结伴踏上归途。但那邪恶的女巫很快追了上来，恋人们穿着雪靴飞速奔逃。女巫渐渐逼近他们，这时太阳突然从山上升起。日光下，女巫被变成一块巨石，伫立在海岸边。

然而芙蕾雅身上的魔咒尚未解除，因此她依然没有感恩之心。她不会回应斯维普达格的话语，也不会与他对上视线以示嘉许。他只希望得到美人一顾，可芙蕾雅的目光始终垂向地面，忧郁而无声。

斯维普达格的心中再次燃起了怒火，他丢下她踽踽独行。芙蕾雅消失在了岩石之间。然后她变成一只鸟，飞越重重山峦，飞过荒野边缘的界河，一直飞到了斯维普达格的家园。芙蕾雅来到奥文戴尔门前，自称是无家可归的穷苦女子。希丝并不知道她的真实身份，但依然热情地款待了她。

斯维普达格认出了芙蕾雅，宣布此人便是自己的新娘。两人举办了婚宴，许下了庄重的结婚誓言，可芙蕾雅还是冷若冰霜。芙蕾雅端着一支蜡烛，和斯维普达格一起走进婚房。她静静地站在斯维普达格面前，任由蜡烛越烧越短。眼见火焰已经碰到了芙蕾雅的手，斯维普达格连忙开口提醒。但芙蕾雅根本感觉不到疼痛，因为更加深沉的痛苦占据着她的心灵。

就在这时，芙蕾雅身上的魔咒被火焰打破了。她终于抬起头，含情脉脉地注视着拯救了自己的爱人。对斯维普达格来说，这无异于无上的奖赏。

然后芙蕾雅从他眼前消失了。她披上隼羽披风，飞回了阿斯加德，并恢复了纯洁无瑕的样子，诸神欣喜地欢迎她归来。于是，斯维普达格带上他的胜利之剑，前去阿斯加德寻找芙蕾雅。

阿斯加德诸神还在为另一件事发愁——女神绮瞳失踪了。虽然此事的严重程度比不上芙蕾雅遭到诱骗，但绮瞳保管着让人永葆青春的金苹果。她把苹果存放在一个紧锁的匣子里，每拿出一个，就会有另一个填补它的位置。依靠这些苹果，诸神才能长生不老，而一旦绮瞳消失不见，诸神便开始衰朽。他们深知，巨人和巨怪都渴望从阿斯加德夺走金苹果。因此，诸神陷入了深深的忧虑，担心灾难很快就会降临到自己头上。邪恶的洛基成为怀疑对象，因为绮瞳最后一次出现就是和他在一起。面对奥丁的质问，洛基承认自己带走了绮瞳。洛基把绮瞳交给了夏基－沃伦，他是绮瞳的兄弟，也是胜利之剑的铸造者。凭着这把剑，就有可能战胜诸神。

绮瞳是怎样被带离阿斯加德的呢？有一天，奥丁、霍尼尔和洛基一同出行。他们打算前往伊瓦尔德一族位于赫瓦格密尔和埃利伐加尔诸河之畔的居所，希望能够平息纷争。夏基－沃伦早已化作一只鹰，挣脱了密米尔的束缚。他得知三位神明的动向，提前在路上等待他们的到来。三位神明途经一座长满橡树的山谷，停下脚步休息。他们又累又饿，正好发现一群熊在山谷里吃草，就捉了一头用以充饥。三位神明将熊开膛破肚，点起柴火，打算做一顿烧烤大餐。夏基－沃伦打造了一根带有魔力的木棍，搁在他们身旁，打算靠它向诸神——尤其是洛基——报仇雪恨。

这时，一只巨鹰飞了过来。三位神明看出它就是此地的主宰者夏基－沃伦的化身。

由于伊瓦尔德之子事先对熊施过魔法，熊肉烤好以后怎么也切不开。奥丁对个中缘由一清二楚，于是他对夏基说道："化身为鹰的珠宝匠人啊，你这么做是为了什么？"

夏基表示自己只是想得到一份熊肉。奥丁并没有察觉鹰的阴谋，便同意与他分享食物。夏基从空中飞下来，取了一大块肉，气得洛基顺手抓起魔法木棍，照着鹰挥了过去。他这么做正中鹰的法术。他的双手紧握在木棍上，无法松开，木棍的另一头则被鹰爪牢牢抓住，洛基就这样被鹰拽了起来，飞到了高空之中。他挣扎着想要脱身，却无济于事。鹰拖着他从橡树林中穿过，枝条狠狠地抽打在他身上，几乎把他撕成了碎片。但洛基毕竟还是太沉了，鹰降落到地面上。洛基不得不恳求夏基饶他一命，只要能放他离开，他愿意付出任何东西作为赎金。

夏基想要的是他的姐妹绮瞳。在伊瓦尔德之子尚一心臣服于诸神之时，她被洛基带去了阿斯加德。洛基承诺把绮瞳秘密地送给夏基，这才从魔爪中解脱。三位神明一起返回了阿斯加德。邪恶的洛基兑现了自己的诺言，而且没有让奥丁得知半点消息。

听到洛基坦白自己的恶行，诸神都气坏了，威胁要将他处死。但洛基发誓会把绮瞳带回阿斯加德。他借走了芙蕾雅的羽衣，飞向北方，前往夏基-沃伦的领地。

失去绮瞳后，米德加德和阿斯加德都发生了可怕的灾祸。阵阵寒风从北方刮来。霜巨人获得了更加强大的力量，他们集结成浩大的军团，朝着南方蜂拥而来。巨人们听闻哈夫丹已死、绮瞳失踪，得知诸神因此变得衰弱无力。冰霜之箭射向大地，杀死人类、野兽以及其他一切生灵。天穹动荡不安。追逐太阳和月亮的巨狼逼近了目标。乌尔德之泉逐渐丧失力量，无法继续向世界树输送足够的温暖。约顿海姆满是欢庆与复仇的高歌，歌声遥遥传到阿斯加德。诸神一日更比一日衰老，他们害怕万物的终结很快就要来临。他们派脚步迅捷的信使赶往密米尔的树林，希望诺伦女神们能够向他们揭示诸神和世界的命运。

由于掌管重生之力的女神绮瞳被人掳走，诸神和人类都备受苦楚。如死亡一般冰冷的暴风之矛掉头射向诸神和人类。致命的霜冻紧紧攫住了米德加德。

洛基潜入夏基的宅邸，找到了绮瞳，然后施法将她变成了一枚坚果。他把坚果抓在爪子里，带着她向阿斯加德飞去。出发前，喜欢招惹别人的洛基把自己的所作所为告诉了夏基，还挑衅他，让他来追赶自己。愤怒的夏基化身为鹰，紧随洛基。他飞得快极了，眼看着就要追上洛基，却已身陷阿斯加德的重重防卫之中。夏基冲入易燃的云雾，被迅疾之焰包围，浑身焦黑地跌落在城墙里。索尔用辛德里重铸的神锤杀死了夏基。就这样，胜利之剑的铸造者夏基-沃伦耻辱地倒下了，死于洛基的卑劣行径。

与此同时，芙蕾雅在阿斯加德苦苦等候着她的爱人斯维普达格。诸神也在等待他的出现，因为胜利之剑将随他一同到来。

斯维普达格心中充斥着对芙蕾雅的思念，在见到心上人之前，他根本无法歇息。格萝亚的咒语依然庇护着他，依照乌尔德的意志，他必将抵达阿斯加德。于是他再度踏上了危险的旅途。他穿过冥界，翻越荒芜的高山，又从风暴和伸手不见五指的迷雾中闯出，最终抵达了比弗罗斯特桥头。斯维普达格把光芒四射的胜利之剑悬在腰间，踏上了诸神之桥。彩虹桥的哨兵——明亮耀眼的海姆达尔——始终注视着他，但没有发出任何警告，因为奥丁希望芙蕾雅的爱人来到阿斯加德的城门前。于是斯维普达格一路攀登，直到天宫的壁垒出现在他的视线之中。在那里，他看到了奥丁，但没能认出对方的身份。

斯维普达格跟至高神打了个招呼，却得到了粗暴的回应。"这里，"奥丁说，"不是乞丐该来的地方，沿着你那潮湿、泥泞的来路打道回府吧。"

斯维普达格对此表示抗议，作为一名疲惫的旅者，他认为自己应当受到款待。奥丁重申道，这里不容踏足，不过他的语气缓和了一些，因为这位年轻人凭借高雅的风度赢得了他的欣赏。

斯维普达格感叹道："这里是如此美轮美奂，我无法挪开自己的眼睛。我会在这里找到幸福和安宁。"

"你是何人？"奥丁问。

"我的名字，"斯维普达格说，"是风寒（Windcold），我是春寒（Spring-cold）之子，极寒（Very-cold）之孙。"

惊鸿一瞥之下，阿斯加德的美景映入了斯维普达格的眼帘。他看见了金光闪闪的殿堂，尤其是芙蕾雅的欣悦之宫（Hall of Gladness），它就在城门的附近。他也看见了芙蕾雅。他的爱人倚靠在花团锦簇的欢乐之石（Rock of Joy）上，凡是向这块石头祈祷的人都能获得健康。在她身边环绕着一群侍女：治愈者艾尔（Eil）、保护者赫莉芙（Hlif）、光明者比约特（Bjort）、欢愉者布利德（Blid）和美丽者弗丽德（Frid）。当米德加德的男男女女发出祈求并献上供品，她们就会对信徒施展治愈之力。芙蕾雅默不作声，深深地沉浸在思绪中。她坐在那里，宛如一尊金发碧眼的雕像，带有纯净的美感。她守护着全天下爱而不得的少女、母亲和她们的婴孩。这位美丽的女神是个"首饰痴"。精灵铁匠们取来天空中闪烁的珠宝和明媚的春花，打造出了一条闪闪发光的项链，佩戴在芙蕾雅颈间。

世界树的枝丫笼罩在芙蕾雅头顶，这一切都让斯维普达格惊异不已。树上结着神奇的果实，树枝间栖息着一只金冠雄鸡，它浑身的羽毛都闪耀着金色的光芒。

斯维普达格看向阿斯加德壮美的城门，发现门口守着两头巨大的狼犬。它们日夜不息地护卫城门，倘若一只睡着了，另一只则会保持清醒。它们的力量强大到可以杀死巨人，那些趁着黑夜进犯阿斯加德的飞行巨怪也会被它们撵得抱头鼠窜。

"异乡人可以进城吗？"年轻的英雄向奥丁问道。

"任何异乡人都不得进入城内，"至高神回答，"除非他带来了胜利之剑。"

"如何才能从狼犬面前通行呢？"斯维普达格问。

奥丁答道，没有人能够通过狼犬的把关，除非把金冠腿上的肉喂给它们。

斯维普达格又问，如何才能杀死那只栖息在世界树上的雄鸡。奥丁回答，只有拿到一把藏在冥界的洞穴中的宝剑才能杀死它，但若是不能把金冠的踝骨交给守卫者，就没有办法取得宝剑。

"就没有人能够进城见芙蕾雅一面吗？"英雄问。

"没有人能够进城，"奥丁回答，"除非他是斯维普达格。"

"那么请开门吧，"英雄大喊，"因为我就是他。斯维普达格来找芙蕾雅了。"

于是他穿过了迅疾之焰，毫发无伤地跨过了护城河，因为阿斯加德的大门已经向他敞开。狼犬们也冲他献媚，用欢快的吠叫声欢迎他的到来。

芙蕾雅连忙从石头上站起身来。当她得知来者确为斯维普达格，她放声高呼："欢迎，我的爱人！我深切的渴望终于得到了满足。我坐在石头上等了好久好久，日日夜夜找寻你的身影。现在你再度回到了我的身旁，我彻底心满意足了。"

斯维普达格就这样进入了阿斯加德，随身带来了胜利之剑——一把原本是为了毁灭诸神而铸造的宝剑。爱情战胜了仇恨，洛基的阴谋遭到了挫败。斯维普达格娶了芙蕾雅为妻，伊瓦尔德之子和诸神就这样重归于好。

之后，乌尔和希丝也被带到了阿斯加德。夏基-沃伦的双眼被安放在天穹中，闪耀如星辰，已经死去的奥文戴尔同样被升格成了星辰英雄。

与此同时，尼约德前往约顿海姆，从巨人的城堡中救出了自己的儿子弗雷。弗雷摆脱咒语后，怒气涌上心头。他从墙上拔下一根雄鹿之角，用它杀死了"嚎叫者"毕利。

斯维普达格把胜利之剑交给了弗雷。随着他的归来，阿斯加德重享安宁与太平。

但是恶女巫依然混迹于诸神之间，扮作一名侍女，坐在芙蕾雅脚边。在她的力量遭到压制之前，她注定要在阿斯加德和米德加德引发另一场更加浩大的战争。

7

失去胜利之剑

The Lost Sword of Victory

夏基-沃伦有一个骄傲又强悍的女儿,名叫斯卡蒂。当她得知父亲死于诸神之手,斯卡蒂披上锁子甲,戴上闪亮的头盔,拿起长矛与毒箭,要为父亲之死报仇雪恨。她奔赴阿斯加德,站在城门外面,叫神明出来和她单挑。斯卡蒂英姿飒爽,盛怒之下的面容毫无惧色。

共同商议之后,诸神认定她的诉求是正当的。因此,他们表示愿意与斯卡蒂和解。事实上,他们不愿杀死一个如此光明磊落之人。但斯卡蒂对他们的劝解嗤之以鼻,并向诸神举起长矛,要求杀父仇人以命相偿。

于是,机敏的洛基走出城门,在斯卡蒂面前跳起了舞,他还带了一头山羊为自己伴舞,终于把斯卡蒂逗乐了。他跳了好一阵子,然后停下来躬身向她求婚,山羊在一旁哀怨地低声叫唤。斯卡蒂哈哈大笑,她的怒气烟消云散。

到了诺特驾车出巡的时候,夜幕覆盖了天穹,星辰一一亮起。斯卡蒂请求诸神让自己进入阿斯加德。奥丁前来迎接,他指着天空说道:

"看啊！你父亲的双眼化作了明亮的星辰[1]，它们将永远从天上注视着你……现在你可以和诸神住在一起，并选择一位神成为你的夫婿。但是，你在择婿之时，必须蒙上眼睛，只可看他们的脚。"

斯卡蒂又惊又喜，打量着聚集在面前的诸位神祇。她最终把目光落在了俊美的巴德尔身上，对他心生爱慕。她暗暗发誓，一定要从诸神之中挑出他来。

斯卡蒂蒙住双眼，透过纱巾下方的缝隙，看见了一只优美的脚，认定它属于巴德尔。她展开双臂，大声喊道："我要嫁的人就是你！"她一把摘掉了纱巾，却看见面前之人乃是尼约德。

尼约德是夏季的海神，他仪表堂堂，能够平息埃吉尔的暴风雨，止住风暴巨人盖密尔从苦寒的东方送来的疾风。但尼约德却不能让斯卡蒂内心欢喜。

然而，斯卡蒂的选择已然揭晓，她与尼约德在阿斯加德举办了一场盛大的婚礼。婚后，他们一同前往尼约德的住处诺欧通（Noatun）。大海的浪涛和悬崖上群鸟的鸣声吵得斯卡蒂睡不着觉，令她整日无精打采。从前她住在索列姆海姆（Thrym-heim），告别故乡的森林令她痛苦万分。斯卡蒂怀念轰鸣的瀑布、高耸的群山以及宽广的平原，过去她常常在这些地方驰骋、狩猎。此外，对巴德尔的恋慕仍然如蚂蚁啃噬着她的心。

这时，弗雷正在设法求娶他的新娘，以致为爱情陷入痴狂。

有一天，弗雷登上奥丁的黄金王座，坐在上面俯瞰世界。他从那里看见了万事万物，这也成了他不幸的开始。他惊奇地东张西望，朝着南方远眺良久，然后又把目光转向了北方，遥望巨人们的领土。从那里放射出一道璀璨的光芒，让苍穹、空气和海洋都充满了美。一位少女开启了自家的门扉，弗雷从未见过如此俏丽的佳人。她的身材高挑匀称，一双玉臂如白

---

[1] 伊瓦尔德家族与星辰崇拜有关。伊瓦尔德又写作"费特"（Vate）或"惠特"（Wate），而在古英语中，"惠特灵大道"被用来指代银河。夏基变成了天狼星，奥文戴尔则化作了猎户座。"惠特灵大道"也指一条从多佛尔（Dover）附近出发，途经今伦敦，通往北威尔士的罗马军用道路。

银般皎洁。第一眼见到她,弗雷便怦然心动。随后,少女消失不见,他的灵魂饱受相思之苦。他擅自坐上了奥丁的宝座,因此才会以这种方式遭到惩罚。

弗雷回到家中,不言不语,不饮不食,因为他深深地爱上了那位巨人少女——盖密尔之女吉尔达(Gerd)。他的沉默与长叹让诸神大为惊诧,但没有人能找出弗雷失常的原因。他的父亲尼约德携斯卡蒂前来探望,却丝毫无法改变他的处境,弗雷依旧沉浸在忧伤和无法告人的痛苦之中。于是,尼约德求助于斯维普达格,后者在阿斯加德被称作"闪耀者"史基尼尔(Skirnir)。尼约德请史基尼尔查明到底是什么让儿子痛苦不堪,并找出令他重获快乐的方法。

史基尼尔本来不愿去找弗雷,正如他原本也不想答应希丝的请求,从巨人毕利手中营救芙蕾雅。然而,当他看到弗雷寂然独坐,因深恋心上人而受尽折磨,他胸有成竹地上前搭话。

史基尼尔说："我们曾经携手闯荡，如今应当肝胆相照。我们之间不应有任何隐瞒。说吧，弗雷，告诉我，你为什么独自悲伤，不肯吃也不肯喝。"

弗雷答道："亲爱的朋友，我如何才能说清内心的痛苦呢？太阳女神在空中大放光明，但她的光芒也无法驱走我的愁绪。"

史基尼尔还是不依不饶，催促他吐露自己的烦恼，于是弗雷坦言爱上了美丽的巨人少女吉尔达。弗雷还补充道，他的爱情注定坎坷，因为不论是神明还是精灵，都不会准许他们俩结合。

史基尼尔向诸神揭晓了弗雷沉默、绝望的原因。他们深知，如果不能得到吉尔达，那么这位阳光之神将会憔悴而死。因此，诸神嘱咐史基尼尔，请他快马加鞭前去盖密尔家拜访，迎娶盖密尔美丽的女儿做弗雷的新娘。

弗雷听闻此事，愁绪稍减。他把胜利之剑交给史基尼尔，以作防身之用。史基尼尔又从奥丁那里借来了斯莱普尼尔，骑着它就能穿过火焰、跨越天空。动身之时，史基尼尔带上了魔法指环德罗普尼尔以及十一枚取自绮瞳的宝箱的青春苹果，作为送给新娘的聘礼。他还随身携带了一根法杖，见者无不臣服。

史基尼尔骑着骏马，渡过波涛汹涌的大海，翻过凄凉萧瑟的群山，越过道道深渊和残暴巨人们居住的山洞，最终来到了盖密尔的城堡。城堡周围环绕着燃烧的护城河，凶猛的寻血猎犬守卫在大门的入口处。

史基尼尔看见一位牧羊人独自坐在山丘上，便去和他攀谈，打听如何才能安抚那些始终保持警戒的可怕猎犬，从而接近巨人少女。

"你是从哪里冒出来的？"牧羊人问，"你这么做必死无疑。就算你日夜奔驰，也休想靠近吉尔达一步。"

史基尼尔无所畏惧。"我们的命运，"他说，"在我们出生之时就已经编织完成。我们绝无可能逃脱自己的劫数。"

这时，吉尔达在墙内听见了史基尼尔的话音，她让侍女去一探究竟，看看是谁在城堡前说出如此大胆之言。

史基尼尔即刻驭马前行，越过猎犬和火河，径直冲向城堡。在他抵达城门的那一刻，整座城堡的地基都随之动摇。

侍女告诉吉尔达，有一位勇士立在城外，想要见她一面。

"那就赶快，"吉尔达喊道，"把他带进来，将鲜甜的蜜酒和陈酿掺在一起来招待他。我的兄弟毕利恐怕就是死在他手上，这个杀人凶手总算现身在我眼前。"

史基尼尔走进城堡，见到了弗雷挚爱的巨人少女。吉尔达向他发问："你是何人？一个精灵，阿萨神之子，还是睿智的华纳神族中的一员？你居然独自造访这座强大的城堡，实在是胆大包天。"

"我不是精灵，不是神明，也不是华纳神族，"史基尼尔答道，"我是男神弗雷派来的信使。他倾心于你。他让我带来了德罗普尼尔指环作为聘礼，希望娶你做他的新娘。"

吉尔达的心中充满了轻蔑之情，她拒绝收下聘礼。"只要我一息尚存，"她说，"就绝不会嫁给弗雷。"

史基尼尔取出黄金指环德罗普尼尔放在她面前，但吉尔达还是不屑一顾。

"我不需要你的指环，"她告诉史基尼尔，"因为我父亲富有万金，珠宝无数。"

她的话让史基尼尔燃起满腔怒火，于是他拔出了光芒四射的胜利之剑。

"看看这把剑！"他大吼，"如果你拒绝弗雷，我可以用它杀了你。"

吉尔达傲然不屈。"无论是强逼还是胁迫，"她说，"都无法让我顺从。我父亲盖密尔威猛强悍，全副武装，随时可以惩戒你这个胆大妄为之徒。"

史基尼尔怒吼道："倘若你的父亲盖密尔胆敢反对，我就要用这把剑杀死他这个老迈不堪的巨人。这根法杖能够征服人心，我可以用它来让你从命。如果我不得不如此行事，你就再也尝不到幸福的滋味。因为你将被送往尼福尔冥界，无论是神还是人，都永远无法重睹你的娇颜。"

听到史基尼尔的宣判，吉尔达脸色惨白，默然跌坐在地。自己若坚持拒绝嫁给弗雷，竟要面临这般命运。

他说，在尼福尔冥界，等待着她的是一片酷刑地狱，那里飘荡着巨人们的灵魂，而他们的肉体已被世界之磨挫骨扬灰。她将失去爱的力量，并再也感觉不到温柔与怜悯。她要么孑然一身，要么嫁给一个怪物似的三头巨人，成为有名无实的新娘。欢欣与喜乐将永远告别她的心灵。她将始终经受冷酷无情的审视——就算是霜巨人看见了比弗罗斯特的守卫海姆达尔，或是巨怪看见了奥丁的狼犬，目光中也不会有那般深沉的恨意。恶魔们不容她获得片刻的安宁。邪恶的女巫们将逼她在石头上俯拜。她的身心将被摩恩（Morn）[①]占据，充满"灵魂的痛楚"。在那痛苦之地，病魔将与她比邻而居，加重她的伤悲之情。托普（Tope，意为"疯狂"）和欧佩（Ope，意为"歇斯底里"）会时时刻刻折磨着她。不管是白天还是黑夜，她都无法休息。用以充饥的将是难以下咽的腐肉，止渴的饮品唯有毒液。每天早晨，她都要艰难地爬上山顶，眺望散发着荣光与美的冥界。她将始终渴望前往那片充满幸福和快乐的闪光平原，但一切努力都会化作乌有。

"啊，吉尔达，这必将成为你的命运，"史基尼尔高呼，"假若你鄙弃弗雷。"

史基尼尔准备动用令人臣服的法杖，但吉尔达求他先听自己一言。

"请收回你的威胁吧，"她恳求道，"饮下这杯兼具鲜甜和醇厚的蜜酒。我从没想过自己会跟一个华纳神祇谈情说爱。"

但史基尼尔还是不肯停手，直到吉尔达托他向弗雷传达一个消息：她答应在九个夜晚之后成为华纳神族的新娘，条件是把胜利之剑交给她的父亲。

史基尼尔对她的答复很是满意。他冲出城门，跳上马背，全速返回阿斯加德。弗雷正焦急地等待着他。听闻还要等上九个夜晚才能见到吉尔达，这位相思成疾的华纳神祇满心忧伤。

"没有她在身边，一个晚上已是煎熬，"他呼喊道，"两个夜晚更加漫

[①] 女性巨怪，"灵魂的痛楚"的人格化，出现在《散文埃达》中。——译者注

长——我要如何才能熬过整整九夜？对我来说，在极致的幸福中过上一个月，仿佛也不及半个夜晚的等待那般长久。"

弗雷度日如年地熬过了之后的几天。终于到了约定的时刻，他前去迎接自己未来的新娘吉尔达。

应盖密尔之女的要求，弗雷交出了胜利之剑——一把铸造出来就是为了给诸神带来灾祸的宝剑。这样一来，阿斯加德失去了芙蕾雅所取得的胜利的果实。正是出于对芙蕾雅的爱，斯维普达格才放下了对诸神的怒火，在诸神与精灵之间缔造了和平。

巨人们早就想夺取胜利之剑，尤其是盖密尔之妻古尔薇格-霍德尔，也就是雅恩维德可怕的恶女巫。她仍然潜伏在阿斯加德，不断想方设法实施恶行。

苏尔特尔将佩上此剑，为冈罗德所受的不公向奥丁复仇。

因此，洛基嘲讽弗雷："为了换回盖密尔的女儿，你不仅付出了金银珠宝，还把胜利之剑交给了他。啊！当苏尔特尔的子孙从铁树林而来，你该是多么愁苦，因为可怜的你啊，到时候不知该拿什么武器作战。"

8

阿斯加德的覆灭
Fall of Asgard

灾祸的降临令诸神震惊不已，他们围坐在议事厅中，想要弄清芙蕾雅是如何被诱离阿斯加德的，又是谁谋划了这桩恶行。

怀疑指向了洛基的妻子，奥尔波达－古尔薇格－霍德尔。她本是铁树林里的恶女巫，至今还假扮成芙蕾雅的侍女，和诸神生活在一起。她还有另外一个丈夫，他就是胜利之剑的持有者盖密尔。他们的儿子是"嚎叫者"毕利，已经被弗雷所杀。在策划阴谋诡计的同时，她完美地扮演着自己的角色，侍女中没有人比她更加美丽、更加忠诚。她为芙蕾雅完成了许多任务。实际上，她一度被派去为凡人散布神恩。曾经有一对国王和王后，虽然成婚已久，但一直没有子嗣。他们向芙蕾雅献上祈祷和贡品，希望能为王国诞下一位继承人。听了他们的祈祷，芙蕾雅心生怜悯，便让奥尔波达扮成一只乌鸦前往凡间，给他们送去尤克特拉希尔枝头上具有孕育之力的果实。吃下果实后，王后实现了自己的愿望，在合适的时节生下了继承人，举国上下为此欣喜万分。

就这样，奥尔波达在阿斯加德赢得了良好的声誉，无人知晓她阴毒的本性。诸神不知道她生下了追逐日月的巨狼；不知道她是掌管东风的恶女巫，还会随风送出自己可怕的歌声；不知道她与西方海洋的暴风雨之神沉瀣一气，驱使装备精良的船队落入埃吉尔的魔爪。

终于，诸神看穿了她的真面目，得知原来是这个邪魔之母引诱了芙蕾雅，让她离开了安全的家园。他们对奥尔波达深感愤怒，同时又十分惧怕。他们还发现，可怕的奥尔波达早已在空气中布下妖法和恶咒，这些法咒弥漫开来，诸神和人类都中了她的法术。她还会施展黑巫术，将洛基注入人类心灵的种种卑劣的欲望全部激发出来。

索尔在诸神的上议事厅里一跃而起，急忙冲出去寻找罪魁祸首。恶女巫被他擒住并击倒在地。为了惩罚她，诸神把她送上了火刑架。他们在瓦尔哈拉搭起一座高高的柴堆，用长矛刺穿恶女巫的身体，把她送入火中焚烧，直到她化为灰烬。但她再度活了过来。诸神烧了她三次，她就复活了三次，因为邪恶很难被斩草除根。第三次，他们把她的骨灰扬到了四面八方，但她的命脉——心脏——并没有被彻底烧毁。洛基找到了残存的半个女巫之心，并把它吞了下去。从此以后，洛基的性格中属于恶女巫的部分就更多了。尽管诸神这般报复她，迫切地想要摧毁她，但女巫还是在铁树林中第三次复活，并永世居住于此。但她再也不能踏入阿斯加德了。

恶女巫还有一个女儿，她就是华纳神族弗雷的妻子——巨人少女吉尔达。虽然华纳神族也和阿萨神族一样，对她的巫术既害怕又厌恶，但考虑到恶女巫是族人的亲眷，他们还是为她提供了庇护。正因如此，在恶女巫被送上火堆之后，华纳神族与阿萨神族发生了争执。他们激烈地争吵了很久，奥丁突然出手，为这场口角画上了休止符。他把自己的长矛掷向人群之中，意思是：言语之争就此终结，接下来要靠武力解决。

就这样，恐怖的恶女巫让诸神反目成仇。

在大地上，人类的部族之间同样爆发了冲突。就像吟游诗人们歌唱的那样，"世界上的第一次大战"就此开启。看到这一切，"铁树林里的老妖婆"那颗生性冷酷的心油然生出了喜悦之情。"守剑人"艾格瑟

（Egther）与她弹冠相庆。他也被称作盖密尔，负责为恶女巫看管邪恶的兽群。待到复仇之日，当苏尔特尔准备进军之时，法亚拉-苏图恩将扮成冥界的红色雄鸡，找艾格瑟取来胜利之剑，用它屠戮诸神。

华纳神族既已成了阿萨神族的敌人，便离开了阿斯加德。尼约德也和他们一道。他的妻子斯卡蒂感到自己不必再顾忌阿萨诸神，于是与他分道扬镳。她厌倦了西方的海岸，反而深爱着索列姆海姆。那是她父亲夏基-沃伦的领地。那里有着静谧的群山、宽广的平原和橡树林。尼约德要陪她在山中待上九天九夜，她才肯跟他一起在波涛汹涌的海边住上一晚。正如斯卡蒂讨厌诺欧通，尼约德也不喜欢索列姆海姆。怀着沉重的心情，他唱道：

> 我厌倦了群山，
> 荒芜的平原，还有
> 风声呼啸的孤寂幽暗的深渊，
> 被囚禁的恶魔在其中呻吟；
> 我厌倦了森林
> 以及趁夜长啸的狼群，
> 因为我喜爱天鹅的歌声
> 在明亮的大海上响起，
> 船桨在无边的海洋上掠过，
> 巨涛翻起白浪。

在尼约德的国度，斯卡蒂是这样唱的：

> 啊，我怎么也不能合眼
> 在海边寂寞的床榻上入睡，
> 因为海鸥不停地制造喧嚣，
> 对我来说讨厌又怪异。

> 我渴念着自由的群山和树林,
> 向往大雪覆盖的平原和追猎的乐趣;
> 我讨厌被冰冷的海水冲刷的海岸,
> 海岸在变幻莫测的大海的怀抱里沉思。

于是,斯卡蒂告别尼约德,前往她的故居,再也没有回来。当夏基-沃伦的眼睛在天上粲然闪烁,当长风纵情呼啸,她便穿上雪靴,沿着陡坡奔驰而下。带着弓箭和长矛,她深入幽暗的森林,踏遍白雪皑皑的平原,狩猎熊罴与豺狼。

强大的尼约德率领华纳神族对抗阿萨神族,并赢得了胜利。奥丁及其麾下勇猛的战士们陷入了极其艰难的处境,因为他们失去了胜利之剑,索尔的雷神之锤也被损毁,然而,索尔和勇敢的提尔仍旧不懈地奋战,与奥丁一族的所有神明一起保卫阿斯加德。洛基篡夺了霍尼尔的权位,想要成为华纳神族的统治者。

在下层世界,奥丁还有一位忠实的盟友,他就是密米尔。因此,华纳诸神先行杀害了他,砍下其头颅送给奥丁。伟大的阿萨神祇对密米尔的头颅进行了防腐处理,然后对其吟唱神圣的卢恩符文,使它可以继续与自己交谈,像过去一样给予睿智的言辞与指引。霍尼尔被派去统治密米尔的领地,他在那里表现得言语畏缩、缺乏主见,不过他也是被迫就任的。

阿斯加德覆灭了,沦陷于阴谋诡计之下。华纳神族渡过了令人生畏的护城河,没有被迅疾之焰伤到分毫。尼约德用他那柄巨大的战斧劈开了宏伟的城门,门扉轰然倒下。华纳神族就这样取得了大捷。

诸神是这样被击败的。敌军集结在阿斯加德城下,奥丁的战士们上前迎战,双方发生了数次小规模的冲突。在一个安静的夜晚,诸神放下城门,把它变成了一道横跨护城河的桥梁,然后一位神明骑着斯莱普尼尔冲了出去,但被埋伏在外的尼约德截下。他跳下马背,匆匆返回阿斯加德,并连忙升起桥梁,却让斯莱普尼尔落入了敌人之手。为此,阿斯加德陷入了惊惶与伤悲，诸神深感不祥。

第二天早晨，诸神发现奥丁的坐骑出现在门外，顿时欢欣鼓舞，把它牵了进来。过河的时候，他们看见尼约德的衣袍飘在水中，便认为他死在了河里，于是自以为已经脱离危险。

但尼约德其实早已潜入阿斯加德。前一天晚上，他骑着斯莱普尼尔，趁着夜色来到河边。他当场杀死了自己的随从，给尸体套上自己的王族华服，然后将其抛进了险恶的河水。随后，他乘在斯莱普尼尔背上，毫发无伤地穿过迅疾之焰，翻过高大的城墙，躲进了诸神的上议事厅。

尼约德将诸神的战术策略听得一清二楚。等到周围再无戒备，他潜行到城门边，拔出战斧劈砍。城门倒了下来，像一座桥一样横跨护城河，华纳神族一拥而上，渡河攻城。就这样，他们成了天宫阿斯加德的主人。

除了为首的尼约德，与他并肩作战的英雄还有弗雷、希丝那好战的儿子乌尔，以及芙蕾雅的丈夫斯维普达格。作为华纳神族的亲眷，弗丽嘉对他们开战的理由表示支持，于是一起留在了阿斯加德。①

奥丁骑着斯莱普尼尔，迅速离开了阿斯加德。索尔驱使山羊拉动雷霆战车，带走了依然忠于他父亲的神明。就这样，阿萨神族被剥夺了权能，华纳神族占领了阿斯加德，成为世界的主宰者。他们推选乌尔为首领，人类改为向他献上祈祷和祭品。

结果，奸邪之徒也献上了分量可观的祭品，想要借此进入安宁祥和的冥界。

当阿斯加德陷入战火之时，米德加德也爆发了激烈的冲突，因为哈夫丹的部族想要找斯维普达格的部族复仇。不过，在讲述关于这场战争的故事之前，我们先要了解大地之上争端的由来。

在斯维普达格用胜利之剑击败索尔的那场大战中，哈夫丹重伤而亡，他率领的部队被驱逐四散。哈夫丹留下了两个儿子——西格恩 - 艾尔

---

① 此后的故事在《挪威列王传》中有所提及。奥丁踏上了一段漫长的旅途，他的兄弟以为他再也不会回来，便向弗丽嘉求爱。

薇格之子哈丁和格萝亚之子古德霍姆。在他死后，两个儿子面临着重重危险，于是索尔把他们带到约顿海姆。他把古德霍姆交给了巨人哈尔费（Halfe），把哈丁交给了巨人瓦格恩霍夫德（Vagnhofde），他们将在那里得到照料，直到成长为伟大的战士。

华纳神族攻下阿斯加德之后，洛基挖空心思，想要博得他们的好感。他发现哈丁的部族——撒克逊人口中的"哈丁人"（Heardings）——对华纳神族多有不敬，便针对哈丁设下种种圈套。然而有一天，一位身材高大的独眼老人找到哈丁。老人骑着一匹矫健的骏马，哈夫丹之子被他拉到马鞍上，用斗篷裹了起来。然后他带着哈丁一道离开了。那匹马跑得像飞一样快，却又无比平稳，小伙子不禁想要知道他们正前往何方。哈丁发现骑手的披风上有一个小洞，便从中向外窥探，只见自己奔驰在高高的空中，下方是辽阔的大海，身旁环绕着朵朵云彩。他满心惊惧，吓得浑身打战，骑手察觉到他的动作，不准他再看外面的风景。救出哈丁的正是奥丁。被迫离开阿斯加德之后，诸神选择了一地暂时安顿下来，他要把这小伙子带去他们的避难所。

奥丁把哈夫丹的儿子培养成了一位杰出的人类领袖。他为哈丁吟唱具有魔法的咒语，使他拥有了摆脱镣铐的力量。他还给哈丁饮用了被称作"勒弗尼之火"（Leifner's Flames）的神奇魔药。凭借它的药效，哈丁拥有了无人能及的力量和举世无双的勇气。然后奥丁提醒他多加小心，他可能很快就需要运用自己的力量来对抗仇敌。

哈丁再度乘上奥丁的坐骑，按照来时的路回到巨人瓦格恩霍夫德家中。但他很快就落入了洛基的陷阱。邪神擒住了他，用锁链把他绑在一片森林里，任由他被野兽捕食，就像哈夫丹曾经对斯维普达格所做的那样。他还安排了守卫，以防哈丁逃脱。洛基的同伙们紧盯着他不放，不料哈丁吟唱起奥丁传授给他的咒语，让他们陷入了魔法般的沉眠。一头巨狼向他逼近，想要把他撕成碎片，但哈丁又吟唱起使人脱困的咒语，锁链和镣铐从他的身上脱落下来。然后他和恶狼展开搏斗，最终杀死了那头狼，并吃下了它的心脏。哈丁从此拥有了狼的力量和凶性。他杀掉

了所有守卫，然后继续前行。

他返回巨人家中，准备告别此地，率领自己的部族向斯维普达格的部族发动攻击。巨人的女儿哈德格蕾普（Hardgrep）倾慕于他，求他不要离开自己。她拥有变幻自身形态的魔力。她可以高大到直逼星辰，又能在转瞬之间变成人类的体形。但她再怎么反对也无济于事，因为哈丁并没有把她的恋情放在心上，只想拿起武器，割断敌人的喉咙。

最终，哈德格蕾普变成一位秀美的少女，让他爱上了自己。尽管如此，哈丁还是坚定地选择离去。于是，巨人之女把自己打扮成男子的样子，作为一名战士跟在他的身旁。

斯维普达格也从阿斯加德回到了人间，想要与哈夫丹之子讲和。他愿意向他们献上王国。他让格萝亚之子——他的异父兄弟古德霍姆——统治丹麦人。但哈丁拒绝了他的好意。哈丁满怀着怒火与强烈的轻蔑之情，发誓要为父亲之死复仇，绝不从敌人手里接受任何恩惠。在实现这个人生目标之前，他发誓不理发、不剃须，因此他的头发和胡子都蓄得又长又密，为他赢得了"美须髯"的称号。

年轻的战士发动东边的瑞典人部族，随他征讨斯维普达格的部族及其盟军。他还向他那成为丹麦国王的兄弟古德霍姆宣战。在两兄弟之间，洛基捣了不少鬼。他扮成一个盲人去找哈丁，把他兄弟所说的话传到他的耳朵里，然后又化身为一个名叫比凯（Bikke）的军队将领，混迹于古德霍姆身边。

两兄弟因此兵刃相向。养育古德霍姆长大的巨人哈尔费前来助他一臂之力，瓦格恩霍夫德则加入了哈丁的阵营。斯维普达格率领的斯堪的纳维亚部族与丹麦人并肩作战。

开战前夜，相互敌对的大军一同见证了巨人之间的搏斗。两个彪形大汉在半空中展开对决。他们可怕的光头上没有一根毛发，反射出点点星光。高大、丑陋的勇士们使出了妖魔般的怪力。最终，哈尔费打败了对手，结束了这场恶仗。

第二天，洛基将古德霍姆的军团排布成精巧的阵型。就像哈尔费赢得空中之战一样，他们在地面的战场上也取得了胜利。

东方的瑞典人溃不成军，哈丁逃到树林中避难。巨人之女哈德格蕾普陪在他的身边，始终保护着他。他们俩携手相伴，备尝艰辛，时常身陷险境。

然而，哈丁注定要失去她的助力。一天晚上，他们走进一所孤零零的房子，希望能在那里得到接待。进门之后，他们发现房子的主人已经死去，人们正在为他举行葬礼。哈德格蕾普想要借此机会窥视未来，于是她取出一片木头，在上面刻下有魔力的卢恩符文，然后让哈丁把它放在死者的舌头下面，使其开口说话。

被人用这样的方式强迫发声，亡者的灵魂气得火冒三丈。他不仅没有给出他们想要的答案，还诅咒起对他下咒的人。他用恐怖的声音说道："诅咒那个把我从下层世界召回的人！愿恶意惊扰亡灵的家伙死于魔鬼之手！"

哈丁和哈德格蕾普从屋子里跑出去，逃到了密林中。他们在一条林间小路上用树枝搭了个棚子作为庇护所，藏在里面。到了半夜，他们的秘密住所中响起了一阵窸窸窣窣的声音，只见一只黑色的巨手四处摸索，用钢铁般的手指寻找猎物。

哈丁吓坏了。他唤醒哈德格蕾普，求她救救自己。巨人少女立刻翻身而起，变成高大魁梧的样子，把自己的爱人护在身后。她使出巨人一族的怪力，抓住巨手的手腕，让哈丁趁机拔剑劈砍。哈丁连连疾刺，拼命想把它砍断，剑刃磕在坚若铁石的血肉上，发出杂乱的铿锵之声。

鲜血从他制造的伤口里涌了出来，但随之喷溅的还有滚滚毒液，甚至比血液流得更多、更凶。

突然，哈德格蕾普反被巨手擒住，被狠狠攥在手里。利爪陷进了她的血肉，她的骨骼被勒到断折，巨人少女就这样死在了用以藏身的小屋里。那只巨手随即消失了。

如今哈丁孤身一人，已然濒临绝境。恶魔们来到了这片幽暗的森林，从四面八方将他包围。

出于对他的怜悯，奥丁派"光耀者"利菲尔（Lyfir）去保护落单的英雄。利菲尔其实是化身为人类的海姆达尔。他扮作一个流浪者，与哈丁相遇。他们并肩浴血奋战，由此建立了深厚的友谊。

不久之后，哈丁又在东方现身，率领着他的军队奔赴战场。

9
诸神重归于好
The Gods Reconciled

斯维普达格从阿斯加德回到自己的族人身边,力劝他们帮助丹麦人对抗哈丁。部族里的人都叫他英格(Ing)。当时统领部落的是斯维普达格之子阿斯蒙德(Asmund),他选择和凡人一起生活。

哈丁创下了赫赫功绩,他的声名远远传扬。他将国王哈德瓦努斯(Hadvanus)围困在城中,又攻破了防卫森严的堡垒。为了让敌方速速投降,这位智计百出的勇士捉来了在城内筑巢的鸟儿,在它们的羽翼间绑上缓慢燃烧的火种。当它们飞过城墙和堡垒,便引燃了熊熊大火。人们匆匆赶来,想要扑灭恣肆燃烧的火焰。战士们离开了要塞,守卫们丢下了城门。这时,哈丁发动猛烈的突袭,占领了城池。惨遭败北的国王付给他一大笔黄金,这才赎回了自己的性命。

斯维普达格和他手下的勇士们组成一支浩浩荡荡的船队,向东方进发。其中有一艘船叫作格诺德(Gnod),足足载了三千人。然而奥丁掀翻了整艘战船,船上所有的将士都丧生于波涛之中。

有人称,斯维普达格和他的勇士们一起淹死了,也有人认为他中了法术，因为格萝亚的咒语可以保佑他不受大海的侵害，而且除了阿萨诸神，没有人能与斯维普达格的勇武相抗衡。事实上，他的确有理由对这些神明多加提防。因为他的存在，战争迟迟无法结束，这让诸神对他心生不满。他也被称为奥德（Odur），即"被赐予灵魂"之人。

据说，阿萨诸神对斯维普达格下了咒，把他变成了一条巨大的海龙。海龙藏在一块灰色的礁石下面，守卫着堆积如山的珍宝。

听不到斯维普达格的甜言蜜语，见不到他容光焕发的面庞，芙蕾雅伤心极了。她在阿斯加德深深地思念着丈夫，并且想要弄清"闪耀者"到底遭遇了什么灾祸。

后来，芙蕾雅得知，斯维普达格之所以惨遭不幸，是因为触怒了奥丁。于是她外出找寻斯维普达格。泪珠从她的眼中落下，变成了一粒粒纯金，还有一些落入大海，化作了海中的琥珀。

芙蕾雅走遍米德加德，到处寻找斯维普达格。她走过山岭平原、河流湖泊，向碰到的每一个人询问是否见过她失踪的爱人。她的泪水止不住地流，因此在每一片土地里都能找到泪珠所化的黄金，在那辽阔的大海周围，每一道海岸上都能发现泪之琥珀。她对斯维普达格忠贞不渝，只要一天找不到他，她的悲伤就永无止境。

最终，她来到了丈夫所在的那片海岸。被困在巨龙身体里的斯维普达格同样痛苦万分。他的样子狰狞可怖，看起来枯槁憔悴。

芙蕾雅既没有对他心生厌恶，也没有翻脸无情，因为巨龙生着一双和斯维普达格一模一样的眼睛，依旧俊美如初，没有丝毫改变。

她努力地想要安慰丈夫，不禁流下了更多纯金的泪滴。芙蕾雅的悲伤是那样深重，巨龙的宝库因此大为充实。但对于他身上的魔咒，芙蕾雅也束手无策，毕竟又有谁能打破奥丁的诅咒呢？

她久久地留在斯维普达格身旁，根本不打算返回阿斯加德。每逢她跃入海中去安慰丈夫，她那华美的项链便透过波涛闪闪发光，在幽暗的水下有如星火跃动。当她陷入无尽悲伤之时，芙蕾雅便摘下项链，把它搁在灰色的礁石之下。

有一天，一心想要为父报仇的哈夫丹之子哈丁来到了这片海域，在海中沐浴。他感到周围热浪滚滚，波涛沸腾，正觉得奇怪，突然有一条龙朝他扑了过来。哈丁急忙拔出宝剑，奋力反击。哈丁本就身具神力，又蒙奥丁赋予了克敌制胜的力量，在屡次使出重击之后，他终于杀死了那头怪物，然后令手下把它抬回了营地。

他刚回到军营，一个女人就找上门来。她是如此美丽，竟让他说不出话来。她生着一头金色的秀发，碧蓝的双眸光彩流盼，宛若阳光照耀下璀璨激滟的大海。眼前之人正是女神芙蕾雅，但哈丁并不知道她的身份。

看到巨龙的尸身，芙蕾雅心中燃起了神明之怒。她对哈丁立下诅咒，无论他逃到海里还是陆地上，都不能免受灾殃。"你将遭受，"她喊道，"阿斯加德诸神的报复。在万军交锋的战场上，在空无一人的平原上，天谴都会降诸尔身。在每一片海域，总有暴风雨紧随在你身后。不管去往何方，你都将背负诅咒。你的房舍将被苦寒侵袭，坐在火堆边也感觉不到暖意。你的家畜无不倒毙。当你在世间穿行，就像瘟疫一样污秽可厌，人人避之不及。这就是诸神对你的怒火，因为你趁着一位阿斯加德的住民被魔法改变了模样，用亵渎的双手杀死了他。啊，就是你这个凶手，残害了我心爱的神明！你若是被抛入深渊，恶魔也会向你倾泻怒火。你将永远遭受我们的诅咒，除非你向华纳神族献上足够多的祈祷和祭品，以平息我们的怒气。"

芙蕾雅所说的全都得到了应验。一场暴风雨向哈丁袭来，把他卷入了暴烈的大海。在他被冲上海岸之后，陌生人都对他嗤之以鼻，远远绕着他走，就好像他是个浑身又脏又臭的瘟疫病人。他受尽了天灾人祸的折磨。最终，他向弗雷献上了深肤色的人作为祭品，华纳神族的怒火这才平息，他的诅咒也得以解除。

从那以后，哈丁每年都向弗雷献上丰厚的祭品，他的子子孙孙也世代遵行。

洛基远远地目睹了哈丁和巨龙的搏斗。看到斯维普达格身亡，他连忙朝灰色的礁石赶去，想要从石下取出龙之宝藏。更何况那里还有芙蕾雅的项链,尤其令他垂涎。洛基化作海豹潜入海中,看见"首饰痴"女神的珠宝在幽深的海水里熠熠生辉。然而目光锐利的海姆达尔也变成了海豹的样子,在他后面追赶。就这样,两位神明在幽暗的深海中相遇。四目相对之下,他们认出了彼此,当即在灰色的礁石上为争夺珠宝而展开了激烈的交锋。

海浪之子海姆达尔获得了胜利。他赶走了洛基,把芙蕾雅的项链收好。这条项链一直安全地保管在他那里,直到他随着阿萨诸神重返阿斯加德。

哈丁终于和敌对部族的盟军展开了大战。在开战之前,他杀死了斯维普达格之孙——阿斯蒙德之子亨利(Henry)。复仇的怒火在阿斯蒙德心头燃烧,他立誓要结果了这个杀子杀父的仇人。

然而,哈丁拥有奥丁的支持。至高神教导自己青睐的勇士,让他把军队排成楔形,这样就可以冲破敌人的阵形,将他们分割开来。多年以后,哈丁的后裔在进入战场之时依然采用这种阵形。

战斗到了最激烈的关头,极度的愤怒和对复仇的渴望使阿斯蒙德爆发出了超乎寻常的臂力,对哈丁狠狠相逼。奥丁感知到哈丁身陷险境,便匆匆奔赴战场,助他一臂之力。

华纳神族则为阿斯蒙德助阵。他们招来了猛烈的暴雨和重重迷雾,笼罩在哈丁的军队上方。但索尔驾着一团黑色的雷云现身,驱走了山顶上的积雨云。太阳冲破云层,放射出明亮的光芒。

哈丁以楔形阵步步推进,阿斯蒙德终于靠近了自己的敌人。对他来说,世界上再也没有别的什么能比哈丁的性命更加重要。随后,哈丁呼唤阿萨诸神出手相助。阿斯蒙德将盾牌甩到身后,双手握住剑柄,狂暴地挥舞着大剑,锋芒所向,莫不披靡。眼看着他就要来到哈丁面前,奥丁骑着天马斯莱普尼尔重返战场,并带来了巨人瓦格恩霍夫德。巨人扮作一名战士,手持一把蛇形剑,守护在哈丁身边。

看到巨人手中的武器,阿斯蒙德高声呼喊:"就算你用蛇形剑作战,我的短剑和标枪今日也必取你性命。至于你,罪孽深重的哈丁,拿起你的盾牌好好防守。你那生猛的长矛将被我击落在地，我要让你丢尽脸面。"

然而，趁着阿斯蒙德被巨人牵制住，哈丁掷出长矛，刺穿了阿斯蒙德的身躯。阿斯蒙德重伤垂死，但还残存着一击之力。他攥紧自己的标枪，向哈丁扔了过去，刺伤了他的一只脚。阿斯蒙德随即去世了，最终也没能完成复仇。不过，他在生命的最后时刻给杀死他父亲和儿子的凶手留下了永久的创伤，使他从此变成了一个瘸子。

阿斯蒙德倒下之后，哈丁取得了胜利。敌军被他打得一片混乱，溃败而逃。

阿斯蒙德的遗体被隆重地下葬。他的王后冈希尔德（Gunnhild）悲痛万分，不愿独自偷生。她用阿斯蒙德的佩剑自刎身亡，和他葬在了一起。她爱阿斯蒙德胜过爱生命，即使躺在坟墓之中，她也要用双臂环抱他的身躯。整个部族都为他们哀悼，伤悲之情久久不能平息。

此时此刻，霜巨人与山巨人正在合谋攻打阿斯加德，苏尔特尔的深谷和雅恩维德两方势力都承诺襄助。在即将到来的灾难面前，华纳神族几乎毫无抵抗之力，而且他们根本不知道恐怖的敌人怀有怎样的阴谋诡计。但流亡在外的奥丁对此一清二楚。他深知，倘若高凌于世的天宫被巨人们倾覆，不可挽回的灾难就会降临到诸神和凡人身上。

他骑上斯莱普尼尔，朝着阿斯加德疾驰而去，带来了骇人的消息。华纳神族这才醒悟，他们迫切地需要奥丁提供睿智且可靠的箴言。由于奥丁预先向他们警示了巨人们的计划，华纳神族对这位被自己赶下王座并放逐的领袖备感亲切。

如今坐在奥丁的王座上的是乌尔，他去找索尔共同商议此事。雷神用有力的言辞打动了乌尔，使他对阿萨神族充满了友善。于是，索尔获得了重返阿斯加德的机会。他为阿萨神族的情由进行了辩解，听完他的陈述，华纳神族立刻送信给奥丁，请他再度担任他们的至高统治者。

就这样，阿萨神族和华纳神族重归于好。但到了饶纳诺克那一日，苏图恩前来复仇之时，睿智的华纳神族终将背弃阿斯加德。

奥丁再度坐上了至高王座。没过多久，巨人们就对诸神发动了进攻。

诸神摧毁了巨人们的企图，还狠狠地惩罚了他们的放肆之举。巨人们死伤无数，幸存者则被赶回了约顿海姆。阿斯加德获得了长久的和平。疲于征战的人们放下了武器，米德加德同样重获安宁。

思及雅恩维德的恶女巫所犯下的罪行，奥丁下令声讨魔法和黑巫术。他还谴责了奸邪之徒大举供奉的做法，并昭告天下，仅靠供品之多无法取悦诸神，邪恶之人也不能在下层世界的议事厅中得到推举。至于那些被奥丁选中的勇士，他们一度被瓦尔基里带去流亡之地，如今已全部进入阿斯加德，在瓦尔哈拉共享欢愉。

世界上的第一场大战就这样结束了，但洛基的恶行仍在产生可怕的后果。

密米尔被杀之后，智慧之泉无人看守，世界树尤克特拉希尔无法从中汲取养分，因此开始显露出枯萎的迹象，树叶纷纷凋落，枝条迅速干枯。

密米尔有七个儿子，他们分别守护着七个气候变换的月份。[①] 他们拥有一座黄金宫殿，里面堆满了金银珠宝，七兄弟就在厅堂中沉沉昏睡。他们穿着华丽的衣袍，倒在地板上，陷入了魔法般的沉眠。辛德里-杜华林躺在正中央，他的兄弟们环绕在他身旁。凡人进入冥界并抵达密米尔的国度时，就能看见他们在财宝旁沉眠，但没有人胆敢入内。任何人若碰到了他们的衣袍，或是企图攫取黄金，手和手臂就会萎缩。

凡人们得到告诫，不到饶纳诺克——"诸神的黄昏"——绝不可惊扰七睡仙。在最终之战的那一日，海姆达尔将吹响声如雷鸣的加拉尔号角，将密米尔之子从睡梦中唤醒。他们将披坚执锐，奔赴战场。曾经有凡人看到，宫殿的墙壁上悬挂着七把闪亮的长剑，除了密米尔之子，没有人能够将它们挥动。

---

① 这是圣斯威逊节神话的原型。在古老的信仰中，如果"七睡仙日"下了雨，那么之后的七个星期都会下雨。

10

洛基的邪恶后裔
Loke's Evil Progeny

奥丁在占卜时发现，恶女巫安格尔伯达（即古尔薇格－霍德尔）把洛基的后裔藏在铁树林中抚养，指望着这些可怕的生物能给诸神带去灾难。洛基生下的三个怪物分别是魔狼芬里尔（Fenrer）、中庭巨蟒耶梦加得（Jormungand）和海拉。他们是巨怪的始祖。

诸神齐聚商议此事，一位渥尔娃（Vala，女预言者）隐晦地揭示了他们可能面临的命运。她预言道，倘若诸神没能降服这些怪物，奥丁将被魔狼杀死，索尔必与巨蟒搏斗而亡，海拉则会同灭世军团一道出击，攻打诸神和人类。

因此，诸神认为必须把洛基和安格尔伯达邪恶的子嗣领回阿斯加德。奥丁派赫尔莫德前往铁树林，去捉拿三只怪物。赫尔莫德即刻将它们逐一擒获。

巨蟒此时尚年幼，却已是一条庞然大物，而且极为凶狠。奥丁看到它那丑恶的模样，大发雷霆，将它扔出了阿斯加德的城墙，远远地朝外甩去。但由于实在太重，它没能飞出世界的边缘，而是坠入了大海深处。从那以后，它在海里越长越大，最终变成了环绕人类世界的巨蟒。巨蟒躺在海底，首尾相衔。每当它挪动身躯，海面便掀起惊涛骇浪，万丈狂澜涌上尘世的海岸。

下一个来见奥丁的是海拉。她的外表怪异而可憎，半边身体像新鲜的血肉一样赤红，另外半边则青紫可怖。奥丁再度勃然大怒，拎起她抛向远方。海拉飞过大海的边缘，在虚空中一路下落，坠入尼福尔冥界黑暗的深处，成了酷刑之地的女王。

她的领地被称为海姆冥界（Hel-Heim），又叫埃琉德尼尔（Elvidner），即"风暴之宫"。这里高墙耸立，栅门紧锁。死者见到海拉可怕的面容和王座，无不心生恐惧。她的身边围绕着一群仆从，执行她的旨意。她的男仆是拖延，女仆是迟缓；饥饿在桌边服侍她用餐，她的餐刀叫作饿孚。海拉的宫殿以悬崖为门槛，以忧虑为床榻，房间内的帐幔都是用焦灼的痛苦织就的。

相传，在被送进酷刑地狱之前，死者们先要前往埃琉德尼尔。海拉将根据每个人得到的判决来安排他们的刑罚。面对她的审判，有两种人最容易怕得发抖：一种是胆小怯懦、白白死去的战士，另一种则是曾经背叛之人。

最后被带到奥丁面前的是魔狼芬里尔。奥丁并没有设法将它毁灭。事实上，阿斯加德诸神把它喂养了起来。但在它长大后，魔狼变得暴戾至极，除了提尔，谁也不敢给它投食。终于有一天，奥丁感到非制服魔狼不可，否则自己就会被它吞噬。魔狼的生长速度是如此惊人，致使阿斯加德陷入了恐慌。

于是，诸神命人打造了一条铁链。此物名唤雷锭（Leding），提尔带着它去找芬里尔。魔狼对铁链的用途心知肚明，但它没有挣扎，任由提尔捆住了自己。绑好之后，诸神高兴极了。这时，芬里尔挺起身躯，一下就挣断了铁链。就这样，魔狼重获自由，并且变得比以往更加凶猛。

诸神又让工匠铸出了另一条名为德洛米（Dromi）的铁链。这条铁链的坚固程度足有雷锭的两倍。提尔再次找到恶狼，把它绑了起来。

"如果这根锁链也捆不住你,"提尔说,"那就证明你确实力大无穷。"

魔狼深知,第二条锁链比第一条更加牢固,不会轻易断裂。但在挣脱雷锭之后,它的体型和力气都得到了大幅增长。所以,尽管多少有些忐忑,这头怪兽还是趴了下来,容许提尔束缚它的腿脚……诸神站在魔狼身边,以为它已经被牢牢捆住,永远无法挣脱……他们眼看着它伸展四肢,猛烈挣扎,却无济于事。接着,魔狼在地上翻滚起来,竭力反抗,最终将锁链撑得寸寸断裂。芬里尔再次摆脱了束缚,并且变得比以往更加凶残、可怕。

由此诞生了一句谚语,当人们陷入困境,必须付出极大的努力,他们就会说:"我必须挣脱雷锭,并打破德洛米的束缚。"

看到芬里尔重获自由,诸神心生绝望,担心没有任何方法束缚得了它。

奥丁把自己的坐骑斯莱普尼尔借给赫尔莫德。这位智慧之神派赫尔莫德前往下层世界,请求皮肤黝黑的神匠们制作一根绳索。绳索的名字是格莱普尼尔(Gleipner),意为"吞噬者"。

灵巧的匠人们迅速完成了奥丁的嘱托。他们造就了一根丝绸般柔顺、空气般轻盈的软索。当它落在地上,不会发出半点声响。它是由六种材料制成的:

> 大山的根,
> 熊的跟腱,
> 鱼的呼吸,
> 猫的脚步声,
> 女人的胡子,
> 飞鸟的唾液。

"所有这些东西,你可能闻所未闻,"一位吟游诗人曾说,"但你早已知晓,大山底下没有根须,鱼儿不需要呼吸,猫跑起来悄然无声,女人脸上不长胡子。"

这根绳索虽然十分柔滑,却异常坚韧。赫尔莫德快马加鞭,带着它回到了阿斯加德。他的奔走赢得了奥丁的感谢。

接着,诸神向芬里尔发起挑战,让它参与一场对力量的终极考验。他们深入尼福尔冥界,来到了亚姆斯瓦提尼尔湖(Amsvartner),它的名字意为"黑色的悲伤"。湖中漂浮着一座小岛,岛上有一片雾气迷蒙的"树林"。它由众多沸腾的温泉组成,一根根水柱从泉眼中喷涌而出,宛若林立的树木。

诸神把芬里尔带到这座岛上,向它展示了格莱普尼尔。他们依次测试绳索的强度,但没有谁能将它扯断。

"啊,芬里尔,除了你,谁都没有办法破坏这根绳索。"奥丁说。

魔狼答道:"在我看来,弄断这根绳索恐怕无法为我增光添彩——它看起来是那样轻薄、纤细。"

它目露凶光,又补充道:"倘若这条绳索是用魔法制成的,那么就算它看似纤巧,我也绝不会允许你们用它捆住我的脚。"

诸神答道:"既然芬里尔已经挣断过钢铁制成的锁链,那么它定然也能把这条丝滑、轻盈的绳索撕得粉碎。"

魔狼没有应声,只是用一双厉眼阴沉沉地盯着他们。

"如果你不能弄断这段绳索,"奥丁说,"那么诸神就会明白,自己没有理由害怕你,之后就会给你松绑。"

魔狼愠怒地表示:"一旦我被捆了起来,又无法自行挣脱,我很担心你们不会马上让我脱离桎梏。我的确不愿意被这根绳子绑起来,但我并非缺乏勇气。告诉你们,我可以接受束缚,前提条件是有一位神把手放在我的嘴里,以此向我担保你们不会耍任何花招。"

诸神相顾哑然。他们别无选择,因为魔狼必须被禁锢起来。

勇敢的提尔挺身而出。这位无畏的神伸出自己强壮的右手,让凶残的魔狼衔在嘴里。诸神随即用柔软如丝的魔法绳索将芬里尔绑住。他们捆得非常结实,魔狼的四足都被牢牢绑好,使它无法站起身来。

魔狼叼着提尔的右手，开始试着逃离魔法绳索的束缚。它再怎么努力也没用，所有的绳套都纹丝不动，绳结一个也没有松脱，气得魔狼火冒三丈。它扭身躺倒，又左右翻滚，却是白费力气，因为它越是设法挣脱，绳子就捆得越紧。芬里尔合拢利齿，提尔的手上迸出鲜血。最终，他的右手被齐腕咬下。

诸神看到魔狼已被死死绑住，全都笑得前仰后合，只有提尔难以展露欢颜。

他们在绳子上接了一根叫作盖尔加（Gelgja）的悬索，把它从一块黑色的岩石中穿了过去，又将这块被称为基奥尔（Gjoll）的石头埋在了地下深处。绳子的另一端被系在一块叫作特维提（Thviti）的巨石上，他们把这块石头埋在了更深的地方。身受如此牢固的束缚，魔狼彻底失去了行动的能力。然而它还是张开大嘴，试图把锁链和绳索啃断。诸神看穿了它的企图，便把一柄大剑插进了它那恶魔般的巨口之中。剑柄没入了怪兽的下颌，剑尖顶住了它的上颌。

魔狼终于停止了挣扎，凄厉地嚎叫起来。泡沫从它的嘴里淌出，汇成了一道轰鸣的瀑布，持续不断地汇入湍急、壮阔的沃恩河（Von）。

为了看守黑色悲伤之湾中的这座小岛，诸神把看门犬加姆（Garm）拴在了洛基的怪物之子近旁。加姆体格健硕，甚至比月亮吞噬者哈提－玛纳加尔姆还要高大。这样，一旦芬里尔脱困而出，它就能大声吠叫示警。后来，洛基也被禁锢于此，被绑在被缚的魔狼身边。

所以，当洛基与提尔争吵时，他是这样说的："你连两只手都使不出来，因为你的右手已经被狼咬断了。"

提尔反驳道："我只是缺了一只手，而你，啊，洛基，败坏的却是声名。我的身体固然严重残缺，但那头狼也没有好下场。在黑色悲伤之湾中的岛上，它受到重重束缚，衰弱憔悴，直到世界末日方能解脱。"

洛基被激怒了，言辞愈发刻薄。"你的老婆，"他说，"对我有情。"

弗雷大吼："闭嘴吧，你这个惹事精！我看到你的后裔芬里尔身负枷锁，趴在沃恩河的源头。它将被永远困在那里，直至诸神覆灭，万物终结。倘若你不把舌头放安分点，一样会被绑起来。"

就是在这个时候，洛基嘲弄了弗雷，讽刺他把胜利之剑当作送给吉尔达的礼物，交给了巨人盖密尔。

听到洛基的话，弗雷的仆从比格韦尔（Bygver）火冒三丈。他负责为那些向他的主人丰收之神献上礼赞的人研磨大麦。

"倘若我是尊贵的弗雷，"他对洛基说，"我要把你磨得比沙子还细，你这只邪恶的乌鸦！我要把你的四肢一一碾碎。"

但洛基只是扭过头去，轻蔑地撇了撇嘴，说道："这是哪来的小东西？什么寄生虫也跳到我面前来了？这家伙总是在磨石下面吱嘎作响，吵得弗雷不得清静。"

"我的名字是比格韦尔，"弗雷的仆从应声答道，"诸神和人类都称赞我灵巧敏捷。"

洛基答道："闭嘴吧，比格韦尔！你向来不能为人们公平地分配食物。你的老婆贝拉（Beyla）是个奴隶，她的面容丑陋不堪，总是灰头土脸，浑身脏兮兮。"

勇敢的提尔是奥丁之子，他的母亲是一位美丽的海洋女巨人。他受到勇士们的尊崇。在撒克逊人口中，他被称为萨克斯诺特（Saxnot）。奔赴战场之前，英雄们不仅会念诵奥丁之名，还会向提尔祝祷。待得胜归来，他们就把战俘活活烧死，作为献给提尔的祭品。在人间，他的神庙以他手中的佩剑为标志，那是一柄如阳光般灿烂的宝剑。勇士们都把他的卢恩符文刻在自己的刀剑上。因此，吟游诗人是这样唱的：

> 提尔的卢恩符文带来胜利——
> 我们必须将它们吟唱，
> 当我们举起宝剑，它们出现在护手上，
> 或是闪亮的剑柄上。
> 每当我们刻下这些具有魔力的词语，
> 我们重复两遍提尔之名，那位智者，勇者。

提尔领导着奥丁的祈愿女神瓦尔基里,她们把战场上死于刀剑的勇士们带往瓦尔哈拉。

提尔曾经和伟大的索尔结伴出行。在这趟旅程中,索尔与巨人希密尔(Hymer)、中庭巨蟒均有交手。接下来,我们就要讲述这段壮阔的征途中发生的故事。

11

索尔的伟大垂钓
Thor's Great Fishing

  埃吉尔是海洋中的风暴之神，他早就听说奥丁和阿萨神族声名卓著、聪明睿智，便找了一天登门拜访。于是，双方立下了友谊永固的誓言。到了季节适宜的时候，风暴之神邀请诸神到他家做客。他将在西方的海上举办一场盛宴，庆祝收获季结束。诸神一同赴宴。索尔和提尔将会在巨人希密尔的领地中闯出一番威猛的事迹，而他们的旅程就是从埃吉尔的宫殿开始的。

  埃吉尔的疆域远在尼约德的国度诺欧通之外。对船只来说，诺欧通是一方安全的避风港，除了"狂暴者"斯卡蒂到访之时，这里总是风平浪静。埃吉尔是一名凶神恶煞的巨人，他年事已高，留着一把雪色泡沫般洁白的长胡子，头戴一顶漆黑的头盔。他冷酷又暴烈地现身于海上，怒气滔天地将宏伟的大船拍得粉碎。凭借着猛烈的东风，铁树林里的恶女巫安格尔伯达曾经将无数船只送进埃吉尔的血盆大口。

  在埃吉尔的宫殿里，黄金被用作照明的火把。殿内摆放着一口口酿酒的酒釜，里面翻滚着沸腾的酒浆，宛若暴风雨中的大海。他的妻子叫作澜

（Ran），是一个见利忘义的蛇蝎美人。她拥有一张巨大的渔网，每当有船只被损坏，她都会用这张网捕捞落水的海员。因此，淹死的人就是"去见澜了"。她的宫殿位于海底，闪烁着磷火和金光，屋顶则是亮银与蔚蓝交错，碧色之中还有阳光跃动。不远处坐落着亡者之家。澜千方百计地抓捕俘虏，若想获得她的青睐，那么在被拖入海中之时，必须带上黄金作为贡品，因为澜钟爱珍宝，积累了丰厚的财富。对这一部分人，她会和颜悦色地予以款待，并给他们提供座席和床榻。

澜生下了许多女儿，其中最主要的是九位巨人少女。九姐妹是海姆达尔的母亲，她们的孩子光辉耀眼，守卫着瑰丽的比弗罗斯特。出行时，她们身穿蓝色的长袍，头戴浮泡般洁白的面纱，素发清浅，宛若海面泛起的雪沫。这九位巨人少女总是听从埃吉尔的号令，被他派往四面八方，掀起倾覆船只的滔天巨浪。她们喜欢飞撒、投掷巨石，并将海岸边的土地吞没。

一开始，正是这九名巨人少女用世界之磨碾碎了尤弥尔的尸身。她们在海底不停地转动着巨大的石磨。安杰雅（Angeyja）和埃尔贾法（Eyrgjafa）磨出了泥土；雅恩莎撒（Jarnsaxa）从黏土和海水中研磨出了钢铁；伊梅德尔（Imder）、格嘉普（Gjalp）和格蕾普是火之女神，因为世界之磨会迸出火星，而且在海里能看到火光；一起劳作的还有埃斯特拉（Eistla）、阿特拉（Atla）和乌尔伦（Ulfrun）。格嘉普和格蕾普的父亲是火巨人盖尔罗德。

当埃吉尔前往阿斯加德拜访的时候，他得到了奥丁和其他神明的隆重欢迎。他们在轩敞的瓦尔哈拉共饮蜜酒，既有浓醇的陈酿，也有鲜甜的新酒。宫殿里装饰着灿烂夺目的盾牌，光芒四射的宝剑照亮了整个厅堂。诸神坐在他们命定的高大宝座上，打扮得华丽至极。博拉琪坐在埃吉尔身边。这位嗓音优美的诗歌之神歌颂着绮瞳和她那令人永葆青春的苹果，歌颂着夏基之死，还有奥丁前往苏图恩的宅邸取回被伊瓦尔德盗走的诗仙蜜酒的经过。听到这些故事，埃吉尔心旷神怡，于是就像之前所说的那样，他邀请诸神到海洋之国做客。

到了秋分那日，奥丁带着阿萨神族一同前往埃吉尔的国度，去那里品尝蜜酒，聆听古老的故事和吟游诗人的歌谣。然而宫殿里的蜜酒出现了短缺，因为埃吉尔的酒釜都太小了，他无法尽地主之谊。他恳请索尔去取来九个世界中最大的釜。阿萨诸神和华纳诸神都不知道要去哪里寻觅，最后还是提尔一语道破：

"我的养父——生着狗头的希密尔——有一口大釜。它极其结实，足有一英里深。他住在埃利伐加尔诸河的外沿，靠近尼福尔海姆的边界。"

"你觉得我们可以拿到那口釜吗？"索尔问。

"没问题，"提尔回答，"巧用计谋便能智取。"

于是，索尔和提尔扮成两个年轻人，驾着雷神战车出发了。拉车的是两头山羊，分别叫作坦格乔斯特（Tanngnjoster）和坦格里斯尼尔（Tanngrisner），它们能在海上和空中驰骋。两位神明如此奔走了几乎一整天，终于抵达了奥文戴尔－艾吉尔的居所。索尔将两头双角粗壮的山羊和神圣的战车都留在了这里。

他们跨过埃利伐加尔，然后渡过一片广阔的海域。此地是希密尔的渔场，他常常泛舟出海，用巨大的鱼钩捕鲸。两位神明继续朝着希密尔的住处前行，徒步穿过茂密的山林，途中经过了一个又一个幽暗的岩洞。这些洞内住着暴戾的巨人和怪兽，他们都来自希密尔一族。

他们总算抵达了目的地，走进了巨人之王的宏伟据点。提尔前去探望了自己的祖母。她是一位有着许多个脑袋的女巨人，面目狰狞，令人望而生畏。他的母亲却是个姿容出色的美人，她端来蜜酒给他们解渴。等到两位神明恢复了精力，提尔的母亲叮嘱他们先躲起来，藏在三角墙一角的一根大柱子后面，上面有希密尔的酒釜掩护。她警告说，巨人要是发现自家附近有陌生人出没，往往会虐待他们，因此必须隐匿身形。

夜幕降临之际，索尔和提尔听到巨人的仆从们发出了一声高喊。希密尔随即迈入屋内，肩上扛着自己猎到的鲸鱼，长长的胡子上挂满白霜。

"啊，希密尔，欢迎回家，真是太好了！"他的妻子说，"我等了好久好久，终于等到我儿子归来。他还带了一个同伴，那人乃是巨人的仇敌、人类的朋友。他们俩非常机灵，已经在三角墙边的立柱背后藏好了。"

希密尔心生不悦，恶狠狠地瞪向那根柱子。在他锐利的目光之下，巨柱霎时分崩离析。柱子上方的横梁突然断裂，挂在上面的酒釜纷纷滚落。其中七口就这么摔坏了，只有一口极其庞大、极其结实的仍完好无损。这口酒釜砸穿了地面，深深地陷了下去。

于是，提尔和索尔显露了身形。巨人虽然并不愿意接待他们，但还是安排两人在桌旁坐下。

希密尔命人准备了一场盛大的宴席。仆人们宰了三头公牛，把烤好的牛肉摆在巨人和两位神明面前。为了获取神力，索尔独自吃下了两头牛。如果说巨人原本只是恼怒，那么等到大餐结束之时，他已是火冒三丈。因为按照他一贯的做法，如果两位客人没能吃掉和他所吃的同等分量的食物，他就会杀掉他们，然而他的算计彻底落了空。

"我们的饮食太过奢侈，"希密尔生气地咆哮道，"明天只能捕鱼吃了。"

众人上床休息，一夜安然好眠。

破晓时分，索尔醒了过来。透过窗户，他看到巨人正在船上收拾，为出海捕鱼做准备。这位阿萨神祇赶紧穿好衣服，把自己的大锤拴在腰带上。索尔走到海岸边，请巨人带他一起乘上大船，让他在划桨时奉上一臂之力。

希密尔居高临下地俯视着索尔，面露轻蔑。他说："你的个头太小了，身板又单薄，对我来说帮不上什么忙。此外，我会深入大海，停留多时，海上的严寒可能会把你活活冻死。"

索尔回答："只要有必要，我就能一直划下去，你想离岸多远就划多远。在我们俩当中，先打退堂鼓的那个是谁还说不定呢。"

冰巨人的放肆之举让雷神怒火中烧，不禁想要拔出锤子把他打倒。但他心里清楚，自己应当将所有的力气保存下来另作他用，绝不能轻举妄动，白白消耗精力。

"你给我准备了什么当鱼饵？"索尔问。

希密尔理所当然地答道:"如果你想捕鱼,那就自己找鱼饵去吧。"

索尔当即选中了自己的目标。巨人拥有一群健壮的牛,索尔冲过去,抓住了其中最高大的那头公牛。这头牛名叫西明布乔特(Himinbrjoter),意为"劈天者"。索尔把它的头拧了下来,扛着牛头回到岸边。看到去而复返的索尔,希密尔哑口无言。两人一同登船出海。

接下来,他们双双划动巨大的船桨,在海面上荡起层层巨浪。希密尔坐在船头,索尔坐在船尾。这位阿萨神奋勇推进,船在水中疾速前行,令巨人大为惊异。就算希密尔拼尽全力,使出浑身解数,也不及这位阿萨神的一半神力——此时他仍是青年模样。

巨人终于耗尽了力气。等到他们抵达巨人平日里捕比目鱼的地方,他便叫索尔停止划桨,但索尔表示拒绝。

"我们还没到呢,"他说,"还不够深入大海。"

他们很快划到了捕鲸的渔场,巨人再度让索尔停下来休息,但索尔还是不同意。

索尔说:"我们必须划得更远。"

他们划了又划,以极快的速度深入海域。这时,一阵强烈的恐慌占据了希密尔冷酷的心灵。

"如果我们不立即停手,"他喊道,"恐怕会撞上可怕的中庭巨蟒。"

可是索尔又一次拒绝了他,甚至划得比之前更加有力、更加迅猛。希密尔屡次停下,疲惫地靠在船桨上休息,并向索尔抗议。然而索尔并没有顾及他的反对,依然又猛又急地划动船桨,加速向远方的海域驶去。直到他们已经遥遥离开了陆地,索尔才不再继续划桨。

随后两人开始垂钓。希密尔给自己的鱼钩装上鱼饵,把钓线抛入海水深处。没过多久,他就捕到了两条巨大的鲸鱼,并把它们拖上了甲板。希密尔乐得双眼放光,随即转头挑战索尔,看他是否也能钓到这么多猎物。

这时,伟大的雷神已经准备好自己的钓具,整套装备十分结实。他挑选了一枚硕大的鱼钩,以希密尔的公牛的头颅为鱼饵。他朝着深海甩出渔线,鱼钩入水时激起了滔天巨浪。索尔不断放出渔线,让鱼饵沉到了极深的地方，然后贴着海底拖拽。

在巨人的大船下方，正是中庭巨蟒的盘踞之处。它躺在海底，浑身包裹着湿滑的黏液，模样恐怖极了。它把尾巴衔在嘴里，用自己的身躯环绕着整个世界。这条巨兽看见鱼饵，便被它的样子所迷惑，而没有发现里面还藏着索尔的鱼钩。它贪婪地叼住牛头，想要一口吞下。结果硕大的鱼钩滑进了它的喉咙深处，并死死地卡在里面。在剧痛的折磨下，巨蟒猛烈地扭动起来，想要从钩子上挣脱，却只是徒劳一场。于是，巨蟒疯狂地拽住渔线，试图把钓鱼者连人带船拖到波涛之下。

但是索尔的力气比巨蟒更大。这位神明用双手攥住渔线，两脚蹬在船的侧面，开始收线。他一边拉，一边把渔线缠在船桨的栓柱上，时不时地把线系紧。中庭巨蟒与雷神两相争斗之下，船身剧烈地晃动，巨浪滚滚升起。

索尔使出全部神力拉动渔线，与此同时，他的身躯也逐渐变得高大。最终，船向着一边歪倒，他蹬穿了船的侧壁，双脚直接踩在海床上。索尔越拉越猛，巨蟒忍着剧痛竭力反抗，但还是被他从深海拖了上来，那丑恶的脑袋露出了水面。

看到这幅景象，希密尔惊呆了，世界上的任何词语都无法描绘出当时的情形。雷神怒火冲天，恶狠狠地瞪着巨蟒，那条巨兽则高高扬起可怕的头颅，冲着他喷出洪水般的毒液。

希密尔吓得浑身战栗，脸色一片惨白，犹如山巅的冰雪。他简直不敢正视凶暴的巨蟒，因为它凶神恶煞，长满尖刺，毒污四溢。重重大浪拍打在船舷上，巨人生怕船就要沉没。

索尔仍然没有停止角力，直到把凶兽的头拉到了船边上。然后，他把渔线缠在船桨的栓柱上，抓起自己的大锤，猛地砸在蛇头上。

霹雳震响撼动了群山，洞窟中传出鬼哭狼嚎，海洋在索尔的伟力下颤抖，整个世界都闻声瑟缩，但中庭巨蟒并未就此毙命。

索尔正准备再送上一记重击，希密尔却在惊慌之中切断了渔线，翻腾的怪兽趁机滑入深海。海面上掀起了万丈波涛，裹挟着他们的船只剧烈地颠簸。

索尔气坏了，转身抡起右手，硕大的拳头响亮而有力地击中了希密尔。巨人一头栽进了海里，立马又连滚带爬地翻回船上。虽然他对巨蟒怕得要命，但索尔同样把他吓得不轻。

两人开始往回划船，一路行驶得飞快。索尔一言不发，只是阴郁地坐在船上。对阿萨诸神来说，巨蟒始终是个威胁。他本想趁机把它杀死，结果功亏一篑，心里着实气愤难平。

回到岸边后，巨人跳下船。他骄傲地扛起两条鲸鱼，把它们架在自己的肩头。而索尔却把整艘大船举了起来，将它一路搬到了巨人的堡垒。

他们走进城堡，与提尔一同落座。由于索尔的惊人事迹，巨人感到尴尬不安，于是他借故向索尔发起挑战，看他能否换种方式展现自己的力量。巨人拿出一只高脚杯，让索尔想办法把它打破。索尔根本没有起身，只是用力将它扔到一根柱子上。柱子被撞得粉碎，但高脚杯却完好无损。巨人捡回杯子，脸上露出了满意的笑容。

提尔的母亲悄声告诉索尔，应该用希密尔的前额来砸高脚杯，因为没有任何东西比那前额更加坚硬。索尔立即照办。他抓起高脚杯，照着希密尔双眼的正中央拍了下去。巨人的脑袋安然无恙，高脚杯却震裂成细小的碎片，簌簌坠落在他面前的桌子上。

"我的珍宝没了！"希密尔大叫，"这只高脚杯不仅坚固无比，杯中的酒水也总是温热而喜人。"

巨人对索尔怀着满腔愤恨，千方百计要让他出乖露丑。因此，他再度向这位阿萨神祇发起挑战。

"还有一件事等待你去完成，它能验证你的神力，值得向人夸耀，"希密尔喊道，"拿起那口巨大的酒釜，把它从我的房子里搬出去。"

提尔急切地站起身来，跑到酒釜边——诸神正在埃吉尔的殿堂中期盼着这个酒釜。他试图把它抬起来，但酒釜纹丝不动。他又尝试了一次，可还是没能成功。

然后，索尔抓住了酒釜。他紧攥着酒釜的边缘，猛烈地摇晃了一阵，然后开始向上托举。酒釜重若丘山，再加上索尔力敌千钧，致使他的脚都陷进了地里。

希密尔怒视索尔，唯恐他真的把自己的宝贝带走。然而事与愿违，索尔果真把酒釜扛了起来，先是搁在肩膀上，然后用头把它顶住，酒釜外侧的环扣垂在他的脚边。

索尔随即向外冲去，提尔与他并肩突进。他们一刻也没有停歇，不等巨人起身追逐，就赶忙飞奔返程。索尔还把希密尔的大船也带了回去。

两位神明穿行于群山深处。在树林里走了好一段路后，他们听到身后传来一阵喧嚣。那嘈杂声来自匆匆追赶上来的希密尔。与他同族的巨人们也都冲出了岩洞。他们顶着奇形怪状、丑陋无比的脑袋，在后面穷追不舍。巨人们的吼叫声好似冬日里呼啸的风暴，在山岭和峭壁之间回荡。咆哮声震得树木呻吟着倒下，大地也因此颤动起来。

索尔扭过头，看见巨人军团在后面追击。于是他放下希密尔的船和酒釜，反手握住自己的雷神之锤妙尔尼尔。索尔冲着追兵掷出这把致命神器，巨人们纷纷倒地，如同麦草被镰刀割断。索尔将逃窜的巨人们赶尽杀绝，这才把大船和酒釜高高甩起，重新扛上肩头，和提尔一起踏上归途。

当他们回到埃利伐加尔河边的时候，河上正翻卷着壮阔的波涛。这是由于中庭巨蟒被鱼钩和雷神之锤所伤，躺在水底狂暴地抽动，震得海床隆隆作响。幸亏有希密尔的船，他们才能平安无事地渡河。

索尔及时抵达埃吉尔的宫殿，带回了希密尔的大釜。这场丰收的盛宴总算有了足够的酒浆，主人和宾客尽皆欢喜。

其中最高兴的当数索尔，因为他成功击中了庞大无比的中庭巨蟒。通过这样的方式，他洗刷了自己在巨人乌特加德－洛奇那里所受的耻辱。那名巨人用极为狡诈的方式欺骗了他。在索尔的历险中，要数那一次最为奇异。接下来我们就要讲述关于那段旅程的故事。

索尔的垂钓

在大盐湖①幽暗的水底,
困着巨大的蟒蛇,
没有什么能够打破它阴郁的沉眠。

巨鲸在蛇颈上方欢爱、嬉戏;
大蟒对它们的游动毫不在意,
始终盘算着实施险恶的复仇。

他无力挥动自己的铁鳍,
尚且不能用全身的鳞甲,
摧毁动荡不安的海岸。

他把脑袋枕在珊瑚岩之间,
尚未有人进入他的眼帘,
他那致命的目光不停歇地扫动。

他的眼皮因倦意而半睁半闭,
但他的睡眠短暂而破碎,
急促的呼吸揭露了这一点。

贻贝和螃蟹,以及所有带甲壳的生灵,
在宽广的海床上争抢地盘,
绕着他的面庞连缀成可怕的长须。

---

① 指海洋。——译者注

每当中庭巨蟒试图挣脱镣铐，
大海起伏，山峦震动；
纳斯特隆德（Naastrand）的群魔欢欣鼓舞。

海克拉[①]（Hecla）的熔炉里窜出雀跃的火焰，
熔融的巨石伴着震耳欲聋的轰响
飞射而出，火河奔流而下，将两侧的山岩焚化。

地动山摇吓坏了阿斯克的后裔，
那是巨蟒在翻滚辗转，
沉闷地等待着饶纳诺克的到来。

他那恶臭、贪婪的蛇吻来者不拒；
从未有片刻停止吞噬；
他的饥火永无平息之时。

他偶然抬起惺忪的睡眼向上看去，
就在头顶上方不远处，
一颗血淋淋的头颅映入眸中。

巨蟒自以为狡诈，
丝毫没有对这场大胆的骗局产生怀疑，
狼吞虎咽地吃掉了诱饵。

带刺的铁钩卡在了硬皮包覆的巨腭上，

[①]·冰岛南部的一座火山。——译者注

他那笨重的头颅被迫离开了深渊；
耶梦加得发出了骇人的嘶嘶声。

他把长长的身躯扭成巨大的螺旋，
　　喷吐出一股又一股毒液，
　　但他的挣扎无济于事。

强大的索尔拥有无可匹敌的神力，
这条可憎的巨蟒纵然强悍有力，
此时也必须屈服于这场实力悬殊的较量。

索尔将恐怖的蛇头拉到了波涛之上，
　没有任何凡人敢于直视这幅景象，
连海浪都四散惊逃，慌忙在沙砾间藏身。

如同纳斯特隆德的地裂深渊，烈火烧灼，
　　巨蟒向天空张开了亵渎的喉咙，
　　　　用尾巴拍打着大海。

天空被熏炙得焦枯而低垂，太阳被黑暗包围；
　　　　勇士们尊奉的神祇，
　　　此时展现出了无敌的力量。

他扎紧了腰间的束带，
眼中闪动着胜利的光芒，
脆弱的小船在他的重压下四分五裂；

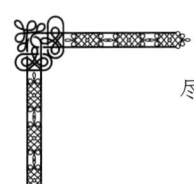

尽管脆弱的船身分崩离析,但索尔在海床上
重新站稳了脚跟;
巨蟒被他钳制在双臂之间。

希密尔并没有参与这场争斗,
只是像一株白杨般在旁边瑟瑟发抖,
他振奋起来,试图消弭冲突。

前一天夜里,渥尔娃已经预示,
索尔将实现奥丁最大的期望,
重击巨蟒的头颅。

因此,懦弱的巨人一边低声呼号,
一边从腰带上拔出了刀,
它是由生活在岩石下的侏儒们打造的。

他试图截断魔法腰带;
索尔发出了轻蔑的嘲笑;
同时将妙尔尼尔扬起在空中。

雷神之锤划出整整四十里格,正面击中巨蟒;
从津利(Gimle)到冥界
都回荡着耶梦加得的悲鸣。

海面被一劈两半;索尔的闪电撕裂了天空;
硕大的太阳之眼穿过风暴,
从高空俯视着这场搏斗。

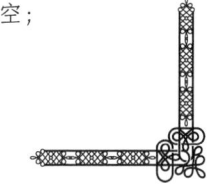

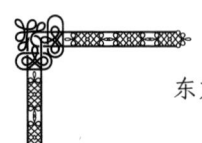

东方的比弗罗斯特大放光彩,翠色鲜艳至极,
在彩虹桥的顶端,雪亮夺目的
海姆达尔驻守岗位。

匕首对具有魔法的腰带毫无作用;
约顿海姆的明星阴沉了下来;
但就在此刻,阿斯加德遭遇了不幸,

当希密尔发现所有尝试都被挫败,
他涉水接近巨蟒的血口,
着手切割鱼钩上的锚线。

太阳收敛了光芒,匆匆避入云层,
海姆达尔把头扭向一旁;
索尔傲人的功绩打了折扣。

小刀成功切断了绳索,在深海之下,
巨蟒被艰辛和痛苦折磨得筋疲力尽,
重新沉入了水底。

巨人逃跑了,想藏到岩石间保住自己的脑袋,
生怕雷神大发雷霆,
挥出撕裂浪涛的闪电。

索尔气得发疯,感到自己的胜利化为泡影,
他再也按捺不住自己的怒火,
想要刺激巨蟒再次上浮。

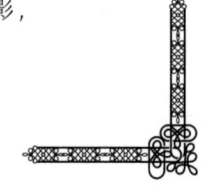

他拿出了自己最勇猛的状态,
让妙尔尼尔穿过碧蓝的巨浪,
速度比闪电还快。

要是巨蟒已经死于索尔的重击就好了,
但洛基那奸猾的后裔,
要等到饶纳诺克之日,才会大显身手。

12

魔法之城
The City of Enchantments

霜巨人一度从约顿海姆释放出冰冷的寒潮，米德加德的田野因此遭到破坏，所有生物的生长都陷入停滞。这件事触怒了人类之友索尔。他叫人牵来自己的山羊，把两头行动迅捷的灵兽套在他那辆神圣的战车上，决心前去惩治约顿巨人的狂妄恶行。洛基前来找他，对他大加奉承，吹捧雷神的英勇和善心。索尔之所以带上洛基，是因为他们必须穿越北部的荒野，而洛基对那片区域非常熟悉。

他们离开阿斯加德，奔波了整整一天。夜幕降临之时，两位神明抵达了奥文戴尔－艾吉尔的住处。此地位于埃利伐加尔诸河的附近，正对着堡垒般的群山，冰雪覆盖的约顿海姆就处于它们的守护之下。由于巨人刚刚洗劫过这里，奥文戴尔根本拿不出足够的食物招待他们。于是索尔杀死了两头山羊，剥下羊皮，把肉丢进锅里。

就这样，索尔烹饪了一顿大餐。他向奥文戴尔和他的家人们发出邀请，让他们与洛基和自己一起享用。索尔叮嘱所有人，在吃完肉之后，务必把骨头扔到羊皮里。

由于索尔每次往返于阿斯加德和约顿海姆之间，都会在神箭手奥文戴尔家中落脚，所以洛基渴望离间这对密友，在索尔和奥文戴尔之间制造矛盾。这个魔头选中了奥文戴尔的儿子希亚费（Thjalfe），想要借他来实施自己的阴谋。在宴席上，洛基偷偷告诉希亚费，羊骨的骨髓格外甜美，并唆使小伙子敲开山羊后腿的大腿骨。

第二天早上，索尔起床了。他拔出雷神之锤妙尔尼尔，在盛满零散骨骼的羊皮上方挥舞。随后，两头灵兽一跃而起，重获新生。然而，其中一头山羊变瘸了，因为它的一条后腿被折断了。索尔大发雷霆，他的眉宇阴沉下来，手指紧紧攥住锤柄，用力到指关节发白。他转头对着奥文戴尔，把奥文戴尔吓坏了。在索尔的怒火下，整栋房子都震颤了起来。然而，洛基的诡计并没有奏效。索尔接受了奥文戴尔的赔偿。奥文戴尔交出了自己的"飞毛腿"儿子希亚费，还有貌美、活泼的女儿萝丝克芙（Roskva），给索尔充当侍从。索尔非常喜欢两人，因此雷神和奥文戴尔之间的友谊反而变得更加坚固了。

索尔把自己的战车和山羊留在身后，带着洛基、希亚费和萝丝克芙继续踏上旅程。没过多久，他们走进了一片山间密林。这座森林幽深极了，直到夜幕降临，他们还是没有走到尽头。索尔准备了一包肉，让脚步轻快的希亚费背着，但包袱眼看着就要见底了——只怪这片林子好像迷宫一样，想要猎头鹿都很困难。

他们齐心协力地在夜色中搜寻歇脚之处，很快就找到了一座房子。这座房子的正门大得出奇，占了整整一面墙。门内是一间宽敞的大厅，大厅后面有五个长长的房间，样子好像山洞一样。他们没有踏进房间，就在外头的大厅里铺好了床榻，躺下来休息。

半夜时分，发生了一次强烈的地震，整座森林都被撼动了，他们所在的房子也随之猛烈地摇晃。

索尔翻身而起，试图为惊慌的侍从们找个更加安全的地方庇身。于是，他们一起搬进了这座大房子中最宽敞的那个洞穴。索尔站在门口放哨，手中握着自己的大锤，若是有凶恶的巨人胆敢闯入，他随时能够将其击倒。其他人则爬到了房间的最深处,一边颤抖得厉害,一边重新给自己准备床铺。

这时,外面传来了一阵低沉的隆隆声,同时伴随着响亮的嘶吼。噪音持续了很长时间,短暂地停歇一会儿,然后再次响起。整个晚上,他们处在黑暗和深深的恐惧之中。

第二天清晨,喧嚣的轰鸣声还没有止息,索尔便出外探寻。他穿过森林,发现有个高大的巨人正躺在地上安睡。巨人发出了洪亮的鼾声,听起来如同远洋的咆哮。他的呼吸好似阵阵狂风在呼啸。阿萨神这才明白,黑夜之中惊心动魄的噪音原来是这样产生的。

索尔紧了紧腰间的魔法腰带,进一步增强了自己的神力。他抓住雷神之锤,正准备发起攻击,魁梧的巨人睁开了眼睛。他匆忙站起身来,高高地矗立在索尔面前,那副巨大的身躯令索尔震惊极了,以至于忘了挥出雷神之锤。

"啊,巨人,你叫什么名字?"索尔问。

"我的名字是斯克里米尔(Skrymer),"巨人答道,接着说,"你的名字我就不用问了,我认得出你是阿萨-索尔。"

然后巨人四下环顾了一番,嘲弄道:"不过你对我的手套做了些什么?"

斯克里米尔伸出手,在林木间找到了自己的手套,把它捡了起来。索尔这才惊讶地发现,那只手套正是他和同伴们用以过夜的大房子。他们后来藏身的那个宽敞的洞穴,其实是巨人的手套上大拇指的位置。

斯克里米尔请求索尔带上自己,和他们一道穿越广阔的原野。征得阿萨神的同意之后,巨人打开一袋自带的肉,开始享用丰盛的早餐。索尔和他的同伴们也在一旁吃起了早饭。

等到所有人都饱餐一顿,斯克里米尔提出,他们应该把食物存放在一起。索尔对这一提议表示赞成,巨人便把全部口粮收进了自己的袋中,将包袱甩到背上。

整个白天,他们都在朝着东方行进。由于巨人走得很快,一行人都跟着他匆忙赶路。等到夜幕降临，他们找到了一棵高大繁茂的橡树，便在树下休息。斯克里米尔声称自己累坏了，非得睡上一觉不可。于是他把装肉的包袱丢给索尔，让他取出食物分给同伴们。可索尔发现，袋口的绳子被系得牢固极了，他怎么也解不开。处处绳结都在跟他作对，每一个都令他束手无策。索尔使尽了浑身解数，也没法让任何一段绳索松动。

上当受骗的阿萨神气得发疯。于是他丢下包袱，一跃而起，抓起自己的大锤。趁着巨人躺在地上沉重地打着鼾，索尔疾奔过去，一记重锤砸向他的头颅。

斯克里米尔从睡梦中醒来。他揉了揉眼睛，只说好像有片叶子从高大的橡树上落了下来。他端详着索尔，问他是否已吃过晚饭且准备就寝。

索尔粗声答道，自己正准备睡下，然后走到了另一棵树下。可他完全无法入睡，因为斯克里米尔的鼾声实在太吵了，连周围的树木也被那风暴般的呼啸震得簌簌摇颤。

这位阿萨神愤怒地爬了起来，快步冲向巨人。他挥起自己的大锤，稳稳地砸在了巨人的额头上。这一击力道惊人，妙尔尼尔嵌入了皮肉，只有锤柄还露在外面。

斯克里米尔猛然惊醒，气恼地咆哮道："刚才是什么搅了我的好梦？是不是有颗橡子从树枝上掉下来了？索尔，是你站在我旁边吗？你怎么了？"

"我刚睡醒。"索尔回答。他转身回到自己的那棵橡树旁，重新躺了下来，心里满是惊讶。他并不打算就此睡去，一方面是因为他已立下复仇的决心，要让巨人为愚弄他而付出代价，另一方面则是因为巨人扰得他不得休息。索尔躺在那里，相信只要能再次击中巨人的头颅，必能结果了他的性命。因此，索尔始终注视着斯克里米尔，等待他重新入眠。天将破晓之时，他的机会终于来了。巨人又一次发出了洪亮的呼噜声，在树林中制造出可怕的喧嚣。

索尔站起身，束紧了力量腰带。他还戴上了自己的铁手套，把巨大的神锤握在手中。然后，他走到巨人身旁，对准一侧的太阳穴打出了万钧之击，以至于妙尔尼尔整个陷了进去。

　　斯克里米尔一边揉着眼睛，一边坐了起来。他茫然地挠了挠下巴，看见索尔就在旁边，便问道："是不是有鸟儿停在我头顶的橡树枝上了？我猜是有青苔从鸟窝里掉了下来，落在我的额头上，把我弄醒了……啊，索尔，所以你也起床了……天已经亮了，你也是时候继续赶路了。在抵达那座被称为乌特加德（意为"外域"）的城堡之前，你们还有很长的一段路要走。我听到了你和同伴们的对话，你们觉得我块头不小，但到了乌特加德，你们会发现那里的人更加高大……希望你能听取我的好心劝告。等你们到了乌特加德，切勿过度自夸。像你和你的伙伴们这样不起眼的存在，乌特加德-洛奇的朝臣们绝不会容许你们自我吹嘘……如果我的建议对你来说不中听，啊，索尔，你最好打道回府。实际上，你就应该这么做……但如果你想继续前行，那就朝东边走；我要向着北方前行，去往那边的高山。就此作别了！"

说完后，斯克里米尔把装肉的包袱甩到肩头，消失在了树林之中。谁也无从得知索尔是否希望与他重逢。

索尔和洛基向东进发，希亚费和萝丝克芙跟在他们身边。到了正午时分，他们终于来到一座城池前。城中心矗立着一座宏伟的冰雪城堡，城堡的塔楼高耸入云，索尔和同伴们不得不抬头仰视，才能将它的全貌尽收眼底。他们看到城堡附近空无一人，沉重的大门紧闭着，锁得严严实实。索尔试图破门而入，却没能成功。因为急于进城，他干脆从栅栏间钻了过去。其他人也一一效仿。随后，他们发现宫殿的大门敞开着，便一同踏进殿内。

只见大厅四周环绕着一条条长凳，上面坐满了身躯庞大的巨人。索尔和他的同伴们没有开口说话，也没有打招呼示意，而是径直从巨人们身边走过。接下来，他们走进了一个宽敞的房间，见到了国王乌特加德-洛奇。他们站在高高的王座前，向君王行礼致敬，对方投来了冷冷的一瞥，并没有予以回礼。过了好一阵子，他才发话，语调轻蔑至极：

"长途奔波至此，你们一定累坏了吧。如果我没认错，御前这群小家伙里，最显眼的这位应该是阿萨神索尔。"

他目不转睛地盯着索尔，然后对他说道："你的实力或许比表面上看起来的更强。你能做出怎样的壮举呢？你得知道，若是无法干出超越其他所有生灵的伟业，不管是谁，都没法在此地容身。"

索尔勃然大怒，不予理睬。洛基却搭上了话："我有一项卓越的才能，而且随时可以施展。我吃起东西来比任何人都快。现在我正饿得慌，立马就能证明自己，不管你挑谁跟我比拼。"

"如果你真能说到做到，"乌特加德-洛奇说，"那确实是一项了不起的本事。让我们即刻一试真假。"

国王唤出自己的手下罗吉（Loge），令他与阿萨-洛基比试一番。

众人为他俩准备了一条装满肉的大槽，洛基坐在一头，罗吉坐在另一头。然后两人狼吞虎咽地大吃起来，始终劲头十足，最后在槽的中点相遇。双方似乎不相上下，但众人发现，洛基只吃光了肉，而罗吉把骨头也囫囵吞下肚，甚至连槽本身都啃得一干二净。因此阿萨神被宣告失败。

乌特加德-洛奇又向希亚费发问，想知道他有没有可展示的才能。小伙子答道，自己跑得极快。他愿意与国王的手下赛跑，无论对方选谁上场。

"要是你真的能够获胜，"乌特加德-洛奇说，"那的确是个了不起的成就。不过让我们到外头去，你的对手正等着你呢。"

国王起身离开王座，和众人一同出了城堡。在离城堡外墙不远的地方，有一条规整、美观的跑道。

乌特加德-洛奇召来了一位名叫修基（Huge）的侏儒。他和希亚费总共比试了三场。在第一场比赛中，侏儒跑得快极了，等他折返回来，正撞上还在飞奔向前的希亚费。

"你跑得不错，"国王对希亚费说，"但你要是想赢得比赛，腿脚还得更加敏捷一些，因为修基是我们这儿跑得最快的人。"

在第二场比试中，希亚费加快了速度，但当侏儒停下脚步时，希亚费还是落后他一箭之遥。

"如果你想赢得比赛，非得再快些不可，"国王对奥文戴尔之子说道，"不过你还有一次机会。第三局比试将决定胜负。"

两人再次踏上赛场。希亚费跑得有如风驰电掣，可侏儒的速度还是在他之上。侏儒一马当先抵达了终点，而他的对手尚在半途之中。

就这样，希亚费一败涂地，颜面尽失。

所有人一起回到大殿。这次，国王转向了索尔，问他能否当场展示什么惊人的技艺。这位阿萨神不假思索地回答道："我要比拼酒量，对手任由是谁。"

"首先，"国王说，"你得证明自己的实力。"

索尔立刻答应了这项条件。

于是，持杯的侍者取来一只硕大的角杯，把它交给了阿萨神。

"要是有谁在宴席上坏了我们这儿的规矩，"国王说，"他就会被罚用这只角杯喝酒。对酒量好的人来说，喝干它只需要一口。有些人嘛，中途必须得缓一缓。只有酒量最差劲的人，才会三口还喝不完。"

经历了长途跋涉，索尔这时正口渴难耐。乍一看，他觉得这只角杯确实很长，但容量也算不上特别大。索尔把角杯捧到唇边，豪迈痛饮，总算解了干渴。他又继续畅饮，直到不得不停下，这才放下角杯。他震惊地发现，杯中的酒浆似乎完全没有减少。

"你是喝了不少，"国王说，"但完全不值得夸耀。要是有人跟我说，索尔口渴的时候也只能喝这么点，我原本是不会相信的。不过你可能已经想好了，要在喝第二口的时候超越自己先前的水平。"

这位阿萨神再次举起角杯，下定决心要把它喝干。但他觉得这口喝得还没有上回多，因此对自己大为光火。然而事实并非如此——他喝到极限的时候，无论怎么摇晃，杯子里的酒也不会溅出来了。

"你肯定没有使出全力！"国王惊呼。"但你要是决定喝干角杯，第三口必须再加把劲。倘若你在这件事上没法发挥得更加出色，那么在我看来，"国王轻蔑地补充道，"和阿萨诸神比起来你似乎强悍过人，但到了我们这儿就相形见绌了。"

索尔被乌特加德-洛奇的话激怒了。他第三次举起角杯，竭尽全力想要把它喝干。他咕咚咕咚地喝了很久，但杯中之酒丝毫没有见底的迹象。

索尔放下角杯，发现自己仅仅让液面略微下降了一点。

"我放弃继续尝试。"他说着把角杯推还给持杯侍者。

"哈！你确实没有我们之前以为的那么厉害，"乌特加德-洛奇感叹着，对受挫的阿萨神露出了冷酷的笑容，"不过，或许你可以试试其他项目，从而向我们证明你的力量，尽管我确信你不会表现得更好了。"

索尔已经跃跃欲试，什么考验都愿意接受。"我会与任何你所指定之人比试，"他说，"虽然我挑战喝干角杯失败了，但我向你保证，我喝下的酒在阿斯加德绝对不算少。"

"我们偶尔会玩一种小游戏，"国王说道，"但我不会勉强你一试身手，因为在我们这儿只有小孩子才会拿它来演练。考虑到你似乎并没有我们之前所以为的那么强壮，不如还是试试看。游戏的内容不过是把我的猫从地上拿起来。"

随着他的话语，一只大灰猫窜了出来，蹲在王座前。索尔当即冲上前去，把它牢牢摁住，双手托在猫的身下。然后，他奋力想要把猫举起来，可它却弓起了修长的脊背。索尔使尽浑身解数，也只能让猫的一只爪子离开地面。

索尔清楚自己已经力尽于此，便停止了进一步的尝试。

"不出我所料，你果然没能成功，"国王说，"和我的族人们比起来，索尔矮小又孱弱。对他来说，这只猫太大了。"

"你爱怎么说都行！"索尔大吼，因为丢了面子，他已是怒火冲天。他说："现在我向在场的所有人发起挑战。这个在你口中矮小又孱弱的家伙，要跟你们比赛摔跤。"

乌特加德-洛奇镇静自若地打量着他，语气冷漠地答道："我身边的这些人都不屑于跟索尔一较高下……把我的保姆——那个叫伊里（Elle）的老太婆——叫来吧。如果索尔非要摔跤，就让他们俩比比力气。伊里曾经摔倒过不少比他更加强壮的人。"

一名上了年纪的老妇走进了大厅。她的牙齿全掉光了，皱纹纵横交错。老妇背也驼了，走起路来慢吞吞的。乌特加德-洛奇命令她与索尔摔跤。

这场较量没什么可说的。索尔越是紧攥老妇人，她的回击之力就越强；他钳制得越狠，她越是站得稳如泰山。他们的激战持续了很长时间。虽然索尔很快就意识到自己无法击败这个老妖婆，但他还是继续挣扎，以免被她掀翻。最终，他失去平衡，单膝跪在了地上。

乌特加德-洛奇下令停止比试。他走到两人中间，对索尔说："现在你可不能再要求大殿里的其他人陪你摔跤了，因为时间已经不早，天色开始变暗了。"

他似乎并不指望索尔接受进一步的考验了。

第二天一早，索尔和他的同伴们醒来，准备离开城堡。他们的面前摆满了食物和酒水，众人饱餐一顿。然后，他们去向国王辞行，乌特加德-

洛奇一直把他们送出了城门。就在双方道别之前，国王向索尔发问，想要知道他是否对这趟旅程和此行的收获感到满意，以及阿萨诸神之中是否有人比他更加强壮。

"我无法否认，"索尔说，"这次我确实蒙受了极大的耻辱。但最让我痛苦的是，你居然说我无足轻重。"

"别误会，"国王说，"我们对你的敬意之深，远远超过了你的想象。既然你已经离开我的城池，而且倘若我能如愿以偿，你永远也不会再度入城，那么现在我必须公布真相了。我发誓，要是我知道你这么强大，我绝不会容许你踏进城堡的大门。事实上，你险些给我带来灭顶之灾。"

"现在我可以告诉你，"国王继续说道，"从始至终，你都被我用幻象骗得团团转。"

索尔惊讶极了，目不转睛地盯着乌特加德-洛奇。乌特加德-洛奇是这样说的：

"首先，你在森林中遇到的巨人就是我。你之所以无法解开装肉的包袱，是因为我用一根铁索紧紧扎住了袋口，而且你也无从看出那些巧妙的绳结是怎样系成的。

"你用巨大的神锤敲了我三下。我要是挨了任何一锤，就会立即死去。但我制造了一个幻象，把一座雄伟且多石的大山摆在我们之间，瞒过了你的眼睛。那座山已经被你劈裂了。在回去的路上，你将亲眼看到，山间有三道宽阔的峡谷，都是由你开辟而成的，因为你先后三次把大山击碎。

"在我的宫殿里，你依旧是被幻象欺骗了。阿萨-洛基活像个饿鬼，转眼就把摆在面前的食物吃了个精光。但他的对手罗吉却是火焰的化身，不光能将食物扫荡一空，连骨头带槽都不放过。

"和希亚费赛跑的那个叫修基的侏儒，乃是思维的化身。要是有人跑得比思维还快，那他可当真是个飞毛腿。

"接下来轮到你大显神通了，啊，强大的索尔。当你试图喝干角杯的时候，你的确展现出了极为出色的酒量，要不是亲眼所见，我永远也不会相信有人能够做到这种地步。虽然你不曾发觉，但那只长长的角杯的尖端直通大海，海水源源不断地为它补充酒浆。等你走到海岸边，你会发现海水已经因为你而出现了严重的倒退。从此以后，人们将把你那几口豪饮所造成的现象称作退潮。

"你和巨猫的搏斗同样精彩。看到你让一只猫爪脱离地面，我们都吓坏了，因为那只猫不是别的什么东西，正是环绕着大地的中庭巨蟒。你已将它高高举起，以至于它的头颅都碰到了天穹。

"在你与我的保姆——那位老妇人——的一战中，你也展现了超卓的才能。过去不曾有人在这样的角力中取胜，将来也不会有谁再现你的壮举，因为伊里是老年的化身。或迟或早，她总会到来，使所有人屈服。"

索尔还是一言不发，因为乌特加德-洛奇告诉他的这些事令他惊诧不已。

"现在，啊，索尔，"国王说，"我们就要分别了。我必须向你坦白。我俩最好永远也不要见面了。但如果再次相遇，我不得不像这次一样用幻象来保护自己，让你永远都无法得知自己其实是获胜者。"

说完之后，国王就从索尔和他的同伴们面前消失了。

想到自己所受的欺骗，雷神火冒三丈。他抓起强大的神锤，转身奔向巨人的城池，想要找乌特加德-洛奇和他的子民算账。但整座城连带城堡已经荡然无存，呈现在他面前的只余一片平坦的旷野。

于是，索尔闷闷不乐地和同伴们一道踏上了归途。回顾此次经历，雷神下定决心，要搭乘希密尔的船前去与中庭巨蟒一战。我们已经讲过关于这段冒险的传说，下面这个故事讲的是索尔丢失神锤的经过，以及由此引发的奇妙历险。

13

索尔陷入危机
Thor in Peril

当时有一位巨人国王,名字叫作索列姆(Thrym),他一心想要迎娶芙蕾雅,让这位美丽的阿萨女神成为自己的新娘。他设计了一个隐秘的圈套,成功地蒙蔽了诸神,最终索尔惨遭横祸。当时他正和洛基结伴而行,从约顿海姆返回,途中二人躺下休息。醒来之后,雷神发现自己的神锤妙尔尼尔不翼而飞,登时大发雷霆。他一边揪住自己的红胡子,拽着它左右摇晃,一边四处搜寻。与此同时,他的心中悄然生出了恐惧——若是没有这把锤子,他就失去了对抗巨人的力量。

等到洛基也醒了过来,索尔对他说道:"听着,我要告诉你一个天上地下无人知晓的秘密——妙尔尼尔失窃了!"

他们迅速撤回了高凌天宇的阿斯加德,去芙蕾雅的宫殿拜访。索尔生硬地开了口:"请你把你的隼羽披风借给我,因为我的锤子被偷走了,我想把它找回来。"

"啊,索尔,我很乐意把它交给你,"芙蕾雅答道,"尽管它是用银子打造的——没错,就算它是用纯金打造的,你也可以立马将它带走。"

索尔把隼羽披风托付给了洛基。洛基展翅离开阿斯加德，箭一般地飞向遥远的约顿海姆，奔赴北方的海岸。洛基片刻也不停留，继续前行，直至抵达索列姆所在的高山。这位巨人国王正坐在山上，为他饲养的一群狗佩戴金项圈，过了一会儿，他又开始梳理坐骑脖颈上金色的马鬃。

看到身披隼羽的洛基，索列姆说："诸神还好吗？精灵怎么样？你为何独自一人来到此间的海岸？"

洛基答道："诸神不太妙，精灵也很糟。你是不是把索尔的锤子藏起来了？"

索列姆愉快地坦然承认："的确是我干的。我把妙尔尼尔埋在了地下九英里深的地方。除非诸神把女神芙蕾雅许配给我，否则索尔永远也没法找到它，更别提将它取回。"

言毕，他又开始悠闲地为自己的骏马梳理金鬃。洛基飞回了阿斯加德。

索尔站在城垛上等待着他。当洛基化身的隼飞到近旁，他放声喊道："啊，洛基，你是否完成了使命？降落之前，先告诉我你的所见所闻。坐下之后所说的话是不足为信的。靠在椅子上的人往往满嘴谎言。"

洛基回答道："我已经把所有必要的信息弄清楚了。盗走锤子的是约顿巨人的国王索列姆，他已将其埋在群山之下九英里深的地方。若是不把芙蕾雅交给他做新娘，他绝不会把锤子还给你。"

于是，索尔和洛基找到芙蕾雅，把巨人的话转告给她。雷神心中焦躁万分，生怕神锤丢失的消息传到霜巨人耳中。倘若真的如此，他们必将倾覆阿斯加德，推翻诸神的统治。

"啊，芙蕾雅，你必须即刻披上嫁衣，"索尔大喊大叫，"然后和我们一同赶往约顿海姆。"

芙蕾雅被他惹恼了。气急败坏之下，她甚至扯坏了那条赋予她绝世魅力的闪光项链。"除非我是个怀春少女，"她高声叫嚷，"我才会迫不及待地去找索列姆国王。"

索尔去了阿斯加德的上议事厅，找男神们一起商讨取回雷神之锤的方法。女神们则聚集在梵格尔夫，谈论芙蕾雅的命运。

睿智的华纳神海姆达尔——那位光辉闪耀的神明——也参与了议事。他提出了一个富有先见之明又十分巧妙的方法："让索尔穿上芙蕾雅的新娘礼服，戴上她那条能为佩戴者增光添彩的闪光项链。让索尔穿着女人的裙子启程，腰间挂着叮叮当当的钥匙。他的头发必须编成辫子，胸口还得别上华丽的胸针。"

但索尔表示反对，声称自己若是穿上女人的裙子，定然会遭到诸神的嘲笑。海姆达尔的建议弄得他心里不是滋味。"别说了，索尔，"洛基喊道，"你自己很清楚，要是不能把你的锤子找回来，霜巨人就会立即向此地进发，将阿斯加德笼罩在冰雪穹顶之下。"

其他神明也纷纷附和，索尔只好答应穿上新娘的服饰。等他打扮好之后，洛基主动变装成一名侍女，两人乘着索尔的神圣战车，一同离开了阿斯加德。随着索尔奔向约顿海姆，群山之间响起了雷霆之声，米德加德上空有火光飞驰而过。

索列姆正坐在山头，看见扮成女人的索尔渐渐接近，便向周围的巨人们说道："啊，巨人们，起立！把宴席操办起来，因为芙蕾雅要嫁给我了！"

金角的红色母牛和高大的黑色公牛很快被赶进了索列姆的院子。

"我的财富可真不少，"国王感叹道，"我想要的一切尽在手中。除了芙蕾雅，我什么都不缺。"

一场盛宴准备就绪，索尔和洛基双双入座。前者被索列姆当成了芙蕾雅，后者则充作侍女。

索尔饿坏了。他吃掉了一整头公牛、八条鲑鱼，还把为女巨人们准备的甜点扫荡一空。紧接着，他又喝光了三大桶陈年蜜酒。

索列姆坐在席上，端详着索尔的吃相，心中大为震惊。他大声喊道："有人见过饿成这样的新娘吗？我从来不知道有哪个女子能吃得像芙蕾雅那样多，也没碰到过能喝下这么多蜜酒的女人。"

狡猾的洛基担心索尔露出马脚，便解释道："芙蕾雅十分渴望来到约顿海姆，整整八天，连饭都吃不下。"

听了洛基的话，索列姆高兴极了。他站起身来，朝索尔走去。他撩起索尔的面纱，想要讨一个吻，却被骤然惊退。事实上，他连连后撤，直到大厅的另一头才停下来。索列姆缩在那儿，遥遥呼喊："为什么芙蕾雅的眼睛如此明亮、如此凌厉？她的双目灼灼放光，好似火热的余烬一般。"

狡猾的洛基再次插嘴道："啊！哦，索列姆，芙蕾雅盼着来约顿海姆与你相见，已经有八夜没合眼了。所以她的眼睛才像着了火一样。"

这时，索列姆的姐妹来了。她谦恭有礼地走向索尔，开口索要他手指上佩戴的新娘的金戒指。

"你应该把它们送给我，"她说，"倘若你希望获得我的友情与喜爱。"

可碰上暴躁的雷神，她只能空手而归了。

接下来，索列姆想要举办结婚仪式，但洛基要求他先交出索尔的锤子，并把它搁在新娘的大腿上。这样既可证明他的友善，也算是完成了巨人提出的交易。

于是索列姆派人前往妙尔尼尔的埋藏之处，把它从地下深处挖出来。

听到索列姆的指示，索尔心里乐开了花。不过他依然没有放松精神，不到妙尔尼尔落在自己的膝头，紧张的等待就没有结束。

一名侍从带着妙尔尼尔出现，索尔迫不及待地抓住了锤柄。他一把扯下新娘面纱，将女式衣裙从膝盖处撕开，然后朝着国王索列姆冲过去，只一击就要了他的命。他绕着宴席的餐桌，杀死了所有宾客，不容一人逃离大厅。积蓄已久的怒火终于爆发，此时的索尔凶戾极了。

葬身于索尔之手的还有索列姆的姐妹，就是刚才向他讨要新娘指环的那位。她本想索要黄金珠宝，不料却尝到了锤子的滋味。

残暴的雷神扫荡完大厅，又在城堡中横行，对索列姆的整个部族施以酷烈的报复。狡猾的洛基愉快地欣赏着他所造成的破坏。

两位神明一起赶到奥文戴尔家，取回了拴在那里的山羊。他们没有停下来休息，而是驾着宏伟的黑色战车从空中疾驰而过。战车飞速跨越了山岭和海洋，闪耀的星辰都被它遮蔽了光芒。当车轮滚滚而过，群山轰然震响，辽阔的大海上惊起瑟瑟的波涛，大地化作一片火海。

就这样,索尔得胜返回阿斯加德,不仅夺回了妙尔尼尔,还击杀了山巨人的国王。

在雷神之锤被索列姆盗走期间,洛基帮了索尔不少忙。尽管如此,他也曾坑害过雷神,险些让他陷入重大危机。当时,阿萨诸神和伊瓦尔德之子还没有打响凛冬之战,巧手匠人与阿斯加德的住民仍保持着友好的关系。

洛基借用了芙蕾雅的隼羽披风,飞到约顿海姆附近打探消息。他最关注的地方乃是国王盖尔罗德的城堡,因为他想要迎娶盖尔罗德的女儿。洛基找到了一扇窗户,落在窗台上,一边偷听屋里的人说话,一边观察在场的宾客。有个好奇的侍从打量了他几眼,认出这并不是一只真正的隼。于是,他小心翼翼地凑过去,逮住洛基,并把他交给了国王。因为这只隼的眼睛和洛基的一模一样,都透着狡猾的神气,盖尔罗德认出了他。他要求洛基支付赎金,否则就不放他自由。洛基企图逃脱,却只是白费力气。他又是用翅膀扇,又是用鸟喙啄,然而他的爪子始终被牢牢攥在那位侍从手里。

洛基在盖尔罗德面前装聋作哑,盖尔罗德对他说话,他都置若罔闻。为了惩罚他,巨人把洛基锁进了一只匣子里,关了足足三个月。等到洛基再被放出来的时候,他已然变得知无不言。他向盖尔罗德承认了自己的身份,巨人便逼迫他立下不可违背的誓言,承诺必会把索尔带到约顿海姆,诱使他进入坚固的城堡,并且不得随身携带他的神锤、力量腰带和铁手套。这是因为巨人万分渴望将雷神置于自己的掌控之中。

达成协议之后,洛基飞回阿斯加德,用花言巧语哄骗了索尔。索尔同意拜访盖尔罗德的城堡,不带雷神之锤,也不携带手套和力量腰带。这是因为洛基向索尔担保,那座城堡位于一片平坦的绿野之上,而且巨人把他俩当成朋友,邀请他们一同赴宴。

索尔启程了,洛基与他同行。他俩整日行路,终于抵达了埃利伐加尔河畔。此地位于亚尔夫海姆境内,伊瓦尔德之子就住在这里。

在同一方土地上,一片密林之中,生活着一位女巨人,她对诸神态度友好。她的名字叫作格莉德。她和奥丁育有一子，名叫"沉默者"维达尔（Vidar）。这位神明力大无穷，除了索尔，无人能够与他匹敌。他有一只神奇的鞋子，鞋底像钢铁一样坚硬，因为它汇集了古往今来制作的每一只皮鞋留下的边角料。格莉德的这个儿子命中注定要为父亲之死复仇。等到奥丁死于饶纳诺克之日，维达尔将与魔狼芬里尔对战，并把它的巨口撕得粉碎。苏尔特尔的火把也无法伤害到他，因为他是一位树木神，总能在大自然中的幽绝之地保存生机。

维达尔之母格莉德拥有施展魔咒的法力，她有一根花楸木魔杖，叫作格莉达沃德（Gridarvold）。看到索尔手无寸铁地前往盖尔罗德的城堡，格莉德向他发出了警告。她说那名巨人像狼犬一样阴险狡诈，若是不带武器就去见他，恐怕会遭遇危险。因此，格莉德把自己的魔杖、力量腰带和铁手套借给了索尔。索尔重新启程时，还邀请了伊瓦尔德之子同行。一路上风平浪静，但在他们抵达维穆尔河（Vimur）——埃利伐加尔诸河中最壮阔的一条河流——之后，危机出现了。云层在他们头顶剧烈地翻涌，冰雹从四面八方袭来。洛基口中的平坦绿野实乃一片峰峦起伏的荒土。河水泛滥，卷起了一个个湍急而危险的旋涡。

索尔系上格莉德给他的力量腰带，并把她的魔杖握在手中。他领着同行之人踏入河中，水位随即飞速上涨。冰冷的激流从群山上奔泻而下，冲击力越来越强，伊瓦尔德之子很快陷入了极度危险的境地。为了蹚水过河，他们将自己的长矛插进鹅卵石的缝隙之中，钢铁在石头上撞得叮当作响，与水流的尖啸声交相混杂。他们刚刚走到河心，一股汹涌的狂潮就从山上奔腾而下，激起滔天巨浪，河水一直漫到了索尔的肩膀。其他人都被洪流冲倒，向索尔撞了过去，这是因为索尔知道同伴们步履维艰，他想要成为他们的安全保障，于是自己选择了水最深的路线。奥文戴尔跃上索尔的肩膀，站在上面弯弓戒备。所幸索尔身上还缠着格莉德的腰带，洛基和剩下的人便挂在腰带上。雷神努力地朝对岸走去，快要上岸的时候，他看见盖尔罗德的女儿之一格嘉普站在急流的源头。正是她从山坡的高处造成了河水的上涨，企图让索尔和他的同伴们葬身水底。愤怒的神明抬起一块巨石，朝她扔了过去。他掷得很准，石头狠狠地命中了格嘉普，砸断了她的脊骨。就这样，索尔击败了恶女巫，洪流得以平息。

然后，索尔抓住一根悬垂在河面上的花楸树枝，借力登上了河岸。由此产生了一句古老的谚语："花楸树是索尔的救星。"

雷神沿着陡峭的山岭向上攀登，同伴们一个不少地跟在他身边。他们的前方出现了一伙巨人，企图摧毁世界树尤克特拉希尔。索尔英勇作战，奥文戴尔箭如连珠，杀得这帮巨人落荒而逃。英雄们穷追不舍。他们不断前进，追到了盖尔罗德的城堡跟前。城堡立在一片喧嚣之中，周遭充斥着风暴巨人和居住在山洞中的巨人们所发出的号叫。

索尔一踏进盖尔罗德的大殿，巨人国王就举起一柄赤红、滚烫的火焰标枪，从一根大木柱后面朝他投掷过去。然而，索尔戴着格莉德的铁手套，一把接住了标枪，又越过奥文戴尔的头顶将其扔了回去。标枪破开柱子，刺穿了盖尔罗德的身躯，了结了他的性命。随后，它又穿透了城堡的墙壁，最终深深地扎进了地里。

盖尔罗德的大殿里响起了震耳欲聋的喊杀声，让整座城堡的地基都发生动摇。巨人们用投石器抛出巨石，索尔和他的同伴们则回敬以致命的打击。

就这样，盖尔罗德和他的族人们在可怕的战斗中覆灭了。索尔与石巨人赫朗格尼尔（Hrungner）之战也同样残酷，下面我们就要讲述关于此战的故事。

索尔

吾乃神明索尔，
吾乃战神，
吾乃雷神！

此乃吾之北国，
吾之要塞，吾之堡垒，
吾之永恒领土！

在座座冰山之间，
我统治着众多民族；
这是我的神锤
妙尔尼尔，即使是强大的
巨人与巫师，
也无法承受它的威力！

戴上这双手套后，
我挥舞神锤，
将它远远掷出；
这是我的腰带，
无论何时将它系上，
我的力量都会倍增！

你看那流霞
从天穹中飘过，
闪动着深红的光芒，
不过是我红色的胡子，
被晚风吹得飞扬，
诸族为之惊骇。

朱庇特是我的兄弟；
我的眼眸即为闪电；

我战车上的车轮,
转动之声有如雷鸣,
我的神锤猛烈出击,
声音犹如天崩地裂!

世界臣服于力量,
过去如此,将来亦如此;
温顺等于孱弱,
力量带来胜利;
在大地上的每个角落,
至今仍流传着索尔的英名![1]

——亨利·华兹华斯·朗费罗

---

[1] 原文为 Thor's-day,即 Thursday(星期四)。——译者注

14
高大的石巨人
The Great Stone Giant

当时，索尔正在东方与巨怪作战，奥丁离开阿斯加德，前往赫朗格尼尔的住处，去约顿海姆拜访这位高大的石巨人。

看到奥丁破空而至，浑身璀璨而瑰丽，赫朗格尼尔喊道："来者何人？他头上戴着闪闪发光的金头盔，跨越海洋，腾空驰骋。他那矫健的坐骑着实脚步轻捷。"

巨人话音未落，阿斯加德的统治者已经来到了他的身边。奥丁骄傲地说："找遍整个约顿海姆，也没有哪一匹马能够与斯莱普尼尔媲美。"

然后他扯动缰绳，让斯莱普尼尔调头折回阿斯加德。斯莱普尼尔奔驰起来比风还要迅疾。

"你的坐骑确实跑得很快，"巨人吼道，"但我的古尔法克西（Goldfax，意为"金鬃"）速度也不慢，它的步伐迈得更大。"

赫朗格尼尔一边说，一边跃上马背，飞一般地朝着阿萨神追去。可是不管他怎么催促古尔法克西加快速度，他都无法逼近奥丁。但巨人并没有勒马停步，仍在高速奔驰，因为他的心中燃烧着熊熊热望，想要超越斯莱普尼尔的骑手。他的坐骑的确神骏，赫朗格尼尔还没反应过来，就已经跨过了为奥丁而放下的城门，踏着横跨护城河的门板闯进了阿斯加德。

应他的要求，诸神给予了热情的款待。他们把赫朗格尼尔迎进宴会大厅，端上陈酿与甜蜜的新酒供他畅饮。诸神取来索尔平日里自用的酒盏，在他面前排开，芙蕾雅为他一一斟满。巨人依次喝下，每碗都是一饮而尽。赫朗格尼尔的确是喝多了，以至于蜜酒涌入了他的血管，他的眼睛里也泛起了血丝。巨人已然酩酊大醉，他梗着舌头，开始大声吹嘘。

"瓦尔哈拉，"他喊道，"应当归我所有……我必会将英灵殿搬回约顿海姆。"

芙蕾雅又给他斟上更多蜜酒，注满了索尔的酒盏。

赫朗格尼尔继续夸下海口，说要将阿斯加德彻底毁灭，要推倒城墙和宫殿……

"诸神，"他叫嚷着，"以及所有住在城里的人都将被我杀死，只有芙蕾雅和西芙能活命。"

芙蕾雅一边斟酒，赫朗格尼尔一边说："哈！我今天要喝光阿斯加德的蜜酒，一滴也不留给诸神。"

夸夸其谈的巨人和他自恋的吹嘘让诸神心生厌烦，于是他们呼唤了索尔之名……索尔瞬间出现在他们身边。当雷神看到赫朗格尼尔，他的眉间阴云笼罩。他用力握住自己的神锤，使得指节都发白了。

"是谁准许这个约顿巨人，"索尔吼道，"饮用阿斯加德的蜜酒？为什么芙蕾雅要为他斟酒，犹如在诸神的盛宴上那般恭敬、隆重？"

赫朗格尼尔对索尔怒目而视，眼中露出阴狠之色。"是奥丁让我来的，"他讥讽道，"我仍处于他的保护之下。"

"等到你想要离开的时候，"索尔沉声咆哮，"你可能会后悔接受了邀请。"

"我来的时候可是手无寸铁，"赫朗格尼尔突然紧张起来，对索尔表示抗议，"啊，阿萨-索尔，如果你现在就杀了我，那也没什么光荣的。如果你真的想要证明你的勇武，敢不敢前往我的国度，在边境上与我一战？"

索尔回以狂傲不羁的眼神，巨人感到慌张不安。"啊！"他呼喊道，"我来这里的时候犯了蠢，把自己的石头盾牌和燧石兵器都留在了约顿海姆。要是我带了武器，我们大可打上一场。啊，阿萨-索尔，你得知道，假如你试图在我无法反抗时取走我的性命，我会把你看作一个懦夫……我向你发起挑战，让我们进行一次荒岛对决（Holmgang）。"

从来没有人跟索尔提出过这样的挑战。这是因为，赫朗格尼尔提议的荒岛对决是以双方轮流出招的方式进行的，而作为被挑战的一方，阿萨神有权率先攻击。在决斗中，两人可以各带一名持盾人。索尔接受了巨人的条件，双方在沉默中作别。

这场对决的消息传遍了约顿海姆，巨人们对此进行了严肃的讨论。由于赫朗格尼尔是他们之中最强壮、最伟岸的战士，他们深切盼望他能将索尔击败。同时他们也心怀忧虑：倘若连赫朗格尼尔都输了，雷神必然变本加厉，给他们带来更多伤害。

赫朗格尼尔住在一个叫作格里欧图恩加德（Grjottungard）的地方，境内山石遍布。约顿巨人们挑选了一座位于边境的岛屿，在岛上打造了一尊黏土巨人。这个黏土巨人高达九英里，肩膀足有三英里宽。巨人们把他叫作摩卡-卡尔夫（Mokker-Kalfi，意为"雾之腓"），并给他安上了一颗母马的心脏，让他为索尔的对手持盾护卫。

赫朗格尼尔生着一颗石心，他的脑袋也是由石头构成的。他拥有一面又宽又厚的石头盾牌，右手握着巨大的燧石。赫朗格尼尔把这燧石当作兵器，在肩头挥舞。他确实是一位令人畏惧的斗士。

索尔启程去参加荒岛对决。他的持盾人是奥文戴尔之子——忠诚的希亚费。希亚费脚底生风地跑到决斗场，冲着赫朗格尼尔大喊："就算你把盾牌挡在身前，也无法抵御索尔的攻击，因为他将从你脚下的大地向你发起进攻。"

于是赫朗格尼尔把盾牌平放在地上，挑衅地踩在盾牌上，双手握着巨大的燧石兵器。

摩卡-卡尔夫正吓得直哆嗦。随着索尔的到来，那颗母马的心脏在他的胸腔里战栗起来,汗水从他身上滚滚淌出。

赫朗格尼尔面前电闪雷鸣。随即,他看见脸色阴沉的雷神朝着自己疾冲而来,手中的神锤已经扬起,准备出击。不等索尔逼近,赫朗格尼尔就举起巨大的燧石,迎着妙尔尼尔用力掷出。与此同时,索尔看穿了他的意图,也把神锤扔了出去。两件兵器在半空中撞上,迸溅出交错的火星,天空为之撕裂,焰光布满海洋。燧石被撞得四分五裂。其中一部分落到地上,那里至今还耸立着一座座燧石山峰;还有一大块碎片刺入了阿萨神的前额,把他仰面掀翻。

同时,神锤也命中了赫朗格尼尔,彻底击碎了他的头颅。当巨人瘫倒下来时,他的脚正好砸中索尔,沉沉地压在了他的脖子上,导致索尔没法站起身来。

希亚费冲向惊恐万分的摩卡-卡尔夫,不一会儿就把他打败了,接着跑到索尔身边,试图施以援手。他努力搬动赫朗格尼尔的脚,却怎么也无法把它从索尔的脖子上抬起来……他呼唤阿萨诸神之名,请他们赶紧从阿斯加德来到对决现场。看见索尔身受重压、倒地不起,诸神各显神通,想要助他脱困,但谁也没能够挪开巨人的脚。

索尔之子曼尼(Magni)终于抵达。他的母亲是雅恩莎撒,她负责用世界之磨研磨钢铁。三个夜晚之前,曼尼刚刚出生,但此时他已经是个大力士了。他抓住巨人的脚,把它从父亲的脖子上甩开,并说道:

"啊!要是我能早点赶到就好了。我本可亲自用拳头捶烂赫朗格尼尔的脑袋!"

索尔一跃而起,展开双臂,怀着满腔爱意把儿子拥入怀抱。

"啊,曼尼,"他说,"我要把赫朗格尼尔的神驹古尔法克西赠给你。"

索尔的做法触怒了奥丁。他斥责索尔道:"你不该把巨人的骏马交给恶女巫的儿子。你本应把它送给你的父亲。"

奥丁气冲冲地转身离去,带着阿萨诸神返回了阿斯加德。

在这场盛大的荒岛对决过去很久之后,伊瓦尔德之子才向阿萨诸神挑起了凛冬之战。由于奥文戴尔住在约顿海姆的边境,索尔总是在他家落脚

歇息，并把两头风驰电掣、壮硕有力的山羊和神圣的战车停放在这里。此次返程，索尔照旧朝着奥文戴尔家走去，却在路上碰见深陷险境的奥文戴尔。这位精灵射手本想去攻打霜巨人，但事实证明成效甚微，反而被对方紧紧追逼，几乎要沦为俘虏。

索尔很快救出了自己的朋友。当他要涉水穿过深深的埃利伐加尔河时，他让奥文戴尔蜷在装肉的筐子里，然后把筐子背在肩上。因为筐子上有个洞，奥文戴尔的一根脚趾露在了外面。巨人的魔咒落在脚趾上，使它冻伤、坏死。索尔掰下那根脚趾头，把它抛向高空。脚趾化作了一枚闪亮的星星，直至今日，人们仍把这颗星星叫作"奥文戴尔的脚趾"。就这样，这位精灵射手（又称阿沃）成了一位星辰英雄。

告别奥文戴尔之后，索尔把山羊套上车辕，匆匆驾着神圣战车奔向斯罗德万（Thrud-Varg），赶回自己的宫殿。赫朗格尼尔留下的伤口给他造成了极大的痛苦。燧石的碎片深深地嵌进了他的前额，西芙试图缓解他的痛苦，却无济于事。

奥文戴尔的妻子——温柔的格萝亚——正住在索尔的要塞中。每当她的丈夫前去抗击霜巨人，她总是移居此处。格萝亚拥有施展咒语的魔力。她是一位"催化生机的精灵"，能够让岩石自行移动，还能止住湍急的洪水。若是有人被霜巨人所伤，格萝亚会让他们恢复精力；那些遭受霜巨人蹂躏的土地，也是经她之手重焕光彩。

格萝亚来给索尔疗伤，为他取出紧紧卡在前额中的燧石碎片。她为索尔吟唱了种种咒语，首先驱除了折磨着雷神的苦痛，然后又让石头动摇、松脱。

感到自己的伤痛有望被格萝亚治愈，索尔内心雀跃，不禁想要报答她，想要即刻让她高兴起来。于是，在格萝亚继续念诵咒语之前，索尔插嘴把她打断了。

索尔把奥文戴尔遇险的消息告诉了她，并讲述了自己从霜巨人的包围中救出这位精灵的经过。格萝亚满心欢喜，可是她的咒语已经失效，那些拥有魔力的歌谣也被她忘得精光。因此，她没能把燧石碎片从索尔的额头里取出来。由于索尔过于急切，早早给出了回报，燧石碎片永远留在了他身上。

从此以后，索尔有了一个弱点。倘若有凡人在人间投掷燧石武器，嵌在这位阿萨神前额中的碎片就会震动，让他遭受痛苦的折磨。而胆敢如此冒犯索尔的人也必将承受他的雷霆之怒。

索尔的确创下了丰功伟业。正是他驱退了巨人，削弱了他们的力量，让诸神和人类得享安宁。因此，人们总是心甘情愿地侍奉他。

可是有一天，奥丁离开阿斯加德，向东而行。他看见索尔正从约顿海姆而来，便想借机嘲弄他一番，给自己找点乐子。

奥丁扮成一个叫作"灰胡子"的摆渡人，在水流幽深的埃利伐加尔河对岸等待。索尔唤他渡河，却遭到奥丁的拒绝，两人于是争执起来。奥丁对索尔的英勇表示怀疑，并故意贬低他的功绩。面对雷神愤怒的威胁，奥丁还回以轻蔑的冷笑。

"你的舌头确实很巧,"索尔大喊,"但等我蹚水过河之后,它就帮不上你什么忙了。要是我的妙尔尼尔落在你身上,你就会嚎得比狼还要响。"

"你最好专心赶路,"奥丁回敬道,"如果你真的着急回家。因为有人乘虚而入,西芙爱那人胜过爱你。"

索尔勃然大怒。"你倒是清楚得很,"他吼道,"这些恶毒的话会刺痛我的心。不过你说的都是谎话,所以你是个懦夫。"

奥丁答道:"我绝无虚言……你现在回去已经迟了。是什么让你在路上耽搁了?你本该一大早就动身上路。"

"拖住我的就是你,混蛋。"索尔愤愤地反呛回去。

奥丁笑了。"像我这样微不足道的小人物,"他说,"怎能阻碍伟大的阿萨神索尔前行?"

"别开玩笑了,"索尔嚷道,"快把你的船划过来,你将拥有曼尼之父的友情。"

"滚吧!"奥丁大喊,"我才不载你过河呢。"

索尔换上了恳求的语气:"要是你不肯过来,那就告诉我河水较浅的渡河路线吧。"

奥丁摇了摇头。"我大可拒绝回答,"他说,"浅滩距离此处路途遥远。你先往这个方向走一小段路,再往那个方向走一小段路,然后你向左转,直至抵达无人的荒野。在那里,你会碰到你的母亲,她将指引你抵达奥丁的国度。"

"今天之内我能到达吗?"索尔问。

奥丁回答:"如果你走快点,日出之前就能到了。"

"你这个嘲弄人的家伙,"索尔高呼,"我跟你没什么好说的了!今天你不让我过河,以莱普特河(Leipter)神圣的河水为证,下次见面我一定要好好报答你。"

奥丁露出了微笑。"滚吧!"他喊道,"愿你落入恶魔之手。"

索尔怒气冲天地离开了。在那之后,他再也没找到曾经嘲弄、羞辱他的灰胡子摆渡人。

15
俊美的巴德尔
Balder the Beautiful

俊美的巴德尔是阿斯加德诸神中最高贵、最虔诚的一位。人们用"巴德尔的眉毛"来称呼大地上最洁白的花朵,只因这位神明肤白如雪,光彩照人。他的发丝宛如纯金打造,他的双眼明亮而湛蓝。他深受所有神明的喜爱,唯有邪恶的洛基除外。正是洛基狡诈地设计了他的死亡。

巴德尔是夏季的阳光之神,在奥丁的众多子嗣当中,他的容貌最为出众。他的母亲弗丽嘉是司掌丰饶沃土的女神,也是尼约德的姐妹。他的兄弟是盲眼的霍德尔。巴德尔的舌头上刻有卢恩符文,这使他具备了卓越的口才。他骑着一匹光辉灿烂的骏马,还拥有一支被称作"浪间隼"的船队。每当一道道阳光穿过流云,那就是巴德尔的船队在云海间扬帆航行。月亮少女南娜被许配给他为妻。她是一名英勇无畏的女子,曾经在光明之战中与巴德尔并肩御敌。南娜的坐骑也是一匹光芒四射的神驹,她还有着温柔的性情和非凡的美貌。

有一次,奥丁和巴德尔一起外出旅行,途经一片树林。这时,一个可怕的征兆降临在他们身上,预示着灾难的来临——巴德尔的坐骑扭伤了一条腿。这匹神驹能让地面涌出清泉，凡是它落下蹄印之处皆有井水。南娜和她漂亮的姐妹——太阳少女苏娜（Sunna）——一同吟唱庇佑的咒语。弗丽嘉加入了吟咏，她的姐妹芙拉（Fulla）也跟着唱了起来。奥丁念诵着拥有魔力的卢恩符文，保护他免受邪恶的侵害。

但没过多久，巴德尔就开始日渐憔悴。他的明眸失去了光彩，他的前额堆叠起思虑，他的唇边染上了愁绪。诸神纷纷前来看望巴德尔，想要找出他的苦恼之源。巴德尔告诉他们，自己每天晚上都会做噩梦。那些梦皆是凶兆，昭示着他的生命危在旦夕。

弗丽嘉能够预知万事万物的未来，却唯独看不透巴德尔的命运。于是她派出自己的侍女，让她们遍访所有的生灵、草木、金属和岩石，令其许诺绝不伤害神明巴德尔。侍女们及时返回复命，把她们取得的誓约交给弗丽嘉。万事万物都立下了不伤害巴德尔的誓言，除了纤弱无害的槲寄生。因为它生来必须攀附在粗壮的大树上寻求庇护，所以没有人要求它许下承诺。弗丽嘉终于放心了，再也不担心自己优秀的儿子可能遭遇不幸。

但是奥丁的心中充满了不祥的预感。他骑上自己的神马斯莱普尼尔，跨过比弗罗斯特向北而行，深入幽昧的尼福尔冥界。当那些高大的巨人被送进世界之磨，碾得粉身碎骨，他们的灵魂便来到了这里。奥丁一路纵马飞奔，踏上了冥界的边缘。这时，一头凶残而壮硕的地狱犬在他身后追赶。它的胸口沾着鲜血，响亮的犬吠声在黑暗中回荡。直到抵达冥界的尽头，它才不得不停下脚步，咧开血盆大口长时间狂吠。

奥丁穿过一片汗漫的绿野，斯莱普尼尔的马蹄声匆促而清脆。终于，一座高峻的宫殿出现在他面前。它的名字是海尔雅-澜（Heljar-ran），红色黎明的精灵得林守卫着它的大门。在这座冥界宫殿里，生活着美丽的阿斯梅吉尔（Asmegir）——利弗（Lif）、利弗诗拉希尔（Lifthraser）及他们的后代。等到饶纳诺克过去之后，他们将会迎着新纪元的晨曦降临，让人类的世界重获生机。

奥丁去往宫殿的东门，因为他知道那里埋葬着一位渥尔娃。奥丁从斯莱普尼尔的背上跃下，在渥尔娃的墓穴前吟唱起奇异的魔法歌谣。他眺望北方，念出了卢恩符文。他吟诵了一条咒语，并要求得到确切的回应。随后，渥尔娃被唤醒了，她那虚幻的声音从墓穴中飘出：

"何人打扰了我的安眠？积雪将我深深掩埋，冷雨敲打我身，层层露水增添湿意……自从我躺在墓中，已经过去了好久好久。"

奥丁回答："我的名字是维格坦（Vegtam）①，我的父亲叫作瓦尔坦（Valtam）。""啊，渥尔娃，"他呼唤道，"得林的宫殿里摆着几条长凳，上面堆满了戒指，它们是为谁准备的？里面还有几间用纯金装饰的屋子，又是为谁准备的？"

渥尔娃答道："此地已经准备好了献给巴德尔的蜜酒，酒水纯净无瑕。酒杯上方陈列着一面面盾牌。阿斯梅吉尔急切地等待着他的到来，打算届时欢庆作乐……啊！你动用强力迫使我开口……现在我不能再说下去了。"

奥丁说："我没弄清谁将成为杀死巴德尔的凶手，在那之前你不得缄口不言。是谁夺走了奥丁之子的生命？"

渥尔娃答道："霍德尔会把他的兄弟送来这里，因为他将杀害巴德尔，断送奥丁之子的性命……啊！你动用强力迫使我开口……现在我不能再说下去了。"

奥丁说："我还不知道谁会找霍德尔复仇，谁会把杀死巴德尔的凶手送上火葬的柴堆，在那之前你不得缄口不言。"

渥尔娃答道："琳达（Rhind）将在冬之殿堂里生下一个儿子，他的名字叫作瓦利（Vale）。不把巴德尔的仇敌送上火葬的柴堆，他就不洗手、不梳头。啊，你动用强力迫使我开口……现在我不能再说下去了。"

奥丁说："我还不知道那些悲伤的少女是谁——她们将自己的面纱高高抛起，抒发心中的哀恸。在那之前你不得缄口不言。除非说出答案，否则无法安眠。"

渥尔娃开口说道："依我看，你不是维格坦，而是奥丁，是万事万物

---

① 意为漫游者。——译者注

的统治者。"

奥丁说:"你也不是渥尔娃,而是三巨人之母。"

渥尔娃呼喊道:"啊,奥丁,回阿斯加德去吧。只要洛基尚未挣脱束缚,世界末日诸神的黄昏还没有来临,你就无法再将我唤醒。"

奥丁返回阿斯加德。天宫中的哀愁之情和不祥之感已经荡然无存,因为弗丽嘉已经让万物立下誓言,她那俊美的儿子将免受一切伤害。诸神已经对此进行了充分的验证。他们向巴德尔投出如雨的标枪,却不能伤他分毫。有些神明拿起石头朝他丢去,还有一些则拔出自己的佩剑劈砍他,可巴德尔还是安然无恙。看到巴德尔拥有抵御伤害的魔力,所有神明都为他感到骄傲。为了赞颂巴德尔的荣光,他们继续向这具优美的身躯送上无谓的攻击。

怀着邪恶的心思,洛基扮成女子的模样,混到了弗丽嘉身旁。弗丽嘉正发出疑问:"诸神为什么要这般攻击我那俊美的儿子巴德尔?"

洛基答道:"他们朝巴德尔扔出标枪和石头,又用刀剑斫刺,只不过是闹着玩而已,因为他们深知自己不会给他造成任何伤害。"

弗丽嘉说:"既然全世界都已向我做出承诺,那么金属、草木、岩石都无法伤到他。"

"确确实实是世间万物都发誓庇护巴德尔了吗?"洛基垂下眼问。

"所有东西,只有槲寄生除外,"弗丽嘉回答,"因为槲寄生太纤弱了,所以没有人要求它许下诺言。"

洛基躲开弗丽嘉,折下一枝槲寄生,然后把它交给机敏的精灵铁匠赫勒巴德(Hlebard),并向他隐瞒了自己的目的。铁匠用槲寄生的枝条造出了一支魔法箭矢——一支足以致命的痛苦之箭……洛基带着这支魔箭,匆匆赶回阿斯加德。诸神还在一片绿地上攻击巴德尔来取乐。他看见盲眼的霍德尔远远站在一旁,便走过去对他说道:

"啊,霍德尔,为什么你不加入这场游戏,一起往巴德尔身上丢东西呢?"

"唉!"霍德尔呼喊道,"可恨我目不能视!我看不见我那俊美的兄弟,手头也没有什么东西可以用来投掷。"

"来吧，像别人一样赞颂巴德尔的荣光，"洛基催促他，"我有一支箭，与你的弓相匹配。我可以把它给你，并扶住你的臂膀，让你知道他立在何处。"

于是，霍德尔从洛基手中接过精灵铁匠打造的魔箭，把它搭在了自己的弓上。接着，他抬起左臂，让邪恶的洛基帮他瞄准。

"现在，你也可以参与这场游戏了。"魔王告诉盲眼的神明。说完他便离开了。

诸神看到霍德尔持箭而立，弯弓欲射，便都停下了游戏……随后，箭矢离弦飞出……它命中了巴德尔，穿透了他那优美的身躯。巴德尔倒在草地上，失去了生命。

诸神吓得目瞪口呆，僵立在他周围……这里刚刚还满溢着欢声笑语，转眼已被沉默的悲凉填满……霍德尔孤身站在那儿，不明白发生了什么，震惊得说不出话来。

没过多久，怒吼声爆发了。诸神想要杀死带来死亡的盲眼弓箭手，然而，他们脚下的草地是一片和平的圣土，他们只得勉强按捺住出手的冲动。

然后，一声呼号响彻阿斯加德："巴德尔死了！俊美的巴德尔死了！"

在这不幸的时刻，诸神竟遭遇了此等祸事。四下一片死寂，闻者无不脸色苍白。

接着，哀叹之声轰然升起，悲伤的风暴席卷了天宫。弗丽嘉孤零零地默然垂泪。奥丁则把伤痛藏在了心里。他比任何人都更加清楚，巴德尔之死会给阿萨诸神带来巨大的灾难。

巴德尔的灵魂去往下层世界，经由金桥跨过了吉欧尔河（Gjoll）。

阿斯梅吉尔在饰有黄金的大殿中等待着他，因为在新纪元的黎明降临世间之前，他们期盼巴德尔能够担任他们的统治者。

但是弗丽嘉不愿让巴德尔留在冥界。等到诸神不再悲痛地哭喊，弗丽嘉走到他们的面前，说道：

"你们之中有谁想要赢得我的感激与青睐?只要你能驭马前往冥界,找到巴德尔,它们就全部属于你。现下我正悲伤难过,衷心希望能够向死之女王乌尔德奉上大笔赎金,用来交换她的许可,让我那俊美的儿子重新回到我的身边。"

年轻的赫尔莫德挺身而出。他是诸神的信使,也是奥丁的儿子之一。他当众宣告:"啊,阿斯加德的王后,我将如您所愿前往冥界,找到巴德尔,并向乌尔德提出交付大笔赎金,或许她会因此准许巴德尔重返您的身边。"

诸神牵来斯莱普尼尔,赫尔莫德敏捷地跃上马鞍,风一般地踏过横跨两岸的城门。他快马加鞭,跨越天空和海洋,降临北方的尼福尔冥界,去寻找巴德尔的所在。

诸神将巴德尔的遗体运往一片荒凉的海岸,他的大船灵舻(Hringhorn)就停泊在那里。他们在甲板上搭起一座火葬用的柴堆,又在上面堆满了金银珠宝,打算放舟入海。

然而他们无法把船推入海中,因为船的龙骨死死地卡在了沙地里,纹丝不动。因此,他们派人前往约顿海姆,请风暴女巨人希尔罗金(Hyrrokin)出马。她的真身是安格尔伯达——那个亘古无情的东方渥尔娃。正是她让风把船吹得七倒八歪,将它们送入埃吉尔的魔爪之中。希尔罗金骑着一头巨狼出现了,手中挽着一条扭动的蛇作为辔头。她从巨狼背上跳下,落在海滩上,对诸神投以轻蔑的眼神。她把巨狼交给四名巨人看管,然后走到船边,一把就将它推进了海里。滚木上迸出了火花,大地也为之震动。

看到恶女巫现身,索尔怒火中烧。他挥起锤子想要把她打倒,但是诸神阻止了他,因为他们不愿在这种场合见血。

诸神把巴德尔的遗体送上船,放在火葬的柴堆上,并让他的坐骑陪在他身旁。死去的巴德尔看起来依旧俊秀而美好。他们为巴德尔穿上了白色的衣袍,还在他的头顶摆放了一顶明艳的花环。

阿斯加德众男神和女神聚集在这方海岸上。奥丁也到场了,他走在人群的最前方。他的渡鸦在船的上空盘旋,他的狼犬双双狂吠。睿智的弗丽嘉与奥丁并肩而行,她总是摇着一辆镶有珠宝的纺车,用它织出金色的云线。她是阿斯加德的王后、掌管母爱的女神。她脱下了往日穿着的云雾般朦胧的洁白衣裙,换上了一袭黑袍;金色的发丝间插着苍鹭之羽,意喻静默无言;她的腰间环着一根金束带,脚上穿着一双金鞋。弗丽嘉身姿修长,仪态典雅,容貌美丽卓绝。

神色冷峻的索尔以及博拉琪和提尔紧跟在奥丁身后。尼约德蓄着黑色的髭须，身穿绿衣，迈着稳重的步伐。弗雷骑着金鬃野猪而来，海姆达尔则跨在骏马古尔托普的背上，放射出太阳般明亮的光芒。美艳的芙蕾雅脸上满是泪痕，驾着巨猫驱动的战车前来，俏丽的绮瞳和满头秀发的西芙也出现在队伍之中。洛基远远站在人群外，眼中没有一滴泪水。

瓦尔基里们倚靠着她们的长矛。弗丽嘉的侍女们簇拥在阿斯加德的王后身旁。这当中有弗丽嘉的姐妹芙拉；有向弗丽嘉转达凡人祈祷的赫琳（Hlin）；有"飞毛腿"信使盖娜（Gna），她来往于大地和天宫之间，始终在观察和铭记；有恋人的守护者洛芬（Lofn），人们以她的名字立下誓言；有调停者修芬（Vjofr），她让争吵的情侣、夫妻重归于好；有睿智的守门人席恩（Syn）；还有终身不婚的女子们的守护者葛冯（Gefjon）。

光精灵们齐赴悲伤的海滩，以表哀悼，甚至连暗精灵们也露面了。许多霜巨人和山巨人也聚集于此，因为巴德尔之死让世界各地都弥漫着忧愁。

不过，没有人能比巴德尔的妻子南娜更加伤心。她一声不吭，心中却泪如雨下，眼里燃着熊熊烈火。

奥丁登上了火葬的柴堆。他把金戒指德罗普尼尔放在巴德尔胸口，然后俯身对巴德尔耳语……

从那时开始，诸神和人类都在猜度奥丁在他儿子的耳边说了什么。

> 当奥丁对
> 巴德尔耳语之时，
> 没有任何神明或人类
> 在近旁听闻。
>
> 奥丁说了些什么，
> 他的俯身低语，
> 无人知晓，
> 之后也无从知晓。

奥丁沉默地回到了岸上。随后，索尔用自己的神锤为火葬的柴堆祝圣。一个名叫利特尔（Littur）的侏儒从他身边跑过，被他一脚踢上了船，与巴德尔一同化为灰烬。

哀伤的葬礼就这样结束了，人们用火炬点燃了火葬的柴堆。火焰高高腾起，直冲天际，诸神的面孔都被火光映红了……南娜悲伤地痛哭，心碎而亡，倒在了冰冷的海滩上。

燃烧的大船被卷向大海深处……整个世界都为巴德尔之死而悲痛……

与此同时，赫尔莫德正驰骋在阴森的尼福尔冥界，奔向冥界的闪光平原。他骑着斯莱普尼尔跋涉了九天九夜，穿过迷雾笼罩的黑暗，翻过严寒刺骨的高山，临着宽广无尽的深渊踏过山脊。当他进入冥界的边境时，巨人奥佛特（Offotes）那可怕的狼犬追赶着他，在幽暗的浓雾中声声狂吠……接着，赫尔莫德行至一条条河流。他跨过满是锋刃的斯利德河，又横渡科姆特河（Kormet）和奥姆特河（Ormet），然后是科尔洛加双河（Kerlogar）——索尔每每前往诸神的下议事厅，都要从这些河流中涉水而过。赫尔莫德越过了闪闪发光的莱普特河，凡是以它那神圣的河水为证发下的誓言，都必须得到遵守。最终，他来到吉欧尔河畔，河上有一座金桥。

看守这座桥的是一位精灵少女，她的名字叫作莫德古德（Modgud）。莫德古德高声呼喊："你这个未死之人，从何处而来？"

赫尔莫德向她询问，在自己之前有谁从桥上通过。他心中焦急万分，一刻也不想耽搁。

"就在五天之前，"她说，"有五队勇士与瓦尔基里们一起骑马经过，那么多人发出的声响都没有你一个人的动静大……你想找谁？"

赫尔莫德答道："我在寻觅我的兄弟巴德尔——奥丁与弗丽嘉之子。如果你曾经见过他，且请明示，告诉我他去向何方。"

莫德古德没有开口，只是朝北边指了指。赫尔莫德驱使斯莱普尼尔，朝着那个方向继续前行……没过多久，他就看到了冥界的巨石城门。城门被牢牢闩住,又极为高大,门口还有一名全副武装、身材魁梧的哨兵把守。除了前来接受审判的亡者,没有人能够获准进城。

赫尔莫德跳下马背。他收紧了斯莱普尼尔的肚带,又翻身上马。然后,他驱使着奥丁的神驹冲向城门,高高跃起,从门上翻了过去。刚一落地,他立刻马不停蹄地继续向前……赫尔莫德一路飞驰,终于找到了巴德尔的魂归之处——阿斯梅吉尔的宫殿。

他跃下马鞍,走进宫中……只见巴德尔坐在一间金色的大殿里,身下是一个黄金王座。他的面容苍白憔悴,因为他还没有从死亡的阴霾中解脱。他的额上戴着一顶枯萎的花冠,德罗普尼尔指环挂在他的胸前。巴德尔坐在椅子上,一副正在聆听的模样,仿佛他还能听见奥丁在他耳边低声细语。在他面前摆着一只盛满蜜酒的高脚杯,可他连碰都没碰一下。南娜坐在他的身边,脸颊上血色尽失。

就在离他们不远的地方,赫尔莫德看到了冥界女王乌尔德的身影。她孤身一人,静静地站在那里,仪态冷峻而威严。她的脸色像死人一样煞白,显得坚定而又严厉,她的视线低垂。乌尔德身着一袭黑袍,上面缀着华美的钻石与纯金饰品,粲然生辉……

赫尔莫德对巴德尔说:"啊,我的兄弟,我被派来此地都是为了你。阿斯加德的人们深切地悼念你,你的母后恳求你速速回归。"

巴德尔哀伤地摇了摇头,抬手指向南娜。可南娜却朝他依偎过来,耳语道:"爱比死亡更加强大,连坟墓也不能将它葬送……啊,巴德尔,我愿永远留在你身边……"

若是冥界中有眼泪存在,两人已然哭了出来。

整个晚上,赫尔莫德都在对他们苦苦相劝。到了第二天早晨,他直接向乌尔德提出请求,希望她能放巴德尔脱离死亡的束缚。

听到他开口,乌尔德连眼皮都没有抬一下。

"在阿斯加德,"赫尔莫德说,"巴德尔受到诸神的缅怀;在大地上,人们同样为他致哀。巴德尔之死让一切有生之人和有灵之物都流下了泪水,他们都恳求你放他重返世间。"

乌尔德冷冷地回应道："倘若一切有生之人和有灵之物果真为巴德尔落泪并乞求他的回归，那么他必能获得重生……但只要有一个眼眶是干涸的，那他就将永远留在冥界。"

赫尔莫德无声地向乌尔德鞠了一躬，便退回巴德尔和南娜的身边。两人把他送到门口……在他们不舍地道别之前，巴德尔把德罗普尼尔指环交给赫尔莫德，让他还给奥丁，因为这枚戒指一旦进入冥界便会失去增殖的能力。南娜取下自己的面纱，托他交给弗丽嘉，她还摘下了一枚新娘的金戒指，把它送给芙拉。

带着巴德尔和南娜的赠礼，赫尔莫德迅速返回了阿斯加德。面对齐聚而来的诸神，他将冥界女王严苛的谕令公之于众。

弗丽嘉当即向各地派出信使，请求每个有生之人和有灵之物为巴德尔哭泣，以换取他重生的机会。于是，整个世界都沉浸在哀恸之中。冰封的伤痛被释放了出来，哭声大作，宛若流水倾泻而下。万众落泪，百兽哀泣，无论其天性是温顺还是狂野。岩石沁出了泪滴，金属蒙上了水雾。枝头上、树丛里，乃至每一片草叶上，全都满含着露珠，以示对巴德尔的哀悼。

不料，在返回阿斯加德的途中，弗丽嘉的信使们遇上了古尔薇格-霍德尔。铁树林里的恶女巫坐在幽暗的山洞中，扮成一个叫作索克（Thok，意为"黑暗"）的家伙。信使们请她为巴德尔掬一捧眼泪，让他得以重返世间。她冷酷地拒绝了：

"巴德尔之死只会让索克的眼中淌出火焰。不管是生是死，他都没有给我带来半点欢愉……就让冥界的女王保留她的所有物吧。"

由于恶女巫不肯哀哭，故而巴德尔没能摆脱死亡的束缚，阿斯加德诸神悲痛万分。他们认定洛基就是此事的罪魁祸首，因为他从未停止谋害诸神。所幸他的末日很快就会到来。

巴德尔之死

我听到一个声音高呼着:
"俊美的巴德尔
死了,死了!"
它从迷雾中飘过,
宛若飞向太阳的群鹤
发出的哀鸣。

我看见死去的太阳
那苍白的尸体
从北方的天空中陨落。
狂风从尼福尔海姆袭来,
扬起层层雾气,
披覆在他身周,送他离开世间。

那声音不停地呼喊:
"俊美的巴德尔
死了,死了!"
然后消逝在
凄凉的夜色中,
带着悲痛欲绝的腔调。

俊美的巴德尔,
夏日阳光之神,
诸神之中最美好的一位!

他的前额光芒四射,

他的舌头上附有卢恩符文,
就像勇士的宝剑上刻有符咒。

大地上和天空中的一切东西,
皆已受到魔咒的束缚,
永远无法对他造成伤害,
即使是草木与岩石也不例外:
除了槲寄生,
神圣的槲寄生!

霍德尔,那盲眼的古老神明,
走起路来悄无声息。
上当受骗的他操起锋利的长矛,
刺穿了温柔的胸膛。
它是用槲寄生打造的,
受诅咒的槲寄生!

他们让他躺在他的船上,
身边伴着坐骑和挽具,
宛如躺在火葬的柴堆上。
奥丁摘下
一枚指环,套在他的指上,
又在他的耳畔低语。

他们将燃烧的火船送入海中!
船远远漂流
在雾蒙蒙的大海上,

最终像太阳一样，
沉入了波涛之下。
巴德尔再也不会回来了！

——亨利·华兹华斯·朗费罗

奥丁降临

人类之王匆匆起身，
跨上他那匹煤炭般漆黑的坐骑；
他策马冲下陡峭的深渊，
前方通往恐怖的海拉之家。
黑暗之犬紧随他身后，
敞开了皮毛蓬乱的喉咙，
它的嘴里填满尸肉，
泡沫混合着人血从口中滴落。

它嘶哑地吠叫起来，发出刺耳的噪音，
它的眼睛灼灼放光，獠牙呲张；
在徒劳的嚎叫声中，它久久地追逐着
强力咒语之父。
他继续沿着自己的道路前行
（所到之处大地颤抖呻吟），
直至冥界的九道大门完整地
呈现在他无畏的双眼之前。
紧挨着东方的城门，
他坐在青苔蔓生的柱子旁；

很久以前这里埋葬了
一位女预言者的骨灰。
面对着北方,
他三次勾勒出卢恩符文;
三次用可怕的声调念出
令人毛骨悚然的诗句,从而唤醒亡者;
直到从那空洞的墓穴里
缓缓地传出阴沉的声音。

女预言者

是何种陌生的召唤,是什么咒语
打破了墓中的宁静?
是谁在以这种方式折磨我不安的灵魂,
迫使我离开了夜之国度?
长久以来,这堆腐烂的骨骸经受着
冬雪严寒,夏日酷暑,
露水浸湿,雨水冲刷!
让我,让我再度睡去。
是谁用不被祝福的声音
将我从安眠的床榻上唤醒?

奥丁

呼唤你的人是一个探索未知之地的旅人,
一名勇士之子。
你对人间之事一清二楚;
告诉我地下发生了什么,
丰盛的宴席是为谁准备,

黄金的床榻是为谁铺设。

女预言者

高脚杯中盛着

澄澈的蜜酒，

酒杯上方悬着黄金的盾牌；

这是勇敢者巴德尔的饮品；

巴德尔的头颅就要落入死神之手。

天神之子将遭受痛苦的折磨！

我被迫开口道破天机；

放过我吧，任我长眠。

奥丁

再次听从我的召唤。

女预言者，现身告诉我，

奥丁之子会遇到怎样的危险，

谁将书写他的命运。

女预言者

英雄的末日掌握在霍德尔手里；

他的兄弟将把他送进坟墓。

现在我要闭紧疲惫的双唇；

放过我吧，任我长眠。

奥丁

女预言者，遵从我的咒语，

再次现身告诉我，

谁会为他的罪孽复仇。

霍德尔的鲜血将因何人而洒。

女预言者

在西边的山洞里,

经受奥丁热烈的拥抱之后,

琳达将孕育一个神奇的男孩,

他从不梳理鸦黑的头发,

也不用溪水清洗他的脸颊,

见不到太阳放射出的光芒,

直到他微笑着目睹,霍德尔的尸体

在火葬的柴堆上燃烧。

现在我要紧闭疲惫的双唇;

放过我吧,任我长眠。

奥丁

再等一下,遵从我的召唤。

女预言者,醒来吧,告诉我,

那些悲痛无言的少女是谁,

她们将深锁的愁眉埋入尘土,

她们扯断了亚麻色的秀发,

和雪白的面纱,任其飘扬在空中。

告诉我,她们的哀恸源于何处;

然后我会任你长眠。

女预言者

哈!你不是旅行者,

人类之王，我现在知道你是谁了，
一个强大的家系中的最强大者——

奥丁
你不是拥有神圣力量的女占卜者，
也不是善良的女预言者；
而是巨人一族的母亲！

女预言者
所以你赶紧离开，回家吹嘘去吧，
再也没有哪个探询者
能够打扰我铁一般冰冷的沉眠；
直到洛基冲破他身上的十重锁链。
再也没有，直到浩瀚的黑夜
重获古老的权柄；
直到世界的骨架
陷入火海，沦为废墟，沉没入海。

——**托马斯·格雷**（Thomas Gray）

世界的泪水

奥丁……告诉诸神：
"赶紧出发，去往世界各地，祈求
一切生灵和死物为巴德尔哭泣，
如若有幸，或可将他赎回。"

诸神听闻之后，立刻起身出发，
骑上自己的马，踏遍了整个世界；
东南西北，他们一一造访，四处漫游，
恳请万物为巴德尔之死哭泣。
所有生灵和所有死物都落下了泪水，
就像冬天里冰消雪融，
就在冬季终了、春日未始之时，
一阵温暖的西风拂来，解冻开始——
只要一个钟头，就能听见水落滴答，
在每一片森林里响起，蓬松的白雪
散落在树下，被砸出了深深的坑洞，
树枝上的积雪也滑落下来；
南面坡地上的田野中，一簇簇深色的草丛
从周围的白雪中探身而出，
越变越大，农夫的心中欢欣雀跃——
所以在整个世界都能听到落泪之声，
为了赎回巴德尔，万物都在哀泣；
诸神闻声尽皆欢喜。
只有赫尔莫德与尼约德在策马驰骋，他想要
带尼约德前往遥远的海岬和沙滩，
那里或许有人没能得到消息，故而未曾落泪——
尼约德是风暴之神，渔民们都认识他；
他并非诞生在天宫；他在华纳海姆被抚养长大，
与人类相伴，如今他作为人质与诸神生活在一起；
他知晓每一个入海口、每一条
沿岸青松逶迤的岩溪，以及海鸟争鸣的沙滩——
两人查访了每一片海岸，万物都落下了泪水。

他们并肩驰返，穿过雅恩维德的树林。
此地位于米德加德以东，坐落在
巨人领地的边境，林中的树木用钢铁铸成。
他们从树林中的一座山洞旁经过，
洞口坐着一个皮包骨头的恶女巫，
她的牙齿都掉光了，老态龙钟；她对过路之人投以嘲笑。
她的名字叫作索克，不过此时扮作她模样的乃是洛基；
她先是跟他们打了个招呼，然后笑了起来，说道：
"呀，竟然是神啊，是不是天上太沉闷，
以至于你们要跑到索克的铁树林里来找乐子？
你们这两个家伙喜欢改变，又过于挑剔。
看哪，就像是乡巴佬在院子里养了头香喷喷的母牛，
给她的食槽里填满上好的新鲜牧草，
她对着干草轻巧地耸了耸鼻子，低下了头，
去咀嚼脚边的麦秆和褥草——
同理，你们这两位神也是神经过敏了，连天宫都瞧不起！"
她说完后，赫尔莫德回应道：
"索克，我们来这里不是为了被你嘲弄，我们是来寻求眼泪的。
巴德尔死了，海拉扣留了她的猎物，
但如果万物都为他洒下泪水，他就能够重生。
不要吝于奉献！巴德尔对每个人来说都亲切可爱。"
结果，恶女巫笑得更响亮了，她答道：
"巴德尔死了吗？你们是来索要泪水的？
等到巴德尔被送上火葬的柴堆，索克干涩的双眼才会落泪。
所有其他东西想为他哭就哭吧——
我绝不为他掉眼泪！就让海拉保留她的猎物吧。"

——《巴德尔之死》，马修·阿诺德

16

洛基被缚
The Binding of Loke

　　正如渥尔娃所预言的那样，奥丁新添了一个儿子，且这个孩子找霍德尔报了巴德尔被杀之仇。他的母亲是大地上的冬之女王琳达。在冰天雪地的时节，奥丁去向她大献殷勤。尽管琳达的容貌艳如桃李，但她的心冷若冰霜，长久以来，从未有人能够让琳达生出情愫。她的父亲是暮光精灵比林，他居住在西方。比林守卫着庇护者森林。那里是日神和月神的庇护所，他们只要奔赴那里，就能摆脱在身后追逐的铁树林巨狼。庇护者华恩一族人人威猛彪悍，他们为驾驶太阳战车的苏尔选拔出一批勇士担任护卫。每当她在金床上沉沉睡去，他们就会举起燃烧的火炬，时刻保持警惕。到了白天，勇士们才去歇息。等到苏尔再度驾着她的战车驶向比林之门①，他们又会点亮自己的火把，燃起金红的光焰。

　　奥丁登门拜访比林家，向琳达吐露自己的爱意。不料，冷漠的少女轻蔑地拒绝了阿斯加德的统治者，还对他嗤之以鼻。这让奥丁对自己感到不

---

① 根据蒙茅斯的杰佛里所说，传说中的不列颠国王贝林努斯（Belinus）在伦敦建造了一道巧夺天工的大门，"人们至今把它叫作比林之门"。

满。就像吟游诗人曾经歌唱的那样，相思病乃是"最令智者受罪的疾病"。奥丁独坐芦苇丛中，等待美人垂顾，但琳达根本没有对他投以青眼。她的心寒冷凝冰。

奥丁再次前往比林家。他带来了一只用纯金打造的手镯和几枚金戒指，首饰上镶嵌着光彩夺目的宝石之花。他向琳达献上这些宛若金色夏日的礼物，却遭到了残忍的拒绝，因为她的心有如三九寒冬。奥丁的求爱招致了她的厌恶。

奥丁第三次去找比林那不假辞色的女儿，向她表白心意。他打扮成一名年轻的勇士，戴着头盔，佩着宝剑。他摆出一副气宇轩昂的模样，宛若夏季出海征掠的维京人。谁知琳达身边立着一群华恩一族的勇士。勇士们手持火炬，而她已然入睡。琳达躺在黄金床榻上，像太阳一般明媚……第二天早上，整栋房子里的人都睡去了，又有一头饥饿的狼犬担当她的护卫。琳达再次拒绝了奥丁。她傲慢无礼地对他大加折辱，他已经无望赢得她的爱情。

最终，奥丁扮成一个恶女巫，去接近琳达。大地上的冬之女王身患重病，日渐憔悴，奥丁承诺将她治愈。随后，奥丁暗暗对琳达施了咒语，使她陷入癫狂。人们只好用寒冰锁链把她绑了起来。这时，奥丁向琳达展露真面目。他解除了咒语，又帮她摆脱了冰雪的桎梏。因此，琳达的心为他变得柔软起来，她情愿嫁作他的新娘。

与此同时，阿斯加德诸神想要揪出行走无声的霍德尔，以报巴德尔被杀之仇。但是他们怎么也捕捉不到他的踪迹。整个白天，霍德尔都躲藏在密林之中，到了晚上才会出来活动。他持有一面魔法盾牌和一把神剑。夜幕降临之后，没有人胆敢靠近他的身侧。霍德尔持续不断地变换着位置，在树林间四下游走，却没有制造出半点动静，唯恐复仇者循声而至。他永无休止地寻找着脱身之路，因为他已经清楚地预见了自己的命运。

等到光明重回世间，瓦利在五月的一天降生了。他出生在晚上，一落地力气就达到了巅峰状态。他迅速前往阿斯加德，踏入城中。瓦利长着一张孩子气的脸，可他的身材已经像个勇士了。他径直向瓦尔哈拉走去，却遭到了看门人的阻拦，因为他不曾清洗手上的污垢，头发也未经梳理。他带着一张强弓和三支箭矢。

瓦利一脚踢开看门人，走进了英灵殿。奥丁正和其他神明一起坐在宴席上，环绕在他们周围的都是些勇敢无畏的英雄——当战士们死于刀剑之下，瓦尔基里会选出其中的佼佼者，送往瓦尔哈拉。

奥丁骄傲地欢迎瓦利的到来，并向诸神和英雄们宣告："看哪，这就是瓦利——琳达之子。他将为巴德尔之死报仇雪恨。"

诸神议论道："如此青涩的一个年轻人，要怎么才能打败昼伏夜出的霍德尔，从他的神剑下逃得性命呢？"

瓦利回答："我降生到这世上仅仅过了一夜，但我必将为我的兄长巴德尔复仇。"

说完，奥丁新添的儿子也在宴席上落座。他和死于剑下的英灵们欢聚一堂，共享瓦尔哈拉的喜悦。他们所吃的大餐是用野猪沙赫里姆尼尔（Saehrimnir）烹制的——每天它都会献身供人大快朵颐，到了夜晚又变得完好无损。

奥丁坐在他高高的座椅上。宴席上的菜肴他分毫未动，因为他根本不需要进食。他把自己的那份饭菜扔给他的两条狗基利和弗力奇，自己只饮用蜜酒，从中汲取永恒的滋养。

英灵们饮用的蜜酒是山羊海德伦（Heidrun）的乳汁。一棵名叫莱拉斯（Laerath）的大树荫蔽着瓦尔哈拉，它为山羊提供了赖以为生的叶片。

勇士们把瓦利簇拥在中间，一起吃饱喝足，然后浩浩荡荡地离开了瓦尔哈拉。这座宫殿总共有五百四十道门，从每一扇门中走出了八百名勇士。到了饶纳诺克那一日，他们也会以同样的方式进发，前去抗击苏尔特尔的部族。

一如瓦利到来的那个早晨，勇士们每天都会照例行军。他们在一片开阔的场地上战斗，将彼此砍得支离破碎。他们驾着战马冲锋陷阵，直至坐骑倒地身亡。他们徒步拥入战场,迎接自己的死亡。① 不过,他们总是能够重获新生。

瓦利观摩了英雄之间的战斗。他目睹他们相互厮杀,又见证了他们获得重生并返回瓦尔哈拉。

等到黄昏时分,苏尔抵达了比林的宫殿,在她那张黄金的床榻上睡下,瓦利便动身去寻找行走无声的霍德尔。他在黑暗的森林中穿行,因为他已经掌握了盲眼神明的藏身之处。这时,瓦利听到了一声呼喊:

"啊,杀死巴德尔的凶手,复仇者来了。"

霍德尔一边高举魔法盾牌,一边抽出神剑,朝着瓦利脚步声的来处静悄悄地摸了过去。

瓦利弯弓搭箭,向霍德尔射了出去,可箭却从他身边擦过。他又放了第二箭,这次射中了魔法盾牌。瓦利放出第三支箭矢,这才扎进了霍德尔的心脏,一位神明就此陨落。

就这样,巴德尔终于大仇得报。复仇之人乃是奥丁与琳达之子瓦利——年纪轻轻的五月之神。他虽然面如孩童,却拥有着勇士般健壮的体魄。

人们搭建了一座柴堆,用以火化霍德尔的遗体。诸神都为他的死欢欣鼓舞;巴德尔身处冥界,等候着他的到来。虽然洛基尚没有得到惩罚,但是他的末日已然逼近。

在那一天到来之前,奥丁离开了阿斯加德,启程前往约顿海姆。他想要探访一位古老的巨人——瓦夫苏鲁特尼尔(Vafthrudner),向他请教关于过去的秘密。他是所有巨人中最强壮的一位,头脑也最为机敏。他还喜欢编谜语,猜谜者若是答不出来,就会被他杀死。他押上自己的项上人头,打赌他的智慧无人能及。

登门拜访巨人时,奥丁伪装成了一个名叫甘格瑞(Gangraad)的凡人。

---

① "他们奔赴战场,从来无人生还。"——麦克弗森(Macpherson)《莪相》(Ossian)。诗中指的是来自斯堪的纳维亚半岛的入侵者们。马修·阿诺德曾引用这句诗来描述凯尔特人。

"你来此地所为何事？"瓦夫苏鲁特尼尔握着自己的佩剑问道。

奥丁回答："我到这儿来，是为了验证你是否像传闻中那样头脑聪明睿智，记忆完整无缺。"

巨人被激怒了。他对奥丁说："要是你没有我这般聪慧，或是你的知识不如我广博，我就立马把你的脑袋从肩膀上砍下来。倘若你能证明你的智慧胜于我，我的头颅就归你所有。"

巨人首先向奥丁发问，考验他是否知道白昼之神与夜之女神的战车由谁驾驶，以及划分世界的河流分别叫什么名字。奥丁一一作答。

巨人又问，最终之战将在何处进行，奥丁当即给出了答案。"在维加德（Vigrid）平原。"他说。

巨人大为震惊。他邀请奥丁在自己身边就座。入座之后，轮到奥丁向瓦夫苏鲁特尼尔提问了。他问远古巨人，他的记忆最早可以追溯到什么时候。瓦夫苏鲁特尼尔说，他曾目睹尤弥尔之子贝格尔米尔——那个逃脱了滔天血洪的巨人——被送上世界之磨，碾得粉身碎骨。

奥丁问起万物的起源与终结。巨人对答如流，展现出卓绝的智慧。无论任何事情，他都能说得头头是道。

奥丁从座位上站起身来，对他说道："啊，瓦夫苏鲁特尼尔，我要问你最后一个问题，你要是答不出来，就要交出自己的头颅。"

巨人毫无惧意。他支起耳朵，坚信自己能够即刻给出答案。

不料，奥丁开口说道："啊，谜语编制者，有本事你就告诉我，奥丁在巴德尔的耳边低声说了些什么？"

这下，深重的恐慌袭上了巨人的心头，因为他意识到，这位陌生人不是别人，正是奥丁本尊。他颤抖着嗓音承认了自己的失败。巨人本想杀了陌生的来客，结果反而断送了自己的性命。奥丁砍下了他的头颅。

因为奥丁杀死了这名强大的巨人，诸神称他为雅尔克（Jalk）。[①]

尽管奥丁让暴戾的瓦夫苏鲁特尼尔得到了审判，秉持了他对待所有为

[①] 即巨人杀手杰克（Jack the Giant-killer）。

非作歹者的一贯做法，但是要等到很久之后，阴谋设计杀死巴德尔的罪魁祸首才会从他那里得到公正的惩罚。不过那个家伙的逍遥日子已经到了尽头。芬里尔的身边已经为他留好了位置，只待他的到来。

在阿斯加德，洛基遭到了诸神的排挤，他自己也鲜少露面。他既没有为巴德尔致哀，又没有和诸神一样流露出悲痛之情，因此遭到了诸神的猜疑。

一天，埃吉尔派信使来到高居云端的天宫，邀请阿斯加德的住民参加宴会，庆祝秋分的收获结束。他们一道赴宴，身着盛装，准备畅饮埃吉尔的蜜酒。

待到他们围着宴席就座之后，没有受邀的洛基鬼鬼祟祟地溜了进来。看门人费玛芬格（Fimafeng）试图将他拒在门外。

"这里没有为你准备的座椅，"他说，"你最好还是赶紧改道铁树林，找魔狼芬里尔之母安格尔伯达庆祝去吧。"

洛基被埃吉尔的侍从惹火了。诸神听到费玛芬格的话，对他交口称赞，他们的赞许传到洛基耳朵里，无异于火上浇油。于是他暴起突袭，杀死了鲁莽的守门人。

诸神震怒，纷纷离座，抓起自己的武器准备反击，然而洛基逃进了黑暗之中，在海底的一片大森林里隐藏了踪迹。

宴会重新举办。埃吉尔的酒瓮中源源不断地流出蜜酒，这些容器就像乌特加德-洛奇的角杯一样，永远不会见底，始终盛满美酒。

洛基折了回来。这次守卫在门前的是埃尔迪尔（Eldir）。魔王若无其事地对他说道："诸神在饮用蜜酒时都聊了些什么？"

"他们在谈论你，"埃尔迪尔答道，"以及你所犯下的恶事。"

"那我可要进去了，"洛基说，"我要挨个唾骂他们，直到每个神明都颜面扫地。"

看到洛基再次出现在他们当中，诸神怒上心头，大厅里一片沉寂。洛基变本加厉，要求在宴会上拥有一席之地。

"难道我不是一名阿萨神吗？"他叫嚷道，"我有权得到一份金色的蜜酒。"

音乐与诗歌之神博拉琪恶狠狠地说:"你再也不配与诸神平起平坐。鉴于你所施下的恶行,你被放逐了。如今留给你的只有复仇之酒。"

洛基向奥丁提出了强硬的申辩:"想当初,我们将血掺在一起,对彼此立下誓言:若是对方没有得到蜜酒,自己绝不独饮。难道没有这回事吗?"

听了洛基的话,奥丁承认他确实有权入席,因为他所说的都是真的。根据古老的誓言,洛基的要求正当合理。

洛基如愿得到了一杯蜜酒,他高喊道:"所有人干杯!只有博拉琪除外,因为他拒绝招待我。"

他一边享用着杯中的蜜酒,一边向博拉琪投去轻蔑的嘲弄。于是诗歌之神向他发起了决斗的挑战,但洛基根本不以为意。他对博拉琪的话置若罔闻,仅仅回以无言的藐视。

然后,洛基转向尼约德,当众奚落他的身份,说他只不过是华纳神族送来的人质。

尼约德回应道,自己还有个好儿子弗雷,无人对他心怀怨怼。因此,魔王开始对丰收之神大加羞辱。提尔反驳道,尼约德那英俊的儿子是诸神之中最优秀的一位领导者,而且他一向与人为善,故而深受凡人爱戴。

洛基大吼:"啊,提尔,闭嘴吧。自从被魔狼芬里尔所伤,你就只剩一只手了。"

提尔答道:"失去一只手总好过失去名誉,洛基你可是声名狼藉。"

气愤的弗雷接过话头:"你要是不闭嘴,就会被绑起来,和你那魔狼儿子囚禁在一起。"

洛基随即讥讽起了弗雷,因为他把胜利之剑交给了盖密尔,用以换回吉尔达。

弗雷颜面扫地,其他遭到洛基唾骂的神明也都大为丢脸。于是,弗丽嘉愤怒地对魔王说:

"但凡我有一个儿子堪比死去的巴德尔,且如今也来到了埃吉尔宫中,你就永远没法从这里离开，因为你将死于他的怒火。"

"哈！"洛基跳了起来，高声叫唤，"啊，弗丽嘉，你是想让我多说几句吗？那我就告诉你们，是我造成了巴德尔之死。是我把他送进了冥界，因为击杀你儿子的那支槲寄生之箭就是我交给霍德尔的。"

诸神抓起自己的武器，想要攻击这个邪恶的谩骂者。突然间，大殿之中响起了滚滚雷霆之音，索尔应声出现，站在诸神之间。

洛基深知，诸神不愿看到血溅当场，玷污了埃吉尔的宫殿。因此他走到索尔面前，与他相对而立，说道："啊，阿萨-索尔，你是否还记得，你曾经被吓得躲进斯克里米尔的手套，缩在拇指洞里面？"

"闭嘴吧，你这个魔头，"索尔咆哮道，"否则我就用我的锤子敲掉你的脑袋，要了你的命！"

洛基低声下气地答道："啊，索尔，我现在就住口，因为我很清楚你真的会动手。"

说完后，洛基就离开了宴会大厅。然而，一想到是他害死了巴德尔，诸神便恨他入骨，纷纷起身追赶。谁知，洛基化作一条鲑鱼，从海中逃跑了，诸神的搜寻不过是白费力气。从此以后，洛基再也无法进入阿斯加德了。

考虑到洛基恶贯满盈，尤其是阴谋设计了巴德尔之死，诸神经共同协商，判定洛基应当被拘禁起来。他们在米德加德和约顿海姆四处搜寻，却怎么也找不到他，因为洛基早就发现了一个巧妙的藏身之处。他躲在一面崖壁上，外面有一道大瀑布遮蔽。他在山洞里开了四扇门，并让它们始终敞开，以确保他能迅速逃脱。洛基窝在里面，盘算着用阴谋推翻阿萨诸神。

然而，孤身独处的日子过久了，洛基感到百无聊赖。一天早晨，他找了些麻绳和纱线，造出了一张捕鱼用的大网。从那之后，渔夫们所用的渔网都是照着他的方法编织的。他对自己精巧的发明颇感自豪，不过他构思出这件东西的目的尚无人知晓。

与此同时，诸神还在苦苦寻找他的踪迹。奥丁登上了自己的黄金王座，纵览九个世界，想要找出洛基藏在何处。他发现瀑布后面有座山洞，而洛基就坐在里面。于是他召来诸神，告诉他们去哪里可以找到那个魔王。

诸神随即出发，巧妙地靠近了那座山洞。他们分成几路，同时从四扇门冲了进去。等到洛基有所察觉，诸神已经近在咫尺。他把自己的渔网丢进火堆，化作鲑鱼的样子，纵身跃入瀑布下的池塘，藏进两块石头之间的缝隙里。

诸神冲进山洞，看见火堆仍在焖烧，便知道他们要找的恶棍尚未逃远。克瓦希尔（Kvasir）是尼约德之子，他的目光和海姆达尔的一样锐利。他立刻端详起灰白的余烬，那是洛基制作的渔网留下的痕迹。诸神就地坐下，迅速仿制出了另外一张网。做好之后，他们把渔网抛入水流之中，笃定他们寻觅之人就在水下。可渔网却从洛基头上漂了过去。

诸神再次撒出渔网，并用石头加重，使它能够贴着河床拖曳。洛基看穿了他们的目的，从网上一跃而过，钻进了瀑布里。

不料诸神识破了他的身份。索尔走进河流中央，切断了洛基的退路。复仇的诸神拉着渔网沿两岸包抄，一步步逼近池塘。

洛基明白，他只剩下两种脱身的方式。一种是再度从渔网上方腾跃过去；另一种是游进大海，勇闯那片凶险之地。他的选择是翻越渔网。然而，他没能成功溜走，反被索尔一把攥住。洛基扭动着想要挣脱，却只是白费力气，因为索尔用强有力的手指锁住了鱼尾。出于这个原因，从那时起，鲑鱼的鱼尾都变得又细又窄。

当洛基发现自己已经无路可逃，他变回了平时的样子。之后，弗雷在埃吉尔的宴席上发出的威胁被诸神变成了现实。他们带着洛基前往黑色悲伤之湾，登上了海湾中那座喷泉飞溅的小岛——洛基之子魔狼芬里尔便受缚于此。

洛基的另外两个儿子瓦力（Vali）和纳尔维（Narvi）也随他来到此地，同行之人还有他的妻子——温柔的西格恩（Sigyn）。她曾经被洛基百般嫌弃，受尽了委屈。在咒语的作用下，瓦力变成了一头凶残的恶狼。他

扑向自己的兄弟纳尔维，把他撕成了碎片。

接下来，诸神在魔狼芬里尔身旁挑了三块锋棱锐利的石头，用作洛基的刑床。然后他们抽出"绑缚者"纳尔维的筋腱，将其制成像钢铁一样坚固的锁链，把魔王牢牢地捆在了石头上。

听说害死父亲的仇人终于被打倒了，斯卡蒂喜气洋洋地从山中家园赶来。她带来了一条毒蛇，并把它固定在洛基头顶的山岩上。灼人的毒液从蛇口中滴落，使魔王遭受剧痛的折磨。

实现复仇的诸神离开了，丢下洛基苦苦煎熬……他那忠贞的妻子西格恩留在了岛上。她总是端着一只高脚杯，举在洛基的头顶上，接住滴落的毒液。就这样，她始终守护在她那邪恶的丈夫身旁。然而，每当容器即将被填满，西格恩不得不把它放下来，倒空里面的液体。这时便会有毒液落在洛基的脸上，造成剧烈的腐蚀……一受到刺激，洛基就会扯着锁链疯狂地挣扎，引得山岩震颤，米德加德的根基也因此动摇……地震就是这样形成的。

在饶纳诺克到来之前，洛基和魔狼芬里尔将一直被锁在黑色悲伤之湾中的小岛上。等到他们摆脱束缚的时候，狼犬加姆将放声吠叫。

17
诸神的黄昏
The Dusk of the Gods

曾经有一位渥尔娃歌唱过万物的终结,歌谣中还提到了诸神与人类的末日、可怕的最终之战、奥丁之死,以及苏尔特尔的到来——世界将被他的火焰焚烧殆尽。她的歌声在正午时分响起,飘荡在半空之中。奥丁坐在他的黄金王座上,沉默不语。他能够听懂曲中的含义,因为他从一开始就已预见了结局。然而他并不感到忧惧。从青春年少到苍苍暮年,他始终如一地等待着饶纳诺克——"诸神的黄昏"。

那位渥尔娃是这样唱的:

"大地迎来了邪恶的时代——刀的时代、斧的时代、被斩裂的盾牌的时代。暴力之徒侵扰和平之民;兄弟相残,姐妹的孩子们彼此伤害。人们对奢靡的渴求毫无节制,肉欲之罪盛行。在世界毁灭之前,处处凶险而残酷,世间罪孽滔天。在乌尔德的面前,不计其数的作伪证者、谋杀犯和作恶者挤挤攘攘,他们混乱不堪地从冥界的急流中跋涉而过……

"接下来是北风的时代。狂风如剑,劈开了黑暗的天空。凶残的野兽离开森林、群山和贫瘠的荒野,到人类之中寻找猎物。邻里如死敌,夺命不留情，竟连举手之劳都不肯提供……

"这时，芬布尔之冬（Fimbul Winter）降临了。鹅毛大雪从世界的四角呼啸而至，纷坠人间，遍地凝结起足以致命的霜冻。正午时分，太阳黯然熄灭，再也不能将欢愉撒向人间。暴风怒号，四处扫荡，永不停歇。人们期盼着夏季的到来，可希望却落了个空。冬季之后还是冬季，接连三次皆是如此。整个世界被积雪重压，被凝霜封锢，被寒冰冻锁……然而，人们还在挑起战争，让鲜血浸染大地。邪恶变得更加强大……

"突然之间，金冠雄鸡在阿斯加德高声啼鸣，红色的火焰雄鸡从冥界的深处遥相呼应。在铁树林的一座山巅上，风暴之鹰奋力扇动双翼，咆哮的暴风雨席卷了海洋和陆地……

"巨人们集结起来，对阿斯加德发动了攻击。他们向着比弗罗斯特猛冲过去：霜巨人和山巨人自北面袭来；苏图恩可怕的后裔从南端推进。他们的行动全都暴露在了海姆达尔的眼中。从尤克特拉希尔最浓的树荫里，海姆达尔取出了深藏于此的加拉尔号角，并把它握在手中。他吹动号角，发出雷鸣般的巨响，唤醒了九个世界……冥界的金殿里，密米尔的七个儿子从梦中惊醒。他们自行武装起来，准备参与战斗……奥丁捧起密米尔的头颅与之交谈。他已经预见万事万物的结局，心中毫无惧意，着手为最终之战排兵布阵。

"鼓噪的巨人们迅速登上了比弗罗斯特，骑兵沉重的践踏压垮了这座神圣的桥梁，尤克特拉希尔因此动摇。这棵古老的梣树根深蒂固，它那笔挺的枝干微微战栗，致使各个世界都震荡不安，束缚着巨人们的枷锁一一崩裂。在黑色悲伤之湾中，加姆从多石的小岛上发出了响亮的吠叫，宣告魔狼芬里尔摆脱了禁锢，宣告洛基重获自由。巨大的死亡之船纳吉尔法扯断了泊船的绳索，畅行四海……

"诸神并不畏怯，他们围坐在上议事厅商谈。尼约德离开阿斯加德，回归了睿智的华纳神族，因为这场战争是对阿萨神族发起的，苏图恩的目的是找奥丁报仇雪恨……

"精灵们瑟瑟发抖，侏儒们在昏暗的山洞中打着哆嗦，躲藏在石壁后面。从约顿海姆传来了雄浑的吼声，叛军四起，恐惧在米德加德的人类当中蔓延开来。由于冲突一触即发，战局难以预料，白热化的忧虑也感染了冥界。密米尔之子守在大门前，手中握着他们的长剑……

"在幽暗的铁树林中，安格尔伯达那冰冷的心灵雀跃了起来。盖密尔独自坐在土丘上弹奏竖琴，即将发生的事情令他欢喜愉悦。为了这终末的时刻，他已经等待了很久很久。幻象制造者法亚拉-苏图恩扮作冥界的红色雄鸡，来找盖密尔索要保管在他手中的胜利之剑。为了向诸神复仇，夏基-沃伦用魔咒铸造了这把剑。它先是被密米尔夺走，后来又由斯维普达格寻回。弗雷本应在最终之战中挥舞此剑，但出于对吉尔达的爱，他把宝剑交给了安格尔伯达。法亚拉-苏图恩取得了胜利之剑，便匆匆去找苏尔特尔会师……

"赫列姆（Hrym）从东方奔驰而来。他用一面护盾罩住自己，他的人马紧随其后。中庭巨蟒陷入狂暴之中，这回终于轮到它大显身手。它在湿滑的海底扭动、翻滚，扬起山一样高的巨浪，浪涛凶猛地涌向米德加德。它把疙疙瘩瘩的脑袋探出了海面。它的躯体上沾着斑斑毒液，散发出滚滚烧灼的浓烟。铁树林里的风暴之鹰振翅高飞。它的利喙噼啪作响，渴求着死者的血肉……

"死亡之船从海面上横渡而过。乘船的旅客包括曾经遭受禁锢的穆斯贝尔之子、重获自由的约顿巨人战俘、看门犬加姆，还有挣脱了枷锁的魔狼芬里尔。甲板上还载着一众狰狞可怕的怪兽以及海拉。这艘船的领航员乃是洛基，他掌控着船舵的方向。他驾着船向铁树林驶去，他将率领自己的部队从那里出发，进军维加德平原……

"黝黑的苏尔特尔自南方而来。苏图恩把胜利之剑交给了他，宝剑在他手中熊熊燃烧。阳光般明亮的剑刃上闪耀着沸腾的火焰，冷酷的复仇者们追随在他身后……

"群山摇撼，岩石震颤。巨人少女们吓得魂飞魄散。米德加德的凡人尸横遍野，他们的幽魂挤满了冥界之路。天穹绽开深深的裂痕——随着苏尔特尔的出击，它被劈成了两半……

"最终之战在维加德平原上打响。它长一百英里,宽一百英里,中间是一片树林,树林的主人是'沉默者'维达尔。奥丁注定将死于此林……邪魔军团冲向了阿斯加德的队列。弗雷率领着瓦尔哈拉的英灵们奔向战场。他赤手空拳地迎战黝黑的苏尔特尔,英勇地死在了胜利之剑的锋刃之下。

"凶猛的狼犬加姆纵身跃起,向强壮的提尔扑了过去,双方展开了激烈的厮杀。他们重创彼此,最终同归于尽。

"洛基与海姆达尔一较高下。面对光辉灿烂的英雄,魔王在比拼中落了下风。因为长年遭受酷刑的折磨,洛基的面目已经丑陋不堪,胡子和头发都拧成了犄角。比弗罗斯特的守卫者用闪亮的宝剑砍下了洛基的头颅。但即便是死亡也不能阻止魔王复仇。他的脑袋落在了海姆达尔身上,砸得他伤重不治,走到了生命的尽头。

"冥界中的惊惶之情烟消云散。密米尔之子为洛基的死额手称庆。

"索尔与中庭巨蟒展开了激烈的搏斗。这场恶仗耗时良久,胜负难分。巨蟒一会儿蜷曲,一会儿伸展,在索尔面前辗转翻腾。它一边闪避着索尔的锤击,一边向他倾泻洪水般的毒液。雷神浑身杀气腾腾,极欲手刃敌人,生恐自己成为落败的一方。所幸他最终取得了胜利。索尔甩出致命的一记重锤,挥击之声有如雷霆轰响,妙尔尼尔擦出了闪烁的火花。怪兽瘫倒在平原上,垂死挣扎。这份胜利的确为雷神赢得了非凡的名望,却也让他付出了生命的代价。随着最后一口剧烈的吐息,巨蟒喷出了令人窒息的毒烟,逼得索尔跟跟跄跄地连退九步。伴随着雷鸣般的呻吟,战胜者倒地身亡……

"在这个恐怖的时刻,奥丁做了些什么?他对上了饥渴的魔狼芬里尔。这头怪兽挣脱了束缚,前来复仇。它张开血盆大口,上及天穹,下抵大地。火红的烈焰从它的鼻孔和眼睛里迸射而出。奥丁举起他的长枪昆古尼尔与之交战,向魔狼发起猛烈的攻击。他骑在斯莱普尼尔的背上,头戴闪耀的金盔,苍蓝的长袍在身后飘扬。奥丁无畏而骄傲,以庄严的姿态迎接死亡的时刻。在这场大战之中,他孤身一人,毫无倚仗。奥丁壮烈地倒下了,他的身躯被魔狼吞噬。

"然而，芬里尔的胜利是短暂的。'沉默者'维达尔迅速攻来，强壮有力的他要为父亲之死复仇。维达尔用那只穿着铁鞋的脚踩住怪兽的下颌。他奋不顾身地对抗着恐怖的魔狼。他的力量更胜一筹，因此必将得胜。最终，维达尔撕碎了魔狼的巨腭，并用长矛穿透那喷火的咽喉，刺进了芬里尔的心脏。就这样，奥丁的血仇得报……

"奥丁和索尔牺牲，提尔与弗雷殒命，阿萨军团此刻战况如何？瓦尔哈拉的英灵溃不成军，巨人的部队全军覆没，战场被鲜血浸染。黑龙尼德霍格在空中翱翔，双翼窸窣作响。它飞临战场，大嚼死者的尸体……唯有苏尔特尔屹立不倒。

"天穹中上演了一场灾难。巨狼斯库尔一步步向太阳逼近，总算把它吞了下去。月亮则落入了哈提－玛纳加尔姆的腹中。

"就这样，太阳在晌午时分变得漆黑无光，天空和大地被血染红，强大神明的宝座上有血珠滴落。就这样，月亮也消失在了黑暗之中，天空中群星隐没。

"如今，苏尔特尔完成了造物的终结。他朝着零零散散的阿萨军团丢出火把，将散兵游勇焚烧殆尽，幸存下来的只有奥丁之子瓦利和维达尔，以及索尔之子摩迪（Modi）和曼尼。大火肆虐米德加德，群山之巅烟雾弥漫，万物化为灰烬，没有任何生灵得以逃过此劫。阿斯加德被炙烤成一片焦土，尤克特拉希尔凋萎的树干被火焰环绕。就连飞在空中的尼德霍格也葬身火海……大地沦为一片黑漆漆的余烬，沉入海中，被巨浪吞没……

"至此，一切俱归空无，只余下浓重的黑暗和无尽的沉寂。末日来临了——饶纳诺克，'诸神的黄昏'！"

唱到这里，半空之中，正午时分，渥尔娃的歌声归于静谧。奥丁坐在他的黄金王座上，于寂静中凝神倾听，无所畏惧地等待着饶纳诺克与他自己的结局。他亦在等待这首歌的结尾，等待着应许的新纪元的黎明——那时邪恶尽除，巴德尔将会归来。

云雀高飞，唯闻缥缈的鸣唱从空中洒下。晨光初现，鸟儿的歌声清新又甜美。对奥丁来说，渥尔娃的歌谣听起来同样清新甜美。坐在自己的王

座上,他听见女巫的声音穿透寂静,自远方传来,清晰地在耳畔响起:

"冥界处于森严的守卫之下。无人前去侵扰,长剑上不曾沾染鲜血。大火没有蔓延到下层世界。苏醒之后,密米尔的七个儿子再也不沉眠。尤克特拉希尔的树根再度得到了来自密米尔之井的浇灌。世界之树根本犹存,只有枯枝败叶被焚毁于火中,树上重新冒出了绿芽。

"世界迎来了新纪元的黎明。天空中阳光灿烂,因为巴德尔已经重返世间。大地又一次从海水深处升起,地面披覆着青葱的草木。流水奔泻之声响彻清晨的空气。苍鹰展翅高飞,它翱翔于山脊,捕捉游鱼的踪迹……

"阿斯加德重现美轮美奂的盛况。年轻的神明回归天宫。他们之中有巴德尔,以及他的兄弟霍德尔、瓦利和维达尔。还有摩迪和曼尼,他们带来了妙尔尼尔——索尔的雷神之锤。拥有预见未来之力的霍尼尔也和他们在一起,他终于可以自行决定何去何从。

"神明们谈起了旧日里的种种邪恶与危险。他们回想着中庭巨蟒和魔狼芬里尔。他们没有忘却诸神的审判和古老的谜团。他们将伟大的奥丁所创造的神圣的卢恩符文铭记于心。神明们在青草地上找到了几块金板,那是诸神在黄金时代曾用以游戏的道具。在那个时代,阿萨神族同样是在一个美好的早晨发现了这些金板。彼时,恶女巫还没有来到阿斯加德,天宫尚未腐化、堕落。

"整个世界繁花似锦。田野不用播种,就长满了庄稼。邪恶荡然无存,一切祸患尽皆平息。巴德尔确已归来,并与霍德尔一同入主奥丁的神殿。

"两兄弟的子嗣居住在一座恢宏的殿宇里,宫室之内长风纵横,流云在宽广、敞开的厅堂中漂泊。苏尔的女儿继承了太阳战车,她的容颜比苏尔更加美丽。她身披耀眼的光芒,驾着马车穿过碧蓝的天空。

"利弗诗拉希尔和利弗带着他们的后裔离开了密米尔的国度,重生的一族成了米德加德的居民。他们纯洁无瑕,不染尘垢。在新纪元的第一个早晨,他们以蜜露为餐。他们的子子孙孙将遍布大地。

"待到生命终了,这个全新的种族将去往津利天宫。那座宫殿比太阳还要明亮,它有着黄金打造的屋顶,屹立于九霄之上。圣洁的灵魂终会归于此地，永享安宁与喜乐。

"北方的尼达山脉（Nida）之上有一座黄金宫宇，密米尔之子与辛德里一族就住在那里。天穹之中还有一座名为布里默（Brimer）的殿堂，殿中众人围坐欢宴，在一片祥睦中痛饮蜜酒。

"邪恶之人失去了高高在上的地位，坠入纳斯特隆德。这是一座辽阔而高峻的殿堂，殿门全都向北而开。整座建筑由蟒蛇堆砌而成，蛇身交缠，脊背露在外面，蛇头朝向殿内。蛇嘴中的毒液滴落下来，灼烧着在下方的长椅上受刑的罪人；地面上毒液横流，冲击着涉水之人……

"奥丁没有复活，海姆达尔也没有。一个更加伟大的存在降临世间。我不敢直呼他的姓名，因为他乃众生之父。他前来主持盛大的审判；他颁布一道道神谕。他掌管一切国度，万事万物都听命于他。他能平息纷争；他让战争终结。他定下的神圣律令不可违抗，且将永世盛行。"

渥尔娃的歌唱终了。奥丁坐在他的黄金王座上，静静地陷入了沉思。

重生

在遥远的南方，蓝色的海天尽头，铺展开
另一方天空，无边无际——不曾被任何人
触碰；之后，那里将崛起
第二个阿斯加德，以另一个名字。
当前这方天地将被
末日的暴风雨席卷，
然后消失无踪，沉入海底，
届时幸存的几位神明将去往那里；
霍德尔和我将从墓中苏醒，加入他们的行列。
我们将在那儿重聚，见证
大地从脚下湛蓝的海水中升起，

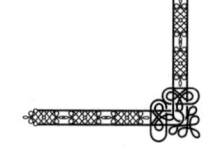

比之前的更加亮丽,更加青葱,

鲜果兀自生长,人类留下了一支族裔,

从此他们的生活将安宁祥和,而现今之人则战乱不休。

天空中的我们将欣喜地寻获

奥丁的宫宇残存的废墟、

熟悉的宝座、我们旧日宴饮的殿堂;

我们惊奇地重新走了进去,不让目光在任何地方

长久地停留,含着泪水将它们重建。

我们将再度踏上著名的

艾达平原,在青草间找到

我们曾经把玩过的黄金骰子;

它让我们回想起从前的生活

和往昔的诸神、奥丁睿智的言谈、

旧日的种种欢愉。

——《巴德尔之死》,马修·阿诺德

18

贝奥武甫的到来
The Coming of Beowulf

阿斯克是第一个男人,恩布拉是第一个女人。两人曾是树木之躯,几乎毫无力量,命数渺茫。诸神赋予了他们神圣的秉性。在航道的尽头,两人赤身裸体地站在奥丁的面前。看到两人有了羞耻之心,奥丁赐下精美的衣裳,他们为此感到自豪。两人在米德加德西边的海岸上繁衍生息,他们的子孙后代成倍增加。那时,凡人拥有漫长的寿命。他们纯真无邪,和平共处。阿斯加德正值黄金时代,诸神尚没有被来自铁树林的恶魔腐化。

后来有一天,海姆达尔得到了一杯密米尔的智慧蜜酒,盛在加拉尔号角里。海姆达尔是奥丁之子,他的母亲是华纳神族的九个姐妹——海中女神澜的女儿。随后,他变成了人类孩童的模样。诸神把海姆达尔送上一艘漂亮的大船,船首装饰着金环。他躺在船上安然入睡,把一捆金色的麦穗当作枕头——那是来自丰收之神弗雷的赠礼。不计其数的金银珠宝、战刀、全套盔甲、其他各式武器和工具堆放在他周围,这些都是诸神在阿斯加德打造的。海姆达尔还带上了取火用的神圣的钻木棒。他又被称为斯蒂甘迪(Stigande),意为"漫游者"。

在一个阳光明媚的早晨，当人们从斯凯兰德（Scedeland）高高的海岸上向西眺望，他们看见一艘大船自碧蓝的海面漂流而来，金环在船首上闪闪发光。船渐渐向岸边靠近，并找了一处安全的港湾停泊。人们惊奇地发现，甲板上睡着一个人类孩童，他枕着一捆金色的麦穗，因此人们称他为麦束西尔德（Scyld of the Sheaf）。[1] 他们把这个孩子带到首领的家中，精心哺育、培养。有了船上的金银珠宝和武器、工具，整个部族繁荣壮大，还学会了如何种植庄稼以及使用神圣的火焰。等到这个孩子长成一名聪颖的男子，他担任了众人的统治者，并且寿享遐龄。

在吟游诗人们的歌咏中，海姆达尔与凡人女子生下了三个儿子：第一个叫作萨尔（Thrall），所有奴隶都是他的后代；第二个叫作卡尔（Churl），他是自由人的祖先；第三个叫作雅尔（Jarl），他诞下了贵族。

因此，每当勇士们相聚欢宴、共饮蜜酒，吟游诗人们都会在开始歌唱之前如是宣告："在场所有神圣的族裔，海姆达尔的子孙，无论高低贵贱，请听我唱。"

麦束西尔德创下了赫赫声名。他从一个无助的孩童变成了一位伟大、贤明的君王。他把入侵者驱离海岸，让劫掠者溃不成军，各部族无不敬他、畏他。他是如此强大，以至于远在鲸鱼之路另一头的人都对他尊崇有加。

西尔德有一个人族的孩子，他的名字叫作贝奥武甫[2]。长大以后，他成了一个强壮而博学的人，并赢得了卓著的声誉。他向父亲的追随者们慷慨地馈赠了大量贵重的礼物，从而获得了他们的支持。他们已经准备好为他奋战沙场。

西尔德已是风烛残年，终于在大限之时撒手尘寰，投入了神的怀抱。按照他的遗愿，忠诚的臣民们把他抬到了海滩上。在一片小小的港湾中，停泊着一艘旧船，正是在他年幼之时载着他破浪而来的那一艘。这艘船已准备就绪，只待他回归，便可扬帆起航。船身覆盖着苍白的冰霜，银光闪

---

[1] 见《贝奥武甫》。在其他文献中，西尔德也被称为谢夫之子（son of Sheaf）。
[2] 此处指老贝奥武甫，并非《贝奥武甫》的主人公。

耀，好一幅奇妙的冬日胜景。送葬者们让深受爱戴的君主躺在桅杆旁，让这位大方赐下珍贵金环的王者安眠在船宽阔的怀抱里。他们在他的身边堆放了海量财宝，有来自远方的雕刻饰品、盔甲和兵器，兵器中有亮澄澄的利剑。在他的胸前，他们供奉了一枚枚璀璨的宝石。人们向西尔德献上了丰厚的赠礼，其数目和价值都与当初幼年西尔德所带来的不相上下。

在君王遗体的上方，他们升起了一面黄金旌旗……然后松开了系船的绳索……波浪将船卷向起伏的大海……就这样，怀着深重的悲伤，人们将他们的王托付给了海洋。他的人民在岸上目送他离开，向他致以哀悼……谁也不知道，迎接这艘满载财物的大船的将是何人。

此后，贝奥武甫成了西尔丁人（Scyldings）[①]的统治者，备受尊敬和喜爱。他的儿子哈夫丹（Healfdene，又作 Halfdan）成为他的继任者。哈夫丹是一位声名远播的勇士，即便年已迟暮，仍能驰骋沙场。他生下了四个孩子：战士们的统帅希罗加（Herogar）、国王赫罗斯加（Hrothgar）、好人哈尔加（Halga the Good），以及嫁给一位瑞典领主为后的女儿艾兰（Elan）。

赫罗斯加是一位强大的领袖，打赢了多场大仗。众人甘心为他效力，他麾下的年轻战士不断增加，最终他集结起了一支强大的军队。于是，他打算修建一座宏伟的殿堂，并在里面打造一间宽敞的宴会厅，其规模之大需是闻所未闻。为了实现他的心愿，多个部落的劳工前来效力，高大的建筑如期拔地而起。宫殿的三角墙上饰有兽角，人们称这座宫殿为鹿厅（Heorot）。它在等待被大火吞噬的那一天。

在这间恢宏的殿堂里，人们共享了无数盛宴和喜乐。鹿厅中传出的欢声笑语、竖琴的乐音和吟游诗人们快活的歌谣，激怒了一头蛰居在黑暗中的食人恶兽。大厅中还有一个人[②]，他讲述着全能的神是如何在大海的环绕下创造了人类和陆地，又是如何将太阳和月亮安置在天空中，从而让光遍洒大地，让青枝绿叶覆盖原野。

[①] 即西尔德的子民。——译者注
[②] 这显然是信奉基督教的抄写员所做的增补。后文有关向神像奉献供品的描述亦是如此。

就这样，战士们在殿堂中尽情享乐，直到来自地狱的魔怪开始行凶作恶。他的名字是格伦德尔，他趁着夜色在边境徘徊，占据了荒野和沼泽。他和他的族群被造物主放逐到了幽暗的巢穴之中，因为他们是该隐（Cain）的血亲。那个杀害了亚伯（Abel）的凶手诞下了种种邪恶的后裔，包括怪兽、精灵和海怪，还有与上帝交战的巨人——上帝为此将他们应得的报应还诸其身。

这天午夜，大厅中已是一片寂静。恶魔格伦德尔溜进了宫殿，想要一探是否有人在畅饮啤酒之后留宿于此。他发现了一队杰出的战士。享用过丰盛的大餐之后，他们沉沉地进入了梦乡。在睡梦中，他们忘却了哀愁，把这件人类代代相传的可悲遗产抛在脑后。

恶魔怒火中烧。趁着战士们熟睡之际，他劫走了其中三十人。他兴高采烈地赶回了自己的巢穴——一个罪行累累的杀戮之地。

等到天光破晓，悲痛之情与响亮的哀号之声充斥了殿堂。伟大而高贵的国君被深重的悲伤击垮了。他苦闷地坐在那里，凝视着凶残的恶魔留下的血迹。他心中的苦痛深不见底，久久不能消散。

第二天晚上，恶魔格伦德尔又来了，并造下了更多杀孽。他非但毫无悔过之心，还深陷犯罪的泥潭。对他来说，想要摸黑找出逃向内室的人实在轻而易举。只有躲得最远的那个人才没有落入狂暴的恶魔之手。①

从那以后，格伦德尔成了实际的主宰者。由于恶魔的存在，赫罗斯加在连续十二个漫长的冬季里承受了强烈的悲痛和沉重的损失。吟游诗人们远赴他乡，用歌声昭告着无休止的暴行和惨烈的斗争。格伦德尔不接受任何交易。即便是最优秀的战士，一旦被俘，也无望逃出生天。无论老少，全都落入了他的陷阱。在迷雾幽暗的荒原上，他夜复一夜地攫取牺牲品。赫罗斯加哀叹不已，并向神像献上贡品，祈求那个让人灵魂败坏的家伙把受害者从魔爪中解救出来，却都无济于事。异教徒素来有这样的习俗。他们对地狱念念不忘，是因为他们不知道造物主、审判者、我主上帝之存

---

① 格伦德尔只能踏入大厅，其他的厅室都是"禁忌之所"。

在,亦无从赞颂主的荣光。

这时,格伦德尔的恶行传到了高特人(Geats)的王国,国王的门客贝奥武甫听闻了此事。在他生活的那个时代,贝奥武甫的力量无人能及,他的品德同样高贵无比。

"备好我的踏浪之舟,"他说,"我将穿越天鹅之路,前往赫罗斯加的身边——他正需要援手。"

虽然众人离不开他的帮助，但他们深明事理，并没有阻拦贝奥武甫。他们催促意志坚定的英雄早日出发，并热切地关注着吉兆。

贝奥武甫挑选了十四位最优秀的战士与他同行。他还带上了一名熟悉大海的水手，那人对航线上的道标了如指掌。一队人马集结完毕，便向着船出发。他们的船停靠在岸旁，掩蔽在一道海岬之下。伴着拍击沙滩的海浪，勇士们携着武器踏上船舷，把盔甲和饰物搁在甲板上。然后，英雄们主动请缨，合力把这艘用木材加固的坚实大船推进了深水之中。船像鸟儿一样飞驰，白色的泡沫环绕在船舷周围，一路都有好风乘着波涛相送。他们航行了整整一夜。第二天，熠熠生辉的高崖、陡峭的群山和突出的海岬一一出现在他们的视野之中。就这样，他们抵达了航道的尽头，一段旅程至此结束。

英雄们矫健地从船上跃下，迅速登上海岸。他们向内陆进发，身上的盔甲随着步伐叮当作响。他们一边前行，一边感谢上帝——这段航程因他而平安顺利。

迎面而来的是西尔丁的海岸守卫者。他沿着海岸骑马逼近，手中挥舞着一根威猛的长矛，开口说道：

"是什么人乘着巨舰渡海而来，还这般披坚执锐？告诉你们，我一直看守着海岸，以防海盗侵扰丹麦。我从来没见过哪一伙全副武装的人如此明目张胆地靠岸登陆。你们也说不出盟友的口令。我见过的所有人，没有一个比你们当中的这位爵爷更加高贵。除非他虚有其表，否则他定然是个久经历练之人。他的样貌尊贵卓绝……你们若想继续前行，在这片土地上四处探视，必须先向我报上你们的身份。现在，听我说，来自远方的航海者，我坦白地劝告你们，最好立刻交代自己来自何方。"

贝奥武甫是这样回应海岸守卫者的："我们是高特人，是海格拉克（Hygelac）登堂入室的亲密盟友。我的父亲是艾克塞奥（Ecgtheow）。他是一位崇高的领袖，在民众中声名卓著，每一位智者都把他记在心里。我们此行是为了拜访你们的君王——哈夫丹之子、人民的庇护者。请你为我们引路。我们肩负着重要的使命，我们的目的用不着隐瞒。听说有一个恶毒的敌人会趁着夜色祸害西尔丁人，此事真实与否你应该再清楚不过。我可以为赫罗斯加出谋划策，找出击败恶魔、终结苦难的方法。"

英勇无畏的海岸守卫者骑在马背上回应道："每个持盾的战士都能清楚地分辨你是否言行一致。我听得出你对西尔丁人的统治者态度友善。那便穿着盔甲、带着武器继续前进吧。我会为你们引路。你们的船将由我的同伴们守护，如此一来，这位备受爱戴的大人——你们的首领——就能越过海潮重返韦德人（Weders）①的疆域。倘若他经过战斗的摧残仍然毫发无损，我们必会保证他的回归。"

他们共同前行，抵达了赫罗斯加那宏伟高大、饰有黄金的宫殿。海岸守卫者指着殿宇说道："现在我必须离开了。愿全能之主在你们的冒险中保护所有人。我必须赶回海岸继续看守，防范敌对的兵团来袭。"

贝奥武甫和麾下的勇士们走进了大厅。长途航行之后，他们全都疲惫不堪。于是他们卸下盾牌和盔甲，靠墙摆放，并且把长矛堆放在一起，然后在长椅上歇息。

赫罗斯加派来一位勇士作为信使，询问他们来自何方。"我从未，"他说，"见过比你们更加大胆的陌生人。看样子，你们之所以前来谒见赫罗斯加，并不是因为被流放至此，而是出于自身的英勇和高尚情操。"

贝奥武甫向他表明了身份，并请求与国王面谈。乌夫加（Wulfgar）把他的口信带给了赫罗斯加。国王正坐在贵族们中间，他头发花白，老态龙钟。

"贝奥武甫年纪轻轻的时候我便听说过他的声名，"年迈的统治者说，"他必会得到友善的对待。我听说他臂力惊人，一只手可敌三十个人。神圣的上帝派他来到这里，为抗击可怕的格伦德尔助力。"

于是，他吩咐信使去迎接贝奥武甫及其人马，领他们来参见国王。

贝奥武甫走了进来，这位海格拉克的亲人披着闪闪发亮的盔甲站在赫罗斯加面前，向他行礼致意。

---

① 高特人的别称。——译者注

"在我年少之时,"他说,"我已创下众多奇功伟业。关于格伦德尔的罪恶行径的消息传到了我的祖国,族人们知晓我孔武有力,都劝我前来相助。这是因为他们清楚我曾为韦德人报仇雪恨:我俘获了部族的五个仇敌,剿灭了一伙巨人,还在夜战中杀死了许多海怪……这次我将独自对抗恶魔,迎战巨兽格伦德尔!"

随后,贝奥武甫请求国王恩准,让他和自己的战士们单独留下,从而将怪兽逐出大厅。得知格伦德尔刀枪不入,他宣布自己打算徒手搏斗。"对付这个恶魔,"他说,"我要赤手空拳地取他性命。以其人之道,还治其人之身。"

赫罗斯加欣然接受了贝奥武甫的提议,并对他的请求予以准许。人们为尊贵的英雄们清理出了一条长椅。他们自豪地坐在椅子上,品尝着澄澈的美酒。一位嗓音清亮的吟游诗人为他们唱起了歌谣。丹麦人和韦德人济济一堂,大厅中洋溢着欢乐。

宴饮结束后,王后向英雄们一一敬酒,不论长幼。最后,她向贝奥武甫致以问候。他喝下了杯中之酒,立誓与格伦德尔拼个你死我活。

听到伟大的英雄许下这般诺言,苍老的王后心中大悦。

大厅中再次响起了热热闹闹的欢庆之声,直到赫罗斯加准备就寝才停息。他清楚地知道,当太阳的余晖散尽,当阴影降临世间,那头夜行怪兽必会袭击殿堂。他知道,在云影之下,昏暗的身影正悄然潜行。

这时,所有人一同起身,向英雄们致意。赫罗斯加对贝奥武甫表示欢迎,并祝愿他成功守住鹿厅,力克魔怪。

"谨记你的威名,"国王说,"展现你的伟力,当心你的对手……倘若你能在这场战斗中存活下来,你的一切愿望都将得到满足。"

说完,赫罗斯加带着麾下所有勇士离开了,把贝奥武甫和他的人马留在了大厅里。

四下再无人迹,只剩贝奥武甫和他麾下的英雄们。高特人的领袖脱掉铠甲,又把精美的佩剑交给随从。躺上床之前,他这样说道:

"论起战斗力,我自认为不逊色于格伦德尔。我本可用剑杀了他,但我不会这么做。尽管他有足够的胆量和蛮力来行凶作恶，但他不懂得崇高的反击之术，亦无法劈裂我的盾牌。要是他竟敢徒手厮杀，我们便也绝不使用武器……愿睿智的上帝——神圣的主——把胜利赐给他所称心的一方。"

然后，贝奥武甫把头搁在枕头上。他麾下的勇士们睡在他周围，他们当中没有一个人指望自己能够重返家园，因为他们全都听说了此前的惨况，知道丹麦的勇士们就是从这座殿堂被劫走，并走向了血腥的死亡。

在黑暗的夜色里，趁着暗影而行的格伦德尔大步奔向鹿厅……战士们航海劳顿，筋疲力尽，已经沉沉睡去，不再保持警惕，只有一人除外。他独自振作精神，等待着战斗的爆发，胸中的怒火愈燃愈烈。

19
连战双魔
Conflict with Demons

　　格伦德尔穿过沼泽,在浓黑的雾中潜行而来。他身上背负着上帝的天谴。看到那座宏伟的殿堂,他心中便燃起了对人类血肉的欲望……他藏在乌云之下,鬼鬼祟祟地迈步前行,以便窥探那饰有黄金、珠光宝气的宴会大厅……这并非他第一次闯入鹿厅,但他此前从未遇到过如此强大而英勇的守卫者。

　　受到诅咒的恶魔就这样走向了鹿厅。殿门紧闭,门用一道道铁条牢牢闩住,但魔怪伸出巨掌猛烈捶打,大门豁然洞开。恶魔从入口处冲了进来,满怀恶意,怒气冲冲。他敏捷地大步疾走在精心铺设的地板上,没有发出一点声响……格伦德尔向室内闯去,他的双眼在黑暗之中发出可怕的光芒,如同燃烧的火焰……他在大厅中四处摸索。看到勇士们正在长椅上熟睡,他欣喜若狂,盘算着在夜晚结束之前将他们逐个吞下……然而,这将是他最后一次品尝人肉的滋味。

　　贝奥武甫躺在床上,观察着格伦德尔的一举一动。很快,英雄就目睹了恶魔在捕杀猎物时是何等迅猛。只见那残忍的魔怪毫不犹豫地抓住一名睡着的战士，把他撕成了碎片。他啖骨嚼肉，吮舐鲜血，如同风卷残云一般将整具躯体大口大口地吞下了肚，连手脚也没有剩下。

接着，格伦德尔凑得更近了一些，并向躺在床上的贝奥武甫伸出魔爪。不料英雄看穿了恶魔的企图，一把捉住那丑陋的臂膀，猛地把他压在身下……从来没有哪只手能把格伦德尔攥得这么紧，他霎时间吓坏了，妄图逃之夭夭……他徒劳地挣扎着，想要摆脱钳制，然后躲进黑暗的夜色里，回到和他一伙的恶魔们身边。

可是贝奥武甫没有忘记自己在晚宴上的豪言壮语。他从床上一跃而起，站得笔直，死死地抓住魔怪。他的指节噼啪爆响……格伦德尔又是拧身扭动，又是左摇右晃。他倒退着爬向门口，但英雄步步紧逼，丝毫不松开铁掌。倘若有一丝可能，狡猾的恶魔用尽办法也要溜出大厅，逃进不见天日的沼泽。他感到贝奥武甫的双手力大无穷……对魔怪来说，这次夜探鹿厅实属不走运。

厅堂中一片喧嚣。大殿外面，置身于安全居所中的丹麦人都吓坏了。恐慌在人群中弥漫开来……贝奥武甫和格伦德尔双双暴怒。他们扭打在一起，四处冲撞，宫殿里回荡着打斗的声响……宴会大厅居然没有因此分崩离析，甚至在这样激烈的战斗过后还屹立不倒，实乃奇事。它本该轰然倒塌，但一根根木材早已被千锤百炼的铁条牢牢固定在一起……它绝不会毁于人手，唯有大火才能将其焚尽。

接着，一声响亮而可怕的尖叫从大厅里传来……丹麦人惊得魂飞魄散，因为他们听到了恶魔绝望的悲鸣——他用声声厉啸哀叹着难忍的创痛。

贝奥武甫毫不松懈，他无法容忍这个食人恶魔活着逃走……对人类的世界来说，格伦德尔的生命毫无价值……

身在大厅中的战争英雄们想要为他们的首领助阵。他们奋不顾身地扑向怪兽，挥起战剑朝他猛劈，却徒劳无功。格伦德尔的身躯被施了刀枪不入的魔法，因而他们无法对魔怪造成半点伤害。

尽管如此，这个恶魔的生命仍将以悲剧收场。他那非人的灵魂注定要长途跋涉，去受魔鬼的禁锢。这个满身罪孽、吃人食尸的上帝之敌终于意识到，自己的身体再也支撑不下去了，既不能为他助力，也无法进行可靠的防御。他已经落入英勇的贝奥武甫之手。双方都对彼此恨得咬牙切齿。

格伦德尔痛苦万分……他的肩上绽开了一道伤口。裂口被撕扯得越来越大，肌腱寸断，血肉迸溅……此战的荣耀属于了不起的贝奥武甫……奄奄一息的格伦德尔必须刻不容缓地逃回黑暗的沼泽，钻进悲惨的地下巢穴。他知道自己的时日所剩无几……于是他任由贝奥武甫把他的一条手臂连着肩膀一起生生撕下，然后落荒而逃。

就这样，丹麦人得偿所愿，伟大的英雄践行了他的豪言壮语。格伦德尔已被逐出雄伟的殿堂。每一个遭遇灾祸、蒙受耻辱的人在走进鹿厅时，都会真切地感受到这一点，因为贝奥武甫把那暗夜魔王的胳膊挂在了高大的屋顶上，那只钢铁般强劲的手掌和紧攥的利爪高悬在上。

等到天亮以后，四下已然安全，勇士们匆匆赶往鹿厅。人们从四面八方拥来，惊奇地打量着战斗留下的痕迹。地面上依然留有魔怪的血迹。勇士们沿着他的足迹纵马追踪，一直追到了海怪出没的水域。只见水面翻滚着血色，血污染红了奔涌的海浪，热气蒸腾而起。格伦德尔气数已尽，躺在自己的巢穴里失去了生命。海拉①从那儿带走了他那异教徒的灵魂。

勇士们掉转方向，大举宣扬这一喜讯，并传颂贝奥武甫的荣光。在他们口中，四海之内、世界之中，从来没有任何一个勇士比他更有资格成为王者，就连能够与他媲美的都不曾有过。

众人狂欢，勇士们赛马竞速，争相追逐。门客中的吟游诗人歌唱起贝奥武甫的事迹，并把他和沃尔松格家族的屠龙者西格蒙德②相提并论。仆从们纷纷拥向鹿厅，只为一睹格伦德尔的臂膀。国王领着贵族们前来参观，王后也在侍女们的簇拥下来到了殿堂。

赫罗斯加首先为摆脱格伦德尔的迫害而感谢上帝，然后他谈起贝奥武甫，称他为"勇猛的英雄"。国王许下诺言，从此之后将爱他如子……"你

---

① 或冥界女王乌尔德。
② 此处疑为希格尔德。——译者注

的威名，"他说，"必将流传千古。"

贝奥武甫回应道，自己的所作所为乃是出于诚挚的善意。"要是，"他说，"你能目睹那场搏斗就好了。我本想让恶魔死在我的钳制之下，让此地成为他的葬身之地，但我无力阻止他仓皇逃走。"

勇士们静静地环绕在他身旁。他们凝视着挂在屋顶上的手臂，端详着钢铁般的利爪。然后他们一致承认，无论什么武器，都无法从那恶魔身上砍下这只沾满鲜血的夺命魔掌。

为了嘉奖贝奥武甫，人们在鹿厅举办了一场盛大的宴会。赫罗斯加送给英雄一面黄金旌旗、一套头盔和战甲，还有一把镶满珠宝的利剑。他还牵来八匹战马相赠，其中一匹装配着国王亲征时所用的鞍具，上面饰着刺绣和宝石。英雄的每位随从都获得了一把宝剑，而对于那个被格伦德尔吞噬的勇士，国王也为他的牺牲做出了补偿。

宴席上，一位吟游诗人唱起了国王芬恩、亨格斯特、赫纳夫（Hnaef）和希德贝尔（Hildeburgh）的故事[①]：芬恩迎娶了赫纳夫的姐妹希德贝尔，后来赫纳夫在国王的殿堂里惨遭杀害，遗体被当场焚毁；亨格斯特以芬恩为敌，并最终杀死芬恩，带着希德贝尔回到祖国。

诗人唱完后，赫罗斯加的王后维瑟欧（Wealtitheow）把一只金杯敬献给国王。随后，王后又端起金杯递给贝奥武甫，还送出了两枚黄金臂环、一件斗篷，以及一个镶嵌着珠宝的项圈。这个项圈十分珍贵，不亚于哈马（Hama）从埃奥尔曼里克（Eormanric）手中夺走的布里辛（Brisings）。[②] 贝奥武甫后来把这个瑰丽的项圈献给了他的国王海格拉克。当海格拉克与弗里西亚人（Frisians）作战的时候，他把它戴在了颈上。国王最终亡于此役，项圈亦落入敌手。

一场盛宴铺陈开来，众人畅饮美酒。就像无数先辈英杰那样，他们对

---

① 伊瓦尔德的月亮神话衍生出的众多英雄诗歌之一。
② 这一传说或许来源于海姆达尔与洛基之争，后者企图窃取芙蕾雅的项链布里希嘉曼（Brisingamen）。哈马就是海姆达尔。

冷酷的乌尔德（Wyrd）[①]——命运——一无所知。夜幕降临，赫罗斯加起身离开大厅，贝奥武甫也前往殿外的居室安寝。人们把长椅清理干净，摆成卧榻……这天夜里，注定有一名酒醉的狂欢者要死去……每个勇士都把自己的盔甲和武器挂在枕边的墙上，准备好随时应对突发的警报和夜袭。他们是多么勇敢的人啊！

由于格伦德尔被杀，有个恶魔正在酝酿针对勇士们的复仇。格伦德尔的母亲心中满是悲痛。这个女魔头的老巢位于一片可怕的水域，在冰冷的激流之间。在贪婪和怒火的驱使下，她决定前去为儿子报仇雪恨。

她哀伤地穿过黑暗的夜色，趁着勇士们在长椅上熟睡，闯入了鹿厅。当她破门而入，恐惧再度笼罩了大厅。不过人们的惊恐之情并没有从前那么强烈，因为在战场上女子的力量不如男子。

勇士们迅速拔出利剑，时间不允许他们披盔戴甲。女魔头知道自己的行踪暴露，便匆忙逃离。然而已有一位贵族在睡梦中落入她残酷的魔爪，被她抓回了沼泽地。此人名叫伊斯切尔（Æschere），他曾与赫罗斯加并肩作战，为国王持盾。在两片海洋之间，他享有盛名，广受爱戴……鹿厅中响起了痛哭之声。恶魔终究让人以命相偿。

听闻自己的勇士之首惨遭杀害，年迈的国王被悲伤击垮了。他召贝奥武甫前来商议，英雄带着自己的手下一同入内觐见。战功赫赫的英雄大步踏在地板上，四壁之间回荡着他的脚步声。他向国王致意，并问他是否如愿度过了一个舒心的夜晚。

"不要问我是否安好！"国王高喊，"悲痛再次笼罩了丹麦人。伊斯切尔——我的左膀右臂、我的参谋、我的师长——死了。谋害他的是一个索命的恶魔。她来为她的儿子报仇了。因为你杀了长期屠戮我的子民的魔怪格伦德尔，所以她夺走了我同伴的性命。就这样，仇怨持续不断地折磨着我们……"

然后国王告诉贝奥武甫，他时常听说，有两个可怕的潜行者会在夜

---

① 即乌尔德（Urd），司掌命运（作为诺伦女神之首）和死亡的女王。

里占据沼泽地,其中一个形似女子,另一个就是格伦德尔。没有人知道格伦德尔的父亲是否曾经出没于此。他们的巢穴位于峭壁下方的水流坠落之处,那儿有一个树木环绕的水塘,要深入水底的地下洪流,方能找到魔怪的所在。每天晚上,水中都会上演一番奇景——洪流里会冒出火焰!无人知晓水有多深。当雄鹿被追逼至此,它宁肯断送性命,也不愿踏入水中。那个地方恐怖极了!

每当狂风卷来骇人的暴雨,那里便会涌起直冲云霄的巨浪。雾气弥漫,天空也落下泪滴。①

国王接着嘱咐贝奥武甫:"我们再度请求你的帮助。你对那恶魔的巢穴——那危险的藏身之地——尚所知甚少,不清楚去哪儿才能找到那头怪物。你若是有胆量,就去把她找出来!倘若你能活着回来,我将像先前一样赐下黄金作为赠礼。"

贝奥武甫当然不会害怕。他恳请国王节哀。"与其漫无止境地沉溺于悲痛之中,"他说,"不如为同伴复仇。"因此,他建议速速出发,循着恶魔带血的足迹找到她的老巢。他对国王说出豪言壮语:"无论她跑到地底之下、深山老林,还是海水深处,我都不会放过格伦德尔的亲族!啊,陛下,在这段时日里,请您如我所愿,莫要悲伤。"

听到贝奥武甫这么说,国王高兴得跳了起来。他唤来自己的坐骑,并让手下们跟在身后,与贝奥武甫和他麾下的勇士们一同出征。他们循着恶魔的脚印穿过沼泽,行至嶙峋的山岩和峭壁,这里也是海怪们的盘踞之地。他们攀上一块掩蔽在树荫下的灰色岩石②,向下俯瞰,只见一口血湖翻卷着赤浪。在一处悬崖的顶端,他们发现了伊斯切尔的头颅。

只见蛇与狰狞的海龙出没于水中。在航道上巡游的海怪也现身于一处礁石之上。号角声响起,发出了战斗的指令,它们慌忙向海中逃去。贝奥

---

① 暗指铁树林和恶女巫。就像格伦德尔一样,安格尔伯达之子哈提-玛纳加尔姆也是一头食人兽。
② 斯维普达格化身的巨龙也隐蔽在灰色的岩石下。他所守护的宝藏,尤其是芙蕾雅的项链,也在水下闪耀如火。

武甫用箭重伤了其中一头，使它气息奄奄，只能在水中迟缓地游动。战士们朝它掷出狩猎野猪用的带倒钩的长矛，把它拖上了岸。众人惊奇地打量着这头形貌可怖的他乡异客。

贝奥武甫披上铠甲，戴上战盔。赫罗斯加的传令官安佛斯（Unferth）给了他一柄强大的兵刃，其名霍朗丁（Hrunting）。这把剑用钢铁锻造而成，并在战场上经过了鲜血的淬炼，剑身注入取自细枝的毒液。此剑在战斗中从来不曾落于下风。

贝奥武甫嘱托赫罗斯加，要是自己一去不返，就请他保护自己的同伴们，并把自己所得的财宝交给海格拉克。

"我将用霍朗丁赢得名望，"贝奥武甫高喊，"否则就让我葬身于此。"

他没有等待国王的答复，便纵身一跃，消失在了翻涌的湖水之中。贝奥武甫下潜了整整一天的路程，这才触到了水底……恶魔很快就发现有个陌生人在接近自己，于是伸出利爪掐住了贝奥武甫，但由于英雄身穿坚固的铠甲，女魔头没能伤他分毫。海怪们用锋利的长牙向他猛攻[①]，使他无法挥出自己的宝剑。恶魔将贝奥武甫拖进了她的巢穴，海怪们则一路跟随。贝奥武甫发现，自己被带到了一个远离海水的大厅里。厅堂内一片敞亮，似有火光照耀，贝奥武甫因此得以看清捉住自己的湖中妖妇。他对准她挥剑猛劈。这一击劈砍得畅快淋漓，剑刃砸在她头上时轰然作响，却没能造成半点伤害。这柄宝剑在战斗中可是从未令人失望！英雄随即扔下利刃，打算凭借臂力建起可靠的防御。只有当一名战士渴望获得荣誉而毫不在乎性命的时候，他才会这般不顾一切地拼搏……他抓住格伦德尔之母的肩膀，与她激烈地扭打，猛地把恶魔摔了出去……

然而女魔头狠狠地钳住了他，把他牢牢地控制在自己的利爪之中。他们就这样缠斗在一起。最终，心力交瘁的战斗英雄落了下风。他倒在地上，被女魔头压在身下……她迅速抽出一把沾满血迹的宽刃匕首，想要为她的独生子复仇……英雄险些命绝于此，所幸他的肩上罩着锁子甲，让他

---

① 此描述疑似指海象。

得以死里逃生……他翻身跃起，再次站稳了脚跟。

突然间，贝奥武甫在恶魔的巢穴里瞥见了一副盔甲，上面插着一把古老的巨人之剑。宝剑的锋刃举世无双。其他任何当世之人都无法举起这柄神剑，因为它出自巨人之手，是杰作中的杰作。英雄握住宝剑，挥舞了起来。

贝奥武甫本就强悍有力，现又燃起了战斗的激情。他抡起巨人之剑，狠狠地斩在恶魔身上，一剑削断了她的脖子，劈碎了她的颈椎。剑刃径直穿透她的身体，女魔头倒地身亡……宝剑被鲜血浸透，贝奥武甫则成就了光荣的壮举。

这时，整座大厅都亮起了灿烂的光芒，如同天堂的烛光从高空洒下……英雄环顾四周……他看见格伦德尔残缺的尸骸躺在其长眠之地。为了报复这头怪兽所犯下的恶行，贝奥武甫劈开了格伦德尔的残躯，又砍下了他的脑袋。

勇士们守在悬崖顶端，凝望着翻腾的水域……过了一会儿，赫罗斯加看到升腾的浪花被鲜血染红。白发苍苍的将士们相互议论着那位勇者的境况，没有人指望能看到他得胜归来，因为他们都认为贝奥武甫已经被如狼的恶魔撕成了碎片……他们就这样一边交谈，一边等待。到了第九个钟头，西尔丁英雄们全部打道回府了，赫罗斯加也和他们一道返回王宫……就连高特人也不再期盼重新见到贝奥武甫，但他们仍然在那里等待，注视着血红的水面。

与此同时，在恶魔那间波涛不入的大厅里，发生了一件怪事：英雄方才挥舞过的巨人之剑遭到了血液的侵蚀，像冰一样融化了，就如天父解开了冰霜的锁链，让洪流自由奔涌。

贝奥武甫没有带走挂在墙上的其他任何武器，只是待剑刃被恶魔灼热的毒血腐蚀殆尽之后，保留了精雕细刻的黄金剑柄。然后，他抓起格伦德尔丑陋的头颅，扎进了水中。此时，水中的血色已然淡去，作为这场可怕搏斗的生还者，贝奥武甫立刻往回游去，很快就浮上了水面。他上了岸，麾下的战士们欢呼雀跃，这位勇敢的英雄也笑逐颜开。取自水中的战利品实在是了不起，足以让他引以为豪。

他的手下迅速为他卸下铠甲，满心欢喜地簇拥着他返回内陆。格伦德尔的头颅十分沉重，战士们用一根矛杆挑着它搬运，踏着胜利的步伐前往鹿厅。

人们正坐在宴会厅里喝酒，他们大步走了进去，把格伦德尔的头颅在地板上拖曳……对在场的王公贵族以及与他们同席的王后来说，这幅景象可怕极了。勇士们深感震惊，瞪大眼睛盯着那颗丑陋的头颅。

贝奥武甫向国王致以问候，然后把自己身陷险境并最终杀死恶魔的经过告诉了他。"但现在，"英雄说，"您可以像从前一样和勇士们一起安睡在鹿厅里，不用担心来自黑暗的致命袭击。"

贝奥武甫把象征着卓著功勋的剑柄献给了赫罗斯加。它是神匠的作品，是来自旧日的遗产。剑柄上面刻画着最初之战的场景，巨人一族①就是在此战中被翻卷的大海吞没。他们遭受了极为残酷的惩罚，但罪有应得，因为那些生灵背离了永恒之主，至高统治者最终让他们葬身于洪水。剑柄上还有一块金牌，上面用卢恩符文刻着一个名字——这把带有装饰剑柄和蛇形饰物的极品武器最初就是为此人而铸造的。②

哈夫丹之子赫罗斯加向众人宣告了贝奥武甫的功绩。在他讲述之时，大厅之中鸦雀无声。身为一位久经岁月历练的庇护者，他长年为子民伸张真理和正义，所有远古的旧事都被他铭记于心。他的这番话语委实精彩动人："这是一位出身名门的高贵之士。贝奥武甫，我的朋友，你的声名无人能及，传扬四海。你为人谦虚又谨慎。如我承诺的那般，你将获得我的友谊。你永远都是你族人的力量、战士的援手。

"对著名的西尔丁人艾克瓦拉（Ecgwela）的孩子们来说，赫尔莫德③

---

① 尤弥尔的子孙。
② 传说中的胜利之剑由夏基-沃伦铸造，曾由铁树林里的恶女巫和她的牧人盖密尔保管。卢恩符文、铁匠的姓名以及蛇形饰品都暗示着这把剑具有魔力。显然，这把剑被铸造出来是为了制造一场堪比尤弥尔大洪水的大灾难。
③ 此处引用了一则更为古老的英雄故事。赫尔莫德是奥丁之子，曾经前往冥界寻找巴德尔。他与斯维普达格的神话有所关联。事实上，吕德贝里认为他就是斯维普达格。贝奥武甫（转下页）

并不是这样的人。他没有使他们更加幸福，反而给丹麦人带来了凌虐和屠杀。上帝给了他超越众人的权势和力量，他的心灵却酷烈无比。他不曾赐出珍贵的项圈。他郁郁寡欢，终日悲苦，因为他将残暴和无尽的仇怨施加给自己的子民。不要重蹈他的覆辙，要培养阳刚的美德。许多个冬季使我变得明智，我已经把这个故事讲给你听。"

国王又给了贝奥武甫更多睿智的忠告。他劝贝奥武甫广施恩赐于民，从而赢得他们的支持。此外，要戒骄戒躁，因为他终究会有年老力衰的那一天，到头来都会被死亡带走。

殿堂中举办了一场盛大的宴会，人们纵情享乐。贝奥武甫在殿内睡下，直到渡鸦欢快地唱出黎明的喜悦，把他从梦中唤醒。

英雄辞别了赫罗斯加。西尔丁人和高特人缔结了和平的同盟。年迈的国王亲吻了英雄，眼中有泪珠落下。

贝奥武甫将一把金柄宝剑赠给海岸守卫者，然后带领着手下登上了甲板。船上满载着赫罗斯加所赠的珍宝、甲胄和骏马。

巨舰劈开海水，海风灌满船帆，船板嘎吱作响，白色的泡沫环绕着渡海之舟的侧舷，它扬着弧形的船艏驶向远方。顺风一路相送，他们终于看见了高特的岬角。龙骨与海岸摩擦，发出刺耳的声响。

贝奥武甫向国王海格拉克汇报了他的历险，然后把自己收到的礼物分给众人。国王得到了一件锁子甲和四匹马，王后希格德（Hygd）得到了那个华美的项圈和三匹马。海格拉克给英雄的赏赐是一把有着黄金剑锋的宝剑、大量财富、一座庄园，还有王侯之位。

（接上页）也是一位同类型的英雄。他们身上都带有一些与他们的事迹被人传唱的时期相对应的时代特质，同时也反映了尊崇他们的人所怀有的理念。相比更加新近、更加高尚的英雄，保留在传统中的一些较古老的野蛮理念便遭到了批判。

20
贝奥武甫与龙
Beowulf and the Dragon

•

贝奥武甫忠心耿耿地辅佐着海格拉克。和平时期，他充当国王睿智的谋士；战争时期，他就是一名得力战将。后来，国王在对战弗里西亚人和胡格人（Hugs）时阵亡。贝奥武甫在战场上为他报仇雪恨。他擒获了胡格人的英雄达莱芬（Dæghrefn），没有动用自己的宝剑，而是徒手将他杀死。"我逮住了他，"英雄夸耀道，"让他的心脏停止了跳动。我击碎了他的骨头。"之后，贝奥武甫从水中游了回去，不仅毫发无损，还随身带回了三十套战士铠甲。

王后希格德为国王之死感到悲痛。她提出将整个王国交给贝奥武甫，但贝奥武甫选择对海格拉克忠心到底。他要保护海格拉克的幼子赫德莱德（Heardred），直到这孩子成长到睿智而强大的年纪。然而，年轻的国王被伊恩蒙德（Eanmund）杀害了，贝奥武甫这才接过了王位。他杀死了凶手的兄弟伊吉尔斯（Eadgils），以此为赫德莱德报了杀身之仇。

贝奥武甫贤明地治理着这个国家，度过了五十个冬季。这时，一条巨龙开始纵火摧残他的国度。这位君王单枪匹马与之交战，并最终取得了胜利。但为了打赢这一仗，他付出了生命的代价。

这条巨龙的洞穴位置隐秘。它藏在一块灰色的岩石下面，紧临一片孤寂的高地荒沼。没有人知道如何才能抵达那儿。碰巧有一名奴隶挨了主人的一顿毒打，朝着杳无人迹的野地逃去，趁着怪兽熟睡之际误入了龙穴。他正吓得直打哆嗦，却被巨龙守卫的丰厚财宝吸引了眼球。一位古时候的王子将它们藏在了这里。他是整个部族的最后一人，他的族人全都死于一场大战，只余他孤身漫游，哀悼着自己的朋友们。于是，他把部族的珍宝藏在了山洞中，如今这名奴隶来到此地，发现了它们的存在。那里堆满了甲胄和宝剑，一面黄金旌旗照亮了山洞，此外还有黄金打造的酒杯、大把大把的宝石、项圈和胸针，以及远古巨人的杰作。

一天晚上，古老的巨龙裹着熊熊火焰外出巡游，发现了这些无主宝藏。从那时起，它就成了这笔财宝的守卫者。

凝视着宝藏，这名发现了怪兽巢穴的奴隶心中生出的贪念压倒了恐惧。他蹑手蹑脚地从巨龙的脑袋旁边走过，抓起一只华贵的金杯，然后从岩缝间逃之夭夭。他把这件宝物献给了自己的主人，从而换得主人的宽宥和善待。

没过多久，巨龙苏醒了。它嗅到石头间的气味，还看见地上残留着人类的足迹，于是愤怒地展开搜寻。怪兽绕着山洞转了一圈，却没有在幽昧的荒野中发现任何身影。巨龙心中燃起了对战斗的渴望。随后它返回山洞，发现财宝被盗。这令巨龙勃然大怒，它喷着粗气想要报复。于是，它等待着夜幕的降临，届时便可以外出残害人类。

乘着浓重的黑暗，巨龙飞临人类的居所。它吐出团团火焰，点燃了一座座精美的屋舍。灼灼烈焰照亮了夜空，人人心惊胆战。这位暗夜飞行者似乎打定主意不留活口。在它面前，远近村庄皆沦为火海。恨意汹涌的巨龙着实给高特人造成了巨大的损失。

整整一夜，肆虐的火焰席卷这片土地，给各个角落都带去了灾难。直到天将破晓，巨龙才停止报复，匆匆返回自己的巢穴。它坚信自己的藏身之地安全牢靠，然而这被证明是一种错觉。

贝奥武甫很快收到了有关夜间恐怖事件的噩耗。高特人送给他的乡间宅邸也被大火的浓烟吞没。英勇而年迈的国王悲痛万分,他从未经历过如此深重的哀伤。贝奥武甫平日里总是心情愉快,此时却满腹忧愁,他黯然独坐,思考自己到底如何触怒了那位全能的永恒之主。

火龙烧毁了人们的要塞,沿海地区也被夷为平地。波浪涌进了内陆……贝奥武甫对这头怪兽恨之入骨,下定决心要报仇。于是,他着手做起了战斗的准备。他命人为自己打造了一面钢铁盾牌,因为木盾挡不住喷射的火焰……啊!这位勇武的英雄命中注定即将迎来悲剧性的结局,而那头长年守卫着隐秘宝藏的恶龙同样不久于世……

贝奥武甫不屑于率领一整支军团去攻打飞翔的魔兽。他并不害怕独自出征,也丝毫不惧与之单挑,并且没有把巨龙的战斗力放在眼里。自从他平定了鹿厅,徒手打败了可恨的恶魔格伦德尔,这位身经百战的英雄又参与了多场大大小小的战斗,每一次都毫发无伤。

他挑选了十一名骁勇而忠诚的战士和他一起踏上讨伐火龙的征程。此前,贝奥武甫已经获知火龙残酷报复百姓的缘由,于是他把盗窃宝藏的奴隶也带在身边作为向导,引领众人前往怪兽的巢穴。那个可怜的家伙心如死灰,一路上卑躬屈膝,瑟瑟发抖,极不情愿地指引着他们前往藏有财宝的山丘,巨龙就在山下不懈地守卫着。他们的目的地位于一片多石的海岸,这里无休无止地承受着波浪的拍击,涛声呼啸不断。

在这道俯瞰大海的灰色悬崖上,贝奥武甫坐了下来,身旁环绕着他的亲信。他知道,乌尔德已紧紧地收束起他生命之网上的丝线,是时候与众人道别了。他的灵魂哀伤而不安,他已经做好了上路的准备。不久之后,他的灵魂便会从肉体中离去。

贝奥武甫讲述了自己的一生,将多年来他所履行的使命娓娓道来。在他只有七岁那年,国王雷塞尔(Hrethel)就把他从父亲身边带走了。感念于他们之间的血缘关系,国王赐予他食物与酬劳。他说起了国王的英勇事迹和生活中的坎坷艰辛,还动情地谈到国王的儿子离去之后他身为人父的悲伤。即使已至垂暮之年,国王仍日日清晨思念逝去的孩子。他再也不愿重新体验一次丧子之痛。国王悲伤地注视着儿子空荡荡的住所,殿内的酒宴大厅废弃荒置,只闻幽风呜咽,因为骑士和英雄已经长眠于墓穴,再也听不到竖琴的乐音和人们的欢声笑语。

这就是他所讲述的雷塞尔的故事。儿子被杀后,那位国王虽然悲痛万分,却没有寻求复仇。饱受打击的他弃绝了人世,找了一处僻静之地度过余生。

然后,贝奥武甫说起了海格拉克。他曾经侍奉这位君王,并为他报仇雪恨,还为他的儿子讨回了血债。

"青春年少之时,"英雄说,"我打了无数场战役。如今我年事已高,只要巨龙钻出它的地下洞穴,我欲与它一战,以添光彩。"

贝奥武甫告诉他的手下,在最后一战中他必须穿上盔甲。虽然搏杀格伦德尔时他是布衣上阵,但这次他需要对抗的是灼人的烈焰。

"我连一步都不会后退,"他豪迈而又镇定自若地宣告,"也绝不会从宝藏的守卫者面前逃跑。这场战斗必将在山岩前进行,一如乌尔德所宣判的那样——乌尔德,为人类丈量命数的女神……我已经做好了准备,并非在巨龙跟前自吹自擂……你们这些披坚执锐的战士,请盯紧山丘的动静,这样才能分辨出死战之后我们俩谁更有力量幸存……你们之中的任何人都不必像我一样拼死作战,这是独属于我的冒险……要是胜利,我将赢得黄金;倘若败北,则是我大限已至……"

于是,勇武的高特英雄穿好全套铠甲,戴上坚固的头盔,左手持盾,腰悬宝剑,顺着悬崖下到巨龙的洞穴……只见一道热气蒸腾的水流自石垛间淌了出来,水上燃烧着致命的烈火。靠近宝藏后,龙焰的炙烤令他无法长久地忍受。

不过,贝奥武甫伟大的心灵中充满了战斗的激情。他发出一声风暴般的呐喊,雄壮的战吼声传到了灰色岩石的下方……听到他的呼喊,那头怪兽勃然大怒,因为它听出这是人类的声音……当时完全没有议和的机会。山洞里率先喷出了鲜红的火焰,这是巨龙战斗的吐息……大地震动……贝奥武甫伫立等候,并将钢铁盾牌高高举起……怪兽蜷起身子准备跃起,贝奥武甫全副武装严阵以待……

随后，怪兽扭动着冲了出来，向自己的宿命飞奔而来。盾牌有效地为强大的英雄抵挡住了火焰的灼烧。他抽出自己的宝剑，那是一柄古老的传世杰作，锋刃锐利，坚固可靠……国王和巨龙都下定决心要置对手于死地，彼此之间都充满戒备。

贝奥武甫挥起巨剑，劈向恶龙的头颅，可剑刃却从骨头上滑开了，因为乌尔德的神谕便是如此安排的。怪兽被这记猛击激怒了，喷吐出大片势可燎原的烈焰，使英雄陷入了大火的包围。这位勇者痛苦万分……留在山丘上的随从们全都吓破了胆，他们生恐自己性命不保，便朝着树林逃去。

只剩一个人没有离开，唯独他感到悲痛，并试图助国王一臂之力。他名叫威格拉夫（Wiglaf），是一名持盾战士，身居领主之位，且备受西尔丁人的爱戴。他没有忘记贝奥武甫曾经赐予他的嘉奖……他无法畏缩不前。他抓起自己的木盾，拔出自己的古剑——一把获赠于奥尼拉（Onela）的巨人之剑。他冲着同伴们喊道："当我们和君主在酒宴大厅中共饮之时，难道我们不曾发下誓言，若有需要必会助他一臂之力？我宁愿和那赐予我们黄金之人一起葬身火海，也不愿带着完好无缺的盾牌活着回去……冲锋吧！支援我们的君主……我们应当肩并着肩，站在同一道防线后面。"

说完，年轻的英雄一头扎进致命的烟雾，冲到贝奥武甫身边予以援助。在此之前，威格拉夫从未有机会在首领的身侧作战。

"亲爱的英雄，"威格拉夫说，"就像从前一样全力以赴吧。不要让您的荣光蒙尘。拿出浑身的力气来，我会为您保驾护航。"

这时，火龙发动了第二次进攻。熠熠火光灼烧着他所憎恨的人类仇敌。年轻的英雄手中的木盾灰飞烟灭，他便躲在贝奥武甫的盾牌后面。

贝奥武甫再次砍向火龙，可他那柄灰色的宝剑纳格林（Naegling）断成了两截。怪兽当即扑向高特人的国王，用可怕的龙嘴咬住了英雄的脖颈。国王生命的精血喷涌而出，淌满了身上的甲胄。威格拉夫低低刺出一剑，正中龙躯，火势因此有所减弱。

贝奥武甫拔出致命的匕首，狠狠地将怪兽劈成两半。巨龙就这样丢了性命，英雄们赢得了辉煌的胜利与声名。

然而国王已是重伤濒死。龙的毒液在他的血管里沸腾，他深知自己大限将至。贝奥武甫感到头晕目眩、心神枯竭，他走到一旁坐下，凝望着龙穴中由巨人打造的道道石拱……威格拉夫跟了过来，为苦战力竭的国王清洗身上的斑斑血迹，还帮他解开头盔，卸在一旁。在人生的最后时刻，贝奥武甫得到了威格拉夫体贴的照料。国王清楚地感受到自己正在走向死亡。

"此刻我的愿望是，"贝奥武甫虚弱地说，"把我的这副战甲传给我的儿子，倘若我竟有子嗣存世……自我开始统治我的子民以来，已经过了五十个冬季，没有一个国王胆敢进犯。我驻守自己的家园，等候着命定的时机，从未试图挑起纷争，也绝不打破已经立下的誓言。虽然眼下我将因重伤而死，但我的心中安宁舒坦，因为当我死时，全人类的统治者不会以谋杀的罪名对我进行指控。"

然后，他请求威格拉夫取出龙穴中的宝藏，呈到自己面前，让他在生命结束之前得以一睹此战收获的金银珠宝。年轻的英雄听从了他的吩咐。他搬来了古老的盔甲、黄金花瓶、琳琅满目的首饰和宝石，以及样式奇巧的臂环。宝藏中还有一面黄金旌旗，它的光芒照亮了整座山洞。威格拉夫把它摘下，匆匆送到国王身边，唯恐自己还没来得及返回，国王就已咽下最后一口气……他发现贝奥武甫还在微微喘息，于是再次捧起清凉的水缓缓擦拭国王的脸颊。贝奥武甫终于发出了声音。他注视着这些财宝，表达了感激之情。

"我要感谢荣耀的主，"他说，"因为他允许我在死去之前为自己的族人赢得如此丰厚的财宝……请你把这些礼物按照需要分赠给我的子民……我为这些财宝付出了生命的代价……我再也支撑不下去了。"

国王交代威格拉夫，将自己的坟冢建在俯瞰大海的悬崖顶端，并要用灼灼火光将其照亮。他还希望把墓址选在赫罗斯尼斯（Hronesness）[①]作为纪念，这样那些驾驶船只穿越迷雾的海员，就会称那里为"贝奥武甫之墓"。

随后，垂死的英雄把自己的金项圈、饰有黄金的头盔和维兰德打造的坚固盔甲交给了威格拉夫，请他善加使用这些赠礼。

"啊，威格拉夫，你是我们威格蒙丁族（Wægmundings）的最后一人。"贝奥武甫有气无力地说着，他的生命正不断流逝，"当命定的时刻来临，他们一个接一个地被乌尔德带走，春秋鼎盛的高贵之人都走向了自己的末日……现在我该追随他们的脚步了……"

这就是贝奥武甫最后的话语。他的灵魂离开了躯体，去往善者的归宿……威格拉夫一个人坐在那里，为他哀悼。

临阵逃脱的战士们走出了树林，聚到威格拉夫身边。威格拉夫愤怒地斥责他们，因为他们竟然在君主有需要的时候逃之夭夭。他发誓，这些人再也得不到赏赐或土地，领主们一旦听闻他们的怯懦之举，便会将他们的财产全部没收。

"对于一名高贵的勇士来说，"威格拉夫喊道，"与其耻辱地活一辈子，倒不如死了才好。"

听闻贝奥武甫的死讯，众人担忧敌对势力会重兴血仇，对他们出兵。威格拉夫派出一位信使，向人们传达了这个噩耗。信使说起了即将爆发的战争：无数少女将因此而背井离乡；众多勇士势必战死沙场，他们的亡魂会高高举起长矛；再也听不到召唤战士们醒来的竖琴声，取而代之的是鼓噪的嗜血渡鸦的鸣叫，它们一边从狼嘴中抢夺尸肉，一边向鹰打听战况。

人们怀着沉痛而哀伤的心情赶赴龙穴，目睹了巨兽狰狞的遗骸。龙的身躯长达五十英尺，它被自己喷出的火焰烤得焦黑，模样令人毛骨悚然。众人簇拥在国王的遗体周围，流下了悲痛的泪水。威格拉夫当众宣布了贝

[①] 赫罗斯尼斯也被译为"鲸鱼之岬"；也有人倾向于带有神话色彩的解释，从而译为"澜之岬"。关于这一点，吕德贝里指出，琳达之子屠狼者瓦利被萨克索称为贝奥斯（Bous），即"贝奥武甫"的拉丁语形式。斯托普福德·布鲁克表明，赫罗斯尼斯临近厄尔南尼斯（Earnaness），即"鹰之岬"。他认为"不带神话色彩的解释显然是正确的"。

奥武甫的遗言，以及他想被葬在点着烽火的高崖上的愿望。

趁着准备抬尸担架的时候，威格拉夫带领七人进入山洞，搬出了剩余的财宝。他们把龙尸丢进大海，然后抬起苍老灰白的贝奥武甫，把他送到了那片名为赫罗斯尼斯的海岬。

人们搭起了一座宏伟的火葬柴堆，并把铠甲、战盾和闪亮的头盔挂在上面。他们虔诚地将伟大的国王送上柴堆，并沉痛地哀悼这位备受爱戴的君主……如此巨大的火葬柴堆前无古人。当它被火把点燃,浓浓的黑烟迅速升起。在火焰的烈烈咆哮与哀悼者的哭号声中,贝奥武甫的遗体化为了灰烬……

年迈的王后唱起了悲凉的挽歌。她一遍又一遍地诉说,自己频频惧怕战争爆发、血流成河。她担心自己会被俘受辱。

烟尘散入空中……然后人们建起了一座高大的坟冢。他们花了十天时间,以骨灰为中心修筑了一圈围墙。他们把无数财宝——曾经藏在龙穴里的全部宝藏——放入墓穴陪葬。如今这些金银珠宝躺在坟墓里,于人丝毫无益,向来亦是如此。

十二名骑手绕着赫罗斯尼斯的高大坟茔骑马巡行,为他们的君主哀悼。全民一同追思。他们都说,在世界上的所有国王和平民之中,贝奥武甫是最温和、最仁慈的,没有人能像他这般宽厚地对待自己的子民,并迫切地渴求他们的赞扬。

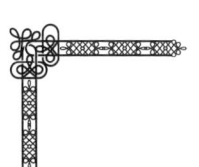

黄金的诅咒

古老的世界,在最初那段花团锦簇的青春年华里,
　　因造物主的恩典而完美无瑕;
　人们以欢快的谢意和无可指摘的坦诚,
　　拥抱了慷慨的统治者赐予的礼赠:
　　那时人们过着天使般幸福的生活;
然而到了后世,就像用玉米饲养的骏马那样,骄傲
　　滥用了她的富饶和丰肥的作物,
　　　生出极尽荒淫的欲望,超出了
　　　自己简朴天然的本真需求。
　　随后,一只受诅咒的手开始用钢铁
　　　摧残伟大的祖母那宁静的子宫,

亵渎地挖掘着神圣的坟墓里
暗藏的珍宝；在里面找到了
取之不尽的黄金和白银，
这些东西立刻成就了他那
磅礴的欲望和狂妄的骄傲；
然后贪婪涌进他的血管，激起了
渴求的烈焰，燃起了吞噬生命的大火。
"孩子啊，"他说①，"收起你刻薄的嘲讽，
抛弃属于古代的粗俗，
把它留给与世隔绝的家伙。
生活在后世的你啊，必须
用劳作换取财富，用生命换取黄金。"

——《仙后》(*Faerie Queene*)，
埃德蒙·斯宾塞（Edmund Spenser）

---

① 玛门（Mammon，即密米尔）致骑士盖恩（Guyon）。

21
霍泰尔和巴德尔
Hother and Balder

霍泰尔年纪还小的时候,他的父亲霍德布罗德(Hodbrodd)就被人杀害。国王格瓦尔把他带回自己的城堡抚养,并对他视如己出。长大之后,霍泰尔成了一名强壮又矫健的英杰才俊,容貌也十分俊俏。他的本领超过了其他所有养兄弟。他游起泳来就像海鸟一样灵巧而持久,箭艺精湛纯熟,还擅长戴着手套打拳击。霍泰尔的头脑同样聪慧过人。他是一位唱歌的好手,也是一位琴声动人的乐师。他在竖琴和鲁特琴上展现出了罕见的弹拨技巧。当他奏响弦乐的时候,他能凭借超凡的魅力,随心所欲地撩动听者的悲欢,既可以让他们心情舒畅,也可以用奇诡的恐怖之感吓得他们惶惶不安。

这位俊秀的年轻人深深地吸引着美丽的南娜。她是国王格瓦尔之女,也是霍泰尔的养妹。南娜对霍泰尔一片痴心,霍泰尔也对南娜怀着同样炽烈的爱慕。霍泰尔热情的怀抱让南娜无比依恋。

决定性的日子到来了。这天南娜正在沐浴,碰巧被奥丁之子巴德尔瞧见。此情此景让他意乱情迷,南娜明艳秀丽的婀娜身姿在巴德尔心中燃起了熊熊爱火。待到南娜的身影消失不见,日月也失去了光彩。想起那温婉美丽的少女，巴德尔喟然长叹；而当他转念想到自己的情敌，又怒上心头。他深知霍泰尔将会成为他与意中人之间最大的阻碍。最后，他决定杀害这位年轻的英雄。

没过多久，霍泰尔就得知了巴德尔火热的爱意以及他那残暴而血腥的计划。有一天，他独自进入深林狩猎。一团浓重的雾气飘过大地，笼罩树丛，致使霍泰尔迷失了方向。终于，他找到了一座林中小屋，里面住着一群树之少女。她们直接喊出了他的名字，令他大为诧异。霍泰尔问起她们的身份，少女们告诉他，自己的职责是决定战斗的胜负。① 在战场上，她们会隐身参与打斗，帮助自己青睐的一方取得胜利。听了她们的话，霍泰尔惊讶极了。她们还告诉他，巴德尔曾经在南娜沐浴时投以深情的凝望，如今满心渴望迎娶她做自己的新娘。她们警告霍泰尔，千万不要与他的情敌对决，因为他乃是一位半神，有着刀枪不入的魔力。不过，她们给了霍泰尔一副可以抵御刀剑的锁子甲，这样他就拥有了和巴德尔同等的防御力。她们还许下诺言，必将在战斗中为他助力。

随后，少女们消失了，年轻的英雄眼睁睁地看着她们的屋子一并没了踪影。他发现自己独自站在一片荒原上，面前既没有树木，也不见任何房舍。一阵风吹来，雾气随之飘散。

青年匆匆返回，将此行所见报告给国王格瓦尔，并向他转述了自己听到的关于巴德尔的消息。霍泰尔还请求国王把南娜许配给自己。

格瓦尔十分乐意让霍泰尔做自己的女婿，但他也表示自己极为惧怕巴德尔的怒火。巴德尔如果前来求婚却遭到拒绝，或许会大发雷霆。

"没有任何武器，"格瓦尔说，"可以给巴德尔造成伤害，只有一把剑② 除外。那把剑被保管在森林之神密明（Miming）的山洞里。他的藏品中还有一只神奇的臂环，它能令其主的财富增长……""但是通往森林之神住所的路途漫长而艰险，"国王补充道，"旅途寒冷如冬，叫人难以忍受。"

---

① 这表明她们是瓦尔基里。
② 胜利之剑封存于密米尔的国度。霍泰尔与斯维普达格高度相似，格瓦尔则对应着伊瓦尔德神话中的月神。

然而霍泰尔下定决心要夺得宝剑，用以对抗巴德尔。格瓦尔建议他用驯鹿拉车，这样才能飞快地穿越绝地和严寒之境。

"抵达密明的山洞之后，"格瓦尔说，"你务必小心谨慎地搭建帐篷，以免让它的阴影落在森林之神的身上，否则他就会躲在洞里不肯出来。你必须等到森林之神离开山洞，届时宝剑和臂环便唾手可得。"

霍泰尔听从了格瓦尔的建议。他驾着驯鹿迅疾地驶过荒凉而冰冷的道路，抵达了密明的山洞，然后在附近支起帐篷。他等了很久很久，森林之神一直没有露面。白昼枯燥无聊，夜晚焦灼难耐。当他在等待中又熬过了一个漫漫长夜，密明终于离开了洞穴，霍泰尔的帐篷上映出了他的影子。年轻人一跃而起，用长矛击倒森林之神，然后把他牢牢地绑了起来。霍泰尔恶狠狠地威胁密明，若不交出宝剑和臂环，必将取他性命。森林之神珍视自己的性命胜过财宝，于是霍泰尔如愿从他手里拿到了"赎金"。大获全胜的年轻英雄回到了格瓦尔的王国，他的声名传扬四海。

得知密明之宝被夺，撒克逊国王盖尔德驱使麾下的战士们前去讨伐霍泰尔，迫切地想要把宝物据为己有。不料格瓦尔拥有神奇的力量，提前看穿了盖尔德的目的。他指引霍泰尔率兵迎战，任由对方的标枪如雨落下，直到耗尽，再出手教训这群胆大妄为的入侵者。

于是霍泰尔出发去拦截撒克逊的来敌。他守在海岸上，等待着他们的到来。盖尔德手下的勇士们急于进攻，又快又猛地掷出了自己的长矛和标枪。而霍泰尔早已对己方训练有素的战士们下达命令，让他们把盾牌交错叠起来以挡住投掷而来的武器，且不要回掷任何武器。撒克逊人见状，攻打得愈发急切，很快就用光了长矛和标枪。这时，霍泰尔的部队开始朝敌军投掷武器，逼得他们混乱地溃退。盖尔德大惊失色，在座舰的桅杆上高高挂起一面深红色的盾牌，以表投降之意，希望能够保住性命。霍泰尔并没有向他宣泄怒火或恨意，反而微笑着走向国王，伸出了友谊之手。就这样，他靠着自己的善意和勇武成为胜利者。

霍泰尔有一位强大的盟友，那就是霍洛加兰（Halogaland）国王海尔吉（Helgi）。他爱上了索拉（Thora）——芬兰人和比亚米人（Bjarmians）

的统治者库瑟（Cuse）之女。这位君王的舌头受过损伤，患有严重的口吃，因此他无法用动人的甜言蜜语来一表心意。实际上，他不仅害怕跟陌生人对话，甚至和自己的家人都交流甚少。他派遣信使拜访库瑟，求娶他的女儿，却遭到了轻蔑的拒绝。库瑟表示，一个人若是连亲自求婚都办不到，便不配获得爱情的嘉奖。

于是海尔吉求助于霍泰尔，因为他伶牙俐齿，言谈魅力四射。他向霍泰尔许诺，如果能为他赢得索拉的心，他就一辈子供霍泰尔驱策。霍泰尔配备了一艘大船，朝着挪威驶去。他下定决心，假使用言语无法征服那位少女，便要用力量将她俘获。霍泰尔首先对库瑟娓娓而谈，国王表示他必须先听听女儿的意见，因为他觉得自己的主张不应凌驾于女儿的想法之上，必须在她表达意愿之后才能做决定。于是他让人把索拉领了进来。听完霍泰尔的话，索拉答应嫁为海尔吉的王后。

当霍泰尔为此奔忙之时，巴德尔率领一支全副武装的军队入侵了格瓦尔的王国，要求他把南娜许配给自己。国王说他必须亲自向女儿求婚。于是，巴德尔向南娜陈述了自己的情由，并用精心准备的言辞对她大加赞美。可南娜却说，自己只是一个卑微的女子，配不上神明之子的求爱，而且诸神往往不会信守承诺。故而少女拒绝了追求者的示爱。

霍泰尔归来之后，格瓦尔把事情的经过告诉了他。年轻的英雄被巴德尔的嚣张跋扈气坏了。他去找海尔吉寻求建议，两人一同商议如何才能让那位神明受到惩罚。除了上阵搏杀，他们别无选择。于是霍泰尔装备好自己的船队，前去讨伐情敌。海尔吉为他提供了强大的援助，盖尔德也给予了有力的支持。

诸神和凡人之间爆发了一场战争。奥丁、索尔和巴德尔并肩上阵，身披全副铠甲。敌对双方的舰队在海上相遇，一场激战就此展开。霍泰尔穿着那件刀枪不入的锁子甲，狂暴地向诸神猛攻。索尔挥舞着他的大棒，一边号召身边的战士们向前推进，一边挑衅自己的敌人上来迎战。这位令人生畏的神明挥出一记又一记重击。他推倒了敌人的盾牌，打乱了他们的阵形。在很长一段时间里，无人能与他抗衡。屠杀惨烈至极，胜利似乎已经属于诸神。然而霍泰尔手持密明之剑迎战索尔。他丝毫不惧，照着大棒劈了下去，用锋利的宝剑将它斩成两半……诸神见状纷纷逃散，他们没能带走的船只全部被战胜者摧毁。

大战告捷固然让霍泰尔感到欣喜，但这并不能抹去他深重的悲痛之情，因为盖尔德死在了敌人手中。他命人收拾了巴德尔的战船，用其残骸建造了一座高大的火葬柴堆，并把桨手们的尸体堆在上面。然后他们满怀敬意地把逝去的盖尔德安置在最顶端。火把落在柴堆上，腾起明亮而高扬的烈焰。火化完毕后，他们为国王的骨灰修建了一座高大的坟冢，作为对他的纪念，举世尽皆为他哀悼。

事后，霍泰尔回到格瓦尔身边，与南娜举办了盛大的婚礼，众人欢天喜地。海尔吉和索拉也喜结连理，年轻的英雄为这对新人送去了珍贵的贺礼。从此之后，霍泰尔成了西兰岛（Zeeland）和瑞典的统治者。

霍泰尔大受赞美，巴德尔却遭到了同等程度的嘲笑，因为他曾临阵脱逃。

可是这场纷争还没有结束。在一次陆战之中，巴德尔再次与自己的情敌交锋，并把他逐出了战场。这只怪战场上的运势实在是变幻莫测。霍泰尔和格瓦尔一起寻求庇护。过去他以扈从之身赢得胜利，如今他已尊为国王，却尝到了败绩。

巴德尔的军队一度受到缺水的困扰，但这位神明掘出了水井，清水喷涌而出，让口干舌燥的士兵们得以解渴。至今，仍有一口泉眼被称作"巴德尔之泉"。

巴德尔饱受相思之苦，即便到了夜里，他还是会在梦中见到南娜，因此连睡觉也郁郁不乐。他的爱情像火一样损耗着他，令他变得愁眉不展、形销骨立、心事重重。最终，他连走路也无力支撑，只能乘坐战车出行。就算打了胜仗也无法令他高兴起来，因为他没有赢得南娜的心。要不是靠着为他特制的魔法食粮，巴德尔恐怕已经一命呜呼了。

与此同时，代诸神行使权力的弗雷入主乌普萨拉（Upsala）附近的神殿，并恢复了可憎的人祭。

霍泰尔逃往瑞典。西兰岛成了巴德尔的领地，当地的丹麦人曾经对巴德尔的情敌毕恭毕敬，这时又心甘情愿地侍奉他。待时机成熟，霍泰尔装备了一支舰队，再度向巴德尔宣战。可他又一次失利了，被迫逃亡他乡。他的避难之地位于日德兰（Jutland），那座城镇至今仍以霍森斯（Horsens）为名。之后，霍泰尔返回了瑞典。

霍泰尔心灰意冷，①他对人世感到厌倦，且拒绝接受他人的安慰。霍泰尔辞别了所有人，孤身浪迹于偏僻的荒野和杳无人迹的森林，因为伤心之人偏好独处。他自顾自地找了个与世隔绝的地方隐居起来，致使人们对他生出了怒火。

一天，霍泰尔正在幽深的森林中漫步，无意间闯入了一座地处荒僻的山洞，那群曾经赠给他防身宝甲的少女们就住在里面。她们带着好奇的眼神迎接了他，询问他为何前来拜访。于是，霍泰尔向她们哀叹命运的悲惨，满怀辛酸地诉说了自己所遭受的痛苦。他还责怪对方没有遵守承诺，不曾助自己一臂之力。但是少女们告诉他，他给敌人造成的打击超出了他自己的想象，并保证他会获得最终的胜利。

"胜利必将属于你，"她们说，"前提是你找到巴德尔的魔法食粮。只有依靠它的滋养，他才能增强力量。如果你能把它据为己有，那么他必死无疑。"

少女们的话鼓舞了霍泰尔，他又一次召集大军，对巴德尔发动了战争。由于双方旗鼓相当，他们鏖战良久，直到夜幕降临，依然未能分出胜负。

霍泰尔焦虑难耐，无法入睡，于是前往敌军的营地侦察……为巴德尔准备魔法食粮的三名少女在他的眼前暴露了行踪。少女们赶忙逃跑，霍泰尔循着她们的足迹，穿过沾满露珠的草地，一路追进了她们的藏身之处。

少女们怀疑他来自敌方，便质问他到底是何人。霍泰尔自称是一名乐师。她们给了他一把里拉琴，霍泰尔用它奏出了美妙的旋律，让少女们听得入了迷。

霍泰尔目睹了少女们为巴德尔准备食物的过程。她们养了三条蛇，蛇

---

① 如同《贝奥武甫》中的雷塞尔国王。

口中滴落的毒液是配方的一部分。其中一位少女提出分给霍泰尔一份魔法食粮，较为年长的那位少女却出言阻止，说这么做相当于背叛，因为这会使敌人的力量增强。不过霍泰尔最终还是分得了一份。少女们还给了他一条闪亮的腰带，它能确保佩戴者在战斗中获胜。

霍泰尔离开了她们的屋子，向己方的营地折返。没走多远，他就遇上了巴德尔。霍泰尔拔出宝剑，从仇敌的身体侧面刺了进去，把他伤得奄奄一息。

霍泰尔回到营地，告诉众人自己重创情敌的经过，众人狂欢喝彩；巴德尔那一边则悲声大作。

第二天，战事继续，巴德尔命令手下用担架把自己抬上战场，以免死在自己的帐篷里。

夜幕再度降临之时，巴德尔在幻象中看见普洛塞庇涅（Proserpine）①站在自己的身边。她告诉巴德尔，次日将请他前去做客。到了命定的时刻，巴德尔撒手人寰。人们把他葬在一座高大的坟丘里，并举办了隆重而沉痛的哀悼仪式。

到了后世，哈罗德（Harold）②伙同他人企图从巴德尔的墓中盗取陪葬财宝。然而，他们刚刚挖进墓穴，汹涌的洪水就从地下涌出③，盗墓者们慌乱奔逃。如此一来，当地的年轻人全都牢牢记住了墓穴的恐怖，再也没有人胆敢前去惊扰。

霍泰尔重新统治了自己的国度，可有件事却令他大为悲痛：格瓦尔在自己的城堡中遭到袭击，死于火中。凶手名叫贡诺（Gunno），是一位为格瓦尔服务的贵族。霍泰尔迅速采取了报复行动，把贡诺活活烧死在了柴堆上。

得知巴德尔的死讯后，奥丁拜访了几位先知，请他们预言如何才能为巴德尔报仇。他们告诉奥丁，琳达将会为他生下一个儿子，他的名字叫博（Boe），霍泰尔将会死在他的手上。

琳达的父亲是罗塞尼亚人（Ruthenians）的国王，奥丁乔装打扮，成为国王的部下。他当上了军团的将领，并取得了杰出的胜利。之后他又单枪匹马击败整支敌军，获得了无人能及的名望。众人对此惊讶万分。国王给了他大笔大笔的赏赐，王室中人都对他礼遇有加。然后，他私下里向国王表达了自己对琳达的爱意。虽然国王视他为良配，但在娶琳达为妻之前，他必须先向美丽的公主求爱，以赢得她的芳心。

---

① 即乌尔德。
② 被认为是生活在12世纪的历史人物。
③ 巴德尔与水井崇拜有关。他的坐骑留下蹄印之处，会有井水涌出，他还为麾下的士兵们找到了水源。他的坟墓受到水的守护。

想要追求琳达并不容易。奥丁想讨一个香吻,却得到了一记愤怒的猛击。一年后,奥丁以异乡来客的身份进入宫廷,自称是一名巧匠。他用青铜打造出了各式精美饰品,因此受赐了许多黄金。他把一只珍奇的手镯和数枚指环献给了琳达,可当他试图博取她的欢心时,琳达还是对他重拳相向。尽管她的父亲对她加以劝诫,琳达还是不乐意嫁给一个糟老头子,更何况是在她青春少艾之年。奥丁第三次向少女发动了攻势。他扮成一名年轻的战士,但仍然遭到了拒绝。于是奥丁转而求助于魔法。他在身上藏了一片刻有卢恩符文的树皮,用它触碰琳达,使她陷入了疯狂。

接下来,奥丁重新现身。这一次,他变身成了一名医术高超的女医生。琳达正病得卧床不起,他自告奋勇地为她治疗。最终,奥丁成功地赢得了少女的芳心,琳达就这样成了博的母亲。

这一时期,诸神驾临拜占庭施行统治。奥丁使用魔法的行为招致了他们的愤怒,诸神因此剥夺了奥丁尊荣的地位,并将他放逐。奥勒尔(Oller)代替他执掌大权。整整十年过去了,诸神才召回奥丁,让他重归王位。奥勒尔逃到瑞典,在那里为一群丹麦人所杀。据说奥勒尔手中有一根刻着可怕咒语的骨头,凭借它可以横渡海洋,就像乘在船上一样。

重新掌权后,奥丁的尊贵和力量更甚从前,他的声名在凡人之间广为流传。奥丁找到了他和琳达的儿子博,并敦促他去为巴德尔复仇。

于是,琳达之子在一场激战中杀死了霍泰尔,但博自己也受了致命伤,被人用他的盾牌抬下了战场。第二天他便去世了。① 罗塞尼亚士兵们把他葬在了一座庄严的坟墓里,这样一来,关于他的记忆不会在后世湮灭,他的英名将会万古长存。

霍泰尔死后,他的儿子罗里克(Rorik)成了国王。

---

① 因此,神话中的屠狼者瓦利就是萨克索所著的丹麦传说中的博(即贝奥武甫),他在杀死霍泰尔的时候受伤而亡。霍泰尔对应着斯维普达格,后者曾化身为龙,在灰色的岩石下守卫大量财宝,宝藏在水流下闪闪发光,有如火焰一般。与此同时,霍泰尔和巴德尔的盲眼兄弟霍德尔也被混为一谈。斯维普达格还有一个别名叫奥德。就这样,一则古老神话中神性的和英雄的元素在传说中交融。每个年代、每个民族,以及每位吟游诗人都会在绵延的传说中留下痕迹。关于神话中的英雄的记忆可能保存下来,他的事迹也可能和某个民族英雄的传说产生关联。能够激发大众想象的神话故事鲜少发展成独立存在的叙事。

22

原版哈姆莱特的故事
The Traditional Hamlet

  日德兰的统治者共有三位，除了霍泰尔之子罗里克，还有一对兄弟——霍温迪尔（Horwendil）①和冯格（Feng）。两人的父亲是老国王格文迪尔（Gerwendil）。三人以霍温迪尔为首，但他的抱负却是靠航海远征来获得荣耀。挪威国王科尔（Koll）也有志于在海上树立声望，只盼与霍温迪尔的船队一决雌雄。两位竞争对手同时发现了海中的一座岛屿，双方都想将它据为己有。年轻的霍温迪尔向科尔发起挑战，邀请他和自己决斗。于是，两人在一片春意盎然的草地上展开了对决。

  和他的对手相比，霍温迪尔更加英勇无畏。他把盾牌丢在一边，双手握住宝剑。霍温迪尔气势汹汹地攻向挪威国王，把他的盾牌劈成两半。科尔被砍得遍体鳞伤，还失去了一只脚，当场殒命于年轻英勇的英雄之手。霍温迪尔为这位海上王者举办了一场庄重的葬礼，以表对他的敬意，还命

---

① 吕德贝里认为，霍温迪尔对应着斯维普达格之父奥文戴尔。他还主张，萨克索记述的哈姆莱特故事中带有斯维普达格神话的印记，哈夫丹就是冯格的原型，格萝亚则是格鲁莎（Gerutha）的原型。

人建起一座高大的坟冢，使他永远不会被人忘记。

此后，霍温迪尔打下了一场又一场胜仗，他把战利品献给了自己的国王，因此成为这个国家的英雄。罗里克对霍温迪尔大加赞赏，并任命他为日德兰国王，还将自己的女儿格鲁莎公主①许配给了这位声名卓著的海上漫游者。夫妻俩生下了一个儿子，他的名字叫作阿姆莱特（Amleth）。②

霍温迪尔的财富和名望招来了亲兄弟的嫉妒，冯格决定要置他于死地。他通过背叛实现了自己卑鄙的目的。除了犯下杀害血亲的罪行，冯格还迎娶了自己的寡嫂为妻。他对外宣称，自己之所以杀死亲兄弟，是因为霍温迪尔残酷地对待格鲁莎，而他自己则在危急关头出手搭救。人们相信了他的说辞。

但阿姆莱特并没有上当受骗，他看出冯格居心不良。出于对自身安危的担忧，他费尽心思装疯卖傻，以保自己能够活到手刃篡位者的那一天。他开始用烂泥涂污自己的脸颊。他常常对着火焰发呆，还斩下枝条，在上面削出钩刺。要是有人问他为什么这么做，他就说自己在准备为父报仇。

有人怀疑他并没有真的发疯，便给他设下了巧妙的考验。幸好有他的养兄弟③陪伴在他身旁，及时为他通风报信。

人们为阿姆莱特牵来一匹马，阿姆莱特倒骑在马背上，试图把马尾当作马头驱使。就在他怪模怪样地骑马前进时，有头狼从旁边经过，身边的人们却断言那是一匹小马。阿姆莱特立即说道，他叔父的马厩里正缺这个品种的马驹。

人们在海滩上发现了一个遗落的船舵，却坚称那是一把刀。阿姆莱特马上指着大海叹道，想要切开如此庞大的火腿，非得用这个尺寸的刀不可。

接下来，人们指向连绵的沙丘，说道："看看这些面粉。"阿姆莱特应

---

① 即莎士比亚笔下的乔特鲁德（Gertrude）。
② 意为"精神失常"。
③ 即莎士比亚笔下的霍拉旭（Horatio）。

道，风暴之磨的确把沙砾碾成了精细的面粉。①

阿姆莱特路遇一位少女，她是被人派来引诱他的。然而，阿姆莱特和她秘密达成了约定，挫败了那些人当众污蔑王子品德的阴谋。

冯格有一名与他关系亲近的大臣②，此人自命不凡，实际上却缺乏谋略。他想出了一个计谋，企图以此弄清楚阿姆莱特到底是真的意志薄弱，还是在精心掩饰。他向冯格提议，让阿姆莱特和王后单独相处，这样王子就能畅所欲言，因为孩子绝不会怀疑自己的母亲。冯格听信了他的诡计，以为这是一条妙策。他们把王后和王子约到一处，这名大臣则事先藏在屋里的一堆稻草下面。

机智的阿姆莱特并没有落入他们的陷阱。一进房间，他就发现国王以另有要事为借口离开了。于是王子没有立即跟母亲说话，而是先做出了一些逼真的疯狂之举。他一边学公鸡打鸣，一边用手模仿鸟儿扑扇翅膀的样子。阿姆莱特跳上稻草堆，前前后后踩了个遍，察觉出脚底下藏着什么坚实的东西。于是他拔出自己的佩剑，把窃听者捅了个对穿。王子把尸体拖了出来，剁成碎片，放进热水里煮熟，然后把这堆碎肉扔去喂猪。

阿姆莱特回到母亲身边，王后正在为儿子的疯病而伤心哭泣。听到母亲的哀叹，王子郑重其事地对她说：

"啊，不知羞耻的女人！不要用虚假的悲伤来掩饰你可怕的罪行——你这个荡妇，把杀死丈夫的凶手搂在怀里；你这个娼妓，下贱地委身于儿子的杀父仇人！你像畜生一样交媾，本性也如禽兽般无情，将你的第一任丈夫抛在脑后……不要问我为什么装疯卖傻、胡言乱语，难道我不该担

---

① 即世界之磨。有关该岛屿之磨的记载见于一篇古老的萨迦，它位于世界的边缘之外，由九名少女推动，被称为"阿姆洛德（Amlode）的面粉仓"。于是，在10世纪，冰岛开始流传一位神话版"哈姆莱特"的故事，该人物也与石磨有关。当奥文戴尔和伊瓦尔德的其他儿子向诸神宣战时（参见第5章），与他同族的两位巨人少女猛推世界之磨的手柄，让它失去了控制。就这样，复仇者斯维普达格（奥文戴尔之子）和复仇者阿姆莱特（霍温迪尔之子）之间又多了一重联系。在斯维普达格前往冥界之前，格萝亚为他施了咒语，使他可以抵御世界之磨引发的风暴。我们不能期望在模糊的传说中找到明确的参引，其中只有暗示性的关联。在长时间独立发展的过程中，流行故事的主人公会吸收其他种种元素。
② 即莎士比亚笔下的波洛涅斯（Polonius）。

忧，那人在杀了自己的兄弟之后或许还会谋害他的子嗣？尽管我看上去失去了理智，要靠装疯来自保，可我坚定地想要为父报仇，并且耐心地等待着有利的时机。要对付如此卑鄙的阴谋家，我不得不绞尽脑汁……现在，请你——啊！你背负着深重的耻辱，确实值得一哭——弄明白，我故作疯癫不需要你来痛惜。你与其为他人的病痛落泪，倒不如为自己软弱的内心哭泣，这对你的灵魂更加有益……我对你的话已经说完了……我劝你不要对别人提起。"

阿姆莱特就这样斥责了母亲，使她痛苦地回忆起被谋杀的丈夫。

没过多久，冯格就开始寻找那名被阿姆莱特杀死的大臣，但没有人知道他的下落。王子说自己看见那人失足跌落食槽，被猪吃下了肚，却遭到众人嘲笑。然而，人们很快发现，那位大臣确实死了，死法正如王子所言。

冯格很想杀死阿姆莱特，可他不敢面对国王罗里克和妻子的怒火，于是他派王子去拜访不列颠国王，企图借刀杀人。出发前，王子暗地里嘱咐母亲，请她在一年之后为自己举办葬礼，假装他真的死了，还要在墙上挂满致哀的手织帷幔。

为了这次别有用心的出使，冯格还派了两名朝臣与阿姆莱特同行。他让两人捎去一封刻在木片上的密函，信中恳请不列颠国王杀了王子。一天夜里，趁着两人熟睡之时，阿姆莱特偷看了信件，然后削掉木头上的字迹，又刻下了新的请求：吊死送信的两名朝臣，并把一位公主许配给同行者为妻。

一行人抵达了不列颠。国王阅过密信，并没有公开信的内容，而是设宴款待两位信使和王子。阿姆莱特拒绝品尝任何食物和酒水，这让宴会现场的所有人大为诧异。国王想要了解三位客人对菜肴的评价，于是差一名仆人前去打探，听听他们进入卧室后都说了些什么。

阿姆莱特在宴会上的行为遭到了同伴们的责备。王子辩解道，猪肉散发出人尸的臭味，面包中带着血腥，酒里混有铁锈。他还对国王出言不逊，说他长着一双奴隶的眼睛，而王后的行为举止像是出身低贱之人。

在同伴们听来，他又在说疯话了。可是当阿姆莱特的话传到国王的耳朵里，国王却召来了自己的首席侍从，询问做面包的玉米产自哪里。侍从回禀，丰收的田野曾经是一片战场。

国王又问起猪肉的来历，得到的答复是：这些猪一度走失在外，误食过强盗的尸体。他还得知，酒是用谷粉酿造的，酿酒的水取自一口特定的水井。国王叫人挖开了这口井，在井中找到了几把锈迹斑斑的剑——就是它们污染了井水。

通过这些事情，国王证实了阿姆莱特的话并非无稽之谈。但他还不满足，又去和自己的母亲密谈。太后承认，她原本确实是个奴隶。

国王对阿姆莱特的智慧钦佩不已。第二天，国王与阿姆莱特谈话，请他解释为什么说王后表现得好似出身低微之人。

王子为自己的话给出了三个理由：王后把斗篷遮在头上，此举有如奴仆；她走路时会提起长袍的下摆；她用木片剔牙，还会继续咀嚼剔出来的食物碎屑。

国王被阿姆莱特深深地吸引了，便把自己的女儿嫁给了他。冯格的两名信使也被绞死了。王子佯装愤怒，于是国王付给他一笔黄金作为赔偿。阿姆莱特把黄金烧熔，注入了两根空心的棍子。

一年过去了，阿姆莱特动身回国，让妻子留在她父亲的城堡里等待。进入日德兰后，他用泥涂脏自己的脸，并打扮得滑稽可笑。除了两根内藏黄金的棍子，他什么也没带，就这样走进了冯格的宫殿。宫殿里，人们正在为他哀悼，就好像他已经去世了一样。他走进宴会大厅，只见四壁垂着致哀的帷幔。一开始，宾客们都吓坏了，因为他们以为阿姆莱特是个鬼魂。不过他们很快就欢腾了起来，并为刚才遭受的愚弄互相取笑。

有人问阿姆莱特，国王的信使到哪去了，他举起手中的棍棒，说："这根是一个，这根是另一个。"没人意识到他所言不虚。

王子兴致昂扬地为宾客们斟满美酒，众人开怀畅饮。其间有一两次，阿姆莱特抽出佩剑，划伤了自己的手指。于是人们从他手中夺过武器，连剑柄带剑鞘一起钉在墙上。

阿姆莱特蓄谋已久，继续为来宾倒上更多酒浆。没过多久，人们全都喝得烂醉如泥，瘫倒在长椅或地面上睡着了。这时，王子扯下母亲亲手织就的致哀帷幔，甩到熟睡的贵族们身上。他用棍子把帷幔缠成一张大网，确保没有人可以站起身来。随后，他放火将整栋建筑夷为平地，所有在殿内沉眠的人都葬身火场。

与此同时，阿姆莱特冲进了冯格的寝殿。他先是拿走了国王挂在床头的宝剑，并把自己的佩剑换了上去，然后把叔父从睡梦中摇醒，告诉他朝臣们正在活活遭受烈火焚身之苦。

"不仅如此，现在我来到了这里，带着我的棍子，"王子喊道，"要为我的父亲报仇雪恨。"

冯格从床上跃起，抓起坏掉的剑。就在他徒劳地拔剑之时，阿姆莱特结果了他的性命。

就这样，王子杀死了谋害他父亲并取而代之的人，还一并铲除了所有支持仇敌的贵族。

大仇得报之后，阿姆莱特逃离现场，躲了起来，为的是了解人们如何看待他的行为。很快，他听说人们并没有太过悲痛，暴君的倒毙反而令一部分人欢欣鼓舞。于是，他离开了藏身之处，召集他父亲的盟友，并向他们致辞。

"如果你们曾经为霍温迪尔哀悼，"他说，"从此以后再也不必伤悲。看看这个弑亲者的尸体！是他杀死了我的父亲，又让你们沦为奴仆。"

阿姆莱特昭告众人，自己之前乃是故作癫狂，只有这样他才能摧毁冯格及其支持者。他还对他们诉说了自己是如何暗自忍受煎熬，被恶毒的叔父追杀，遭到生母的轻贱，蒙受贵族的唾弃。"难道你们之中有人，"阿姆莱特呼喊道，"能够无动于衷，对我一点也不同情怜悯？"

他用这番话语向众人辩白，吁请他们尊他为王子，并用善意的微笑答谢他。

"我洗刷了祖国的耻辱，"他说，"让我的母亲不再蒙羞，还将暴政彻底消灭。我亲手为父亲之死复仇，让恶毒的叔父阴谋破产……我挽回了你们的损失，我复兴了你们的荣光。暴君已被推翻，刽子手已被诛杀……我的所作所为已成事实，这么做全是为了你们。现在，我恳求你们给我回报。"

就这样，阿姆莱特赢得了民心，被拥戴为王。父亲的王冠就是他所得的奖赏。

待国家安定下来，一切井井有条，国王阿姆莱特带着手下最拔尖的勇士们，渡海前往不列颠。他打造了一面巨大的盾牌，在上面刻画了自己的所有壮举，其做工之精举世罕见。他的随从们也都持着用黄金覆盖的盾牌。

不列颠国王迎接了他，并向他问起冯格的安康，阿姆莱特便把整件事的经过告诉了他。听了他的话，国王心生悲痛，因为他曾经和冯格秘密盟誓，倘若有一方身死，另一方必会为他复仇。这一誓言极为神圣，就连本族的血缘关系也不能凌驾于其上。他不愿亲手杀死自己的女婿，于是便想出了一个计谋，要让阿姆莱特死于他手。他的王后已逝，他委托女婿出使苏格兰，代他向心仪的女王求婚。

不列颠国王清楚地知道，苏格兰的统治者是一位严守贞节的处女。她视爱情如粪土，无论是谁试图博取她的欢心，都会被她处死。阿姆莱特明白这项任务凶多吉少，但他不屑于拒绝国王的请求。于是他带着自己的武装部队和一批不列颠战士，奔赴北方履行使命。

临近苏格兰女王的宫殿时，阿姆莱特走进一座绿意盎然的山谷，让马歇脚，自己则靠在溪边小憩。为了遮挡阳光，他把盾牌支起来，立在头顶上。

听闻阿姆莱特将要到来，女王派出密探。他们找到了熟睡的阿姆莱特，还趁机取回了他的盾牌和不列颠国王托付给他的信函。苏格兰女王由此得知了阿姆莱特的壮举，因为他所打造的盾牌上描绘了自己杀死弑父仇人的经过。读过信后，她抹去上面的字迹，重新伪造了一封，以不列颠国王的口吻恳请她嫁给送信之人。

阿姆莱特醒来时，密探们还未返回。他故意装睡，当其中一人正要将国王的信函放回原处时，阿姆莱特一跃而起，把这名密探逮住绑了起来，然后才前往女王的宫殿。女王的芳名是赫姆特鲁德（Hermutrude）。她读完经过窜改的信，称赞了为父复仇并夺回王位的信使。女王又对阿姆莱特的婚事表示惊讶，因为他竟然娶了奴隶的女儿为妻。她说，像他这样尊贵的王侯，婚配的对象也应出身名门，因为身份地位比花容月貌更加重要。好在这里就有一位高门贵女，堪为良配。与他门当户对之人正是女王自己，因为无论是疆土还是家世，她都足以媲美阿姆莱特。女王向阿姆莱特表达了爱意，并许以国土作为嫁妆，请他休妻另娶。①

说完，女王站起身来，拥抱阿姆莱特，并给他送上一吻。阿姆莱特欣喜地回以拥吻。两人举办了一场盛大的宴席，在隆重的婚礼上结为夫妻。

随后，阿姆莱特率领着一队苏格兰战士回到不列颠向国王复命。他的第一任妻子前来相见，并叫他当心她的父亲。公主辛酸地控诉了他对自己的冷落，但她仍旧表示，相较于阿姆莱特的不忠引发的怨恨，她对他的爱意更加强烈。她还告诉阿姆莱特，自己已为他生下一个儿子。此子长大后，也许会成为苏格兰女王的仇敌，但她将会爱护自己的情敌。

这时，不列颠国王现身了。他先给了阿姆莱特一个拥抱，转头却想要杀了他。这一剑十分阴狠，从阿姆莱特的背后刺来，若不是穿着一件防身的护甲，他本会当场丧命。

于是翁婿俩刀剑相向。不列颠国王和他的战士们向阿姆莱特的军队发起猛攻，打得他们节节败退，死伤众多。第二天，在敌人的紧紧追逼之下，这位年轻的勇士想出了一条妙计。他收集起所有战死士兵的遗体，将其直挺挺地绑在柱子上，假装他们还活着，甚至还将其中许多安放在马背上。这样一来，他就像是统率着千军万马。

不列颠国王的军队攻向阿姆莱特，却见那虚张声势的阵容，士兵们惊慌失措，晕头转向地四散逃跑。丹麦人冲了上去，国王没能逃脱，被他们杀死了。随后，阿姆莱特洗劫了这片土地，夺走了大量财宝。不久之后，

---

① 这显然是皮克特人（Picts）的婚嫁习俗留下的印记。爱尔兰的库·丘林（Cú Chulainn）在苏格兰也有类似的经历。

他带着两位妻子返回了丹麦。

碰巧，国王罗里克去世，其子维格莱克（Wiglek）认为阿姆莱特是篡位者，便自立为日德兰国王。双方随即展开了战斗，阿姆莱特战死沙场。在决战开始之前，他已经预见了自己的命运，因而想要为赫姆特鲁德再觅佳婿，但她发誓要与阿姆莱特同生共死，还声称女子若是不敢为丈夫殉葬，就该神憎鬼厌。然而，阿姆莱特死后，女王却没有遵守诺言。她向维格莱克自荐枕席，做了他的新娘。

阿姆莱特被葬在日德兰的一片平原上，那里至今仍以他的名字命名。①

哈姆莱特和他的母亲②

王后　　我干了些什么错事，你竟敢这样肆无忌惮地向我摇唇弄舌？

哈姆莱特　你的行为可以使贞节蒙污，使美德得到了伪善的名称；从纯洁的恋情的额上取下娇艳的蔷薇，替它盖上一个烙印；使婚姻的盟约变成博徒的誓言一样虚伪；啊！这样一种行为，简直使盟约成为一个没有灵魂的躯壳，神圣的婚礼变成一串谵妄的狂言；苍天的脸上也为它带上羞色，大地因为痛心这样的行为，也罩上满面的愁容，好像世界末日就要到来一般。

王后　　唉！究竟是什么极恶重罪，你把它说得这样惊人呢？

哈姆莱特　瞧这一幅图画，再瞧这一幅；这是两个兄弟的肖像。你看这一个的相貌多么高雅优美：太阳神的鬈发，天神的前额，像战神一样威风凛凛的眼睛，像降落在高吻穹苍的山巅的神使一样矫健的姿态；这一个完善卓

---

① 马勒（Muller）指出，有两个地区以"阿姆莱德"（Amelhede）为名。
② 以下译文出自朱生豪所译《哈姆莱特》，人民文学出版社1978年4月版。

越的仪表，真像每一个天神都曾在那上面打下印记，向世间证明这是一个男子的典型。这是你从前的丈夫。现在你再看这一个：这是你现在的丈夫，像一株霉烂的禾穗，损害了他的健硕的兄弟。你有眼睛吗？你甘心离开这一座大好的高山，靠着这荒野生活吗？嘿！你有眼睛吗？你不能说那是爱情，因为在你的年纪，热情已经冷淡下来，变驯服了，肯听从理智的判断；什么理智愿意从这么高的地方，降落到这么低的所在呢？知觉你当然是有的，否则你就不会有行动；可是你那知觉也一定已经麻木了；因为就是疯人也不会犯那样的错误，无论怎样丧心病狂，总不会连这样悬殊的差异都分辨不出来。那么是什么魔鬼蒙住了你的眼睛，把你这样欺骗呢？有眼睛而没有触觉、有触觉而没有视觉、有耳朵而没有眼或手、只有嗅觉而别的什么都没有，甚至只剩下一种官觉还出了毛病，也不会糊涂到你这步田地。羞啊！你不觉得惭愧吗？要是地狱中的孽火可以在一个中年妇人的骨髓里煽起了蠢动，那么在青春的烈焰中，让贞操像蜡一样融化了吧。当无法阻遏的情欲大举进攻的时候，用不着喊什么羞耻了，因为霜雪都会自动燃烧，理智都会做情欲的奴隶呢。

王后 啊，哈姆莱特！不要说下去了！你使我的眼睛看进了我自己灵魂的深处，看见我灵魂里那些洗拭不去的黑色的污点。

哈姆莱特 嘿，生活在汗臭垢腻的眠床上，让淫邪熏没了心窍，在污秽的猪圈里调情弄爱——

王后 啊，不要再对我说下去了！这些话像刀子一样戳进

哈姆莱特	我的耳朵里；不要说下去了，亲爱的哈姆莱特！一个杀人犯、一个恶徒、一个不及你前夫二百分之一的庸奴、一个冒充国王的丑角、一个盗国窃位的扒手，从架子上偷下那顶珍贵的王冠，塞在自己的腰包里！
王后	别说了！
哈姆莱特	一个下流褴褛的国王—— …… ……

哈姆莱特	心神恍惚！我的脉搏跟您的一样，在按着正常的节奏跳动哩。我所说的并不是疯话；要是您不信，不妨试试，我可以把话一字不漏地复述一遍，一个疯人是不会记忆得那样清楚的。母亲，为了上帝的慈悲，不要自己安慰自己，以为我这一番说话，只是出于疯狂，不是真的对您的过失而发；那样的思想不过是骗人的油膏，只能使您溃烂的良心上结起一层薄膜，那内部的毒疮却在底下愈长愈大。向上天承认您的罪恶吧，忏悔过去，警戒未来；不要把肥料浇在莠草上，使它们格外蔓延起来。原谅我这一番正义的劝告；因为在这种万恶的时世，正义必须向罪恶乞恕，它必须俯首屈膝，要求人家接纳他的善意的箴规。
王后	啊，哈姆莱特！你把我的心劈为两半了！
哈姆莱特	啊！把那坏的一半丢掉，保留那另外的一半……

——《哈姆莱特》，威廉·莎士比亚

23

哈姆莱特的风暴之磨

Hamlet's Storm-Mill

丹麦王子口中的"风暴之磨"就是"阿姆洛德的面粉仓"[1]，它也被吟游诗人们称为"弗罗泽（Frode）之磨"。[2]

弗罗泽是一位睿智而公正的国王，他在位时，丹麦一片太平。五谷丰登，人人都能填饱肚子；盗匪绝迹，财物完全不必遮掩。来自他乡的访客都会得到热情的款待，最后平安地离开这个国家。

国王有两块神奇的磨石，它们可以按照弗罗泽的意愿磨出任何所求之物。如果他想要黄金，只需开口，石磨就会转动起来，闪亮的金粉随之喷涌而出。通过同样的方式，还能磨出白银和闪亮的宝石。这个神奇的石磨还能磨出和平和友善。因此，在弗罗泽的统治下，这片土地繁荣昌盛。

这两块磨石从前只是个摆设，因为它们太沉了，全国上下没人推得动

---

[1] 下面的故事摘自一篇 10 世纪的冰岛萨迦，其中提到了哈姆莱特："据说在那遥远的地方，在远方的海岬之外，九名少女全力推动岛屿之磨，用军队般冷酷的磨盘碾碎礁石——她们在过去的岁月里碾出了阿姆洛德（即哈姆莱特）的面粉。"

[2] 弗罗泽是人格化的弗雷。他用世界之磨研磨自己的谷物。根据一首埃达诗歌，他的仆人比格韦尔负责为人们分配食物。这位精灵与民间传说中常见的磨坊棕精灵属于同类。

手柄。弗罗泽四处寻找壮丁,却一无所获。最终,他听说瑞典国王有两个身材高大、气力非凡的女奴,便用黄金把她们换了过来。两名女子分别叫作梅妮雅和芬妮雅。她们足有八英尺高,身材比最强悍的战士还要魁梧,肌肉硬得好似钢铁一样。

在转动石磨之前,两人喊道:"我们该磨什么呢?"

国王说:"磨些黄金吧,给我丰厚的财富。"

于是她们磨出了大堆大堆的金子,国王弗罗泽很快就富有了起来。随后,她们又为他磨出了和平与丰饶,使庄稼大获丰收,溪流永不干涸,船只满载而归。巨人少女们夜以继日地推动石磨,累得精疲力竭,于是请求国王让她们休息。

"你们可以休息,但时间不能超过春天里布谷鸟歌声的间歇。"国王说。

"春天里,布谷鸟几乎不会停止歌唱,"她们辩解道,"让我们多休息一会儿吧。"

"一首歌有多长,"国王说,"你们就能休息多久。"

石磨给弗罗泽带来了越来越多的财富,可他始终不知满足。两名少女被逼出了怒火,发誓要让他遭到报复。她们对彼此说:"我们难道不是山巨人的女儿吗?我们的族人岂不比弗罗泽的族人更加强大?我们曾经见过这个石磨。我们在巨人的家园里推着它旋转,使大地震动,山洞中声如雷鸣。① 弗罗泽这么做实属不智。"

两人厌倦了推磨,就这样抱怨起来。最后芬妮雅提议,鉴于弗罗泽不准她们休息,而且贪得无厌,她们不会继续为弗罗泽研磨宝物了。

于是,梅妮雅吟诵出一道奇异的咒语,召唤军队渡海而来,用火与剑祸乱人间。

芬妮雅求见弗罗泽,警告他危险就要来临,然而弗罗泽呼呼大睡,没能听到她的话。勇士们袭至岸边,他们糟践了田野,烧毁了城镇,把弗罗

---

① 参见第 5 章。

泽的部队打得四散奔逃。国王身受重伤，不治而亡。

就这样，海上漫游者麦辛格（Mysinger）袭击了丹麦，洗劫了这片土地，夺取了丰厚的财富。他把所有船只都塞得满满当当，还带走了那个神奇的石磨和两位推磨的巨人少女。

由于船上的盐用完了，海上漫游者叫奴隶们为他磨些盐来。少女们听从了他的吩咐。等到夜幕降临，两人问麦辛格盐是否磨够了，谁知他并不比弗罗泽更加明智，还是命令她们不断地劳作。芬妮雅和梅妮雅便不停地推磨，直到整艘船都堆满了盐，被压得沉入海底。

从那以后，巨人少女们一直推着石磨旋转，因为没有人让她们停下来休息。两人在海底永无休止地转动石磨，她们的劳作之地形成了大旋涡（Maelstrom）——这个词原指"碾磨形成的水流"。

据说，芬妮雅和梅妮雅仍在依照麦辛格的命令磨盐，这就是为什么海水是咸的。不过说起被波涛吞没的神奇石磨，吟游诗人们还讲述过另外一个故事。

从前有一对兄弟，其中一个是有钱人，另一个是穷光蛋。在一个圣诞节前夕，穷兄弟去找富兄弟求助，请对方看在上帝的分上施舍些吃的，因为他已经什么食物都没有了。

富有的兄弟说："要是你照我说的办，我可以给你一块培根。"

饥肠辘辘的穷兄弟立刻答应了下来，从而得到了一块培根。随后富兄弟对他说："赶紧拿着我给你的东西下地狱去吧。"

穷兄弟只得完成他们的约定，踏上了漫长又艰苦的旅程。他走啊走，一直走到了天黑。这时，夜色中出现了一星灯火，他便朝着那个方向走去。不一会儿，一座房子出现在他的面前。屋外站着一位老人，他留着长长的灰白胡子，正在为圣诞篝火劈砍木柴。

"这么晚了，你要上哪儿去？"老人问。

"我要下地狱去呢，"穷兄弟答道，"但我不认识路。"

"你不必继续奔波了，"老人说，"这里就是地狱。等你进屋后，立刻会很多人要买你的这块培根。但你不要将它出售，除非有人用门后的那个石磨跟你交换。拿到石磨后，你就把它搬到外面来，我会教你怎么转动手柄。无论你想要什么，那石磨都能磨出来。"

穷兄弟敲了敲门，门开了……所有恶魔都朝他拥来，求他把培根卖给自己，一个比一个出价更高。

"谁能给我门后的那个旧石磨，"穷兄弟说，"我就把培根卖给他。"

魔鬼起初拒绝用石磨做交易，不过很快就松了口，拿石磨跟穷兄弟换了那块培根。

穷兄弟向胡子灰白的劈柴人学会了石磨的用法，然后带着它回了家。

他的妻子正在家里等他，一见到他就叫苦连天，因为家里一口吃的也没有了，柴火也用了个精光。等妻子骂完，穷兄弟说：

"我不得不走了好长一段路，先后为了不同的东西奔劳，不过现在我们可以见证成果了。"

他把石磨放在桌上，命令它磨出柴火、饭菜和酒水。转眼间，他们就有了温暖的炉火和丰盛的圣诞佳肴。他的老伴高兴极了，问道："你从哪里得来这神奇的石磨？"

"不要追根究底，"丈夫答道，"这个石磨摆在这里，而且确实非常好用，会源源不断地磨出东西来——这就足够了。"

他又让石磨磨出了大量酒菜，邀请所有朋友来参加一场盛宴。他的那位有钱兄弟也来了。看到橱柜装得满满的，富兄弟心中气恼，因为他更乐意看着自己的兄弟家徒四壁。

"圣诞节前一天，"他说，"你还来找过我，求我看在上帝的分上给你点吃的。你从哪里弄来了这么多物资？"

不再穷困的兄弟回答："我从门后面拿的。"

在那个时候，他还不肯透露出任何更多信息。

到了半夜，富兄弟发现穷兄弟喝得醉醺醺的，便再次问起石磨的来历。于是，穷兄弟把自己用培根和魔鬼做交易的经过原原本本地告诉了他。富兄弟大为眼馋，求他出让石磨，自己愿意用三百块金币购买。穷兄弟答应道，等到干草收割季，就以这个价钱把石磨卖给他。

第二天，不再穷困的兄弟启动石磨，让它不停地磨了起来，直到囤积了足够余生吃喝的食物和酒水。然后他将石磨交给了兄弟，却没有告诉他正确的用法。

当时，干草收割季刚刚开始。富兄弟有一片农场需要打理。把石磨搬回家后，他让妻子和帮工们一起去田里干活，自己留在家中准备午饭。富兄弟把石磨搁在厨房的桌子上，命令它多磨些鲱鱼和汤出来。

石磨转了起来，鲱鱼和汤滚滚涌出。先是屋里的所有碗碟都被填满，接下来轮到饭盆和木桶，可菜肴还在继续往外冒，最终淌满了厨房的地面。农场主徒劳地想要阻止。他粗暴地抓住石磨的手柄，左拉右拽，却无济于事。鲱鱼高高堆起，厨房里汤汤水水泛滥成灾。他吓得逃进客厅，不料鱼汤紧随其后。食物的洪流闷得他透不过气来，他只好挣扎着向大门爬去，以免淹死在里面。

门打开后，他一路狂奔，鲱鱼和汤浩浩荡荡地追在他身后。它们发出山间瀑布般的轰鸣声，淌遍了整座农场。

农场主的妻子始终没有听到丈夫叫她和帮工们回家吃饭，感到十分惊诧。她说："虽然没人来喊，但我们还是回去吧。也许老爷发现做饭比他预想的难，急需我的帮助。"

于是，女主人和帮工们离开草场，向农舍走去。没过多久，他们就看到一幅奇异的景象：农场主慌慌张张地朝他们跑来，鲱鱼和汤跟在后面汹涌奔流。从他们身边经过的时候，他大吼道："要是你们每个人都长了一百张嘴就好了……当心，别被汤淹死了！"

农场主匆匆跑到他兄弟那里，请他收回石磨。然而从魔鬼手中获得石磨的那位兄弟表示拒绝，除非再给他三百块金币。

"要是再让它转上一个钟头，"农场主断言，"整个教区都要被鲱鱼和汤淹没了。"

他心甘情愿地把钱如数付给他的兄弟，后者就这样拿回了石磨，还得到了一大笔财富。

把培根卖给魔鬼的兄弟当即转起磨石，实现了所有心愿。很快，他就住进了一座漂亮的农舍,这座房子比他兄弟的家更高大、更宽敞。石磨为他磨出了无数黄金,整栋新房都被他贴满了金箔。他把房子建在海岸上,海上之人远远就能望见它那金碧辉煌的模样。每当有水手靠近这片海岸,他们都会放下船锚,登陆拜访这栋金屋和住在屋里的富豪。一个又一个水手见到了那个神奇的石磨,它日渐变得远近闻名。

一天,有一名船长造访金屋。看到石磨后,他问此磨能不能磨出盐来。从魔鬼手中买下石磨的主人答道,无论你想要什么,它都可以磨出来。

为了运盐,这位船长向来都要长途远航,因此他提出要买下石磨。主人起初并不答应,不过他最终同意以一千块金币的价格出售。船长付了一大笔钱,还没有学习它的用法,就带着石磨离开了。他匆匆登上甲板,驶离海岸。待船驶出很远,他觉得是时候启用石磨了。于是他命令石磨多磨些盐出来,能磨多快就磨多快。

石磨转动了起来,以极快的速度磨出了大量的盐,很快就填满了货舱。船长心满意足,便试图让石磨停止工作,却怎么也办不到。石磨转个不停,盐铺满了每一寸甲板。最终,堆积如山的盐把船压垮了,使它沉入了波涛之下。

这个石磨躺在海底,遵照船长的命令夜以继日地磨盐……这就是为什么海水是咸的。

24
不死者之地和种种异事
Land of the Not-Dead and Many Marvels

从前,丹麦有一位名叫高姆的国王,他不求在沙场赢得无上的荣光,只想获得更多知识。他并不缺乏王室的英勇,但比起率领手下血战,他更愿意去恐怖的未知之地探寻尘封的谜团,从而证明自己的胆魄。

高姆听说,在遥远的北方有一片未经探索的土地,山洞里埋藏着无数珍宝,巨人盖尔罗德就生活在那里。对凡人来说,通向巨人巢穴的道路危机四伏,尽管如此,高姆还是满心渴望前去一探究竟。许多旅者曾经前往巨人的国度探险,却从未有人归来——他们的结局唯有死亡。

要抵达盖尔罗德的领地,人们必须乘船跨越环绕着陆地的辽阔而汹涌的大海,穿过意想不到的骇人景象,直到阳光消失、星辰隐去。那片可怕的土地晦暗无光,沐浴不到夏天的温暖。那里的冬季漫无止境,深沉而绵延的黑夜永世长存。

但高姆毫无惧意,任何危险都不能把他吓退,艰难困苦也无法阻碍他的脚步。纵然暗夜之地有着金山银海,但他所追求的并非财宝。他想要发现世人未曾见过的奇观,以此成就辉煌。

国王向众人宣布了自己的目标，三百名最顶尖的战士强烈要求参与这场即将载入史册的旅行。在他们之中，有一个人比其他人都更加勇敢，正是他将关于黑暗秘地的消息告诉了高姆。他的名字叫作托基尔，他踏遍了凶险的海岸，熟知去往彼方的航线，因此被推选为探险队的领头人。

托基尔主张打造三艘坚固而宽敞的大船，上面覆以厚厚的牛皮，用来抵挡飞溅的暴风雨，因为船上需要储备大量食物。丹麦国王高姆听取了托基尔的建议。他命人建好船只，用皮革遮盖，并在船上装满了补给和武器。到了适宜的季节，一行人扬帆起航。船乘风破浪地向北驶去，从翻腾的泡沫间穿行而过，每艘船上都载着一百名精英。

他们一路顺风顺水，进展喜人，没过多久就到了霍洛加兰。然而这时，海浪剧烈地翻涌起来，风向逆转，船队被抛来掷去，被困在了危险的海域里。他们在风浪中四处漂流，屡次偏离正确的航道。因此他们的行程遭到了耽搁，航行的时间越拖越长，最后存粮几乎吃光了，众人险些饿死。走投无路之际，他们把粮食熬成稀粥，连续多日都只能靠着这种粗陋的食物勉强充饥。

终于，他们的苦难结束了。这天晚上，透过浓重的黑暗，他们听到巨浪拍岸激起水花，轰隆之声随风传来。天亮后，一个年轻人敏捷地爬上桅杆顶端，遥遥望见一座座高崖被笼罩在水雾之中，崖下是一座多石的岛屿。船队向着岛屿驶去，消瘦的人们惊喜地凝望着这方迎接他们的土地。岛上山石崎岖，荒无人烟。他们顶着风浪奋进，总算驶进了一处可以安身的避风港。众人下了船，翻过碎裂的岩石，又沿着湿滑的小径攀上险峻的高地，这才抵达了一片平坦的旷野。

在一座大森林边，有一大群牛正在绿地上吃草。这些牛从来没有见过人，不知道要害怕，因此很容易捕获。它们聚在一起，惊奇地打量着海上漫游者的队伍。

托基尔知道这座岛上暗藏危险，于是劝告人们要有所节制。要是他们杀的牛超过了一餐所需的分量，就有可能触怒看守牛群的巨人，进而被扣留下来无法脱身。但众人并没有把他的话放在心上。他们无比贪婪地宰了许多头牛，用牛肉填满了船舱。他们胡吃海喝，心满意足。这些人将为自己的鲁莽付出惨痛的代价。

天黑之后，可怕的报复降临了。森林中回响起高亢的咆哮，恐怖的怪物从多石的海滩冲进海里，穿过浪花，包围了船队。其中最高大、最凶猛的那一个气冲冲地挥舞着一根树干般粗壮的棍子，在齐膝的海水里大步迈进。他斥责了海员们滥杀牛群的行为，并要求每艘船交出一个人，用以赔偿他们造成的损失。众人别无选择，只能接受怪物的条件。为了拯救大多数人，总要牺牲少数人。于是托基尔主持抽签，选出了三个人，把他们交给了这些在岛上看守畜群的怪物。

在那之后，刮起了一阵顺风，探险队张开风帆，继续航行。船驶得又快又远。白昼逐渐变短，天色日渐昏暗。最后，太阳被他们甩在了身后，星辰消失无踪……他们就这样穿过未知的海域，接近了外比亚马兰（Outer Bjarmaland）。这是一片冰冷黑暗的荒凉之地，这里的霜雪终年不化，黑夜永无止境。

只见一座座幽暗的大森林，比其他地方的森林都更加浓密。林间没有道路，只有此地独有的凶狠异兽长久地游荡。条条大河奔向大海，河水淌过尖锐而凶险的礁石，翻起滚滚白沫。

托基尔终于找到了理想的避风港。众人将船拖上岸边的高处，随后支起了帐篷。

"盖尔罗德的住处，"托基尔说，"离这里不远……现在我要提前警告所有人，不管碰上什么妖魔鬼怪，都不要与之交谈，否则你所说的话就有可能变成它们用来伤害你的武器。只有通晓本地习俗的人，才能安全地跟异族对话。"

没过多久，有一名巨人朝海员们走来。他一一叫出每个人的名字，主动攀谈了起来。众人吓得目瞪口呆，不敢应声。托基尔告诉他们，这个巨人是盖尔罗德的兄弟，名叫古德蒙德（Gudmund）[①]，他是这片诡秘之地的

---

① 即密米尔。

守卫者，负责保护所有过路的旅客免遭危险。

古德蒙德转向托基尔，问他为什么无人应答。狡黠的水手答道，他们对他的语言所知甚少，故而羞于开口。

接着，巨人邀请所有人一同赴宴，并领着他们沿河岸前行。很快，一道金桥出现在旅行者们面前。它看起来是那么美丽，让人迫切地想要从桥上通过。然而，古德蒙德告诫他们，眼前的这条河隔开了人间与可怖的异界，神明降下了谕旨，凡人不得踏足彼岸。① 于是他们沿原来的方向继续前行，直至抵达古德蒙德的居所。

托基尔私下叮嘱同伴们，不要食用任何摆在他们面前的菜肴，也不要饮用酒水或触碰其他在场之人。

众人遵从了他的指示，在宴席上只吃自己带来的肉。

宴会大厅灯火通明。古德蒙德还叫来了他的十二个儿子和十二个女儿陪客作乐，男的气宇不凡，女的貌美如花。然而他发现，国王高姆并没有取用面前的任何食物和酒水，其他人也同样谢绝了酒菜，于是他向托基尔抗议，因自己的盛情款待遭到冷落而不满。这位机灵的海员答道，他的同伴们已经很久没有见过这么丰盛的饭菜了，故而担心吃了美食会使身体不适。

古德蒙德心生不悦，因为他在食物里下了咒，宾客一旦吃下就会忘记过去，被迫永远留在此地，和非人的怪物们一同生活在阴霾之中。

巨人设法向他们施加更多诱惑。他提出把自己的女儿许配给国王，并愿意为其他人也定下婚事。但托基尔说服众人推辞。只有四个人没有听从，结果被迷乱了心智。②

古德蒙德又邀请国王参观花园，好让他尝尝园中神奇的水果。然而高姆得到了托基尔的警示，抵挡住了诱惑。于是主人意识到有人在阻挠自己，便答应带众人前往盖尔罗德的宫殿。他领着旅行者们过了河，并承诺

---

① 萨克索的原话是这样说的："他召回那些渴望通过它的人，教导他们，在人类的旅程中自然应与怪物分隔开，活人不该跟随死者的脚步。"
② 在高地传说中，这样的结合很快就会招致死亡。恶魔新娘会摧毁自己的爱人。

等候他们归来。

众人踏上了一片阴森森的土地，那里危机四伏。没走多久，一座怪异的城市出现在托基尔和同伴们眼前。它似乎是由雾气构成的，整座城市幽暗惨淡，蒙着灰尘和淤泥，宛若荒弃的废墟。而城里却挤满了悲苦的居民，这些不死者出没于重重恐怖与幻象之间。

城池周围环绕着高高的城垛，上面用木桩挂满了战死将士的头颅。城门建在高处，想要进门必须顺着阶梯攀爬，门前还有地狱恶犬把守。托基尔一马当先，朝着从不关闭的城门攀缘而上。他把一只沾着油的兽角丢给看门犬，它们贪婪地舔舐起来，变得温顺乖巧。同伴们紧随其后，跟着他进入了阴沉沉的不死者之城。

一道道可怕的身影从他们身边匆匆掠过，始终神色惊恐，悲惨地尖叫个不停。他们埋着头来来往往，对一切不予理睬——

> 滚滚人潮
> 匆匆去来，
> 像暮光中的蚊蚋般难以计数，
>
> 所有人都急于赶路，然而似乎没有人知道
> 自己的目的地，也不知道自己来自何处，又是为何
> 成为人海中的一员，就这样
>
> 在人群之中随波逐流，如同划过天空的
> 百万分之一的落叶，交织成了夏天的灵床；
> 老者和少年，成人与婴孩
>
> 全都混杂在同一股强大的洪流中，
> 有些人想要逃离自己的恐惧，另一些人却在
> 追寻他人害怕的对象。
>
> ——珀西·比希·雪莱

街道上水雾弥漫，令人作呕。腐败的渣滓和泥泞的污秽——

令空气凝滞不动，直到死亡之风扬起恶臭。

每种感官都饱受摧残；每个人都心生抗拒。恶臭的污秽和无名的恐惧让高姆和他的随从们都深感厌恶，几乎被钉在原地。

接着，他们找到了盖尔罗德的山中巢穴。那里耸立着一道黑色的峭壁，入口就位于突起的岩石上。大门敞开着，却有一阵冰冷的恐怖感袭来，吓得众人犹豫不前。他们畏畏缩缩，生怕遭遇不测。托基尔出言鼓励，请他们不要害怕。他还提醒他们，切勿触碰任何诱人之物，比如宝石、黄金或其他任何奇珍异宝，见到诡异可怖的景象亦不可被吓倒。他告诉人们，不管是什么东西，只要一沾手，就再也甩不脱了，手会被束缚在物体上，难解难分。然后，他让所有人分为四人一组。两名神箭手布罗德（Broder）和布基（Buchi）与托基尔和国王一起，带头入内，其他人有序地跟在后面。

只见门柱上覆盖着漆黑的煤烟，积了厚厚的一层，看起来已有数百年无人清理。遍地污秽不堪。值守的哨兵是一群骨瘦如柴的怪物。它们数量众多，吵吵嚷嚷，躁动不安，张牙舞爪。其中有些怪物发疯似的上蹿下跳，玩着一种令人厌恶的怪异的游戏。

没有人开口说话。室内散发出滚滚恶臭，他们被吓得半死，摇摇晃晃地走了进去。这座宫殿几乎就是一片废墟。光线昏暗，照出漆黑而丑陋的墙壁，阴影之中暗藏着恐怖。屋顶上插满了箭矢般的棘刺，地板由毒蛇交缠而成，浸泡在淤泥里。托基尔的同伴们吓得瑟瑟发抖，被浓烈的臭气熏得快要窒息。他们禁不住左顾右盼，全都惊慌失措，噤若寒蝉。他们看见一个个高大的巨人躺在铁制长椅上，就像尸体一样。他们默默地承受着痛苦，仿佛是用石头刻成的雕像。另一些巨人则被折磨得满地打滚。

在托基尔的带领下，异乡来客们穿过一道石缝，见到了古老的巨人盖尔罗德。他坐在一块高高突起的岩石上，一支标枪穿过他的身躯，把他钉

在了山崖上。在他身边有三名脊骨断裂的巨人少女，瘫在地上蠕动挣扎。这些怪物曾经想要靠阴谋击败索尔，结果遭到了惩罚，变成了这副模样。[①]

穿过酷刑室，勇敢的航海者们来到了一间藏宝室。室内的空气清新甜美，陈设华丽至极。只见房间四周摆满了大杯大杯的蜜酒，酒杯上饰有金圈银环。藏宝室中最珍贵的宝物是一根黄金镶边、闪闪发光的象牙，一枚黄金臂环，还有一只精雕细刻、珠光宝气的硕大的角杯。

有三个人克制不住内心的欲望，贪婪地朝它们扑了过去，想要将这些稀世珍宝据为己有。他们立刻为自己的鲁莽付出了生命的代价。象牙变成一把剑，刺穿了夺宝之人；臂环化为一条毒蛇，把抓住它的家伙活活咬死；那只硕大的角杯变作一头火龙，将劫掠者们吞下了肚。[②]

其他人再次被这片可怕的土地吓坏了，个个提心吊胆，生怕遭遇和那三名同伴一样的厄运。他们安然无恙地进入了下一间房，它比之前的房间更加富丽堂皇。房间里堆满了闪耀的盔甲和铮亮的兵器，以及金银争辉、珠宝流光的盛装华服。其中最华丽的乃是一件精美的王袍，与之相配的还有一顶绚丽的头饰和一条饰有宝石的雕花腰带。

虽然托基尔警告过他人要拒绝诱惑，他自己却也抵挡不了贪欲，想要得到这些奇珍异宝。于是，他猛地抓住了王者披风……惊人的灾难随即降临。房间剧烈地晃动起来，就好像地震了一样。周遭传来女人的尖叫声，还有许多如泣如诉的声音发出疑问，是否要继续容忍这些掠夺者……刺耳的警报声搅动着整座宫殿。那些僵死的怪物一跃而起，气势汹汹，狰狞可怖。它们满怀病态、阴暗的怒火，向陌生人发起猛攻。霎时间，险象环生。幸好托基尔的同行者中有布罗德和布基这两位神箭手。两人拉开手中的弓，放出神箭来抵御袭来的群怪。他们又是投掷长矛，又是用投石器抛射致命的飞石，总算击退了狂怒的围攻者，不过仍有许多人被怪物撕成了

---

① 参见第 13 章。
② 剑和臂环对应着夏基-沃伦的胜利之剑与增殖臂环。此处出现了受诅咒的宝物，以及在《贝奥武甫》《沃尔松格萨迦》等故事中出现的看守宝物的巨龙。那只角杯就是加拉尔号角，海姆达尔会在饶纳诺克之日将它吹响。

碎片。幸存者们迅速退出了盖尔罗德的宫殿，离开不死者之城，向古德蒙德所在之处回撤。古德蒙德遵守了自己的承诺，一直在等待他们归来。这名巨人带着众人渡过界河，回到了自己的家中。

古德蒙德又一次为他们举办了宴会，所有人都再度扛住了诱惑，没有取用食物和美酒，也没有接受许配给他们的恶魔少女。只有神箭手布基爱上了古德蒙德的一个女儿，被她的拥抱迷昏了头脑。在盖尔罗德宫殿里，他曾与群怪对战；而现在，一个外表柔弱的少女竟能让他缴械投降。布基再也没能重返故土。托基尔和国王动身前往岸边时，布基也跟随着他们，不料途中落入一条河，被激流夺走了性命。

国王和托基尔一边为逝者——尤其是布基——哀悼，一边匆匆告别了这片可怕的土地。他们的返乡之旅危机重重。大海在暴风雨中翻滚起伏，船队被逆风吹得东漂西荡，他们因此耽搁了很久。终于，屯粮耗尽，许多人死于饥饿。他们向各路神明祷告，但都无济于事。最后，国王向乌特加德-洛基①献上了誓言和祭品，这才让大海平静了下来。海上刮起了一阵顺风，吹着船队驶向家乡的避风港。启程奔赴不死者之地的共有三百人，而最终回到丹麦的却只有二十人。

国王再也不想横渡危险的海域去远方探险了。历经磨难之后，他过上了平静的生活，并开始思索生命与死亡的奥秘。某些导师告诉他，人的灵魂是不朽的。高姆听信了他们的论调，便想知道诸神是会罚他受苦还是赐予他无上的幸福，因为他一辈子都对诸神顶礼膜拜，并向他们献上赎罪的贡品。

国王最尊崇的神乃是乌特加德-洛基。他的亲信们向他进言，建议他派托基尔前往永夜之地，去取悦这位神明。这名勇敢的海员还受到了他们的严厉指控，被污蔑为忘恩负义之徒。托基尔勃然大怒，要求这些巧言令色之徒和他一起踏上凶险的旅途。高姆勒令他们跟随托基尔出海，他们只好不情不愿地上了路，去面对未知之地的种种灾祸。

---

① 此处指洛基，而非第12章中的乌特加德-洛奇。下文中洛基受刑的地方位于尼福尔冥界的尽头。

去往乌特加德－洛基领地的路途十分艰苦，还没有抵达永夜之地，就有许多人因饥饿而死。终于，他们来到了一片多石的海岸，岸上耸立着一道黑色的巨崖。托基尔和同伴们下了船，找到了一座巨大的山洞，站在狭窄的入口前。他们点燃自带的火把，借着火光窥见山洞里摆着几张铁制的长椅，地上挤满了毒蛇。他们沿着一道多石的岩架向内深入，跨过一条污浊的热河之后，进入了一间屋子。屋内弥漫着令人作呕的臭气，四处沾满湿滑的黏液。乌特加德－洛基出现在他们面前。一根根粗大的锁链把他绑在岩石上。他已在那里躺了很久很久，久到他的须发都变得像鹿角一样坚硬。为了能在回到家乡后证明自己的成就，托基尔从乌特加德－洛基的胡子里拔了一根毫毛，刺鼻的恶臭当即扑面而来。紧接着，一群飞龙袭来。它们口中喷出的毒液能使人四肢萎缩、身首分离。只有寥寥几人逃回了船上。

托基尔被毒液腐蚀得面目全非，在他回到丹麦后，他的朋友们差点没认出他。托基尔前去拜见国王，向他禀报了自己一路上的见闻和遭遇，并展示了洛基那根鹿角似的胡须。胡须上冒出致命的臭气，熏死了数个离他较近的人。得知自己最尊崇的神明洛基被囚禁在这样一个充满恐怖的污秽之地，高姆惊得魂飞魄散。托基尔的故事还没讲完，高姆就一命呜呼了。

越过酷刑地狱，就能抵达闪光平原。那里是善良的男男女女死后的归宿，他们将在美景的环绕下，永远生活在幸福之中。彼岸（Other-world）的这片区域也被称为奥代萨克（Odainsaker），即"不死者之乡"，或称约德·利凡达·马纳（Jord lifanda manna），意为"永生者之地"。

有位名叫埃里克（Erik）的丹麦王子发誓要前往奥代萨克，另一位同名的挪威王子与他结伴而行。两人带着手下一路向东，到达印度后又走了很远，终于抵达了一片黑森林。它所在的那片土地永远得不到阳光的照耀，白日也有星辰闪烁。他们继续穿过重重险境，终于回到了光明中。最后，一条河出现在他们面前，一道石桥横跨两岸，对岸是一片平坦的绿野。桥上立着一头巨龙，时刻保持着警戒。龙嘴大张，喷出火焰和黑烟。

24 不死者之地和种种异事 | LAND OF THE NOT-DEAD AND MANY MARVELS

丹麦的埃里克不敢上前，表示必须回头；挪威的埃里克则一手拔出佩剑，一手挽住一名随从，和他并肩冲了过去。众目睽睽之下，他们消失在了巨龙的嘴里。余下的人又惊又痛，对两人致以深切的哀悼，然后沿原路返回了家乡。

多年以后，挪威的埃里克和他的同伴终于再度踏上了故土。据他们所言，两人一靠近巨龙，就被烟雾遮蔽了视线，但他们还是坚持向前。不久后，烟雾散去，他们发现自己已经跨过了桥梁，正走在一片闪光的平原上。处处盛开着灿烂的鲜花，空气中弥漫着甜美的芬芳。那里永远是夏季，始终明亮而温暖，然而无论是花草树木还是任何生灵，都没有投下半点影子。两人继续往前走，行至一座悬浮在半空中的美丽的高塔。塔下悬挂着一道梯子，他们顺着梯子攀上了塔楼的入口。进门后，迎接他们的是一个华丽的房间。地上铺着天鹅绒地毯，走起路来静谧无声，桌子闪闪发光，上面摆着丰盛的佳肴和美酒，盛在银盘和雕花的金杯里。塔内还陈设着奢华的床榻，空气中弥漫着淡淡的芳香。埃里克和他的同伴满心欢喜，以为自己终于找到了奥代萨克。

埃里克躺在床上舒舒服服地睡着了。在梦里，他见到了一位光芒四射的年轻人，此人是埃里克的守护精灵。[①] 精灵问他是否想要永远留在这儿，埃里克却说，他意欲返回家乡，将自己见到的奇景告诉别人。精灵又告诉他，奥代萨克还在更远的地方，那里美丽极了，相比之下，这座高塔和下方的平原都黯然失色，但是去到那里的人无一归来。王子还是选择返回祖国。回到家乡后，他把自己所见的神奇景象告诉了大家，因此被人们称为"远行者埃里克"。

黑尔格·托雷松（Helge Thoreson）也到过闪光平原。他在一座大森林里遇见了古德蒙德和他的十二个女儿。他们披着猩红色的长袍，骑在威风凛凛的骏马上，挽具都是用金子做的。其中最美貌的一位少女叫作英厄堡（Ingeborg），她对黑尔格一见钟情，两人共度了整整三日。他们支起一

---

① 他的哈敏嘉。

顶高大的帐篷，举办了一场盛大的宴会。宴桌上摆满美味佳肴，所用的碗碟都是用金银打造的。临别之际，古德蒙德赠给黑尔格许多金银珠宝。他带着财宝回到了父亲身旁，没有跟任何人提起它们的来历。

到了耶鲁节（Yule）①那天晚上，狂风暴雨席卷而至。风雨中，两名陌生男子走进黑尔格父亲的宅邸，带走了那名年轻人。

一年后，黑尔格再度现身。他和那两名男子一起出现在国王奥拉夫·特里格维松（Olav Trygveson）的宴会厅里。两名陌生人向国王献上了两只硕大的角杯，杯身饰有黄金。他们自称是古德蒙德派来的。国王命人在两只角杯里倒满了蜜酒，并让主教给予祝福②，然后把角杯交还给了他们。不料两人一碰到角杯，立刻甩手丢了出去。随后灯火熄灭，没有一丝光亮，宴会厅陷入了嘈杂与混乱，宾客们都被吓坏了。事后人们发现，黑尔格和那两名陌生人已经消失不见。于是他们为黑尔格祈祷，盼他早日归来。

下一个耶鲁节，两名陌生人再次带着黑尔格出现在国王面前。他们马上就离开了，把小伙子单独留下，此时他已双目失明。他告诉人们，自己原本在古德蒙德那里过着幸福的生活，然而由于有人祈祷着他的归来，他不得不回到这里。分别之前，他的精灵新娘弄瞎了他的眼睛，唯恐有哪个凡间闺秀得到了他的深情注视。

哈夫丹之子哈丁不仅斩杀过海龙③，在那之后还经历了更多奇遇。他从高大的巨人朗希尔德（Ragnhild）手中救出了国王尼泰里（Nitheri）的女儿，然后娶了这位美丽的公主为妻。在一个隆冬之夜，他们正在相聚欢宴，一名精灵女子突然出现。她带来了一束白色的毒芹，花儿才刚刚被采摘下来不久。在凛冬时节见到夏季的花朵，这让哈丁惊讶万分，因此当女子问他是否想要去花朵生长之地一游，年轻的国王欣然同意。女子当即扬

---

① 日耳曼人的传统冬季节日，是圣诞节的前身。——译者注
② 主教的祝福抵消了咒语的邪恶影响。高地人在询问孩子的姓名之前会给予祝福，陌生人在进屋时也必须向主人家送上祝福。祝福不仅是友善的证明，还是一种防范措施，因为人在祝福的同时无法施展黑魔法。
③ 参见第9章。

起自己的斗篷，罩住哈丁，然后两人一起消失了。

就这样，哈丁踏上了前往冥界的旅程。他先穿过了一片幽暗的土地，周围黑雾萦绕，空气寒冷如冰。随后，他来到了一条大道上，每天都有无数双脚从这里踏过。路的尽头是一条湍急的河流，河中满是锋利的兵刃。哈丁跟着他的向导跨过桥梁，对岸的平原上有两支大军正在交战。许多死于刀剑的人之所以会选择留在冥界，就是因为可以在此重现自己的壮举，并无所畏惧地殒命沙场。

最终，女子带哈丁抵达了此行的目的地——一片高墙环绕的奇境。在从山间走下的时候，他就已经远远望见了其中的美景。墙内盛放着女子于隆冬时节摘得的鲜花，还有一些身穿紫袍、气宇不凡的生灵，居住在天赐的福地。

领路的老妇人试图从墙上翻过去，却没有成功。不过，她还是设法向哈丁证明了墙内的土地充满生机。她抓起自己带来的一只鸡，让哈丁拧掉它的脑袋，然后把鸡头扔到墙的另一边。转眼间，鸡头接回到了脖子上，公鸡发出了嘹亮的啼鸣。

此后，哈丁历尽艰险，终于回到了自己的家乡。

斯宾塞笔下的密米尔

盖恩在一片谷地里找到了玛门，
　他正在炫示自己古老的财宝。
受到玛门的引诱，盖恩随他潜入地下，
　一睹玛门的秘密藏品。

最终他来到了一片幽暗的林间空地，
　高高低低的枝丫隔绝了天光，
　　只见隐蔽的阴影中，坐着

一个粗鲁野蛮、未经开化的家伙①,
　　外表狰狞可怕,面目丑恶可憎;
他的脸被烟熏得焦黑,双眼迷蒙昏花,
　　他的头发和胡子上扑满了煤灰,
　　他的手黑得像炭一样,仿佛被
铁匠那喷火的熔炉烤焦了,十指宛如兽爪。
他穿着一件铁制的外套,上面遍生锈迹,
　　内里却用黄金裹覆;
肮脏的灰尘虽然黯淡了灿烂的金光,
　　却掩盖不住悠久的历史,
　　它有着丰富的点缀和奇妙的装饰,
　　以古老而野性的图样交织而成:
　　他把一大把硬币搁在腿上,逐一清点、
　　　翻转,尽情欣赏
自己海量的财富,从而让贪欲得到满足。
　　　…………

　　在他身边,前后左右,堆满了
　　　永远也用不完的黄金;
　　其中有些是原始的矿石,尚未经受
　　火神(Mulciber)的烈焰熔炼;
　　　有些是新铸的,被压制成了
　　　硕大的金锭和方正的金砖;
　　还有一些则是没有徽记的圆形金饼;
　　但绝大多数都印有花纹,金属上

---

① 　这是斯宾塞笔下的玛门。他和古德蒙德-密米尔十分相似,后者所统领的精灵铁匠们在北欧神话中打造了大量受诅咒的宝藏。

呈现着古时强大而又卓越的帝王们的剪影。
…… ……

"什么样的秘密藏宝地,"他①说,"才能安全地存放
这么多财富,让它们逃过天眼的洞察?
换句话说,你把家安在什么地方,竟能使这么多金子
保存下来,不受盗贼祸害?"
"跟我走,"他说,"去亲眼见证一番。"于是不久后,
玛门就带着他穿过密林,找到了
一条阴暗的通道,任何人都无法察觉到它。
这条路伸向地下深处的洞穴,
笼罩在恐怖和惊悚之中。

玛门很快就抵达了目的地②,大门
为他敞开,让他通行;
盖恩爵士再度跟了上去,
无论是黑暗还是危险都不能把他吓退。
他刚进去,大门就立刻
关上了,从门后跳出来
一个丑陋的魔鬼,它比阴雨天更令人厌恶;
它身后长着巨大的茎干;
一路上都对他保持着应有的警惕。
…… ……

屋顶、地板,还有墙壁,全都是金子做的,

---

① 指骑士盖恩。
② 即地狱之门。

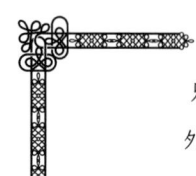

只是覆盖着厚厚的灰尘和陈年腐朽的痕迹,
外加隐藏在黑暗之中,故而没有人能够看清
它们的光泽;晴好的景致
从未出现在这栋房子里,
此地唯有缥缈的光线投下微弱的暗影,
正如行将熄灭的灯火;
又像在多云的晚上被遮蔽的月亮,
照见他惊恐凄惶的脚步。

房间里别无他物,
唯有巨大的铁箱和坚固的钱柜。
每只上面都锁着两重籀扣,因此谁也不会起心思
对它们动用蛮力或巧劲;
每面墙边都摆满了箱柜,
而地面上却撒满了头骨
和死人的肢骨。它们被扔得到处都是,
似乎从前有人在此丢了性命,
如今他们肮脏的尸骸无人收殓。

他们继续前行;盖恩未发一语,
直到他们来到一道铁门前。
大门主动为他们敞开,
展露出极为丰厚的宝藏,
无人见过如此多的金银珠宝,
它们也不曾同时出现在一个地方,
仿佛把古往今来所有的财富
从世界各地搜罗完备,

汇聚起地上和地下的全部珍宝。

于是一个贪婪的精灵得到了
指令,担负起看守的职责,
日日夜夜警惕地等候着,
若是有人企图掠夺宝藏,
就要将这些垂涎的恶魔抵御在外。
玛门转向勇士,说道:
"看啊,这就是世界的赐福!看啊,这就是
所有人追求的目标,所有人想要挣得的财富!
这些带来幸福的恩典如今就摆在你的面前。"

在玛门的带领下,他穿过一条漆黑的窄巷,
看到了一道完全由黄金锤炼而成的大门。
大门敞开着,可门内有
一名健壮的暴徒守卫,他迈着倔强而狂妄的步伐,
仿佛敢于对抗至高的上帝。
他右手握着一根铁棒,
身体却是一尊纯金塑像,
不仅拥有生命和神智,还擅长挥舞
那件被施了魔法的武器,用于压制残忍的仇敌。
…… ……

他跟着玛门走了进去。宫室宏伟又宽敞,
宛如会馆或庄严的神殿;
林立的巨大金柱承托着
恢宏的屋顶和海量的财宝;

每根柱子上都镶满了昂贵的
冠冕和显赫的尊号,
那些统御尘世的王公贵族,曾把它们戴在头上。

厅堂里聚集着一大群人,
来历与民族各不相同,
他们熙熙攘攘地
向上层拥去,那儿高高地摆着一张
统治者的堂皇宝座。
王座上坐着一位光彩照人的女子,
她身着华贵的王室衣袍,
任何凡间王侯都不曾用这样的盛装
彰显自身的荣光,展现傲慢的尊严。

她的面庞看起来诚然美艳惊人,
她那卓绝的美貌放射出强烈的光芒,
穿透了昏暗的阴影,让所有人都能瞻仰;
然而这并非她自己天生的容颜,
而是由技艺和假象塑造而成,
从而为她引来更多爱慕者;
尽管如此,在她堕落之前,她的确是造物中
最美妙、最悦目的;
从那以后,她便依靠外表来掩盖自己的罪行。

她坐在那儿,浑身闪耀着荣光,
手中拿着一根粗大的金链,由Y形环扣连接,
它的上端系在天穹之顶,

它的底端深入地狱之渊；
所有挤在她身边的人一拥而上，
向那条长长的锁链伸出了手，借此
向上攀爬，凌驾于他人之上。
这条金链就是野心，催人向上的冲动欲望，
链条上的每一环代表着一层地位。

看到这幅景象，盖恩开口询问，
人们为何要簇拥在那位女子的宝座周围，
她到底是谁，竟让人如此渴望？
玛门答道："那位让所有人
蜂拥争抢的美丽女子
是我亲爱的女儿①；
只有她才能给人荣誉和尊严，
以及世界上所有的幸福，
人们为之拼搏奋斗；少有成功，但无不渴念。

——《仙后》，埃德蒙·斯宾塞

冥界的花园

在那之后，他被带领着
穿过了可怕的阴影，沿着一条踩出来的小径，
走进了一座花园，里面装点着精美的
各色香草和水果，种类之多不可胜数：

---

① 即命运女神乌尔德，密米尔之女。

它们并不像大地多产的子宫中
生出的芬芳甜美的人间草木,
叶片和花朵都是死一般的可怕的黑色,
适合佩在死者身上,装点阴沉的坟墓。
……　……

它被称作"普洛塞庇涅①的花园",
花园中摆着一把银椅,
被藤蔓浓密的凉棚荫庇,
她常常待在里面,以躲避
横扫四方的热浪,享受欢愉。
旁边长着一株挺秀的树木,
枝条四处伸展,树干高大健硕,
葱茏的叶片彻底遮蔽了枝干,
树上密密麻麻地挂满了果实。

这些果实是明亮闪烁的金苹果,
它们的光彩赏心悦目;
它们从未出现在尘世之中,不曾为任何生灵
所见,但从此以后,它们将为人所知……
……　……

这棵树②让好战的精灵十分惊奇,
它是那么秀美而高大,荫庇了整片土地;
硕果累累的长枝

---

① 在萨克索笔下,她就是乌尔德。
② 类似于尤克特拉希尔。

远远伸展,无拘无束,
越过了这座大花园周围的篱笆……

酷刑之河

他爬到河岸上俯瞰,
只见下方有许多遭天谴的幽魂
漂在凄苦的波涛间,河水散发出致命的恶臭,
不断冲卷着残忍的魂灵,
他们发出惨烈的哭喊和尖厉的哀号,
在远方的岸上遥遥回响。
在这悲惨的景象之中,
他偶然间发现了一个受诅咒的家伙,
整个人泡在水里,在花园边。

水一直淹到了他的下巴,
然而每当他因焦渴而想要喝上一口,
却又够不着他置身于其中的冰凉液体;
他伸出一只手,总想
摘一枚长在近旁的果实,
但岸边的果子和唇边的洪流,
全都避让开去,让他白费力气。
受到饥饿与干渴的双重折磨,
此人日日倒毙,却永远无法彻底安息。

他稍稍挪开目光,看见了
另外一个可怜虫,他的躯体深深浸在

河里,藏在水下。
而他的两只手却肮脏至极,
高高地举在水面上,
不断做出清洗的动作。
虽然这么做的意图十分明显,
但看起来却愈发污秽。
他就这样白白耗费辛劳。

遗忘果实

在那里他还看到无数的人
遭受着相似的痛苦折磨,在此无法一一描述。
玛门没有让他在那儿久留,
因为他目睹了遭天谴的灵魂
遭受各式各样的恐怖折磨。
玛门只是粗鲁地对他说:"你这个受惊的蠢货,
为什么不尝尝黄金的果实呢?
为什么不在那把银椅上坐下,
于凉爽的阴影中放松疲惫的身心?"

玛门所做的一切都是为了用罪恶的诱饵
让他失去节制,陷入致命的脆弱,
一旦他流露出半点堕落的倾向,
等在他身后的可怕恶魔
就会立刻把他撕成千万片。
但他一路上始终谨慎明智,
把对方欺骗性的伎俩摸得一清二楚,

并不想拿自己的安危冒险。
欺诈者被他的猎物狠狠地耍弄了。

他已经在那里盘桓了很久,
生命力开始衰退,
因为他需要食物和睡眠,这两样东西
就像强有力的支柱,支撑起人类脆弱的生命,
二者的缺失将使人无法继续忍耐。
自从他开启这场艰难的冒险,
尘世中已经过去了三天,
因此他向伟大的玛门提出正当的诉求,
请对方如来时一样带领他重返世间。

神明虽然不情不愿,却必须应允,
因为任何生灵
都无法忍受在地下逗留更长的时间,
于是他被带回到充满生气的光芒之中。
可就在他虚弱的灵魂
开始将生机勃勃的空气吸入胸膛的时候,
过量的活力击倒了他,
使生命脱离其巢穴,
他的所有感官都遭受了致命的压迫。

边区民谣中的冥界

三条路

诚实的托马斯躺在亨特利河(Huntlie)岸边;

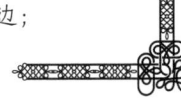

看到了一幅奇妙的景象,
只见一位美丽的女子,
从伊尔敦(Eildon)树旁驭马而来。
…… ……

"弹起琴来唱起歌,托马斯,"她说,
"和我一起奏乐歌唱。
要是你敢亲吻我的嘴唇,
我就会成为你的人。"

"不管是吉是凶,
乌尔德都休想把我吓倒。"
于是他吻上了她玫瑰色的嘴唇,
一切都发生在伊尔敦树下。
…… ……

她骑上了自己乳白色的坐骑,
让诚实的托马斯乘在马后。
啊,每当她振响缰绳,
骏马就跑得比风还快。

哦,他们继续策马,越行越远,
马跑得比风还快,
最终他们抵达了一片广阔的荒原,
把生者之地抛在了后面。

"下马吧,下马吧,诚实的托马斯,现在
把你的头倚在我的膝上,

暂且停留休息，
然后我将为你展示三个奇观。

"啊，你是否看到那条窄路，
被荆棘和野蔷薇重重包围？
那是正义之路，
不过几乎没有人将它追寻。

"你是否看到那条宽阔的大道，
从百合盛开的草地中穿过？
那是邪恶之路，
不过也有人叫它天堂之路。

"你是否看到那条优美的小径，
蜿蜒在生满蕨叶的山坡上？
那条路通往美丽的精灵国度，
你和我今晚要从这里通行。

"但是，托马斯，你必须保持沉默，
无论你看到或听到什么。
因为如果你在精灵国度说了一个字，
你就永远无法返回自己的祖国。"

哦，他们继续策马，越走越远，
他们从及膝的河流中涉水而过，
他们看不到太阳，也看不到月亮，
却听到大海的咆哮。

那是一个黑漆漆的夜晚,没有半点星光,
他们在及膝的鲜血中跋涉,
这是因为人世间淌出的所有血液,
都化作了异乡奔涌的泉水。

然后他们来到了一片郁郁葱葱的花园,
她从树上摘下一枚苹果——
"把这个当作给你的报酬吧,诚实的托马斯,
它会让你永远无法撒谎。"

——《吟游诗人托马斯》(*Thomas the Rhymer*)

群山

"哦,你去了哪里,我久违的爱人,
在这漫漫七年多的时光里?"
"哦,我来兑现过去的承诺,
从前你曾答应我。"
…… ……

她抱起两个幼小的孩子,
亲了亲他们的脸颊和下巴:
"哦,永别了,我的两个亲生宝贝,
因为我再也见不到你们了。"
…… ……

她才刚刚航行一里格,又一里格,

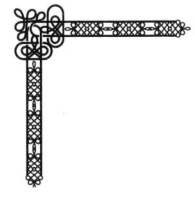

再加一里格也不过三里格,
他的脸色就阴沉下去,
双眼变得幽深起来。

那些似是由黄金打造的桅杆,
面对汹涌的海洋依然挺立;
但那些用塔夫绸做成的船帆,
却兜不住从陆地吹来的东风。

他们才刚刚驶出一里格,又一里格,
再加一里格也不过三里格,
他就露出了自己的偶蹄①,
使她痛苦地悲泣起来。

"哦,停止你的哭泣,"他说,
"收起你的眼泪,
我将向你展示意大利的河畔
百合花生长的模样。"

"哦,那是什么山,那宜人的群山,
上面照耀着明媚的阳光?"
"哦,那是天堂的群山,"他说,
"是你永远也无法抵达的地方。"
"哦,那座孤峰又是什么山,"她说,
"覆满霜雪,阴郁沉闷?"
"哦,那是地狱的孤峰,"他喊道,

---

① 恶魔的象征。——译者注

"是你和我即将前往的地方。"

——《恶魔爱人》(*The Demon Lover*)

恶魔的报复

然后精灵女王开口了,
她的声音在一丛金雀花中响起——
"那名让年轻的塔姆莱茵(Tamlane)得到解救的女子,
得到了一位仪表堂堂的新郎。"

然后精灵女王开口了,
她的声音在一丛黑麦中响起——
"她从我身边的骑士里,
带走了最俊美的那一位。"

"塔姆莱茵,要是我早知道,"她说,
"有个女子会解救你,
我就会挖出你灰色的双眼,
塞进两颗木头珠子。"

"塔姆莱茵,要是在你离开家之前,"她说,
"我就已经知晓——
我会挖出你的血肉之心,
换成一副铁石心肠。"

"哪怕让我昨天知道
今天会发生什么,
我愿意向地狱付出七倍的报酬,
趁着你还没有被人带走。"

——《年轻的塔姆莱茵》(*The Young Tamlane*)

天堂的桦树

有位妇人住在厄舍尔井(Usher's Well),
她的财富可不少,
她有三个健壮的儿子,
被她送去远渡重洋。

他们离开一个星期之后,
才一个星期,还不到一个星期,
消息就传到老婆婆的耳朵里——
她的三个儿子遭遇了海难。

他们离开一个星期之后,
又过了一个星期,还不到三星期,
消息就传到老婆婆的耳朵里——
她再也见不到自己的儿子们了。

"我愿风儿不停地吹,
水波永无止息,

直到我的三个儿子回到家中,

以凡人的血肉之躯。"①

到了圣马丁节(Martinmas)②,

夜晚黑暗而漫长,

老妇人的三个儿子回家了,

头上戴着桦树皮做的帽子。

不在溪流边,

亦非沟渠旁,

而是在天堂的大门前,

有棵桦树亭亭如盖。

芬芳的花朵

"在这座美丽的城市周围,

田野里开满了玫瑰,

芬芳的花朵和娇艳的康乃馨,

没有病虫将它们侵害。"

——《教士桑德斯》(*Clerk Saunders*)③

---

① 她显然能够施展咒语,来确保愿望的实现。在苏格兰,仍然有人相信许愿的力量。
② 欧洲传统节日,为每年的 11 月 11 日。——编者注
③ 此处引用有误,出处应为《亡者之歌》(*The Dead Man's Song*)。——译者注

花园中的果实

她领着他走进一座美丽的花园,
里面结满了果实,
梨子和苹果都熟了,
还有枣和李子,
无花果和莓果。
…… ……

他急切地伸手去摘水果,
就像快要饿昏的人那样渴求食物,
她说:"托马斯,别碰它们,
否则就会被恶魔缠身。

"要是你摘了水果,坦白说,
你的灵魂将堕入地狱之火,
不到世界末日不得解脱,
永远陷在痛苦之中。"

——《吟游诗人托马斯》

25
沃尔松格家族的劫数
The Doom of the Volsungs

在与诸神开战之前,伊瓦尔德之子和三位天鹅仙女有过恋情。她们有着悦耳动听的歌喉,那是属于夏天的天籁之音。一天早上,几只雪白的鸟儿飞进了乌尔弗峡谷,降落在一片湖泊里。三兄弟追了过去,只见三位美丽的瓦尔基里坐在湖畔,一边唱歌一边纺织麻线。天鹅羽衣被她们脱了下来,放在一旁。三兄弟拿走羽衣,控制住了天鹅仙女,使她们成为自己的新娘。奥文戴尔-艾吉尔娶了奥布露恩(Obrun),斯拉格芬-修齐娶了斯万维特(Swan-White),夏基-沃伦则娶了阿尔维特(All-white)。①

他们一同度过了七年的幸福时光。但到了第八个年头,天鹅仙女们开始渴望重返战场,于是她们在第九年飞走了,再也没有回来。为了追寻离开的妻子,奥文戴尔-艾吉尔踏着雪靴飞奔,却一无所获,斯拉格芬-修齐苦苦寻觅,也徒劳无功。只剩夏基-沃伦一人留守在家。等到凛冬之战打响,他退避于深山,藏起自己的财宝,并对它们施了咒语。

---

① 作者对后两位天鹅仙女的名字采取了意译,分别意为"天鹅白"和"全白",中译者按照习惯译法进行了音译。——译者注

然后,夏基-沃伦修建了一座铁匠作坊,并在里面铸造了神奇的胜利之剑,想要用它来报复诸神,并成为阿斯加德的至高统治者。他还打造了一枚奇妙的蛇形臂环,它具有无限增殖的魔力。后来,密米尔突袭了这位巧手匠人,把他束缚了起来。在他的铁匠作坊中,密米尔发现了一条由七百节环扣连成的锁链,就连风都会被它锁住。

在古英格兰,吟游诗人们常向盎格鲁-撒克逊人吟唱神匠沃伦的故事，他们把他称作维兰德。①维兰德的身份乃是精灵王子。在其他地方，也有人用不同的语言传颂着《沃伦之歌》(Lay of Volund)。密米尔则被冠以尼叙德（Nithud）之名，成了"瑞典的国王"。

国王尼叙德觊觎维兰德的宝藏，于是派骑兵前往乌尔弗峡谷，企图俘获精灵王子。皎洁的月光照在马上，战士们的盔甲闪闪发光。这名铁匠也是个射箭的好手，此时正在遥远的地方狩猎。因此，在抵达维兰德的住处后，士兵们便大摇大摆地闯了进去。只见墙上挂着一条锁链，由七百枚臂环组成。他们取下锁链，从中拿走了一枚臂环，然后埋伏起来。维兰德恰好狩猎归来。神箭手的观察力极为敏锐，他一进屋就抓起臂环，坐在一张熊皮上数了起来。发现臂环少了一枚，维兰德天真地以为是自己的仙女妻子回来过了，因为臂环正是为她打造的。他就这样遐想了很久很久，终于沉沉睡去。

维兰德在悲痛中醒来，他的手脚都被套上了枷锁。

沦为俘虏的维兰德被迫离开家园，被囚禁在一座岛上，为国王锻造兵器和饰品。维兰德心中的怒火熊熊燃烧。

"我穷尽技艺打造的宝剑，"他呼喊道，"挂在了尼叙德的腰带上。我永远地失去了那柄雪亮的兵刃。那枚臂环本应属于我的仙女新娘，现在却戴在了王后博德维尔德（Bodvild）身上。我的怒火永远不会平息。"

维兰德暗自发誓要报仇雪恨。他一刻也没有停歇，白天无暇落座，晚上彻夜不眠，坚持不懈地敲打着他的锤子。

一天，国王的一对幼子来到了铁匠作坊。他杀了两个孩子，并把他们的头骨制成酒杯，献给了国王。随后，王后博德维尔德也登门造访。在魔法臂环的作用下，她对这位巧匠倾心相许，蒙受了他的诱骗。

维兰德没有停下手头的活计，最终为自己打造出一副雄鹰的羽翼。在

---

① 贝奥武甫有一套维兰德打造的盔甲。在司各特（Scott）的《肯纳尔沃思堡》(Kenilworth)第十三章中，维兰德作为韦兰德·史密斯（Wayland Smith）出场，他的声名在伯克郡的"白马谷（Vale of the Whitehorse）久久传扬"。这个传说与丹麦某位首领的埋骨之地有关。和高地精灵一样，韦兰德也在夜间完成人们交给他的工作，他收取的费用是六便士。法国也有关于这名精灵铁匠的故事。

他远走高飞后，王后在魔咒的影响下为他伤透了心，而尼叙德则为儿子们的死悲呼哀叹。

后来，夏基-沃伦飞往阿斯加德，死在了那里，伊瓦尔德的另外两个儿子也离开了人世，但诅咒依然笼罩着他们的宝藏。有人说，宝藏由一名侏儒看守；也有人说，守卫宝藏的是一头火龙。在那之后，无论伊瓦尔德之子的厄运宝藏落在谁的手里，诅咒都会降临到这人身上。那些臂环一直在增殖，由它们组成的锁链不断延长，一枚接着一枚，一环套着一环，每一个都同神匠最初打造的那一枚如出一辙。许许多多的臂环历经岁月留存下来，那条锁链跨越了疆界。

一节连着一节，伊瓦尔德之子的故事以及他们与天鹅仙女们相恋又别离的传奇以同样的方式绵延发展。随着链条环环相生，他们的声名和伤悲经久不息，宝藏的诅咒永不消逝。

沃尔松格因戒指而遭厄运的故事由来已久。冰岛的吟游诗人们曾经伴着竖琴的乐音将它咏唱。勇士们喜欢一边在宴会厅里畅饮蜜酒，一边听着这个故事。炉火映红了他们的面庞，夜风在黑暗中呼啸而过。

据说从前有一位侏儒国王，名叫赫瑞德玛（Hreidmar）。他拥有大笔财富，还有三个儿子和三个女儿。大儿子叫法夫纳（Fafner），二儿子叫欧特（Ottar），老三名叫雷金（Regin）。法夫纳力大无穷，性情粗暴凶悍，兄弟们的财产全都被他据为己有。欧特总是变成水獭的样子去河里捕鱼，捉到鲑鱼后，就把它们晾在岸边。雷金既不像法夫纳那么强壮，又不像欧特那么机敏，但他天生有双巧手，因此成了一名神匠。他既能用钢铁锻造兵刃，又能用金银制作饰品。

一天，奥丁、霍尼尔和洛基一同出行，碰巧来到了赫瑞德玛的住处附近。只见河岸上有一只水獭，它刚吃掉了一条鲑鱼，正躺在那儿熟睡。素来喜欢恶作剧的洛基捡起一块尖锐的石头扔了过去。那只水獭其实是侏儒国王的二儿子，他遭此重击，当场丧命。砸死水獭后，洛基又把它的皮毛剥了下来，然后才和其他两位神明一道走进赫瑞德玛家中。

见到水獭的皮毛，侏儒勃然大怒。他把三位神明擒住，向他们索要赔偿。为了筹集足量的黄金，洛基被迫独自出发，奥丁和霍尼尔则被留下来充当人质。

洛基知道，在一座黑暗的山洞里，藏着一笔巨大的财宝。宝藏的守卫者是一个名叫安德瓦利（Andvari）的侏儒。他化身为一条狗鱼，终日躲在瀑布下的深潭里。洛基打定主意要夺走他的黄金，以换取他们一行人的自由。于是他找到海后澜，把诸神的困境告诉了她，并借走了她那张神奇的网。洛基随即赶往瀑布，从下方的潭水中捞起了安德瓦利所化的狗鱼。

"你是条什么鱼？"他说，"看来你确实不太机灵，要不然也不会浑然不觉地被人逮住。想让我饶你一命，得交出水下的黄金才行。"

狗鱼答道："我的名字叫安德瓦利，我是奥英（Oinn）之子。我之所以在冰冷的水中度日，是因为某位掌管不幸的诺伦女神对我降下了厄运。"

安德瓦利没能骗过洛基。尽管他极不甘心，但还是不得不拿赎金保命。于是他变回原形，去山洞中取出了自己看守的宝藏。安德瓦利试图扣下一枚能够增殖的金戒指，却没能成功。连同戒指在内，洛基卷走了所有财宝，这让侏儒愤然暴怒。

"我的宝藏上附有诅咒，"他高喊，"它将害死一对兄弟，并在八位王者之间引发纷争。任何人都不会因我的黄金而获得快乐。"

赫瑞德玛要求诸神用黄金铺满水獭的毛皮，以此作为对杀死他儿子的补偿。洛基拿出了他所取得的全部财宝，在毛皮上一一摆开，只留下了那枚指环，因为他想要将它据为己有。可赫瑞德玛发现，水獭的胡须还有一根露在外面，便要求洛基把它也压好。洛基不情不愿地掏出指环搁在上面，三位神明这才赎回了自由。

因为被迫交出了那枚魔法指环，洛基大为光火，就跟安德瓦利此前一样。在启程之前，他恶狠狠地对赫瑞德玛说：

"如今你得到了足量的黄金，我也保住了项上人头。但你绝不会坐享荣华富贵，你的子孙后代也无法兴旺发达。拿走你的黄金吧，诅咒将会如影随形。"

随即，法夫纳奋起要求独占全部财宝。他和自己的父亲打了起来，并给父亲造成了致命的创伤。

临死前，赫瑞德玛请求女儿们为自己报仇。其中一个名叫林盖德（Lyngheid）的女儿说，她们并没有手刃兄弟的能力。她的父亲对此做出预言：她的外孙将会成为他强悍有力的复仇者。

法夫纳赶走了他的兄弟雷金以及姐妹们，独自霸占了所有宝物。诅咒深深地影响了他，他的心中再也没有任何欢乐。他移居到一片被称为"闪光荒野"的偏僻之地，在那里看守着他的不义之财。他趴在宝藏上，满腹戾气，疑心重重。最终，他变成了一头没有翅膀的龙，所有人都对他又怕又恨。

雷金因此变得一文不名，只好投奔另外一位国王，成了他的御用神匠。雷金打造出了各式精兵利器和大量金银首饰，从而获得了极高的赞誉和王室的嘉奖。但自己应得的财产被亲兄弟霸占，一直让他耿耿于怀。他十分盼望恶龙伏诛，这样一来，那笔财富就会落到他的手上。然而等到许多年以后，赫瑞德玛预言中的那位复仇者才会降生，去找法夫纳讨还血债。这位复仇者名叫希格尔德，其父西格蒙德是沃尔松格之子。此人品行高尚，身强力壮，能征善战——他们一族尽皆如此。他的生活原本明朗欢快，直到宝藏的诅咒降到他的身上。

沃尔松格的父亲是利里尔（Rerir），利里尔是希吉（Sige）之子，希吉的父亲则是奥丁。一年冬天，森林银装素裹，希吉要去林中狩猎。斯卡蒂的侍从布雷德（Brede）与他结伴而行。布雷德是一名追猎的好手。等到日落西山，希吉发现布雷德捕到的猎物比自己更多。他怒火中烧，杀害了布雷德，然后把他的尸体藏在了一个雪堆下面。不料他的罪行被人发现，希吉遭到放逐，离开了他们一族的土地。

之后，奥丁对自己的儿子伸出了援手，给了他几艘战舰和一队勇武的战士。希吉取得了无数胜利，能征善战之名远近传扬。他征服了匈人的领地，并成为他们的统治者。在鼎盛时期，他取得了辉煌的荣耀；可在他生命的尾声，王国中纷争四起，使他的日子蒙上了阴霾。就连王后的兄弟们也密谋造反。一场大战爆发了，希吉身死，他的儿子利里尔继承了王位。

利里尔杀死了自己的亲族,并驱散了他们的军队。通过这种方式,他报了杀父之仇。

利里尔成了一位比希吉更加伟大的君王,还迎娶了一名出身高贵的女子。然而几年过去,夫妻俩依然没有子嗣,两人为此忧心忡忡。他们向诸神祈祷,芙蕾雅听后心生怜悯,便让自己的一名侍女——巨人赫瑞姆内尔(Hrimner)之女——扮成乌鸦前往人间,给王后送去一枚苹果。就这样,王后实现了自己的愿望。然而没过多久,国王就病逝了。怀胎七年后,这个孩子才降生到世间,他被唤作沃尔松格。

长大后,沃尔松格成了那个时代最强大的国王。他既是一名威名远播的勇士,又是一位公正贤明的君主。他命人建造了一座恢宏的宫室,正中央生长着一棵粗壮的橡树。这棵树被称作布兰斯托克(Branstock),它的枝条探出了屋顶。据说,沃尔松格的妻子是巨人之女利约德(Ljod),善良的芙蕾雅曾让她把魔法苹果送给他母后。他们生下了两个男孩①和一个女孩,大儿子叫西格蒙德,他的双胞胎妹妹叫西格妮(Signy)。小伙子强健勇敢,小姑娘匀称美丽。

当时,哥特人(Gauts)②的国王是西格尔(Siggeir),他想娶西格妮做自己的新娘。两人在沃尔松格的殿堂里结为夫妻。人们为这对新人举办了一场盛大的宴会,哥特勇士们也来到了现场,与沃尔松格麾下的贵族们以及两位王子一同欢庆。

宴会结束后,一位身材高大的老人走进了大厅。他披着一袭蓝色的斗篷,上面点缀着朵朵灰斑;他的头上戴着一顶圆帽,帽檐耷拉下来遮住了面容;他的裤子紧紧贴在腿上,是用亚麻制成的。他瞎了一只眼,赤着两只脚,手里拿着一把熠熠生辉的宝剑。他把剑插进布兰斯托克,剑刃全部没入树干,只有剑柄留在外面。众人全都惊讶得说不出话来,目瞪口呆地注视着他。老人对在场之人庄重地宣告:

---

① 据《沃尔松格萨迦》记载,沃尔松格有十个儿子。——译者注
② Gauts 也称 Geats,即《贝奥武甫》中的"高特人"。此处用不同的译法区分英文拼写的不同。——译者注

"要是有人能把这把剑从布兰斯托克里拔出来,我就把它赠给他。持剑者会发现,它是一柄真正的神兵利器,举世无双。"

说完,老人就从他们眼前消失了……此人正是奥丁,不过并没有人看穿他的身份。

宴会现场的顶尖勇士们纷纷出手,轮流对这柄剑发起挑战。然而他们的努力都是徒劳。它深深地嵌在树干里,纵然令人垂涎,实际上却拒人于千里之外。最后,西格蒙德用强壮的右手握住剑柄,把它从树干里拔了出来,就此将奥丁的馈赠收入囊中。

国王西格尔郁郁不乐,因为他十分渴望拥有这柄闪亮的兵刃。他提出以重金购买,却遭到了西格蒙德的拒绝,即便哥特人的国王愿意付出自己的所有黄金。

西格尔不再搭理西格蒙德。他恼怒地坐在一旁,认为年轻的勇士是在嘲讽自己。怀着满心的愤恨,他策划了一条奸计,企图通过阴谋来满足自己的贪欲,并报复妻子的亲族。第二天早晨,尽管婚礼的庆典还没有结束,西格尔已经做好了离开的准备。他邀请沃尔松格和他的儿子们在三个月后去自己家做客。沃尔松格承诺赴约,然后辞别了西格尔和西格妮。美丽的新娘着实不愿离开故土,要是她的父亲准许,她宁愿和丈夫分居两地。

月亮盈亏了三个周期之后,沃尔松格和他的儿子们带上随从,驾着三艘船向哥特兰(Gautland)驶去。一路上和风相送,船飞速航行。在一个暗香浮动的夜晚,他们抵达港口,登上了海岸。西格妮偷偷前来,劝他们返航,因为她的丈夫已经召集了一支大军,想要取他们的性命。但沃尔松格拒绝折返。

"我身经百战,"他说,"从未尝过败绩。年轻时我对敌人毫不惧怕,到老来我也绝不临阵退缩。人固有一死,谁都无法逃脱命定的劫数。所以我们会继续前行,无所畏惧,决不给人落下沃尔松格躲避危险或屈膝求和的话柄。"

西格妮想要留下来陪伴亲人,可沃尔松格命令她回到西格尔身边,和他待在一起。

第二天早晨,英勇的沃尔松格和他的两个儿子带上所有随从,全副武装地向西格尔的宫殿进发。然而,他们被一支强大的军队截住了。经过漫长而激烈的厮杀,沃尔松格和他的所有侍从战死沙场,两个儿子则沦为俘虏。西格尔由此夺得了西格蒙德的宝剑格拉墨(Gram)。

西格妮恳求西格尔饶她的兄弟们不死,于是残忍的哥特国王做出了让步。他命人把他们丢进森林,砍下一棵大树,把他们绑在了树上。到了半夜,一头凶狠的母狼出现在林中,吞噬了其中一人。秘密的信使把这个噩耗转告西格妮,西格妮悲痛欲绝。第二天晚上,沃尔松格的儿子中又有一人葬身狼吻。① 夜复一夜,母狼逐个杀害了众兄弟,最后只剩西格蒙德一人。

这时,西格妮派出了自己的信使,让他们在西格蒙德身上涂满蜂蜜。信使们照办了。等到夜幕降临,母狼出来吃人了。蜂蜜香甜的气息飘进了它的鼻子,引得这头怪兽在年轻英雄的脸上舔舐了起来。终于,母狼的舌头探进了西格蒙德嘴里。西格蒙德用牙咬住不放,生生咬断了它的舌头。在角力的过程中,西格蒙德挣脱了束缚,让怪兽送了命。

这头母狼不是别人,正是国王西格尔的母亲。她精通巫术,拥有变形的法力。

西格蒙德在林间找到了一处安全的藏身之地,并在那里为自己挖了一个地下住所。西格妮很快就得到了消息,知道他进展顺利,而西格尔则不知道西格蒙德还活在世上,并且等着有朝一日向他寻仇。

---

① 同第 262 页注释②,沃尔松格应该有不止两个儿子。——译者注

26
西格蒙德复仇记
How Sigmund was Avenged

西格蒙德在他的林间小屋住了很多年,熬过夏日的酷暑与冬季的严寒,只盼时机成熟。西格妮生下了两个男孩,她衷心希望沃尔松格家族的血脉能够使他们挺身而出,为外祖父报仇。最终,西格妮决定对他们进行一次考验。她给二人戴上冬用的手套,然后把手套和他们的皮肉缝在了一起。见两个孩子疼得放声大哭,西格妮对他们的品性生出了担忧,害怕他们不像自己的族人,反而更加接近西格尔。

长子年满十岁那年,西格妮将他送到了西格蒙德那里,让他判断这孩子是否担得起复仇大任。西格蒙德迎接了这个小伙子,把他带回了自己的小屋。西格蒙德暗地里往面粉袋中放了条毒蛇,然后吩咐西格妮的儿子去烤面包,自己则走进森林搜集柴火。

西格蒙德按时返回,却发现面包并没有做好,他便向西格妮的儿子询问缘由。

"我不敢碰那个装面粉的袋子,"小伙子说,"因为里面有东西在飞快地窜来窜去。"

如此一来，西格蒙德知道这个小伙子没有足够的勇气。等到再次与西格妮见面时，他表示她的儿子不配做沃尔松格家族的一员。

"那他就没有活着的价值。"孩子的母亲怒吼道。于是，西格蒙德杀死了这个孩子。

又是一个冬季，西格妮把她的次子送到了哥哥那里。和长子一样，这个孩子也被证明是个胆小鬼，因此同样死在了西格蒙德手中。

在那之后，西格妮与一名女巫合谋，两人交换了容貌。女巫冒充王后，住进了西格尔的宫殿，西格妮则穿过树林，来到了西格蒙德的秘密居所。她乞求西格蒙德给她食物、容她歇脚，而她的哥哥并不知道她的真实身份。她在那个地洞里住了三个晚上，然后才返回自己的寝宫，和女巫换了回来。

西格妮的第三个儿子如期诞生了，他的体内切切实实地流淌着沃尔松格一族的血。这个孩子被唤作辛菲特利（Sinfjotle）。他长大后就和母亲的族人一样俊朗、强壮、无所畏惧，令她十分欣慰。西格妮偷偷向他讲述了自己父亲的为人，以及西格尔背信弃义将他害死的经过。她还告诉辛菲特利，她的兄弟们全都被捆绑住，让狼吃掉了。西格妮在孩子的心中注入了沃尔松格家族的荣光，使他为族人们的声名感到自豪。一天，她打算考验考验他，于是把手套跟他的手掌和手腕缝在了一起。针线从他的皮肉中穿过，而辛菲特利根本没有半点退缩。他的母亲满心欢喜，又把手套扯了下来，弄得他的双手皮开肉绽。

"我让你吃了不少苦头。"她说。

小伙子却微微一笑。"沃尔松格家族的人，"他说，"不会被这点小伤吓退。"

不久后，辛菲特利被母亲送到了西格蒙德那里。和之前的两人一样，他也被领进小屋，接到了烤面包的任务。面粉袋里依然装了一条毒蛇。

西格蒙德带着柴火回到家中，发现面包已经做好了。

"你没发现袋子里有东西吗？"他问年轻人。

"是有东西在面粉里飞窜，"辛菲特利答道，"但我没有费工夫一探究竟，直接把它揉进面包里一起烤了。"

沃尔松格家族的俊杰儿郎对这个小伙子满意极了。他提醒小伙子别碰面包，因为里面含有致命的毒素，不过他自己强健无比，故可以安全食用。

西格妮的儿子留在了西格蒙德身边，接受种种武艺的训练。他们一起在森林中杀人越货，小伙子证明了自己的价值，很快就成长为强大的战士。西格蒙德深信这孩子是西格尔之子，因此十分担心他有着哥特人的本性，便时时敦促小伙子为沃尔松格报仇。也正因为如此，他对小伙子并不放心，始终提防着他，生怕他像西格尔一样做出背叛之举。

在一个漆黑的夜晚，他们偶然进入一座房子，发现屋内有许多强盗正在熟睡。他们在房子里找到了两张狼皮，它们能赋予穿戴者变形的魔力。西格蒙德和辛菲特利把狼皮带走了。披上之后，他们变成了两头狼人，锐不可当。两人约定，要是遭遇的敌人多达七人，就召唤彼此助阵。随后，他们分头行动，各自深入密林寻找猎物。

没过多久，西格蒙德就被迫要与七人对战。他发出了一声响亮的狼嗥，辛菲特利匆匆赶来相助，只凭他们两人便屠灭了整支队伍。两人作别后，辛菲特利遭遇了十一名敌人。西格妮的狼孩子并没有呼叫援助。他孤身一人勇猛作战，杀光了所有敌人，然后疲惫地躺下休息。

不久后，西格蒙德来找这名小伙子。看到辛菲特利的勇武已经青出于蓝，他的心里燃起了狼性的怒火。西格蒙德向少年扑了过去，使他身受重伤。但一转眼，西格蒙德就开始痛悔自己的所作所为。他把同伴扛回了地洞，小伙子瘫倒在地上，奄奄一息。西格蒙德悲痛万分，发誓再也不变成狼的样子出外行动。这时，他恰巧看见两只鼬正扭打在一起，其中一只按住了另外一只，正如他伤害西格妮的儿子时那般。但那只鼬立刻跑去寻来一种草药，使同伴恢复到全盛状态。西格蒙德想要找到那种疗伤的植物。有只渡鸦①衔着一片草叶飞了过来，把它丢在他的脚旁。西格蒙德发现这

---

① 奥丁的两只渡鸦之一。

正是他想要寻找的药草。他匆匆赶回自己的小屋，将叶片敷在辛菲特利的伤口上。年轻人立即痊愈了，病痛一扫而光。

两位英雄聚在一起，等待法力消逝。恢复原形后，他们毁掉了狼皮，以免自相残杀。

西格蒙德看出，小伙子的力量已经和自己不相上下。他感到时机已至，沃尔松格家族终于能够找哥特人的国王西格尔报仇了。于是，他们武装起来，奔向西格尔的宫殿。只见宫殿的入口处沿路摆放着一排酒桶，两人便埋伏在那里。可是还没等到天黑，他们就被西格尔的稚子发现了。两个幼童正追着一只金球玩耍，看见酒桶后蹲伏着两名盔甲闪亮、冷峻强悍的战士，吓得大喊大叫。辛菲特利打算杀了两个孩子，可是西格蒙德不想伤害他们。警报声响起，西格尔带着士兵们冲了出来，迎击入侵者。复仇者们拔出佩剑，向敌人扑去。面对有着压倒性优势的大军，听着他们杀敌溅血的呼吼，两人夷然不惧。辛菲特利首先干掉了西格尔的两个孩子，随后开始了迅猛而激烈的厮杀。勇士们纷纷倒下。西格蒙德和他的同伴杀敌无数，但奈何对方拥有千军万马。最终，他们还是沦为俘虏，被捆了起来。

西格尔召来贵族们一同商议，如何才能让两人以最残酷的方式死去。最终，他们决定把两人活埋。

第二天早上，哥特人用石头建造了两间相邻的墓室，把西格蒙德和辛菲特利分别关在里面。在他们用石板和泥土封住墓穴之前，西格妮现身了。她带来了一块用稻草包裹着的肉，把它丢进了墓里。两人获准留下这块肉，因为食物会让他们在痛苦之中煎熬得更久。然后墓室就被坟土覆盖了。

两位英雄在黑暗的地下互相喊话。最终，西格蒙德想要吃肉，于是他剥掉了裹在外面的稻草。清理完毕后，他发现有一把宝剑贯穿了这块肉。通过剑柄，他认出此剑正是格拉墨，他的心雀跃了起来。

凭借这把神剑，两人切开了盖在墓室上的大石板。等到夜幕降临，他们便脱身而出。

经过了多年的等待和期盼，就在这个夜晚，沃尔松格大仇得报。西格蒙德和辛菲特利用格拉墨劈了许多木柴，把木片堆在宫殿周围，然后点燃了它们。西格尔国王的寝宫很快就被大火包围。

国王惊醒了，烟雾中传来他凄厉的哀号："是谁放火害我？如今我已陷入死地！"

西格蒙德听见了他的痛呼，乘胜应答道："啊，背信弃义的家伙，现在就叫你知道，沃尔松格还有一个儿子活在世上。我是西格蒙德，西格妮的儿子辛菲特利与我同在这里。"

火势蔓延，死亡笼罩了殿堂的每个角落。无人能够逃脱，因为复仇者们守住了大门。西格蒙德不愿让西格妮也葬身火海，便唤她带上身边的所有财宝出逃。在火焰的呼啸中，王后听到了哥哥的声音，于是她两手空空地走到门口。

"你很清楚，"她对西格蒙德说，"我从未忘记西格尔是如何杀害了沃尔松格国王的。我弄死了两个亲生孩子，只怪他们太过孱弱，无力为我的父亲报仇雪恨。但你瞧瞧！辛菲特利无疑是一名强大的勇士，因为他不仅是我的儿子，还是沃尔松格国王之子的后裔。多年来我一直在为复仇而抗争，终于让西格尔血债血偿。如今，我的辛劳已然告终，我的目标业已达成。往后的时光于我毫无必要，我也不想继续活下去了。我被迫与西格尔共度了一生，既然现在我可以自由地选择，那么就让我欣然与他共赴黄泉吧……永别了。"

说完，她吻了吻西格蒙德和辛菲特利，然后匆匆返回丈夫身边，和他一起葬身火场……沃尔松格国王的血仇就这样得到了偿还。

现在，西格蒙德可以不受约束地返回祖国了。他带着儿子一起渡海归去。沃尔松格的王位落入了一个篡位者之手，复仇的英雄们很快把他打倒，恢复了许纳兰（Hunaland）往日的荣光。

27
匈丁的屠夫海尔吉
Helgi Hundingsbane

　　西格蒙德成了一位强大的统治者,娶了博格希尔德(Borghild)为王后。他们幸福地生活在一起,并育有两个儿子,一个叫海尔吉,一个叫哈蒙德(Hamund)。海尔吉出生时,诺伦女神曾降临,她们预言这个孩子将创下盛名。此话果真得到了应验——他年纪轻轻就成了一个威名远播的战士,不仅武艺高强,更兼骁勇彪悍,作战的本领甚至超越了他的父亲。

　　海尔吉早早地被任命为军队的最高统帅。在对抗国王匈丁(Hunding)时,他表现得十分勇猛,因此被称为匈丁斯巴纳(Hundingsbane),意为"匈丁的屠夫"。

　　当海尔吉还是个少年的时候,他曾经乔装混入匈丁的宫廷,在那里接受养育和种种武艺的训练。等到做好了对敌国开战的准备,他便扬长而去。离开宫殿时,海尔吉托人捎信给匈丁国王,让他知晓自己栽培的到底是何许人。国王勃然大怒,派出一队勇士追杀这个小伙子。但海尔吉假扮成了一个女奴。追兵们闯进他的藏身之处,却只见一名女子正在屋里磨玉米。

"那个女奴的眼神十分凌厉,"他们说,"她绝不是农民的女儿。她的手更适合握剑。"

海尔吉太强壮了,干活又过于麻利,致使磨石不堪重负。在玉米磨坊里,并没有战士的用武之地。

后来,战争打响,海尔吉在一场大战中杀死了匈丁。在另一场战斗中,匈丁的儿子们也纷纷倒在他的剑下。幸存的几名王子发誓要让他偿还血债。

离开战场后,海尔吉披上一张狼皮,走进了森林。他在林中遇到了一位美丽的公主,名叫希格露恩(Sigrun)。希格露恩乘白驹而来,身后跟着一队骑马的侍女。她的父亲是霍格尼(Hogni)国王,海尔吉曾与他交过手。这位公主是一名瓦尔基里,同时也是天鹅仙女。

年轻的勇士对美丽的公主一见倾心,请她嫁给自己。但希格露恩告诉他,自己已经被父亲许配给了格兰马尔(Granmar)国王之子胡德布罗德(Hodbrod)。于是,海尔吉立下誓言,要在战场上击败情敌。希格露恩也许下承诺,待他杀死可恨的胡德布罗德,自己就会做他的新娘。

于是,匈丁的屠夫海尔吉向胡德布罗德和他的盟友——希格露恩的亲族——宣战了。他带着辛菲特利和一支威武的军队渡海出征。不料海上突然卷起了狂风暴雨,若非有瓦尔基里前来庇佑,他们的船只定会沉没。历经磨难之后,海尔吉抵达了格兰马尔的国度,双方在那里展开了一场大战。希格露恩在半空中盘旋,妥善地庇护着自己的爱人。海尔吉打败了胡德布罗德,夺走了他的性命,然后又杀死了霍格尼。霍格尼的儿子们也一并战死,只有达格(Dag)逃过一劫。

因为爱人杀死了强大的胡德布罗德,希格露恩欢呼庆贺,为他献上赞美,但一想到父亲和兄弟们的死,她又黯然神伤。

海尔吉安慰她说:"诺伦女神不曾许你事事如意。你的亲人死在了我的手上。你别无选择,因为从出生的那一刻起,你就注定引起腥风血雨。因为你,勇士们才会奋力拼搏。不要哭了,希格露恩,英雄们必须在命定的时刻死去。"

希格露恩拥住自己的爱人,说道:"就算那些丧生之人仍活在世上,我也还是对海尔吉情有独钟。"

海尔吉统治了他所征服的土地，希格露恩成了他的王后。他饶恕了达格的性命，并与之缔结了同盟的誓约。可是霍格尼之子认为，血仇的召唤比自己立下的誓言更加强大。尽管他已经对冥界的圣河发过誓，达格还是暗自下定决心要让海尔吉偿命。

奥丁介入此事，把自己的神枪昆古尼尔借给了达格。趁着和国王一起在林中散步的机会，这个年轻人从背后用长枪刺穿了海尔吉。就这样，海尔吉死在了青翠的草地上，霍格尼的血仇得报。

达格把海尔吉的死讯带给了希格露恩。听闻世界上最优秀的国王被他杀害，希格露恩悲痛万分。她诅咒达格，但丧夫之痛仍无法排解。

"愿你的所有誓言都让你遭到报应，"她喊道，"以冥界的闪光河流之名，你和海尔吉曾经一同起誓。愿你的船带着你沉没海底，即便有顺风相送。愿你的马临阵失蹄，恰逢仇敌将你追逼。愿你的剑在战场上无功而返，只能伤到你自己。必将有人找你讨回海尔吉的血仇，你将化作森林中的一头野狼……愿你渴求的东西尽皆离你而去。愿你只能以死尸充饥。"

"你怎么能如此恶毒地诅咒你的兄弟呢？"达格向她恳求道，"对海尔吉痛下杀手的乃是奥丁。我会把金戒指给你，并把大半个王国分给你和你的孩子们。"

然而希格露恩悲痛地呼号："啊，无论白天还是黑夜，我都再也不会感到快乐了。我不再眷恋生命，因为我永远也见不到我那光芒四射的英雄，见不到他在殿堂中欢庆作乐，见不到他在战场上冲锋陷阵。和其他所有人相比，海尔吉卓尔不群，就像梣树高拔于灌木之上……他再也不会活生生地站在我面前了。"

人们把海尔吉葬在一座高大的坟冢里，他的灵魂则进入了瓦尔哈拉。奥丁任命他为最高领袖，于是海尔吉派匈丁去做奴隶干的粗活，让他劈柴、拴狗、洗马，每天都要喂完猪才能睡觉。

纵然身处瓦尔哈拉，海尔吉还是快活不起来，因为希格露恩一直在为他哭泣。每当她落下泪珠，他的伤口都会再度流血，并带来同样的痛楚。

到了夜里，他就带着大批随从策马前往墓地。在死后的世界里，海尔吉始终得不到安息。

可怕的武士们绕着坟墓骑行，这幅景象被希格露恩的女奴看见了。她向群鬼喊道："死去的人们，你们为何要纵马驰骋？战死的勇士们可以重返家园吗？还是说，世界末日终于来临？"

"世界末日尚未到来，"死去的战士们答道，"但死去的英雄们渴望回归故里……因为希格露恩伤心难过，海尔吉的伤口重新淌出了鲜血。请她到这儿来，结束这源源不断的痛苦。"

这名女奴随即去向希格露恩报信。"请赶紧去坟墓那儿，"她喊道，"死者们离开了埋骨之地，您可以再次与国王相见。海尔吉在那里现身了。您的泪水使他伤口绽裂、流血不止，他希望您能让他痊愈。"

希格露恩暂时收住了泪水。"即便要摸黑外出，我也会欣然奔向海尔吉，"她高喊，"愿露水永远不会被黎明照亮。我要亲吻他冰冷的双唇；我将拥抱我死去的英雄。"

于是她匆匆赶往墓地，在那里见到了她的君王。他看上去着实苍白憔悴，而且忧思深重，浑身冰冷。希格露恩对他又亲又抱，呼唤道：

"啊，海尔吉，寒霜染白了你的头发，死亡的露水浸透了你的身躯。你的双手冰冷寒凉，鲜血淋漓。啊，我的英雄，我要怎么做才能治好你呢？"

海尔吉答道："南方明艳的花朵啊，打湿我的是你的泪水。你一伤心，死亡的露水就会把我浸染。啊，金装玉裹的女郎，你总是在睡觉之前哭得最为厉害，那些苦涩的泪水都落在了我的胸膛上。它们如血滴般坠下，带着寒意刺穿了我。它们沉重而又尖锐，就像你的痛苦一样……尽管失去了生命和国家，但请不要难过；就算我的伤口再深，也请不要唱起哀悼的挽歌。你要知道，亡者身边有新人作陪，国王们的女儿死后会与他们相伴。"

希格露恩为海尔吉铺设了一张平整的灵床，对他轻声诉说：

"我为你备好了一席没有痛苦的床铺，海尔吉。啊，沃尔松格家族的后裔，你可以在这里舒舒服服地安息。啊，我的国王，我的爱人，我要躺在你的怀抱里。我要把你环在双臂之间，就像你还活着一样。"

"让我爱慕的纯真少女啊,"海尔吉说,"要是霍格尼国王那出身高贵的女儿明明尚在人世,却依偎在一个死人怀里,这实属离经叛道……现在我必须策马踏上红色的黎明之路,趁着阿斯加德闪亮的雄鸡还没有唤醒瓦尔哈拉的英灵们,驾着我的坐骑登上诸神之桥。"

他们在坟前就此别离。海尔吉骑上他的骏马,消失在了半空之中。

等到白天过去,夜幕降临,希格露恩再次来到海尔吉的墓前。她一边无泪地哭泣，一边等待着她的英雄，可他并没有出现。她在等待中度过了整个夜晚，直至树林里透出熹微的晨光。相思成疾的希格露恩坐在亡夫的墓前，悠悠唱道：

啊！要是他来了该有多好，
我会欢欢喜喜地迎接他；
我在这里等着见他一面，
他若是知晓定不会不来；
如果他听到——用心听到
我的呼唤，他定会到来，
伟大的西格蒙德之子，
离开奥丁高高的天宫。

啊，我的海尔吉，
我英俊的丈夫，我举世无双的爱人——
我的海尔吉。

现在我的希望破灭了，
海尔吉不会重返，
因为苍鹰已经醒来，
黎明之火正熊熊燃烧；
我的爱人没有听见我的声音，
他今晚不会来了……
所有的精灵和死者，
都朝着梦之国度飞去。

啊，我的海尔吉，
我纯洁的爱人，我美好的爱人——
我的海尔吉。

为了抚慰希格露恩,那名女奴对她唱道:

哦!别哭了。哦!别哭了……是谁让您呜咽,
纯洁的南境王后,
美丽的希格露恩在黑暗中独自等待,
啊,海尔吉心爱的恋人;
您不该满心希望,而应怀着恐惧,
黎明来了,正好驱散黑夜,
在光天化日之下,勇士们的亡灵
不会像在夜晚那般凶残可怕。

但是希格露恩并没有得到安慰,最终心碎而死。忧郁的吟游诗人们在宴会厅里伴着竖琴的音乐,唱起了海尔吉和希格露恩转世的故事。

教士桑德斯

教士桑德斯(Saunders)和女郎玛格丽特(Margaret)
漫步在青翠的花园中,
悲伤而沉重的爱情
降临在两人之间。
……　……

大约是在午夜时分,
他们已经躺下睡着,
她的七个兄弟来了,
手里拿着通红的火把。
……　……

他们中的第七位走上前来,
他始终没有说过一个字,
但他用自己雪亮的利剑,
刺穿了教士桑德斯优美的身躯。

教士桑德斯抽搐起来,玛格丽特在睡梦中
投入了他的怀抱。
他们两人共度的那个夜晚
悲伤又寂静。
…… ……

叮叮当当的丧钟传遍了城镇,
尸体被送进了泥土。
教士桑德斯站在女郎玛格丽特的窗外,
我知道,那是天亮前的一个小时。

"你睡了吗,玛格丽特?"他说,
"还是你正醒着?
请把我的誓约和承诺还给我,
我知道,我把真爱给了你。"

"你永远别想得到你的誓约和承诺,
我们的真爱也绝不会破裂,
除非你走进我的闺房,
亲吻我的脸颊和下巴。"

"我的嘴唇已经凉透了,玛格丽特,

如今它散发着泥土的气息。
如果我吻了你那秀美的双唇,
你便命不久矣。

"啊,公鸡在夜里快活地啼鸣,
我知道这些野禽在昭示白昼的来临。
请把我的誓约和承诺还给我,
放我去走自己的路吧。"

"你永远别想得到你的誓约和承诺,
我们的真爱也绝不会破裂,
除非你告诉我女子会有怎样的遭遇,
我知道,她们因分娩而死。"

"高高的天堂上已经为她们铺好了床,
就在良善的我主膝下,
周围摆满了芬芳的花朵,
我知道她们会有甜蜜的陪伴。

"啊,公鸡在夜里欢快地啼鸣,
我知道这些野禽在昭示白昼的来临。
天国的圣歌很快就要唱响,
至此你就会失去我。"

于是她拿出一根水晶魔杖,
摸了摸魔杖上自己的誓约,
她从窗洞里把它递给了他,

伴随着无数悲伤的叹息和沉重的呻吟。

"多谢你,玛格丽特;多谢你,玛格丽特;
我衷心地感谢你。
要是死者能够带走活人,
玛格丽特,我一定会来找你。"

只穿着裤子和鞋子,还有睡袍,
她翻过墙随他而去,
最终她来到了绿林中,
在那里失去了他的踪迹。

"你的头顶还有空地吗,桑德斯?
你的脚边还有空地吗,
或者你的身侧还有空地吗,桑德斯?
我想要和你睡在一起。"

"我的头顶没有空间,玛格丽特,
我的脚边也没有空间。
如今我的床位于地底,
饥饿的蛆虫与我同眠。

"如今冰冷的泥土成了我的被子,
也是我的裹尸布。
露水一落下来,
我的长眠之地就被浸湿了。

"但请你折下一根美丽的桦树枝,
把它放在我的胸口,
在我的坟前落下一滴泪珠,
祈愿我的灵魂能够安息。

"美丽的玛格丽特,珍贵的玛格丽特,
纯真的玛格丽特,
你如若爱上另一个男人,
绝不要像爱我那样爱他。"

这时羽毛像奶一样白的公鸡打鸣了,
灰羽的公鸡也打鸣了,
她的爱人消失在空气里,
她痛哭着离开了。

——苏格兰边区民谣

28

屠龙者希格尔德
Sigurd the Dragon Slayer

在海尔吉打下江山、赢得佳人之时,辛菲特利返回了许纳兰。从那以后,他开始在遥远的国度征战沙场,赢得了广泛的声誉和大笔财富。一次偶然的机会,他看中了一位美艳绝伦的异国少女,想要娶她为妻。然而,西格蒙德的小舅子——王后博格希尔德的兄弟——也是她的追求者。两人因此开战,辛菲特利杀死了情敌,摧毁并洗劫了他的领土。随后,辛菲特利回到家乡,将他的赫赫功绩告诉了人们。

博格希尔德大发雷霆,想要把杀害自己兄弟的仇人赶出这个国家,但西格蒙德绝不容忍这种恶劣的行为。于是,他提出用钱来赔偿她兄弟的性命。王后深知自己无法忤逆国王,故而装出尽释前嫌的样子,其实暗地里仍对兄弟之死耿耿于怀,决心要找辛菲特利报仇。为此,她举办了一场葬礼。在宴席上,她端着一只盛有蜜酒的角杯,向到场的战士们依次敬酒。轮到辛菲特利时,他不敢喝酒,于是西格蒙德接过角杯代他饮尽。博格希尔德再次斟满角杯,西格蒙德又从儿子手中将它接了过来。但到了第三回,辛菲特利再也无法推脱,只能自己喝干了杯中之酒,随即就因毒酒倒地身亡。通过这种方式，博格希尔德为自己的兄弟报了杀身之仇。

辛菲特利的死让西格蒙德悲痛万分，殿内的战士们生怕他会心碎而死。葬礼上，哀哭之声轰然响起，年事已高的西格蒙德久久哀叹着儿子的早逝。他温柔地把西格妮的孩子——这位沃尔松格家族中的佼佼者——抱在怀中，带着他穿过暮色，去往海湾边的灰色沙滩，准备把他送到对面的海岸。

一艘小船出现在他眼前。船上有一名身材高大、形容肃穆的老人，他蓄着一把灰白的胡子，瞎了一只眼。他头戴一顶圆帽，帽檐低低地耷拉在额头上，他的身上披着一袭暗蓝色的斗篷，上面点缀着朵朵灰斑。大家都认出这就是奥丁，而西格蒙德却没有看破他的身份。

胡子灰白的摆渡人吩咐西格蒙德把辛菲特利的遗体放在船上。他还说，船上已经没有空间承载西格蒙德了，他若是想去往对岸，就必须从海湾的尽头绕过去。于是西格蒙德和他分成两路，独自在海滩上赶路。没过多久，他回过身来，望着船漂过水面……突然，船从他的视线里消失了……辛菲特利就这样离开了人世。他是西格蒙德和西格妮的儿子，他的先祖是强大的沃尔松格——奥丁的后裔。

西格蒙德转头回家，悲伤地踏入了殿堂。念及辛菲特利的死因，他把博格希尔德赶了出去。她被驱逐在外，不久之后就死了。

西格蒙德打算续弦。他看中了国王伊莱（Eylime）的女儿赫约迪丝（Hjordis），便派出信使向她的父亲求亲。国王林埃（Lynge）也想迎娶这位美丽的公主，而他的父亲是海尔吉的剑下亡魂——匈丁国王。伊莱国王对西格蒙德和林埃一视同仁，便把选择权交给了女儿。赫约迪丝宣誓要嫁入沃尔松格家族。少女得偿所愿，两人举办了一场盛大的婚宴。婚后，西格蒙德带着新娘回到了许纳兰，伊莱国王也与他们同去。

林埃国王勃然大怒。他差人带信给西格蒙德，宣称要对他开战，还要让沃尔松格家族的势力土崩瓦解。为此他集结了一支大军，挥师前去报仇雪耻，并掳掠赫约迪丝。

西格蒙德为这场战争感到忧虑，因为林埃的部队更加强大，但他并没有畏缩。纵然勇士们能获得无数金银珠宝,但西格蒙德拥有的却是奥丁赐予的宝剑。尽管西格蒙德年事已高,但他还是对格拉墨满怀信心。不过他认为,最好还是让赫约迪丝躲起来,带上一名女奴和大量财宝,去森林中安全的庇护所藏身。

一场大战在海岸上打响。即使面对压倒性的战力差距,西格蒙德依旧奋勇作战,所向披靡。有那么一阵子,林埃似乎占不了上风。敌人的鲜血染红了西格蒙德的双臂,他自己仍然毫发无损。

这时,一位独眼老人进入了战场,从林埃的人马中穿过。他披着一件蓝色的斗篷,头上戴着一顶圆帽,帽檐低低地压在额前。他握着一支长枪,前来迎击西格蒙德。

这是决定这名沃尔松格后裔的命运的时刻。奥丁想要他献出生命。神明挥起他的长枪,西格蒙德拔剑砍去,格拉墨断成了两截。林埃手下的战士们立即扑向这位英雄,让他受到了致命的创伤。与西格蒙德并肩作战的伊莱国王也阵亡了,沃尔松格家族的军队被打得落花流水。海岸被英雄们的鲜血染红,战死将士的尸体就像枯叶一样不计其数。

林埃国王没有在战场上逗留。他带着军队朝西格蒙德的宫殿行进。但在到达之后,他既没有找到赫约迪丝,也没有找到任何财宝。因此,他在全国各地发动了搜捕。尽管没有找到心仪的新娘,林埃还是很高兴,因为沃尔松格家族的势力遭到铲除,家族的最后一位成员亦已身死。可他并不知道,有位英雄尚未出生。即便许纳兰落入了一位外来的统治者手中,沃尔松格家族的荣耀也注定会重现,而且会更加辉煌。

等到夜幕降临,赫约迪丝潜入战场,找到了西格蒙德。他身负重伤,正躺在地上等待死亡。

赫约迪丝试图为他疗伤,好让他为自己的父亲报仇。但西格蒙德告诉她,自己的伤口无法愈合,因为奥丁期盼他牺牲,而且他的神剑格拉墨也变成了碎片。

"过去奥丁想让我战斗,我才能冲锋陷阵,"他说,"如今他想要的是我的死亡。"

然后，他劝赫约迪丝将断剑收藏起来，这样她未出生的儿子将来就能将它重铸。他还预言，这个孩子长大之后必会创下盛名、流芳百世。

"现在，"西格蒙德气若游丝地说，"我已疲累欲死，必须去和我的亲人们团聚了。"

整个晚上，赫约迪丝都坐在垂死的国王身边。她为他抚去痛苦；她给他温柔的注视。当东方升起金色的晨光，她合上死者的双眼，为他落下了泪珠。

赫约迪丝向海上眺望，看见一支维京船队正驶向岸旁。她急忙命女奴和自己互换衣装，并嘱咐道："从今以后，你就自称赫约迪丝。"

这支维京兵团的首领是丹麦国王赫约尔佩克（Hjaalprek）之子阿尔夫（Alv）。他率领麾下的战士们登上海岸。赫约迪丝和她的女奴与王子进行了交谈，把藏宝的地点告诉了他。阿尔夫迅速将财宝装上一艘战船，并带走了王后和她的女奴。

阿尔夫回到了丹麦。他始终以为女奴就是西格蒙德的王后，而赫约尔佩克的妻子却起了疑心。见过两名女子之后，她怀疑自称女奴的那位才是二人之中身份更加高贵的那个。

她暗地里把自己的疑虑告诉了国王，于是赫约尔佩克对两人展开质询。首先与他对谈的是那名冒充王后的女子，他说：

"如果在冬天，星星被云遮住了，你怎么知道起床的时间呢？"

女奴答道："我总是在凌晨大喝特喝，所以我会因口渴而醒来。"

"对于一位国王的女儿来说，这个习惯可不寻常。"国王评论道。

赫约尔佩克又拿同样的问题去问赫约迪丝，她是这样回答的："我的父亲给了我一枚具有魔力的金戒指。冬天里，到了该起床的时候，我的手指就会感觉到它变得寒冷如冰。"

国王笑了，说道："没有哪个女奴会从父亲那里得到金戒指。你才是国王的女儿。这件事你早该告诉我们的。"

赫约迪丝这才承认，自己确实是西格蒙德的王后。从那以后，她在赫约尔佩克的宫廷中备受爱戴和敬重。

她的儿子出生后得名希格尔德。希格尔德无疑是沃尔松格家族的一员。他有着明亮的双眼和王者的面容，赫约尔佩克以他为豪。长大后，他身强力壮，无所畏惧。他拥有战士的身手和沃尔松格式的骄傲，而且聪慧过人，能言善辩。

神匠雷金——巨龙法夫纳的兄弟——做了他的养父。他传授给小伙子许多本领，使他深谙卢恩符文的秘密，还掌握多种语言。

一天，雷金向小伙子提起了遗产的事，问他是否知道他的生父留下了一大笔宝藏，而这些金银财宝正由赫约尔佩克保管着。希格尔德说，赫约尔佩克只是代他看管，他对国王十分信任。雷金又怂恿他去找赫约尔佩克讨一匹马。小伙子提出此事后，国王让他随意挑选。

一位蓄着灰白胡子的独眼老人出现在希格尔德面前，希格尔德并没有认出他就是奥丁。他为小伙子挑选了一匹良驹，它与斯莱普尼尔系同种。因为这匹马是灰色的，希格尔德给它起名为格拉尼（Grane），它的神骏无与伦比。

阿尔夫娶了赫约迪丝为妻，两人幸福地生活在一起。

终于有一天，雷金感到小伙子虽然年纪尚轻，但已经拥有了成熟的力量和智慧。他决定把恶龙法夫纳的宝藏透露给希格尔德，并鼓动希格尔德去杀了那头紧紧看守着宝藏的怪兽。

"我才告别童年没几天，"希格尔德说，"你为什么要催我去做此等壮举？"

于是雷金向希格尔德诉说了宝藏的故事，诉说了洛基如何从侏儒安德瓦利手中夺取了这些宝藏，它们如何落入了他父亲的手里，他的兄弟法夫纳又是如何犯下弑父之罪，只为把所有金子据为己有。

希格尔德静静听着雷金的讲述。最后雷金提出："倘若你愿意去杀法夫纳，我将为你打造一把威力巨大的宝剑。"

小伙子应道："那就为我打造一把无可匹敌的宝剑吧，因为我有志于成就丰功伟绩。"

雷金走进自己的铁匠作坊，铸出了一把剑。年轻人挥剑劈向铁砧，剑身随即化作飞溅的碎片。雷金铸出的第二把剑同样寸寸断裂。①

之后，希格尔德去找他的母亲，向她索要父亲的神剑格拉墨的残片。他把断剑交给雷金重铸，铁匠不情不愿地照办了。宝剑铸成后，小伙子想要试试剑刃有多锋利，结果铁砧被它劈成两半。接着，他又把剑插入河里，切断了漂在水中的羊毛，足以见得此剑锐利无比。希格尔德对格拉墨十分满意。

雷金随即让他立下斩杀法夫纳的誓言，希格尔德说："既然答应了你，我就一定会做到的，不过我首先得去报杀父之仇。"

小伙子渐渐长大，变得更加强壮。他不仅身材魁梧②，还精通各项武艺。在出发前去建功立业之前，他拜访了母亲的兄弟格里泼尔（Griper），此人能够预测未来。希格尔德想要知道，诺伦女神为他做出了怎样的安排。格里泼尔本不想告诉他，但最终还是为小伙子揭示了往后余生的一切。

希格尔德求见国王，请他准许自己率领船只和士兵出征匈丁的部落，找林埃国王为西格蒙德报仇。赫约尔佩克满足了他的要求。在横渡大海的途中，希格尔德遭遇了狂风暴雨。舰队从一道海岬旁驶过时，有个男人向希格尔德招手示意，想让他带自己同行。年轻的英雄命人把他接上了船。此人名叫弗尤尼尔（Fjorner）③，负责执行乌尔德的神谕。对于即将到来的战斗，他吟唱了一段奇异的卢恩符文。风暴随着歌声止息，众人驶近了林埃国王的领土。而后，弗尤尼尔就消失不见了。

希格尔德在这片土地上横行。林埃国王闻讯，得知凶残的敌人入侵了自己的国度。他召集了一支大军进行抵抗，但胜利属于希格尔德。希格尔德杀死了林埃，从而报了杀父之仇。他用神剑格拉墨把国王劈成两半，还

---

① 在高地有关芬恩的传说中，也有一个类似的故事。芬恩接连震碎了好几把剑，最终铁匠为他铸造了一柄举世无双的利刃。但想要淬炼此剑，必须用早上第一个踏进铁匠作坊的活物的血。于是芬恩杀死了铁匠。这两个故事或许有着共同的起源。
② 高地传说中的芬恩身高六十英尺，而四十英尺高的盖里（Garry）就算是矮人了。希格尔德并没有这般神威凛凛的体格。根据萨迦中的数据，他的身高接近二十英尺，因为当他把宝剑配在腰间，剑的末端碰到了长在地上的黑麦的麦穗，而剑本身的长度是七肘。芬恩同样报了杀父之仇，但他从未屠过龙，也没有追寻过巨大的宝藏，他的志向在于狩猎。
③ 奥丁的别名之一。

将参战的匈丁子孙斩尽杀绝。希格尔德由此名声大噪，带着掠取的财宝回到了赫约尔佩克身旁。

不久后，雷金偷偷找到希格尔德，提醒他履行屠杀巨龙法夫纳的承诺。

"我既已承诺，"希格尔德说，"就定会履行。"

雷金和年轻的英雄一起前往闪光的荒野。他劝小伙子挖一个用以藏身的陷阱。这样，趁恶龙外出饮水的时候，就可以从下方击杀它。

"要是龙血把坑灌满了，那我该怎么办呢？"希格尔德惊呼。

"你似乎是害怕了，"雷金说，"你的亲族可不会这样。"

希格尔德朝着巨龙的巢穴进发，雷金则留在远处等待。这时，年轻的英雄碰到了一位胡子灰白的独眼老人，老人给希格尔德出了个主意，让他多挖几个坑，以免被龙血淹死。① 希格尔德并不知道此人就是奥丁，但他还是听从了老者的建议。他挖了许多陷阱，选了一个埋伏起来，静候恶龙现身。

法夫纳准时爬出了巢穴，一边咆哮，一边喷吐毒液。大地震动，雷金躲在他的藏身之处，吓得瑟瑟发抖。然而希格尔德无所畏惧，他在陷阱里等待，一看见怪兽出现在头顶，就立刻用神剑格拉墨刺穿了恶龙。剑身全部没入了恶龙的身体，只留剑柄露在外面。希格尔德拔剑再刺，鲜血染红了他的双臂，向着一个个坑洞奔涌而去。

法夫纳愤怒地翻滚起来，将周遭夷为平地，但很快就清楚地意识到，自己受到了致命的创伤。恶龙无助而虚弱地躺在地上，只见希格尔德出现在面前。

法夫纳开口问道："对我毫无惧意的人啊，你是谁？你叫什么名字？你的父亲又叫何名？"

希格尔德回答："我们一族不为世人所知。我的名字是'高贵的野兽'。我没有父亲也没有母亲，孤身一人来到这里。"②

---

① 雷金起初没有打造出完美的宝剑，后又劝希格尔德只挖一个坑，似乎是因为他想在希格尔德替自己实现目的之后害死希格尔德。

② 希格尔德不愿说出自己的真名，表明他相信姓名的魔力。他担心恶龙会利用他的真名对他施展邪术。即便在现代，生活在这些岛屿上的一些民族依然拒绝向陌生人透露自己的姓名，因此被诟病为缺乏礼节。

法夫纳说："在我临终之时，你还要对我撒谎吗？假称自己无父无母，除了'高贵的野兽'没有别的名字？"

希格尔德于是坦白道："我的名字是希格尔德，我是西格蒙德之子。"

"你的父亲是一位勇者，"龙说，"可你竟然从未听说过我在人间的恶名？告诉我，是谁怂恿你来杀我的？"

希格尔德没有供出雷金。巨龙又警告他，这些黄金会成为他的诅咒。

但年轻的英雄说："生命到头，千金散尽，而人只会经历一次死亡。"

于是法夫纳说道："背叛我的人是雷金。你也会遭到他的背叛，他妄图让你我双双殒命。"

巨龙很快就咽了气。雷金见状，离开了藏身之地，谦卑地走向年轻的英雄，对他大加奉承。然后他说："唉！你毕竟是杀了我的兄弟，此事我也脱不了干系。"

希格尔德怒斥："在我建功立业的时候，你可是像懦夫一样蹲在灌木丛里。"

"你用来屠龙的剑是我铸造的。"雷金说。

希格尔德回应道："在战场上，锋利的刀剑比不过勇敢的心灵。"

雷金再次说道："唉！你毕竟是杀了我的兄弟，此事我也脱不了干系。"

希格尔德挖出了龙心，雷金饮下了龙血。然后神匠躺下睡觉，睡前还吩咐年轻的英雄趁这段时间替他把龙心烤好。小伙子将龙心串在一根杆子上，架在火上炙烤。等到龙心开始吱吱作响，小伙子担心血水淌出，便伸出手指摁在上面，随后又把指尖放进嘴里吮了吮。就在这一瞬间，他突然领悟了鸟儿的语言。①

一只鸟儿唱道："你为何坐在这里替别人烤龙心呢？你应该自己吃掉

---

① 这一桥段同样与芬恩的故事十分相似。杀死芬恩之父库尔（Coul）的黑阿基（Black Arky）捉住了一条特殊的鲑鱼，把它交给小伙子烧烤，还要求他不能让鱼皮冒泡。然后阿基就去睡觉了。鱼皮被燎出了一个泡，芬恩伸手把它按了下去。鱼烫伤了他的手指，于是他把指尖含进嘴里。手指碰到了一颗牙齿，使这颗牙变成了他的"知识之牙"。芬恩随即得知了阿基的身份，便将他杀死。在某些盖尔语故事中，当芬恩需要知识的时候，他会咬住自己的拇指。鸟并没有在芬恩的故事里出现。

它,从而获取卓越的智慧。"

另一只鸟儿啼鸣:"雷金躺在那边,心里已经决定要背叛希格尔德。"

第三只鸟儿唱道:"希格尔德应当杀死雷金,并把全部宝藏据为己有。"

第一只鸟儿又唱了起来:"雷金喝过了龙血,就会化身为狼。如果希格尔德知道考虑自己的安危,他就算是个聪明人了。人要是生出了狼耳,很快便会长出狼牙。"

另一只鸟儿唱道:"倘若希格尔德放过了谋害亲兄弟的人,那他可没有我以为的那么明智。"

希格尔德一跃而起。"雷金想要杀我,还早得很呢。"说完,他当即砍下了神匠的头颅。

年轻的英雄吃下了法夫纳的心脏[1],将吃剩的部分打包携带。然后,他进入龙穴,取出了里面的宝藏:各式各样的戒指、令人惊叹的头盔、神剑霍特(Hrotte)、黄金铠甲,还有诸多其他饰品。财宝装满了两个箱子,他让强壮的格拉尼把它们驮在背上。

鸟儿们对他唱起了歌。

"有一位女郎,她的美貌举世无双,或将成为你的新娘……

"青青绿道曲折蜿蜒,引领希格尔德去往吉乌基(Giuki)的宫殿。那位国王有一个女儿,你的黄金可以充作聘礼……

"在希达菲尔(Hindarfell)坐落着一座宫殿,它高高矗立,镶嵌黄金,四周环绕着火墙……

"宫殿里沉睡着一位负责选拔英雄的女武神,闪耀的火焰簇拥在她身旁。奥丁给她降下了漫漫无尽的沉眠,因为她曾经让奥丁青睐的一方遭受挫败。布伦希尔德睡得安稳又长久——诺伦女神曾如是宣告。"

于是希格尔德策马前行。鸟儿们朝着他啁啾,希格尔德惊奇地聆听。他驰骋在草木葱茏的道路上,没有片刻停歇,径直奔向希达菲尔。布伦希

---

[1] 根据食人信仰,吃下敌人之后,可以从血肉中获得对方生前拥有的力量和智慧。

尔德在那里安睡，魔法的沉眠正将她笼罩。

睡美人

她独自一人倚着床榻，
乌黑的长发披散开来，
铺洒在紫色的床单上，
年复一年蔓延到了脚边，
拥叠在酣睡的娇躯左右，
从珍珠穗带中倾泻而出；
光线昏黄温暖，催人入眠，
凝驻在波状起伏的秀发上。

绣着星辰的真丝被罩
盖在她的身体上，
总是堆叠出一副慵懒的模样；
乌黑的发卷流转滚落，
轻浅地掩映着两条玉臂，
皓腕上的手镯放射着钻石的辉光。
她那永恒的美丽
给静寂注入了柔情，用光彩照亮了白昼。

她睡着了，呼吸之声微不可闻，
远处的宫室悄无声息。

在那着了魔的心口，栖息着几缕
芬芳的发绺，没有半点起伏。

她睡着了，饰有金色流苏的枕头两端
隆起，让她轻轻陷在里面。
她睡着了，没有做梦，只是恒久地
以绝美的姿态酣然休憩。
…… ……

他来了，对自己追寻的目标几乎一无所知，
他闯过篱笆，他走了进去，
色彩染上了他的双颊，
他相信自己会发现美妙的事物，
因为他的一生都有魔法
指明方向，昭示成功的话语
伴着他的脚步从天而降，
在他的耳边低声诉说。

——阿尔弗雷德·丁尼生（Alfred Tennyson）

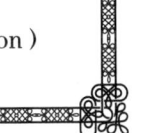

29

布伦希尔德和古德露恩

Brynhild and Gudrun

  希格尔德进入法兰克人的领地，来到了希达菲尔跟前，只见山上焰光煌煌。随后，他看到一座庄严的宫殿，周围环绕着魔法生成的火焰。宫殿的屋顶用耀眼的黄金打造而成，最高的塔楼上有一面旌旗正迎风招展。

  希格尔德策马奔向城堡，格拉尼驮着他从火焰中穿过。他跳下马背，走进城堡，一位美丽的女战士出现在他眼前。她被笼罩在魔法的沉眠中，秀发灿然如金，身上披盔戴甲……希格尔德走上前去，摘下了她那顶闪闪发光的头盔，缕缕发卷披散下来。可她依然没有睁开眼睛，萦绕在她身上的沉睡魔咒极其强大……他拔出神剑，劈碎了她的铠甲。就在此时，少女苏醒了……美妙的明眸放出的光彩洒落在他身上，苍白的脸颊上也泛起了红晕，双唇轻轻开启。

  "你在沉睡中度过了多久？"希格尔德问。

  "你是何人，"少女喟叹道，"竟然粉碎了我的盔甲，还打破了使人沉睡的卢恩符文……你可是西格蒙德的伟大后裔希格尔德？你终于现身了，还带来了黑暗头盔和杀死法夫纳的宝剑？"

希格尔德答道:"我正是希格尔德——西格蒙德之子。你的盔甲在我的剑下粉碎。"

"除了沃尔松格家族的人,没有谁能够办到此事。"布伦希尔德高喊。正是这位美丽的瓦尔基里曾让奥丁青睐的一方吃了败仗,她因此被奥丁降罚,陷入了魔法的沉眠。

"我就是沃尔松格家族的一员,"希格尔德应道,"我之所以来找你,是因为你美艳绝伦且富有智慧,我希望你能给我指引。"

布伦希尔德笑了,她把金色的长发甩到身后,再一次望向世间。明媚的阳光和青翠的绿道映入眼帘,她放开歌喉,就像鸟儿在破晓时分苏醒欢唱:

> 我睡了很久,我睡了很久,
> 黑暗之中没有梦境,孤寂又深沉——
> 岁月漫长有如人类承受罪恶的历史,
> 同样久远,同样真切;
> 我无助地躺在阳光和星光之下,
> 卢恩符文像锁链一样束缚着我,将我包围——
> 在无助之中你找到了我;
> 奥丁困住了我——
> 就在这休憩之地,用睡眠把我囚禁……
> 向白昼致礼!
> 向光之子致礼!
> 向黑夜致礼!
> 向你们致礼,请你们倾听,看看我们两人,
> 请满足我们的愿望……
> 向亲爱的男神们和女神们致礼,
> 向众生之母大地致礼!
> 请在此赐予我们智慧和柔情,

治愈伤痛的手和无所畏惧的心，
直到死亡最终将我们召唤……

然后，布伦希尔德告诉希格尔德，奥丁用睡眠荆棘触碰了她，从那以后她就彻底失去了选拔英灵的资格，并且陷入了沉睡，直到被爱人唤醒。

"不过我曾经立下誓言，"她说，"除非那个男子不知道什么是害怕，否则我绝不会嫁给他。"

希格尔德说："你因智慧而享有盛名，我乐于听取你的教诲。"

"我会心怀感激地讲给你听，"布伦希尔德说，"但首先，让我们共饮蜜酒。愿你能从我的教导中受益，愿你将来不会忘记我今日的嘱托。"

她斟满了一只金杯，把它递给希格尔德。

"这杯蜜酒中，"她说，"掺入了响亮的名声和悲欢的歌谣，还有睿智的思想、温柔的情意与英勇的言辞……你应在剑上刻下司掌战争的卢恩符文，其中要两次提及提尔的神名。你应在船尾、船舵和船桨上刻下司掌海洋的卢恩符文，这样你的航道就会风平浪静……你应学习抵御血仇报复和厄运的卢恩符文……你应学习召唤精灵帮助分娩的卢恩符文，至于那些治疗伤口的卢恩符文，掌握之后要把它们刻在枝条向东弯曲的树上……我会把司掌高尚和勇气的卢恩符文传授给你——诸神的卢恩符文、精灵的卢恩符文、睿智的华纳神族的卢恩符文……我教给你的卢恩符文能够在一切场合庇佑你，直到生命的尽头……这样一来，你就可以选择去成为理想之人、拥有理想之物。"

希格尔德说："我这个人生而无畏。我永远也不会把你忘记，你的教诲将被我珍藏于心。"

随后，布伦希尔德把卢恩符文传授给了希格尔德，并劝诫他用友情交换友情，以容忍博得声名。"对邪恶多加思量，"她说，"少女的爱恋和家中的妻子都可能成为祸害之源。若是有人严以待人、宽以待己，就不要理会他们；若是有人不善决断，就不要听从他们的建议。无论去到哪里，都要对危险保持警惕。置身于宴会的厅堂，切莫被女人迷了心智。不必在意醉酒之人的胡言乱语。立下誓言就必须遵守。若是有人死在你的手上，就不要信任他的亲族……我无法详尽地预知你的未来，也看不清你此后的遭遇，但愿你的姻亲不会给你带来灾祸。"

希格尔德说："我非你不娶。"

布伦希尔德答道："就算全人类的儿郎任我挑选，我想要的也只有你一个。"

希格尔德送给金发少女一枚戒指，正是从法夫纳的宝藏中取来的那枚魔法戒指。

两人一同立下了不可违背的誓言，许诺永远忠于彼此，直到命运的纺锤转完最后一圈。

此后，希格尔德继续赶路，因为他必须前往吉乌基国王的宫殿。动身时他对布伦希尔德一往情深，但他注定要打破誓言，抛弃这位被他从魔法的沉眠中唤醒的金发少女。他注定要饮下遗忘的魔药，好让新的爱情进入他的心灵，因为他终究要承受背叛所带来的苦果。

希格尔德是一位仪表不凡的勇士，因此当他出现在吉乌基的宫殿附近时，人们向他投去了惊讶的目光。他身材高大，肩膀足有两人宽。他年纪轻轻，又十分英俊。他有一双湛蓝的眼睛，目光如炬，令人望而生畏；他鼻梁高挺，弯曲成鹰钩状；在两侧的颧骨之间，生着一张饱满开阔的面庞。铜棕色的头发披在肩上，在阳光下闪闪发光，髭须短而整洁。神剑格拉墨引得万众瞩目，让所有人震惊得说不出话来。

希格尔德无所畏惧，心地善良，热爱朋友，勇对敌人。他时刻准备好援助亲族和盟友。他还拥有流利的口才，吸引人们聚集在他的身边。

在希格尔德进入吉乌基的宫殿时，众人纷纷停止了嬉戏。吉乌基国王接见了希格尔德，欢迎他来到自己的宫殿。格拉尼背上的两个宝箱被取了下来，搬进了宫内。

吉乌基的王后格莉希尔德（Grimhild）是一个诡计多端的女巫。他们有一个美貌的女儿，名叫古德露恩（Gudrun），还有三个儿子，分别是古恩纳尔（Gunnar）、胡格尼（Hogne）和古托姆（Guttorm）。

一见到希格尔德,格莉希尔德就想把女儿许配给他。不料希格尔德已然对布伦希尔德倾心相许,得知此事,王后大失所望。

碰巧,两位少女都在梦中看到了预兆。布伦希尔德梦见古德露恩前来造访。第二天,古德露恩果真乘着一辆装饰着黄金的马车来了,还带上了所有侍女。这是因为古德露恩也做了一个梦,她想请聪慧的布伦希尔德为她解梦。

布伦希尔德是国王巴德勒(Budle)的女儿,她有时住在自己的城堡里,有时在赫默尔(Heimar)的宫殿暂居,因为她的姐妹贝克希尔德(Bænkhild)嫁到了那里。她的兄弟也是一位国王,人称"强大者"阿提利(Atle the Mighty)。

在这个决定命运的日子里,吉乌基的女儿在赫默尔的宫殿里找到了美丽的女战士。

古德露恩向布伦希尔德倾诉了自己的梦境。"似乎是,"她说,"我们同在一片森林里,眼前有一头俊美的雄鹿。它的毛是铜棕色的,你我都想得到它。可是除了我,没有人能接近它,于是它就归我所有了,这令我满心欢喜。然后你就来了,布伦希尔德,你杀了我的雄鹿,让我痛苦地哭泣。之后你又给了我一头小狼,它的身上沾染着我亲人的血。"

"唉!"布伦希尔德叹了口气,"我可以解读你的梦境。你会嫁给希格尔德,他也是我的情郎。他将喝下一种魔药,继而把我抛弃。仇怨随之产生。他会被人杀害,然后你会嫁给我的兄弟——'强大者'阿提利国王。最终,阿提利会死在你的手上。"

古德露恩落下了泪珠。"这些事听起来实在是太可怕了。"她说。

于是她告别布伦希尔德,带着侍女们返回了父王吉乌基的宫殿。

自从国王接纳了希格尔德的投效,已过去三年,希格尔德依然没有离开。希格尔德与古恩纳尔、胡格尼立下了友谊的誓言,三人一同打猎、作乐。

格莉希尔德王后始终想要把古德露恩许配给希格尔德。最终,她配制了一种魔药,能让他忘记自己的女战士未婚妻。

Frigga's Downs

一天晚上，众人齐聚在宴会大厅。王后站起身来，拿出一只盛满魔药的角杯，递给希格尔德。她说：

"你能长驻此地，我等不胜荣幸。无论你有什么需要，我们都会一一满足。请饮下这杯由我为你准备的蜜酒吧。"

希格尔德遵命，饮下杯中之酒，遗忘了布伦希尔德和他们立下的不可违背的誓言。他对她的爱意消散，古德露恩的绝美之姿映入了他的眼帘。

王后又说："你可以把吉乌基陛下当作你的父亲，他的儿子就是你的兄弟。"

趁着拥抱国王的机会，格莉希尔德偷偷在他耳边嘱咐："把我们的女儿许配给希格尔德。他身怀重宝，要是能永远留在我们身边就好了。"

即便是希格尔德这样的英雄，吉乌基也觉得配不上自己的女儿。但王后迫使儿子古恩纳尔做说客，怂恿年轻的英雄去向美丽的少女求婚。

就这样，希格尔德和古德露恩在王宫中举办了婚礼，两人过上了幸福的生活。他们育有一个儿子，名为西格蒙德，与希格尔德的父亲同名。

接下来，王后格莉希尔德想要让自己的儿子古恩纳尔迎娶布伦希尔德。她说："去向那个女战士求亲吧，希格尔德会跟你一同前往。"

"十分乐意从命，"古恩纳尔答道，"金发的布伦希尔德正是我想娶的新娘。"

古恩纳尔策马奔赴赫默尔的宫殿，希格尔德与他同行。格莉希尔德施了咒语，让布伦希尔德认不出自己从前的爱人。

古恩纳尔请求赫默尔把女战士许配给自己，可赫默尔却说："布伦希尔德只会嫁给她自己选中的人，你必须去找她才行。她住在远处的一座城堡里，周围环绕着魔法生成的火焰。你必须驾马从火中穿过，才能靠近她。"

于是，古恩纳尔继续朝着布伦希尔德的居所进发，希格尔德跟随着他。两人行至那座被火焰环绕的城堡脚下，然而古恩纳尔的坐骑害怕火焰，再也不肯往前一步。

希格尔德说："我把格拉尼借给你，你可以骑着它穿过火焰。"

希格尔德跳下马背，换古恩纳尔来驾驭格拉尼，可是这匹神驹拒绝听从他的指令。唯有希格尔德才能面见布伦希尔德；除了西格蒙德高贵的儿子，没有任何人能够策马从魔法生成的火焰中穿过。

因此，希格尔德和古恩纳尔使用了格莉希尔德王后赋予他们的魔力，彼此交换了外貌。希格尔德跃上马背，骑着格拉尼穿过了魔法火墙。

看到希格尔德朝自己走来，布伦希尔德问："闯过了魔法火焰的来客啊，你是何人？"

希格尔德答道："我的名字是古恩纳尔，我乃吉乌基之子。我要娶你为妻，因为你曾经发过誓，只要有人能穿过火焰来到你的身旁，你就会成为他的新娘。"

"我会嫁给你，"布伦希尔德说，"前提是你做出承诺：若有其他人企图向我求婚，你会将他们斩尽杀绝。"

"我答应你。"希格尔德回答。女战士满意极了。

希格尔德和布伦希尔德在城堡里度过了三个夜晚。在他离开之前，布伦希尔德把一枚戒指交给了他。这枚戒指曾经属于安德瓦利，后来被法夫纳收入宝藏，又因希格尔德而重见天日。这是一枚带来厄运的戒指，种下了他们二人的祸根。

西格蒙德的伟大后裔再次穿过火焰，找古恩纳尔换回了原本的模样，然后两人一起返回吉乌基的宫殿。

美丽的布伦希尔德如期离开了被火焰环绕的城堡，来到赫默尔的宫殿。她把命运对自己的安排告诉了他。

"我宁愿，"她说，"事情还是像从前那样——穿过火焰向我走来的不是古恩纳尔，而是希格尔德。"

"巧合既已成真，"赫默尔说，"那么必是命该如此。"

布伦希尔德生下了一个女儿，她的名字叫亚丝拉琪（Aslog）。她生来就是沃尔松格家族的一员，因为她的父亲是希格尔德。命中注定，她将是这个家族的最后一人。女战士把孩子托付给了赫默尔，由他抚养照料，保护她免受伤害。

然后，布伦希尔德和她的父王巴德勒一起前往吉乌基的宫殿。人们在那儿举办了一场盛大的宴会，古恩纳尔和女战士结为夫妻。他们共饮蜜酒，同享欢乐。

即便布伦希尔德或许感到过欢愉，可当她看到希格尔德身边另有佳人相伴，喜悦之情便一扫而空。布伦希尔德暗自为命运而叹息，因为把她从魔法的沉眠中唤醒的初恋情郎被人夺走了，靠的还是背叛和巫邪之术。谁也不能长久地忍受这样的悲痛。牵涉其中的人全都受到了宝藏的诅咒，厄运的阴影已然让他们的生活黯淡无光。

不久以后，饱受压抑的悲痛会如风暴般爆发，带来哀伤与仇恨；不久以后，有人会流出鲜血，有人心中会响起复仇的召唤。

一日，布伦希尔德和古德露恩恰好同去河中沐浴。女战士发现，安德瓦利的厄运戒指正戴在希格尔德妻子的手上。两人吵了起来。事后布伦希尔德回到家中，她的面庞苍白如纸，眼中燃烧着怒火，内心则饱受煎熬。

第二天早上，古德露恩向布伦希尔德求情，请她不要伤心介怀。

"你这个心肠歹毒的女人，"女战士说，"看到我难过，你就得意了。不过你逃不开报应，因为我再也见不得你和希格尔德在一起了。"

"你已经有了我的兄弟古恩纳尔，"古德露恩说，"嫁给这样一位君主是你高攀了，守着他你就该欢天喜地了。"

"要是能嫁给一位更加高贵的人，那才真叫我欢喜呢。"布伦希尔德回答。

挖苦的话语从古德露恩嘴里蹦出，她还告诉布伦希尔德，穿过火焰的古恩纳尔乃是希格尔德假扮的，只为让她上当受骗。

从那以后，布伦希尔德的快乐彻底消失了。日日夜夜，她都沉浸在悲叹之中，人人都听到了她的哀呼。她对谁都不理不睬，就连丈夫也得不到她的只言片语。她要么怨天怨地，要么僵卧在床上。她独自躺在卧房里，谁也不见。她的面容像冬雪一样惨白，像冰霜一样冷酷。

最后，古恩纳尔恳求希格尔德前去探望，因为她已经数日不吃不喝，也不肯跟人说话。

但希格尔德担心,自己就算去了,也无法平息布伦希尔德悲伤的苦火。而且他清楚地知道,布伦希尔德怀着可怕的恶意,企图对他不利。然而,希格尔德还是被逼着走进了布伦希尔德的卧房,去见她一面。

"啊,布伦希尔德,起来吧,"他呼唤道,"看啊!阳光正灿烂。不要伤心了,和我们一起享乐吧。"

布伦希尔德睁开了双眸,恰似希格尔德把她从魔法的沉眠中唤醒时那样。

"所以,"她说,"你竟敢出现在我面前——在所有人之中,你才是背叛我最狠的那个。"

"不要说这种话,"希格尔德说,"你为什么如此悲伤?"

"因为还没有取你的心头血来祭剑。"布伦希尔德回答。

希格尔德也难过了起来,对布伦希尔德柔声低语。"我爱你胜过爱自己的生命,"他说,"但是,唉!我被人灌下了遗忘的蜜酒,因此中了魔咒,与你形同陌路。可当我得知自己的心上人嫁给了别人,我伤心极了……现在就杀了我吧,我再也不想活下去了。"

"太迟了……太迟了!"布伦希尔德哭喊道,"到了这个时候才诉说你的悲伤,已经来不及了。如今,人们对我的蔑视只会比以前更加强烈……我将被女人们冷嘲热讽。没有谁怜惜我的遭遇。"

希格尔德提出,他可以休弃古德露恩,娶她为妻,却遭到了布伦希尔德的拒绝。

"一切俱已改变,"悲痛的女子说,"我宁愿去死……我已遭人欺蒙、愚弄……我不爱你了,我谁也不爱。"

希格尔德哀伤地离开了。他低垂着头,眼里失去了光彩,心中再也没有欢乐。

"我宁愿去死,"布伦希尔德大声哭喊,"我已遭人欺蒙、愚弄……希格尔德骗过我,他该死……他的妻子轻蔑地挖苦我,我绝不会让他们俩生活在一起。即便是现在,希格尔德还要对她诉说事情的经过,再让她来嘲笑我。"

古恩纳尔走进了她的卧房，布伦希尔德说：

"你要是不去杀了希格尔德，就活不到第二天晚上。"

除此之外，她什么也不肯对他说。

古恩纳尔曾和希格尔德一起立下不可违背的誓言，而他的妻子却让他去杀害自己的兄弟，这让古恩纳尔很不好受。然而，他对布伦希尔德的爱终究超过了对希格尔德的情谊。他找到亲兄弟胡格尼，把自己面临的困境告诉了他。

"要是杀了希格尔德，"胡格尼说，"我们就会损失一位真正高贵的勇士，同时背上厄运和耻辱。"

于是，他们一同去拜托古托姆出手。他年纪轻轻，不曾和希格尔德一起盟誓。古托姆答应帮他们完成布伦希尔德的心愿。

古托姆一大早闯进了希格尔德的卧房，只见他和古德露恩正熟睡在床。古托姆拔出自己的佩剑，刺穿了希格尔德的身躯，给他留下了致命的创伤，然后匆忙转身逃离。

希格尔德被剧痛惊醒。他抓起神剑格拉墨，掷向古托姆，将他当场击杀。

古德露恩原本把爱人搂在怀里，这时也悲痛地醒了过来。鲜血从希格尔德的伤口中汩汩涌出，使她全身浸在血泊里。古德露恩痛苦地呜咽。

"切莫过度伤悲，"她的丈夫叹息道，"发生这样的事情，都是诺伦女神的安排。从前我不知晓自己的命运，如今它已降临我身……这桩罪行是受布伦希尔德的指使。我是她最爱的男人，也是她想杀的仇敌……啊！倘若我不是在睡梦中遇袭，要想置我于死地，先得付出许多英杰的性命……"

希格尔德死了……他话还没说完，就撒手而去。古德露恩发出了一声高亢的哀鸣，响彻整座宫殿。

布伦希尔德笑了……

古恩纳尔说："哦，怪物般的女人，你的笑容并非出于快乐，因为你的脸色已经变得凄凉而煞白……要是你的亲兄弟阿提利在你眼前遭人杀害，你会做何感想？"

"别想拿阿提利来威胁我，"布伦希尔德答道，"此后还会有很多流血牺牲，不过你一定会先他而死。"

古德露恩呼喊着："希格尔德死了，死在我的亲人手上。"

除此之外，她再也发不出一句呻吟。

布伦希尔德暗自叹息："我的爱人，我唯一爱过的人，倒下死去了。"

希格尔德死后的那个晚上，天空中看不见月亮，古德露恩在丈夫的遗体旁坐了整整一夜。她的眼泪已经干涸，面庞失尽了血色。她没有捶胸顿足，也没有呼天抢地。很多人都试图安慰她，可是古德露恩已心如死灰。

最后，古德露恩的姐妹来了。她掀开盖在希格尔德遗体上的白布，说：

"古德露恩，看看你的爱人，亲吻他的嘴唇，把他抱在怀里，就好像他还活着那样。"

古德露恩看向希格尔德的脸庞……他的双眼蒙上了死翳，他的嘴唇冰凉，他的两颊惨白，他的鬓发被血染红。

她依偎在希格尔德身边，吻了吻他的嘴唇，哭了出来。

她的姐妹又说："古德露恩对希格尔德的爱是如此深沉，我前所未见。"

古德露恩说："希格尔德之于我的兄弟们——吉乌基的儿子们——就如同剑兰之于杂草……过去有他扶持着我，如今我不过是一片随风飘摇的落叶……无论是白天还是黑夜，我再也听不到他那至为亲切的声音……我的兄弟们让我遭此惨剧；我的兄弟们令我痛苦悲伤。他们违背了自己的誓言，他们将会遭人耻笑，他们的王国必被摧毁。他们渴求的财宝绝不会给他们带来半点欢乐，它将成为他们的祸根，把他们拖入绝境。"

布伦希尔德前来探视希格尔德的遗体。她站在一旁，一言不发，眼中却燃烧着悲伤的火焰。

随后，她找到古恩纳尔，诅咒了他和他所有的亲人，因为他打破了友谊的誓言，伙同他人谋害了希格尔德，也违背了她真正的心愿。

"我们曾发誓忠于彼此，"她喊道，"就算到了坟墓里我也会随他而去。"

古恩纳尔舍不得布伦希尔德，但胡格尼说："她向来都是我们的灾星，现在死了反倒更好。"

赴死之前，布伦希尔德还设法杀害了古德露恩的儿子西格蒙德。然而古德露恩已经悲痛至极，无从再添哀伤。

人们建造了一座高大的火葬柴堆，把希格尔德和他儿子的遗体安置在上面。火焰燃起后，布伦希尔德骑着白马奔向柴堆，口中高喊：

"如果古德露恩的灵魂与我的相仿，那么她也会陪希格尔德一起去死。"

说完，布伦希尔德跳进火堆，和她的挚爱一起化成了灰烬。

就这样，布伦希尔德离开了人世，策马行在黑暗的道路上，去冥界寻找希格尔德。

一位巨人少女守卫着冥界之桥。她站在布伦希尔德面前，说：

"你不能从这里通过。啊，金发的少女，你的双手沾染着英雄们的鲜血……你把悲伤和苦痛带进了吉乌基的宫殿。"

"不要指责我，"布伦希尔德答道，"我这一生被剥夺了爱情；我的誓言被弃若敝屣；有人用背信弃义的手段坑害了我，使我受人嘲笑、颜面扫地……我的爱人希格尔德遭人背叛，亦辜负了我。现在，我来寻他的亡灵。"

金发的布伦希尔德启唇吟唱，她的嗓音像天鹅的那样优美动听。她在冥界之桥上唱起了自己的挽歌：

> 啊！凡人之所以被赐予生命，
> 只是为了永无止境的战火，
> 啊！长寿不过徒增悲痛——
> 苦苦哀伤，苦苦争斗。
> 但是希格尔德和我将留在冥界，
> 按照从前期望的方式生活，

我们的故事将会流传千古，
　　永远，及至永远以后。

　　她催促着自己的白马，呼喊道："啊，巨人少女，退下吧！"然后她便纵马去往冥界的闪光平原。

古德露恩的伤悲①

　　他们把死去的勇士带回了家，
　　她没有晕厥，也没有哭号，
　　侍女们见状纷纷说道：
　　"必须让她哭出来，否则她会随他而去。"

　　于是她们柔声低语，对他大加歌颂，
　　称他为值得被爱的人、
　　最真挚的朋友、最高贵的敌人，
　　但她还是一言不发、一动不动。

　　有个侍女悄悄离开自己的岗位，
　　蹑手蹑脚地走到勇士身边，
　　摘下了遮在他脸上的面巾，
　　但她还是不曾动弹，也不曾哭泣。

　　一位九十岁的老嬷嬷站起身来，

① 关于希格尔德之死，本书采用了《沃尔松格萨迦》中记述的版本。但根据另外一段诗歌残篇的描述，这场悲剧发生在树林里，之后人们把勇士的遗体运回到古德露恩的身边。教士桑德斯也是在床上被杀死的，这首民谣表明，在关于海尔吉的歌谣出现之前，沃尔松格家族的故事还有一个更早的版本。丁尼生优美的诗歌似乎参考了另一个版本中古德露恩的故事。

把他的孩子放在她的膝头,
她的眼泪喷薄而出,宛如夏日的暴风雨:
"我亲爱的孩子,我要为你而活。"

——阿尔弗雷德·丁尼生

30
沃尔松格家族的最后一人
The Last of the Volsungs

布伦希尔德死后，赫默尔担心吉乌基的儿子们前来寻仇，亚丝拉琪可能难逃一死。这是因为她是沃尔松格家族的最后一人，而且她或可生下子嗣，成为他们的敌人。因此，他收拾好行装，踏上了逃亡之路。他打造了一把竖琴，把布伦希尔德的孩子连同她的部分遗产藏在里面，启程前往挪威。他假扮成一名吟游诗人，寄宿在斯潘格雷德（Spangerejd）的一户人家家中。他未曾向人透露过自己还藏着一个孩子。然而有一天，竖琴暗室的门没有关好，一角华贵的布料露在了外面，结果被主妇发现了琴中的宝藏。于是，屋主趁赫默尔睡着时把他杀死，然后掏出了亚丝拉琪和宝藏。

这个孩子在异乡人家中长大。她的养父母不仅穷困潦倒，而且为人残忍而苛刻。他们把这个出身高贵的女孩当作奴隶，派她去做低贱的活计。随着岁月的流逝，亚丝拉琪的美丽焕发出了光彩。她的奴役者们担心自己的罪行遭到追究，便用破衣烂衫遮掩她的身姿，拿煤烟和焦油涂污她的脸颊，以防招来他人惊奇的注视。因此，她有了克莱卡（Krake）这个绰号，意为"乌鸦"。

亚丝拉琪就这样在异族人手下艰难求生，直到伟大的维京人拉格纳·洛德布罗克（Ragnar Lodbrog）来到此地。他的赫赫威名不仅来自他在公海上创下的众多英勇事迹，还因为他为国王赫罗斯（Heroth）斩杀了祸害该国的毒蛇。

从前，国王在林中打猎时，碰巧发现了两条小蛇。他把小蛇带回家中，送给了女儿索拉（Thora）。在公主的喂养下，两条小蛇长成了庞然大物，最终吓得她不敢靠近。后来，每条大蟒日日都要吞掉一头公牛。它们力大无穷，将村庄夷为平地，还用带有剧毒的吐息残害居民与牲畜。

赫罗斯国王不敢征讨两条巨蟒，于是发布悬赏：要是有人能杀了它们，就把自己的女儿嫁给他。索拉容貌姣好，因此英雄们纷纷前去挑战怪物，不料却一个接一个地丢了性命。苦难与日俱增，人人终日活在恐惧和危难之中。

拉格纳是索拉的追求者之一。终于有一天，悬赏之事传到了拉格纳的耳朵里，他决定用壮举赢得佳人。于是，他命人用羊毛给自己制作了一件披风和一条马裤。做成之后，拉格纳向赫罗斯国王禀报，自己将去攻打巨蟒。

当时正值隆冬，拉格纳把他的羊毛衣裤浸在溪水里，很快它们就被冻得结结实实的。穿上这套装备，他就能抵御毒液的侵害。拉格纳把佩剑挂在腰间，右手持一支长矛，左手举一面盾牌，为了迎娶索拉而挺身出战。

一条巨蟒扑向拉格纳，可他毫不惧怕，胸有成竹地与之交战。另一条巨蟒随即赶来助阵，很快就让他陷入了危险的境地。它们朝着拉格纳喷出毒液，却被他的冰霜铠甲挡了下来；巨蟒又甩起尾巴抽打他，可他站得稳稳当当。见双方打得惊天动地，国王和他的随从们胆战心惊，纷纷逃往高处，寻找狭窄的缝隙藏身，生怕拉格纳败给了巨蟒。

两条巨蟒被激怒了。它们张开血盆大口，发动了猛烈的攻击，然而每当它们想要咬下去的时候，拉格纳都会举起盾牌挡住。巨蟒紧紧追逼，拉格纳筋疲力尽。所幸他最终掷出长矛，刺穿了巨蟒的心脏，将两头怪兽一并击杀。

躲在一旁的人们高声喝彩，国王走上前去，对拉格纳予以嘉奖。看到英雄古怪的着装，赫罗斯笑了起来，送给他绰号"洛德布罗克"，意思是"毛裤子"。

人们举办了一场盛大的宴会。拉格纳换上华服，与索拉结为夫妻。虽然索拉年轻美丽，但她刚刚生下两个儿子就撒手尘寰，令她的丈夫哀伤悼念。

后来，拉格纳在公海闯荡、劫掠，洗劫了苏格兰和皮克兰（Pictland）。他立了一位新王统治奥克尼群岛（Orkneys），并与挪威相敌对。

一天，拉格纳碰巧来到斯潘格雷德。他派人上岸去弄点面包，结果他们带回来的食物全都烤过了头，使他勃然大怒。那些人辩解道，在他们进入的那座房子里，有一位美丽的少女，他们情不自禁地注视着她，这才烤焦了面包。

拉格纳心想，要是娶了这样一位佳人，就能淡忘索拉之死带来的悲伤。他给少女送去一条口信，让她来觐见自己。为了考验她的智慧，拉格纳让信使们转告少女，她来的时候既不能徒步而行，也不能脚不沾地；既不能身穿衣服，也不能赤身裸体；既不能吃饱喝足，也不能空着肚子；既不能有人陪伴，也不能孤身独行。

亚丝拉琪出现在伟大的海上王者面前——在那个凄惨的寄身之处，她又被称作克莱卡。她既没有脚不沾地，也没有徒步而行，而是骑在山羊背上，双脚则拖在地面；她既没有穿衣服，也没有赤身裸体，因为她的头发又长又密，遮住了她的身体，而且她还在身上裹了一张渔网；她既没有吃饱喝足，也没有空着肚子，而是手拿一个洋葱，凑在唇边尝味；她并非孤身一人，因为她的狗跟在她身旁。①

这时的拉格纳已是一位了不起的国王。他迎娶了美丽的亚丝拉

---

① 在高地的芬恩故事中，格兰妮（Grainne）与迪卢木多（Diarmid）相见时的情形与此相同。这个故事也出现在《格林童话》里，该版本还参考了除盖尔语和德语之外的语言中大量类似的故事。在萨克索的著作（第九卷）中，拉格纳以更加卑劣的手段追求"某位年轻女子"，后来她成了乌贝（Ubbe）的母亲。格拉纳效仿奥丁用来追求琳达的手段，穿上了女装。本书采用了《拉格纳萨迦》（Ragnar's Saga）中记述的版本。《沃尔松萨迦》并没有提及亚丝拉琪成为克莱卡之后的故事。

琪——希格尔德和布伦希尔德之女。他们生了两个儿子，一个叫英瓦尔（Ingvar），一个叫乌贝。①

---

① 在此，传说和历史产生了交集。有学者指出，英瓦尔和乌贝就是杀害了英格兰国王埃德蒙（Eadmund）的北欧人。另一些学者则认为，正是他们两人在约克郡向国王埃拉（Ella）实施复仇，在他背上剜出了血鹰，因为埃拉把他们同父异母的兄弟伊瓦尔（Ivar）拉下了王位。克莱卡就是北欧版的灰姑娘，她的故事在挪威和丹麦被传唱。北欧诸王经由她与奥丁建立了血缘关系，故而骄傲地自诩为阿萨神的后裔。

希格尔德死后，古德露恩生下了一个女儿，名叫斯万希尔德（Svanhild）。她被许配给了哥特人的国王乔蒙瑞克（Jormunrek）。[1]对吉乌基的宫廷来说，斯万希尔德就像是一道阳光，因此，在她带着女奴远嫁之后，整座王宫陷入了浓浓的悲伤。斯万希尔德得到了一大笔嫁妆，谁知安德瓦利的黄金所携带的诅咒也如影随形。比克（Bikki）诬陷斯万希尔德与一名王子有染，国王大发雷霆，下令用万马践踏之刑将她处死。

人们把斯万希尔德绑了起来，仰面丢在一片原野上。群马从她身上腾跃而过，却没有给她造成半点伤害。有些人认为是倾国倾城的美貌救了她，另一些人则将其归功于沃尔松格家族特有的明亮双眸。

由于斯万希尔德安然无恙，国王相信自己美丽的新娘并没有犯下过错。可是诬告者比克再度向国王灌输谗言，挑唆他叫人翻转斯万希尔德的身体，使她面朝地面。马群再次被驱赶着踏过斯万希尔德，无数只马蹄将她深深地踩进了泥土里。古德露恩的女儿斯万希尔德就这样死了，而布伦希尔德的女儿亚丝拉琪却成了拉格纳的王后，统治着北境。沃尔松格家族的血脉只在挪威王室那里得以传承。

乔蒙瑞克没有放过那名年轻的王子，他把自己的亲生儿子送上了绞架。[2]

---

[1] 即东哥特国王厄尔曼纳里克。
[2] 根据萨克索的记载，这是一次虚假的处刑。但在狄特里希的故事里，这名王子真的被处死了。比克就是西贝歇（Sibeche）。

31

古德露恩的复仇
Gudrun's Vengeance

希格尔德、他的儿子和布伦希尔德一同被火化之后,古德露恩拒绝接受安慰。吉乌基的宫廷令她难以忍受,她不愿与害死她丈夫的凶手——背信弃义的兄弟们——生活在一起。于是她浪迹森林,踽踽独行,只盼狼来把自己吃掉。古德露恩在哀恸之中漫无目的地走了五天,碰巧来到了阿尔夫国王的宫殿。那里的人温柔怜悯地收留了她,丹麦国王哈康(Hakon)的女儿索拉(Thora)与她做伴。大家都很喜欢古德露恩。她陪坐在索拉身边,在美丽的挂毯上绣希格尔德和西格蒙德的事迹。

过了三个夏季和四个冬季,格莉希尔德王后获知了古德露恩的避居之地。她想把女儿接回来,因为布伦希尔德的兄弟——国王"强大者"阿提利——前来提亲。于是,格莉希尔德让儿子们带上许多财宝,一同前去安抚古德露恩,企图用黄金化解血仇。格莉希尔德、古恩纳尔和胡格尼带领着五百名骑兵出发了。他们对古德露恩嘘寒问暖,并向她献上带来的财宝。随后,古恩纳尔递给古德露恩一盏金杯,里面盛满了格莉希尔德酿造的遗忘魔药,好让她忘记旧日的伤痛与仇恨。古德露恩喝下魔药,便忘却了悲伤。

然后，格莉希尔德把阿提利国王提亲一事告诉了女儿。格莉希尔德还说，古德露恩只要嫁给阿提利，就能得到更多财宝。

"我不想再嫁，"古德露恩说，"和布伦希尔德的兄弟生活在一起，我不会感到幸福。"

"要是嫁给了阿提利，"格莉希尔德说，"你就可以诞下子嗣，这就好像希格尔德和西格蒙德重生回到你身边一样。"

"往后余生，我再也不会寻求快乐，再也不会指望它到来。"古德露恩回答。

可是她的母亲苦苦哀求："阿提利是一位出类拔萃的王者。你不可能找到比他更加高贵的丈夫了。""倘若你拒绝了这位强大的统治者，"她补充道，"你最好一辈子都不要嫁人。"

"唉！"古德露恩叹了口气，"别把我嫁给布伦希尔德的兄弟，因为他必将给我族带来灾祸，胡格尼和古恩纳尔都会被他害死。倘若做了他的新娘，我终将不得不亲手取他性命。"

格莉希尔德没有听信古德露恩的话，反而哭闹起来。"土地和大军我都能给你，"她对女儿说，"只要你愿意嫁给阿提利。你会和他共享欢乐，直到生命的尽头。不仅如此，要是你嫁给了他，你的亲人们也会备感荣耀。"

"唉！所以我非嫁给他不可了，"古德露恩说，"即便我对他并无爱意。我绝不会为这桩婚事感到欢喜，因为他必将给我族招来祸患。"

格莉希尔德终于如愿以偿，顿时转忧为喜。送嫁的队伍很快组建完毕，浩浩荡荡地前往"强大者"阿提利的王国。他们走了七天陆路，又在海上航行了七天，上岸之后再跋涉七天，终于抵达了国王的宫殿。阿提利国王和古德露恩举办了一场盛大的婚宴，两人就此结为夫妻。然而新娘的内心却藏着伤悲，自从来到布伦希尔德兄弟的宫殿，她就不曾有过半点欢欣。

一天早上，阿提利从睡梦中醒来，被自己的梦搅得惴惴不安。他对古德露恩说：

"我似乎梦见你用剑刺穿了我的胸膛。"

"梦见铁，"王后答道，"就预示着火焰。"

"我还梦到，"国王接着说，"我的宫殿里长出了两枝水芦苇。它们双双被人连根拔起，落下了鲜红的血滴。有人让我吃了它们……然后，我的手腕上好像停着两只饿鹰，它们飞走了，飞到冥界去了。它们的心脏浸在蜂蜜里，让我吞下了肚……后来我梦见两只幼兽在我的脚边嬉戏，结果它们也成了我的盘中餐。"

"你的梦很不吉利，"古德露恩说，"坦白讲，你的儿子们快要死了。黑色的悲伤近在眼前。"

时间一周又一周、一年又一年地过去，这些不祥的梦逐渐在国王的记忆里淡去。然而，这对勉强结合的夫妻之间又产生了更多苦痛。

终于有一天，阿提利滔滔不绝地说起了希格尔德那受诅咒的宝藏，也就是他杀死法夫纳后得到的战利品。他深知，大部分宝藏不在古德露恩手上，而是被古恩纳尔和胡格尼藏了起来，这笔巨大的财富让他俩扬扬得意。阿提利暗自觊觎这笔财宝，渴望将其据为己有。因此，他征询了贵族们的意见，决定邀请古恩纳尔和胡格尼来他的宫殿做客。阿提利派出了一名得力的信使，他的名字叫作温格（Vinge）。在一队战士的护送下，他将前去拜访两兄弟，用百般承诺诱骗他们来许纳兰。古德露恩明白自己的丈夫居心不良，于是她在一枚金戒指上刻下有警告意味的卢恩符文，托温格把这件礼物捎给胡格尼。不料，阿提利的信使窜改了卢恩符文，使之看上去就像是王后欢迎他们早日前来。

温格抵达吉乌基的宫殿后便表明了来意。两兄弟彼此商议了一番，怀疑阿提利起了背叛之心，实则贪图黄金，但古德露恩的戒指打消了他们的顾虑。两兄弟与信使把酒言欢，随后便答应一同启程。

胡格尼的妻子科斯特贝拉（Kostbera）并没有轻信古德露恩戒指上的信息。她在卧房里仔细琢磨，发现卢恩符文有被改动的痕迹，从警告变成了欢迎。她把这件事告诉了丈夫。她还梦见了凶兆，梦里洪水高涨，冲垮了宫殿。

可是胡格尼却指责她恶意揣测阿提利。他已经对温格许下了同行的承诺，并不屑于违背誓言。

古恩纳尔的妻子也在梦中得到了警示。她梦见丈夫身受剑伤，还有一群狼围着他嚎叫。

"我们会碰到乱吠的小狗。"古恩纳尔说。

"我好像还梦见，"他的妻子接着说，"一位神色忧伤的女战士走进了殿堂。她似乎是一名瓦尔基里。"

"谁也无法逃避自己的死期，"古恩纳尔说，"再说了，活得太久并非幸事。"

这时，吉乌基早已离世，古恩纳尔身居王位，深受子民的爱戴。众人一大早为了他闹得沸沸扬扬，请求他不要离去。

古恩纳尔却邀请大家一同欢宴。"这或许是我们最后一次共饮蜜酒，"他说，"可是没有人能逃脱自己的命运。"

古恩纳尔的妻子前去质问温格。"在我看来，"她说，"这趟旅程将会给我们一族带来不幸。"

但温格赌咒，声称绝无恶意。"但凡古恩纳尔和胡格尼在阿提利的国度发现一丝背叛的迹象，"他说，"就让我被绞死吧。"

吉乌基的战士之子们告别了先辈的土地，一去不复返。尽管他们将会创下英勇的事迹并展现不屈的勇气，还会因此赢得辉煌的荣光，但送行的人们仍然垂泪叹息。

古恩纳尔的妻子抱了抱国王，科斯特贝拉抱了抱胡格尼，说："但愿你能日日安乐。"

"别忘了让自己开心起来，"胡格尼说，"无论我们此行将遭遇什么。"

航行的途中出现了许多不祥之兆，无声地昭示着旅者们的厄运。桨手划得太快、太猛，弄坏了桨叉，他们的船撞在海滩上，断了半根龙骨。他们跳船上岸，无所畏惧。古恩纳尔和胡格尼向内陆进发，前往阿提利的要塞。他们披盔戴甲，率领着麾下的全部人马。同行的还有胡格尼的两个儿子，以及科斯特贝拉的兄弟——勇猛无畏、功绩显赫的奥尔克宁（Orkning）。

一行人策马穿过黑暗的森林，逼近了阿提利的要塞，却被拒在城门之外。一支大军正在集结，准备迎击来客。

胡格尼坚持要以符合身份的方式极富尊严地踏入要塞，于是他举起战斧，把大门劈得粉碎。

"休得胡来，"温格咆哮道，"你只配待在这里。等我把绞架搬来，你们全都会被吊死在上面，那样才合情合理。你们全都听信了甜言蜜语，被我骗了过来，不久后你们通通都会丧命。"

"我可不怕你口出狂言，"胡格尼答道，"如果战争不可避免，我们绝不临阵脱逃。既然你坑害了我们，这就是我给你的回礼。"

说着，胡格尼挥起他的战斧，一击将温格斩杀。

吉乌基的子孙们昂首挺胸地驱马前行，终于来到了阿提利的宫殿前。一支强大的军队严阵以待。

阿提利国王走上前来，向两兄弟喊话。

"欢迎你们前来，"他说，"但你们必须马上把希格尔德屠龙得到的宝藏交出来。因为古德露恩有权继承这笔丰厚的遗产，所以它现在是我的了。"

此言一出，厄运顿时降临，所有人都受到了宝藏的诅咒。

古恩纳尔开口了。"你永远都别想得到我们的财宝，"他说，"倘若你胆敢对我们开战，你和你的族人必将死在我们手上，成为秃鹫和豺狼的美餐。"

"你们这些害死希格尔德的凶手，"阿提利说，"我早就想让你们接受惩罚了。这桩罪行实在可耻，因为希格尔德是一位举世无双的豪杰。"

胡格尼狂傲地回敬道："那你确实斟酌了不少时间。真奇怪你竟然没有早点动手。"

紧接着，战斗打响，双方将手中的长矛掷向彼此。

听说外面正在激战，古德露恩当即震怒，飞奔而出。她扯掉了身上的王族衣饰，冲进战场，拥抱、亲吻自己的兄弟们。

然而她的介入并无助益，和解的时机已然错过。古德露恩被迫拿起武器，协助古恩纳尔和胡格尼一起抗击阿提利的战士们。

两兄弟奋勇作战，杀死了国王的三个兄弟。阿提利呼喊道：

"现在全族只剩我一个人了，布伦希尔德也是死在了你们手上。"

"你很快也会上路，"胡格尼回应道，"诸神已经降下了对你的惩罚。"

阿提利激励着麾下的战士们，催促他们冲锋厮杀，战况因此愈发激烈。可他仍然节节败退，被迫撤回了自己的宫殿，厅堂中很快血流成河。英勇的吉乌昆格家族（Giukings）铸就了卓著的战绩。

然而，面对敌人密集的攻击，古恩纳尔和胡格尼最终被擒，镣铐加身。

阿提利发现自己的部队经此一役伤亡惨重，气得暴跳如雷，对胡格尼怒目而视。

"这个家伙害我折损了众多英豪，"他说，"我要剖了他的心。"

"你想怎么做都行，"胡格尼答道，"但是休想让我害怕。我已身负重伤，不如一死了之。"

国王并没有立即实施报复，他想要先从两兄弟口中撬出法夫纳宝藏的下落。因此，他把两兄弟分别关进了各自的地牢。

古恩纳尔先被押了过来。"我可以饶你一命，"阿提利说，"只要你愿意交代藏宝的地点。"

古恩纳尔予以反击。"除非你把胡格尼的心脏摆在我面前，"他说，"否则我绝不会开口。"

阿提利耍了个十分巧妙的花招。他抓来了一个奴隶，打算拿他的心脏去蒙骗古恩纳尔。那个家伙舍不得稳定的温饱，也不愿离开他心爱的猪，因而刀子还没有碰到身体，他就发出了凄惨的悲鸣。

懦夫的心脏被掏了出来。在古恩纳尔眼前，这颗心脏瑟瑟发抖。

"这不是我兄弟那颗勇敢的心，"他说，"它属于一个奴隶。"

因此，阿提利非得杀了胡格尼不可。面对向他扑来的敌人，胡格尼放声大笑，他的英勇赢得了对手的赞叹。

就这样，英雄的心脏被人取下。古恩纳尔看到它，说道：

"这确实是伟大的胡格尼的心脏。看啊，它仍在无所畏惧地跳动着。在我的兄弟还活着的时候，我曾经动摇过，但现在我可以心满意足地去死了，因为你，阿提利，永远都无法知晓宝藏的所在了。尽管如此，啊，国王，你还是在劫难逃。黄金的秘密将沉没在莱茵河里。"

阿提利大发雷霆，他的脸色阴沉了下来，眼中燃起了怒火。

"马上把这个囚犯给我关起来。"他咆哮道。手下们奉命执行。①

他们把古恩纳尔绑了起来，扔进了一间满是毒蛇的可怕的地牢。古德露恩给古恩纳尔送来一把竖琴，他用脚趾拨动琴弦，奏出了美妙至极的音乐。几乎所有毒蛇都被琴声迷住了，着魔似的睡了过去。唯独一条蛇没有受到影响，它咬穿了古恩纳尔的胸膛，最终钻进了他的心脏，吮饮他的生命之血。古恩纳尔备受折磨而死。

有人说，那条杀死英雄的毒蛇其实是阿提利那身为女巫的母亲所化。

打败古德露恩的兄弟们之后，国王向她夸耀起了自己的战绩。

"古恩纳尔和胡格尼确实不在了，"王后说，"因此复仇的使命落到了我的肩上。"

她的话令阿提利感到不悦。于是他说："让我们和解吧。我会给你许多财宝，作为对你失去亲人的补偿。"

古德露恩不愿接受用钱换命，她的愿望是为古恩纳尔和胡格尼举办一场葬礼。

国王当即同意了。随后，古德露恩开始了可怕的复仇大业。她杀死了自己的两个儿子，把他们的头骨做成两只酒杯。他们的心脏则被她浸在蜂蜜里煮熟，呈给了国王。她还把孩子们的血液掺进了国王的葡萄酒中。

葬礼结束后，阿提利想要召见两个儿子。

---

① 流传至今的高地传说中有一个类似的关于保守秘密的故事。在《消失的风笛》(*The Lost Pibroch*)一书中，尼尔·芒罗（Neil Munro）在《石楠花酒的秘密》(*The Secret of the Heather Ale*)中生动地讲述了这个故事的超自然版本。

"你杀了我的兄弟们,"古德露恩说,"使我忍受黑暗的伤悲。现在你的报应来了——你吃下了亲生儿子的心脏,还喝下了掺有他们鲜血的葡萄酒,所用的酒杯是他们的头骨。"

"报复心重的女人啊,"阿提利高呼,"你竟然杀死了自己的亲生骨肉,真是太残忍了。"

"更残酷的还在后头呢。"她回答道。

"为此你将被活活烧死。"阿提利厉声喊道。

"你亲口道出了自己的结局,"她说,"我也会以同样的方式死去。"

胡格尼尚有一个儿子活在世上。他是尼伯龙家族(Nibelungs,又作Hniflungs)的一员。①古德露恩与他联手。等到阿提利喝得烂醉,昏睡过去,他的妻子就和胡格尼的儿子一起进了他的卧房。古德露恩拔剑刺穿了他的身躯。

阿提利恢复了神志,大声喊道:"是谁给了我致命一击?"

古德露恩承认了自己的所作所为,宣告自己已经为亲人们完成了复仇。

阿提利请求古德露恩体面地安葬自己,王后答应给他建一座高大的火葬柴堆。阿提利死后,古德露恩放火点燃了宫殿,殿内的一切都被大火吞没。战士们在黑暗中相互冲撞,纷纷在打斗中倒下,然后葬身火海。

古德露恩逃了出来,可她再也不想活下去了。她奔向海边,投入波浪之中,想要以这种方式终结自己的生命。

有人说她就这样死了,但也有一些人说她被海浪卷走,被送上了另一片海岸,现身于国王约纳库尔(Jonaker)的要塞旁。

约纳库尔国王是一位强大的勇士。一见到王后美丽的容颜,他就想娶

---

① 吉乌昆格家族的原型是尼伯龙家族,他们占有安德瓦利所守卫的财宝——安德瓦利又是阿尔贝里希(Alberich)。这就是为什么胡格尼的儿子被称为"尼伯龙家族的一员"。这种说法源自这一传说的某个更早的版本。在下一章里,尼伯龙人成了侏儒(精灵),吉乌昆格家族成了勃艮第人。狄特里希的故事向我们展示了神话和历史是如何在无尽的演变中彼此交融的。与之相似,来自同一古老起源的神话也会在各个地区独立发展,然后被漂泊的吟游诗人们融为一体。

她为妻。待到她获得滋养和慰藉，两人结为夫妻，幸福地生活在了一起。

古德露恩生下了三个儿子，分别叫作韩德（Hamder）、索尔勒（Sorle）和伊阿皮（Erp）。据说，在他们成长为合格的勇士之后，古德露恩派三人去诛杀乔蒙瑞克国王，以报斯万希尔德被杀之仇。传闻道，伊阿皮不愿前去，因此为他的兄弟们所杀。

韩德和索尔勒出发了。他们的母亲对他们施了咒语，保护他们免受钢铁的伤害。两人找到乔蒙瑞克，韩德砍下了他的手，索尔勒斩断了他的脚。

"要是伊阿皮在这里，"其中一个对另一个说，"他会砍下国王的头。"

一大群身强力壮且武艺高强的勇士攻向古德露恩之子，却是白费力气，无法对两兄弟造成伤害。

这时，一位睿智的独眼老人出现在了战场中。此人正是奥丁，不过谁也没有认出他来。他向勇士们提议，鉴于两兄弟受到咒语的庇护，那就改用石头攻击。人们听从了他的建议。无数石块朝着韩德和索尔勒飞去，两人很快死于乱石之下。

北境的沃尔松格家族和吉乌昆格家族的故事就这样结束了。

32

齐格弗里德和尼伯龙人

Siegfried and the Nibelungs

齐格弗里德①是一位伟大而高贵的王子，他创下了卓著的功绩，因此名垂千古。他的父亲是尼德兰（Netherlands）国王齐格蒙德（Siegmund），他的母亲叫齐格琳德（Sigelinde）。在齐格弗里德心智尚不成熟的时候，他心高气傲，无所顾忌。他还力大无穷，玩伴若是不顺他的意，就会遭到他的暴打，因此大家都对他又怕又恨。这位王子狂妄而又任性，就跟普通小伙子一个样。

有人向国王控诉了齐格弗里德的所作所为，国王于是下定决心，要送他去跟随身强力壮且本领高超的人历练。因此，王子被送到了神匠密米尔

---

① 《尼伯龙根之歌》是一部伟大的上部德语叙事诗（参见前言），齐格弗里德是诗中的英雄。他与埃达诗歌和《沃尔松格萨迦》中的北欧英雄希格尔德是同一个人。这个广受欢迎的故事有众多版本，但它们全部源自同一个更加古老的传说。本章以对《西德雷克萨迦》（*Thidrek Saga*）的概述作为对《尼伯龙根之歌》的铺垫。这首北欧诗歌的创作时间约为 13 世纪中叶，依据的是该传说的低地德语版本以及关于狄特里希的诗歌。笔者的介绍提供了连贯的叙事。《尼伯龙根之歌》的开头十分突兀，首先引出了克里姆希尔德（Kriemhild），她所对应的是北欧故事中的古德露恩；之后才简单地提及齐格弗里德的早期功绩。

居住的大森林里,学习关于如何制造兵器的知识,这在将来会对他大有裨益。密米尔给小伙子安排了繁重的任务,让他从早到晚围着铁砧和风箱忙活。齐格弗里德逐渐掌握了打铁的技巧,力量和学识都大有长进。

小伙子谦逊地忍受着繁重的劳作和师长的打骂,就这样过了好几年。直到有一天,小伙子扑向了密米尔手下最强壮、最机敏的铁匠维兰德,抓着他的头发,拖着他横穿了整座铁匠作坊。密米尔大发雷霆,但齐格弗里德已经清楚自己有多大实力,于是他拿出了王子的派头,趾高气扬地命人为自己打造一把宝剑。铁匠宗师意识到,无论有多不情愿,他都必须听从齐格弗里德的要求。密米尔从炉子里取出了一段红热的铁块,让小伙子自行锻造配得上他的兵刃。

齐格弗里德高高扬起大锤,然后重重落下,整间铁匠作坊都为之震动。铁块和大锤双双粉碎,就连铁砧也被深深地砸进了地里。

密米尔怒声呵斥,却被齐格弗里德狠狠地揍了一顿,另一位助手也挨了他的打。

然后,小伙子要密米尔给他铸造一把与自己的力量相称的宝剑。密米尔承诺为他铸剑,可在内心深处却发誓要报仇雪恨。密米尔先是穿过森林,前往兄弟雷金的巢穴。雷金曾经是个罪大恶极之徒,故而被变成了龙形。密米尔点燃了这头怪兽的怒火,然后让其埋伏起来,等待齐格弗里德出现。接着,他返回铁匠作坊,叫小伙子赶紧穿过森林去烧炭人家中,假称只有买够了上好的燃料,他才能依照承诺铸出宝剑。

齐格弗里德抓起自己的大棒就出发了。他途经一片林间沼泽,里面挤满了毒蛇、巨大的林德虫①和癞蛤蟆。齐格弗里德深感厌憎,但并不害怕。找到烧炭人后,齐格弗里德向他讨要火种,用以铲除那些爬虫。

"你这个可怜人!"烧炭人惊呼,"要是你按照原路返回,恶龙雷金就会出来把你吞掉。"

王子毫不害怕。他拿起一根火把,重返森林,放火点燃了沼泽周围的

---

① 北欧神话中的常见生物,近似于飞龙,但没有翅膀,无腿足或仅有双爪。——译者注

树木和灌木丛，把可恶的爬虫烧了个精光。

这时，巨龙现身了。它一边高声咆哮，一边喷吐毒液，脚步震得地动山摇。但齐格弗里德毫无惧意。他抡起大棒猛击三下，就这样打倒了怪兽。①

眼见恶龙已死，王子剖开了它的身躯，浓稠的龙血喷涌而出。齐格弗里德用手指蘸了点龙血，然后惊奇地发现自己的皮肤变得像兽角一样坚硬。

"从今以后，我将刀枪不入。"他说。

于是齐格弗里德脱光衣服，一头扎进了灼热的血河。他的全身都变得坚硬如角，只在两肩之间留下了一处破绽，因为那里被一片黏糊糊的树叶盖住了。

齐格弗里德高兴极了。他披上衣裳，又切下几块龙肉烤了起来，想要获得龙的力量，作为对自己的奖赏。他见龙肉在火上烤得嘶嘶作响，想知道熟了没有，便尝了尝滋味。吃下龙肉的瞬间，森林中突然充满了奇妙的声音，鸟类的语言在他耳中产生了意义。

> 齐格弗里德惊讶极了，只听鸟儿们唱道：
> 要是齐格弗里德知道我们的所见所闻，
> 我们今天的所见所闻，
> 他会去找，啊，他会去找
> 那个神匠索命，
> 因为密米尔派他来森林里，
> 就是想让他成为恶龙的盘中餐。
>
> 把我们的所见所闻告诉齐格弗里德，
> 让他揣摩我们的歌声……

---

① 只用一击无法杀死恶龙，这让人想起了索尔与中庭巨蟒的战斗——一次发生在希密尔的船上，一次发生在饶纳诺克的战场上。

> 神匠定会乐意，啊，乐意
> 为兄弟的悲惨遭遇报仇——
> 先下手为强，后下手遭殃，
> 不然他就要一命呜呼。

齐格弗里德听得明明白白，狠下心来对付神匠。他割下恶龙的脑袋，迅速赶回铁匠作坊，将战利品甩到密米尔的脚下，逼迫他吃下去。维兰德和其他工匠都被王子的怒火吓坏了，纷纷逃跑，而密米尔却对他大加奉承，企图平息他的怒气。最终，密米尔献上了与斯莱普尼尔同种的骏马格拉尼，想要用它来赎回自己的性命。

齐格弗里德接受了这份礼物。随后他想起鸟儿们的歌声，便还是抡起大棒击杀了密米尔。

在这之后，年轻的英雄回到了父亲身边。齐格蒙德国王为铁匠宗师的死斥责了他，但屠龙的壮举又让小伙子成了父亲的骄傲。

没过多久，齐格弗里德得到了武器和铠甲，成为一名成熟的勇士。人们为他举办了一场宴会，倾尽了一杯又一杯美酒。在热烈的欢呼声中，王子被拥立为尼德兰王国的王位继承人。

在那之后，齐格蒙德那强壮的儿子奔赴远方，以期扬名。他选择了北向的路线，去往冰岛（Isenland）。他的船停泊在尼德兰的海岸边，只待扬帆起航。飓风袭来，船长不敢出海，但齐格弗里德还是迫不及待地踏上了旅程。他不顾艰难险阻，英勇无畏地驶过风暴肆虐的大海。

齐格弗里德平安无事地靠了岸，朝着布伦希尔德（Brunhild）女王的城堡前行。只见城堡的大门紧闭，上面还插着门闩。齐格弗里德破门而入，守门的骑士们向他发起冲锋，战斗一触即发。然而布伦希尔德出面制止了冲突，并以周到的宫廷礼仪欢迎王子的到来。

布伦希尔德是一位绝代佳人，同时也是一名勇猛过人的女战士。她有许多追求者，但是在前来一睹芳容的骑士当中，没有谁的武艺能够与她媲美。凡是见过她的人，一个个都不敌身亡。布伦希尔德还有一群披盔戴甲的侍女，她们会为了女王奋勇作战。

齐格弗里德见识到了布伦希尔德出众的美貌，无意赢得她的爱情，因此既不愿挑战她的骑士们，也不想和她本人一较高下。

"我要娶的女人，"他说，"必须温柔且有女人味。女战士并不是我心仪的类型。"

不过在离开之前，齐格弗里德还是展现了自己的英勇。他抓起一块巨石扔了出去，落地之处是如此之远，以至于凡是目睹了这一壮举的人，无不惊叹。①

随后，王子再度出发，最终抵达了尼伯龙人的领地。恰逢国王离世，他的两个儿子尼伯龙和席尔邦（Schilbung）为了宝藏争执不下。两人请齐格弗里德来分配父亲的遗产，并说要是他处事公正，就赠给他一把侏儒铸造的宝剑。齐格弗里德满足了他们的要求，不料两人却想用背叛来回报他。等齐格弗里德拿到巴尔蒙（Balmung）宝剑之后，两兄弟污蔑他私吞了一份财宝。三人吵了起来，而且越吵越凶。国王的儿子们召来了十二名巨人，想要让他们把齐格弗里德打倒，捆起来关进藏宝的山洞。

然而，任何敌人都无法吓退齐格弗里德。他勇敢地与巨人作战。

齐格弗里德的对手施展出咒语，召唤浓雾笼罩了战场。可齐格弗里德将手中的巴尔蒙宝剑使得出神入化，竟占了上风。雷雨呼啸而来②，可怕的轰鸣回荡在群山之间，大地震动。他不懈地作战，直到巨人们逐一倒在他的剑下，无一幸存。

这时，侏儒阿尔贝里希③前来迎战，想要向他复仇。这个敌人十分狡猾，很难对付，因为他拥有隐身的魔力。他有一件隐形斗篷，当他穿上之后，齐格弗里德就不得不与危机四伏的虚空作战。两人厮杀良久，最终齐格弗里德制服了侏儒。④

---

① 此举类似于山巨人投掷巨石。
② 暗指索尔。
③ 阿尔贝里希在法国的传说中被称为奥伯龙（Auberon）。斯宾塞把这一人物引入英国时，使用的拼写方式是"Oberon"。阿尔贝里希这个名字意为"精灵国王"。
④ 班夫郡（Banffshire）有一个有趣的故事：两个山妖为争夺一位精灵少女的爱而大打（转下页）

齐格弗里德杀死了国王的两个儿子，但饶过了阿尔贝里希的性命。他从侏儒那里赢得了那件隐形斗篷，披上以后就没有人能看见他。当侏儒逃向山中的时候，齐格弗里德紧随其后，从而找到了藏宝的洞穴。本领高强的英雄就这样成了宝藏的主人，阿尔贝里希发誓听命于他，并为他看守财宝。

尼伯龙人把齐格弗里德奉为他们的国王，但他并没有在当地久留。他带上十二名勇武的战士再度出海，返回了尼德兰。他的声名迅速传扬，吟游诗人们在许许多多的殿堂中歌唱他的事迹。

齐格弗里德长成了一位英勇而高贵的王子。他是每个男子崇敬的对象，也是所有女子的梦中情人。无数美丽的少女为他唉声叹气，只因他没有表露出娶妻的打算。齐格弗里德好战喜功，沉迷竞赛，没有任何少女能够让他动心。

突然之间，吟游诗人们纷纷传颂起勃艮第国王之女克里姆希尔德公主的美貌和优雅。她的容颜举世无双，让齐格弗里德认定她就是自己的心上人。尽管还没有亲眼见过她的模样，但齐格弗里德已经暗生情愫，决定立刻前去向她求爱。

齐格弗里德把这件事告诉了自己的骑士们，然后他们向国王和王后报告了他的痴心妄想。齐格蒙德和齐格琳德试图浇灭他的热情，但王子并没有知难而退。

国王警告儿子，勃艮第的勇士们骁勇善战，其中还有贡特尔（Gunther），以及身强力壮、报复心强的哈根（Hagen）。

"倘若不能通过公平的求婚得到她，"齐格弗里德说，"我便在战场上把她赢回来。"

齐格弗里德的父亲提出要给他一支大军，但王子表示，连带他自己，

（接上页）出手。其中一个肤色黝黑，另一个肌肤白皙。黑皮肤的山妖拥有隐身的魔力。他在决斗中隐去身形，不料有一个红点仍然可见。看到这个红点在空中飘来飘去，白皮肤的山妖对准它射了一箭。黑皮肤的山妖受创身亡，因为那个红点正是他的心脏。这个故事并不属于常见的类型，但显然非常古老。两个妖精分别占据对立的山头，似乎和普通的苏格兰山巨人别无二致。当然，巨人和妖精有着许多共通之处。

只要十二名骑士就够了。他不屑于用武力夺得克里姆希尔德，而发誓要用英勇的壮举博取她的芳心。

齐格弗里德着手准备行装，王后命人为他和每个随从都制作了一身华丽的装束。他们骑上骏马，个个仪表堂堂，赏心悦目。

齐格弗里德与父王、母后亲吻作别，齐格蒙德和齐格琳德悲伤极了。

"不必伤怀，"齐格弗里德说，"因为任何灾祸都无法近我的身。"

高贵的王子策马启程，前去领受他命中注定的福分和劫数。

33

克里姆希尔德的婚约

The Promise of Kriemhild

克里姆希尔德公主生得极为姣美,举世之中无人能及。为了赢得佳人,无数英勇的骑士不惜拼上自己的性命。在她的父亲勃艮第国王去世后,克里姆希尔德的三个兄弟——贡特尔、盖尔诺特(Gernot)和吉赛海尔(Giselher)——成了护花使者。他们的母后名叫乌特(Ute),拥有大笔财富。英勇的三兄弟和美丽的公主跟母后共同生活在沃尔姆斯(Worms),住在一座华丽而恢宏的宫殿里。

齐格弗里德到来之前,克里姆希尔德恰巧做了一个怪梦。第二天早上,她对母亲诉说了自己的梦境:

"我梦见自己养了一只隼,它身姿矫健且仪表高贵,对我忠心耿耿。不料有两只凶狠的老鹰飞了过来,当着我的面杀死了它。我哭了出来,我从来没有这么伤心过。"

睿智的老王后说:"我能解读你的梦,我的孩子。你将拥有一位强壮而高贵的丈夫,但他早早就会被人从你身边夺走。"

"我亲爱的母亲啊,"公主恳求道,"请不要跟我提嫁人的事了。任何人的爱情我都不想要。我的心愿是永葆容颜，就像现在这样和你生活在一起，直到死亡降临。爱情必然会带来伤痛，而我无意受苦。"

"唯有丈夫的疼爱，"乌特说，"才能在今生给你带来无上的欢愉。啊，克里姆希尔德，你一定会是个漂亮的新娘子！愿上帝给你送来一位与你般配的骑士。"

克里姆希尔德羞红了脸。"别再向我诉说这般睿智的话语了，我的母亲，"她柔声轻诉，"女子往往会发现，她们的福分只会招致深切的伤悲。我什么也不求，但愿这样就能免除一切不幸。"

尽管美丽的公主一直抱有这样的想法，但她终将在一位高贵的骑士那里尝到爱情的滋味，并最后嫁给此人。但是，就像她梦见的那只隼一样，她的丈夫也会遇害身亡，杀人凶手乃是与她血脉相连的至亲。她对复仇的渴望是如此强烈，以至于在她实现目标之前会有许多人丧命。

齐格弗里德和他的骑士们朝着沃尔姆斯的宫殿策马前行。他们的模样是那么高贵，衣着是那么华丽，吸引了无数惊奇的目光。他们穿着金光闪耀的服饰，配以黄金装点的辔头，甲胄熠熠生辉。他们的头盔高耸而威武，他们的盾牌簇新而雪亮。一行人庄严地行进，身下的坐骑踏着骄傲的步伐，佩剑与长矛叮当作响，盔甲发出清脆的碰撞声。齐格弗里德率众向前。人们从未见过比他更加英俊的骑士。他拿着一面绘有王冠的盾牌，佩着举世无双的巴尔蒙宝剑，众人纷纷对此剑致以讶异的注视。

王子到来的消息传到了宫中。贡特尔国王想要知道他的身份，于是让哈根透过窗户打量一番。

哈根听命照办，然后回禀道："虽然我不曾见过齐格弗里德，但我认为这位高贵的骑士只能是他，不是别人。他到这儿来准是为了寻求新的功业……正是这位王子征服了尼伯龙一族，并占有了他们的财宝。他不仅击杀了一群巨人，还从侏儒阿尔贝里希手中夺得了隐身斗篷。从来没有哪个英雄比他更加伟大。他消灭了林中恶龙，然后在龙血中沐浴，由此变得刀枪不入。啊，国王，我们前去欢迎齐格弗里德吧。他的确配得上勇者的友谊。"

国王亲自走出宫殿,把王子迎了进来。然后他对齐格弗里德说:"你来沃尔姆斯,所为何事?"

齐格弗里德予以大胆的回应。"您手下英勇的骑士们,"他说,"已经名扬海外。我愿与诸位及陛下您本人一战,来赢得您全部的土地和堡垒。"

国王却出言安抚,试图与王子结为盟友。最终,齐格弗里德被说服了,他和众骑士一道,与贡特尔共饮美酒。

之后人们举办了数次竞赛,齐格弗里德凭借自己的力量和技艺压倒了其他所有参赛者,没有谁能像他那样力举千钧、百发百中。骑士们在庭院里比拼长矛的时候,许多娇俏的少女都将目光投向了那位陌生的骑士。

美艳的克里姆希尔德透过宫殿的窗户向外张望,对王子高贵的英姿十分满意。齐格弗里德并没有看到她的倩影,但他知道自己的心上人正注视着他。可他还是郁郁不乐,思索着如何才能赢得佳人。

次日,国王带着所有人马外出打猎,齐格弗里德与他们同去。克里姆希尔德孤身惆怅,王子的心情也和她的一样沉重。

一周又一周,一月又一月,时光匆匆流逝,骑士们常常出门狩猎或彼此切磋,而相思的两人始终不曾见面。齐格弗里德一次也不曾见到他心仪的美丽姑娘……两人在煎熬的等待中度过了整整一年。

这时,有两名国王想要对贡特尔开战,进犯他的领土。此二人是一对兄弟,人称撒克逊的吕德格(Ludger)和丹麦的吕德加斯特(Ludgast)。两人遣使造访沃尔姆斯,要求贡特尔遵循旧例缴纳贡品。在听取齐格弗里德和骑士们的建议之后,贡特尔回绝了他们,并召集手下的战士们,为开战做准备。

没过多久,两军便在战场上相见。丹麦人和撒克逊人总计有四万之多,勃艮第人的阵势则远逊于此。但齐格弗里德的战绩是如此卓著,战场之上无人能与他匹敌。

战斗开始之前,齐格弗里德向国王吕德加斯特发起一对一的挑战,两人打得十分激烈。齐格弗里德挥舞着巴尔蒙宝剑,使出一记又一记威猛的攻击,国王最终投降被俘。吕德加斯特手下的骑士们企图营救他,不料整整三十个人都死在了王子的手上，只有一人逃得性命。

哈根看管着被俘的国王，盖尔诺特仅仅率领着一千人就冲进了战场。勃艮第人作战十分勇猛，更何况还有齐格弗里德的强大助力。他三次冲破敌阵，阵亡者的鲜血如莱茵河水一般奔流在他身后。终于，齐格弗里德找到并逼近了他的目标——吕德格。撒克逊国王知道自己的丹麦兄弟已经被俘，因此怒火冲天。他本以为罪魁祸首是盖尔诺特，但很快就查明了真相。撒克逊国王与英勇的王子交起手来，两人打了片刻，国王发现对方的盾牌上绘有一顶闪闪发光的王冠。

"停止战斗，"国王对他的手下们呼喊，"因为魔鬼派了勇猛的齐格弗里德——齐格蒙德之子——来与我为敌。"

于是，撒克逊人降下了战旗，吕德格国王成了齐格弗里德的阶下囚。和他一起被俘的还有五百名英勇的骑士，哈根和盖尔诺特押着他们前往沃尔姆斯。

一名得力的信使给克里姆希尔德送来有关战况的密报。听闻齐格弗里德战绩辉煌，她的脸上泛起了玫瑰色的红晕。她的心情也变得欢快起来，不仅因为他赢得了赫赫声名，还因为他在战斗中毫发无损。

两名被俘的国王被带到了贡特尔的面前，他们提出用大笔黄金赎回自己的性命。

贡特尔对此做出了高尚的表态。"我放你们自由，"他说，"只要你们和我签订和平协约。"

身为阶下囚的两位国王立刻许下诺言，随即得到了宾客般的礼遇。受伤的骑士们都接受了治疗，其中一些人打算等到痊愈之后再离开，便作为盟友暂时留在沃尔姆斯。战争结束，和平降临，齐格弗里德准备返回尼德兰，但贡特尔恳请他多留一些时日。念及自己对克里姆希尔德的情愫，王子答应了他的请求。

之后，人们举办了一场盛大的宴会。远近八方的英勇骑士云集至此，庆祝本国军队获胜。所有名门淑女都受邀前来，乌特太后偕同一百名少女出席。众骑士对这群佳丽翘首以盼，希望能够见到美艳的公主，一饱眼福。齐格弗里德也和他们一起期盼、等候。

随后，艳冠群芳的公主露面了。她出现在众人面前，如同黎明时分玫红的晨光，穿透了灰蒙蒙的阴云……

朝思暮想了那么久，齐格弗里德的苦恼在此刻烟消云散。他总算见到了心上人的芳姿。她的衣裙上缀着无数宝石，闪耀着璀璨的光芒。她的粉颊色若玫瑰，焕发着动情的光彩……在场之人谁也不曾目睹过如此绝色。克里姆希尔德的美貌超越了环绕在她身边的一众女子，就好比明月偎云倚雾，群星黯然失色……无论是英勇的骑士还是平民百姓，都跃跃欲试，想要在这位佳人面前展示自己的勇武。

宫廷侍从为她清出了一条道路，可相思成疾的战士们又热切地拥上前来，盯着克里姆希尔德不放。

齐格弗里德亦喜亦忧。"啊，我要如何才能赢得你！"他叹息道，"唉，我果然是痴心妄想！我没有勇气走近你的身边……我还不如去死。"

他的脸色忽红忽白……齐格蒙德伟大的后裔鹤立鸡群，他的姿态是那样高贵，容貌是那样英俊，恰似巧手名匠在羊皮纸上绘出的画中俊杰。有传言道，无人见过比他更具贵族风范的勇士。

繁忙的宫廷侍从们让骑士们往后站。盛装的佳丽们跟着乌特太后鱼贯而入，真是赏心悦目。

然后盖尔诺特请国王贡特尔把齐格弗里德介绍给美丽的克里姆希尔德。于是王子被领到了意中人的面前，还获得了对方的问候。他的忧伤一扫而空，就像阳光下的露水那样消散了。

少女端庄地向勇敢的王子致意。当王子来到她的身边，她羞红了脸。

"齐格弗里德阁下，我欢迎您的到来，"她说，"您是一位勇猛而高贵的骑士。"

齐格弗里德欢欣雀跃。听到少女的声音，他不再沮丧，而是低低地鞠躬，吻了吻她洁白的玉手。随即四目相接，两人的眼中满溢着隐秘的情意。王子轻轻地握住了她的手，两颗心齐声跳动。

齐格弗里德和少女并肩而行，在那个甜蜜的时刻，他的灵魂感到空前绝后的幸福……所有的眼睛都望向他们，人们纷纷议论，从来没有哪个骑士比他更值得这份奖赏。

两人来到国王面前，国王命克里姆希尔德亲吻高贵的王子……在此之前，齐格弗里德从来不曾设想，自己今生竟会迎来这般欣喜之事。

贡特尔国王说："齐格弗里德之所以能够受到这样的欢迎，是因为他斩杀了无数勇士……愿上帝保佑，让他永远留在我们身边。"

典礼就此结束，宴会随之开始。克里姆希尔德与她的爱人暂时分别。在一众佳丽的簇拥下，光彩照人的她走出了殿堂。任何人都无法与她媲美——任何人都不能。

没过多久，这对恋人就再度碰面了。王子守候在那里，不为莺莺燕燕——他只想见到自己的心上人。两人趁机交谈了起来。克里姆希尔德温柔亲切地赞颂他，并为他在战场上的英勇而感谢上帝。

齐格弗里德低身鞠躬，说道："我愿为你效力终身，因为我爱你不渝。"

欢乐的日子持续了十二天，王子每天都与克里姆希尔德相伴而行。这是王室给予他的嘉奖。宾客们狂欢作乐，有的在庭院里比武，有的在享用美酒佳肴。然而，分别的时刻终究到来了。

众人依次与乌特和克里姆希尔德辞行。齐格弗里德也加入了告别的队伍，并因此而陷入绝望。

"我永远也没办法赢得她了。"他叹息道……

齐格弗里德动身召集自己的手下，他们很快为他的坐骑备好了鞍鞴。朝着家乡的方向，齐格弗里德纵马而去。

听闻齐格弗里德突然作别，贡特尔派吉赛海尔前去挽留，并转告他："在这里，你永远可以随心所欲地见到诸位佳丽。"

"把马鞍取下来，"王子下令，"我本想离开，但吉赛海尔让我改变了主意，我要在此地再留一段时间。"

留住齐格弗里德的是他的爱情。不管去到哪里，他都不可能比在这里更加快活了，因为他每天都能和克里姆希尔德说上话……时光流逝，可他仍然为情所困。齐格弗里德为了爱而留下来，但爱情只会让他痛苦，而且终将使他丧命。

碰巧，贡特尔国王十分渴望娶布伦希尔德为妻，于是他找齐格弗里德商议此事。据说布伦希尔德发过誓，绝不爱上任何男人，除非对方的武艺胜过自己。此女力量惊人。首先她会掷出一支标枪，她的追求者必须比她扔得更远。然后她会把一块石头抛向远方，再纵身一跃，跳到石头落地之处。一旦在任何一项比试中落败，前来挑战的骑士就会被立即处死。曾经有许多人试图向她求爱，却都为自己的莽撞付出了生命的代价。

贡特尔夸口道，世上没有哪个女子是他不能战胜的。齐格弗里德告诫他说：

"您没见过布伦希尔德，她的力气堪比四个男子。如果您真的珍惜自己的生命，就不要去找她。"

"她太过美丽，"国王说，"我必须尝试去赢得她。"

哈根建议他带上齐格弗里德同去。于是国王提出，要是齐格弗里德帮他赢回布伦希尔德，他就会给予嘉奖和襄助作为答谢。

齐格弗里德说："如果您能把克里姆希尔德许配给我，我将在这次冒险中为您效劳，其他任何回报我都不需要。"

贡特尔说："等到布伦希尔德成了我的妻子，随我回到我的王国，克里姆希尔德就是你的人了。"

于是他们共同立下誓言，并对行程进行规划。国王本想带上一支军队，但齐格弗里德说服了他，仅让哈根及其兄弟旦克瓦特（Dankwart）和齐格弗里德自己随行。齐格弗里德还说，他会把得自侏儒阿尔贝里希的隐身斗篷也一并带上。

贡特尔和王子去找克里姆希尔德，请她为四名骑士准备几身华丽的装束。按照国王的指示，他们各需要三套替换的衣服，以供四天穿戴。

美丽的公主给侍女们分配了活计，她自己则亲手裁制每套衣装。制衣所用的布匹有来自阿拉伯和查查曼克（Zazamanc）的雪白的丝绸，有公主纺出的苜蓿般翠绿的锦缎，还有产自利比亚和摩洛哥的绫罗。在这些精美的衣袍上，不仅点缀着珍稀的宝石，还绣有金灿灿的纹样。衣服上附有白底黑斑的鼬皮，还有用银亮的鱼皮做成的内衬。

待国王和三位勇敢的骑士打扮完毕，他们都发誓称这般出色的人才前所未见。

克里姆希尔德请求贡特尔不要踏上这段危险的旅程，但他的决心不容改变。道别之时，公主潸然泪下。她叮嘱齐格弗里德：

"我的兄弟贡特尔国王就托付给你保护了。"

齐格弗里德回应道："不要悲伤，也不必担惊受怕。只要我一息尚存，必会把他安全带回莱茵兰（Rhineland）。"

克里姆希尔德对他表示感谢，心中备感宽慰。

随后，黄金的盾牌、雪亮的武器和甲胄都被运到了岸边。一行人登上了甲板——贡特尔国王、尼德兰王子齐格弗里德，还有英勇的哈根和旦克瓦特兄弟二人。

白帆升起，一阵和风鼓起船帆，吹着船沿莱茵河顺流而下。

许多佳丽透过窗户目送他们。看着船渐渐远去，克里姆希尔德落下了泪珠。

34
布伦希尔德与克里姆希尔德出嫁
How Brunhild and Kriemhild were Won

他们的船在海上航行了十二天，这才靠近了一片陌生的海岸。齐格弗里德曾经见过这幅景象，认出此地正是冰岛，而贡特尔和他的骑士们则对郁郁葱葱的原野和矗立在海岬上的座座城堡投以惊奇的注视。

"下令建造这些堡垒的人，"国王说，"一定是位强大的君王。"

"您眼前的这些塔楼和这片美丽的国度，都属于布伦希尔德女王，"齐格弗里德说，"那边就是宏伟的冰岛王宫。"

他们将船驶进一处安全的港湾，齐格弗里德警告同伴们，在女王面前务必留意自己的行为举止。"你们应该自称为，"他建议道，"贡特尔国王的一介封臣。"

四人上岸，换上了各自的坐骑。齐格弗里德为国王扶住马镫，他们两人穿着雪白的丝袍，浑身闪耀着璀璨的珠宝。哈根和旦克瓦特则身着黑衣。

布伦希尔德女王接到了他们到来的消息。一名朝臣向她禀报：

"啊，女王，四位尊贵的骑士正向此地而来，其中一位似乎是齐格弗里德。在他身边的那位虽然模样不如他高贵，但一马当先，想必是一位强大的王者。另外两人则大不相同。其中一人阴沉冷峻，目露凶光；而他的同伴容貌俊美，举手投足勇敢无畏。"

异乡来客们碰到了一队骑士，被要求交出武器。哈根不愿从命，可齐格弗里德说该国向来如此。女王带着所有侍女向他们走来，周围簇拥着五百名骑士，个个拔剑出鞘。此情此景让贡特尔、哈根和旦克瓦特感到忐忑不安。

布伦希尔德仅对齐格弗里德一人开口致意，欢迎他来到自己的王国。

她问齐格弗里德："你同这几位尊贵的骑士此次前来，所为何事？"

齐格弗里德答道："啊，女王，感谢您的问候。我所侍奉的这位高贵的骑士乃是贡特尔国王。只因主公之命，我才随他前来，否则我绝不会叨扰贵地。他全心全意地想要娶您做他的新娘。"

"若是他有意求亲，"布伦希尔德冷冰冰地答道，"国王必须与我上竞技场比试一番。如果他证明了自己比我更强大，我就会成为他的新娘；可要是他输了，他和同行之人定会被处以死刑。"

哈根说："吾王必将取胜，因为他的求娶之心殷切至极。"

布伦希尔德答道："那么他必须效仿我的做法，首先掷出巨石，然后纵身跳到石头落地的位置。他还得和我比赛掷标枪。不要太过笃定他会获胜。请对我的挑战仔细思量。"

齐格弗里德低声对贡特尔说："不必畏怯，我会助您一臂之力。"

于是国王向布伦希尔德发出了豪迈的宣言。"为了亲爱的你，"他说，"我愿意冒生命危险。我将如你所愿，与你对决。"

布伦希尔德被激怒了。她穿上盔甲，看起来格外凶悍，哈根和旦克瓦特不由得为国王的生命安全感到担忧。

与此同时，齐格弗里德匆匆赶回船上。他披上隐身斗篷，从中汲取了十二个人的力量。然后他回到竞技场上，在场的人谁也没有看见他。

人们圈出了一片圆形的场地，布伦希尔德麾下的七百名骑士围成一圈，个个全副武装，拔剑在手。

随后，了不起的女王进入了竞技场，四个人为她扛盾。哈根见状高呼："唉！贡特尔陛下，此女是恶魔的新娘，我们肯定会没命的。"

布伦希尔德那粗重的长矛则由三个人搬动。贡特尔开始心生惧意，只盼自己能够重返勃艮第。

"就算是魔鬼，也不可能在她手下活命。"他说。

旦克瓦特哀叹起了武器被夺之事。"要是哈根和我还保留着佩剑，"他说，"布伦希尔德手下的战士们就不会如此猖狂。"哈根也跟着附和。听到他们的话，女王命人归还了他们的盔甲和兵器。

这时，十二名骑士抬着一块巨石来到女王的面前……勃艮第人吓坏了……"但愿魔鬼真能把她带走。"哈根呻吟道。

布伦希尔德已准备好投石。贡特尔看得目瞪口呆，感到心灰意冷。齐格弗里德裹着隐身斗篷，趁机潜行到国王身边，扶住了他的臂膀……

国王吃了一惊。他向身后张望，却没有看见半个人影。"是谁把手搭在了我的胳膊上？"他嘶哑地问道。

"嘘！"齐格弗里德悄声低语，"我是来帮助你的，不要害怕。"

布伦希尔德率先向贡特尔掷出了她那粗大的长矛。他本该当场丧命，好在齐格弗里德帮他挡下了这一击，不过却让自己挂了彩。

齐格弗里德当即将长矛反掷回去，用矛柄砸中了女王，这是因为他并没有杀人之心。女王被撞倒在地……她怒气冲冲地站起身来，但还是对国王的神勇表示赞许。

接下来，布伦希尔德用双手抱住巨石，把它远远地抛出，然后腾空而起。这一跳跨越的距离比石头飞过的距离还要远。

轮到贡特尔，他走向巨石，隐身的齐格弗里德跟在他身边。在众目睽睽之下，国王举起石头，扔了出去，但实际上成就壮举之人乃是齐格弗里德。他将巨石掷得比布伦希尔德更远。然后他把贡特尔架在两臂之间，一跃而起，助其把布伦希尔德甩在了身后。①

---

① 投石竞赛让人想起苏格兰男女山巨人的对决。他们各占山头，相互争斗。投掷的物品时而是战斧，时而是石锤，不过绝大多数时候都是巨岩。在威尔士，有个山巨人扔过套环；而在罗斯郡（Ross-shire），有名女巨人在和男巨人的较量中伤到了后者的前额。（转下页）

由于自己的技艺被人超越，女王勃然大怒。即便如此，她还是向自己手下的骑士们宣告：

"现在贡特尔成了你们所有人的王。"

布伦希尔德涨红了脸，心中渴望着复仇。

冰岛的勇士们上前参见勃艮第国王，并纷纷将自己的武器放在他的脚边。他们并不知道，是齐格弗里德完成了那些壮举，救了贡特尔的性命。

与此同时，齐格弗里德匆匆离开竞技场，回到船上，把隐身斗篷藏好。随后，他又赶到城堡，询问贡特尔考验何时开始。就这样，布伦希尔德和她的手下们全都被他骗了过去。

女王迟迟不肯离开冰岛，反而开始召集大军。齐格弗里德担心她对他们图谋不轨，便向贡特尔进言，说自己必须立即赶回尼伯龙一族的国度，带一千名骑士前来增援，为他们提供可靠的保护。他的话让国王很是欣慰。

齐格弗里德再次披上隐身斗篷，乘着一只小舟，飞速破浪而去。海上的景象引来了众人惊奇的凝望，因为他们看不见王子，以为这条船的航行全靠风浪的推动。

夜幕降临后，齐格弗里德抵达了尼伯龙人的王国。他朝着山中走去，前往藏宝秘地。他重重地敲门，自称一名疲惫的旅行者，请求入内歇息。他捏着嗓子怪腔怪调地说话，惹恼了看门的巨人。巨人抄起盾牌，打开了大门。

"你怎敢制造可恶的噪音来惊扰我们？"看门人咆哮道，随即挥出一记粗暴的重击。齐格弗里德闪躲过去，巨人紧接着又打出了一击。巨人大步上前，想要把他制服，王子大吃一惊，但心里却为自己强悍的仆人感到骄傲。两人一度陷入苦战，不过齐格弗里德最终还是撂倒了巨人，并把他绑了起来。

（接上页）女巨人们通常住在岛上，就像布伦希尔德那样。布伦希尔德被公认为一个来自北欧的人物，就连德国民俗学家对此也无异议。冰岛女王显然是一个恶女巫式的女英雄，诞生于一个长期保留着母系社会模式的部族——正如苏格兰皮克特人居住地的情况。库·丘林对斯卡哈（Scathach）的追求和这个故事中对布伦希尔德的求爱有着相似之处。之后，在库·丘林和他儿子的对决中，其子将长矛手柄朝前掷出。

随后出来迎战的是全身披挂的侏儒阿尔贝里希。他的武器是一根锤矛，上面挂着七枚链球。侏儒本已让王子陷入绝境，但王子再度反败为胜，缚住了对手。

阿尔贝里希大喊："要不是我曾发誓侍奉另一位骑士，我愿成为你的奴仆。你是什么人？"

王子说："我的名字是齐格弗里德。你可认得我？"

"我很高兴来的是你而不是别人，"侏儒说，"你的确配做尼伯龙人的国王。"

齐格弗里德给侏儒和巨人松了绑，并命他们带一千名骑士来为他效力。阿尔贝里希唤醒了附近的英雄们，整整三万人赶来听候差遣。王子从中选出了一千人，然后率领着雄壮的船队向冰岛驶去，去往布伦希尔德女王的领地。贡特尔、哈根和旦克瓦特正在等待他们的到来。

三天后，布伦希尔德和侍女们在城堡的窗前眺望，看见许许多多张着白帆的巨舰渡海而来。女王惊骇不已，害怕遭到突袭。贡特尔告诉她，船上之人是他的封臣齐格弗里德及其麾下部分留守的勇士。

布伦希尔德前往海滩，像先前一样先向齐格弗里德致意。只见他穿着华服，高贵非凡……就这样，尼德兰王子又一次救贡特尔脱离了险境。

女王意识到，她不得不离开冰岛了。于是，她任命自己的舅舅为最高统治者，然后跟随贡特尔和他的骑士们驶向勃艮第。不过在到达沃尔姆斯的宫殿之前，她拒绝与国王成婚。

返程的航行迅捷而又轻松。船队靠近勃艮第时，齐格弗里德奉命作为使者先行前往沃尔姆斯，向乌特和克里姆希尔德报告国王得胜的经过。

最先发现王子到来的是吉赛海尔。他告诉母亲和美丽的姐妹，齐格弗里德就要来了……三人心中充满了不祥的预感，好在没过多久齐格弗里德就带来了喜讯，让他们转忧为喜。

齐格弗里德在克里姆希尔德身边坐下。怀春的少女脸上泛起了玫瑰色的红晕，渴望给他一个吻……

齐格弗里德说："贡特尔请你们到岸边去，迎接布伦希尔德入宫。"

克里姆希尔德欢欢喜喜地带上了自己所有的侍女，吉赛海尔则领来了一支大军。见贡特尔确实是一位强大的统治者，布伦希尔德十分满意，还和克里姆希尔德亲亲热热地交换了一个吻。随后，众人一道走向沃尔姆斯庄严的宫殿。

人们举办了一场盛大的宴会，贡特尔和布伦希尔德结为夫妻。婚礼结束后，齐格弗里德私下对国王说：

"你可还记得自己的誓言？你曾经许诺，只要布伦希尔德嫁到此地，就把克里姆希尔德许配给我……我已经尽职尽责地为你效劳了。"

贡特尔说："我不会背弃自己的誓言。我现在就尽力兑现它。"

于是国王召来克里姆希尔德，对她说："我已把你许配给齐格弗里德，你若愿意接受他，便是成全了我的心愿。"

公主回答："能够嫁给他，我不胜欢喜。"

随后两人缔结了誓约。高贵的王子春风得意；美丽的公主娇柔端庄。

众人入座，共享盛宴。布伦希尔德坐在贡特尔旁边，脸色苍白，神情冷峻。看到齐格弗里德和克里姆希尔德成双成对的模样，她痛苦地哭了起来。

国王问道："你为什么伤心难过？你现在是勃艮第的王后了，还是欢庆为宜。"

"我之所以哭泣，"布伦希尔德说，"是因为你的姐妹下嫁给了一介封臣……对我来说此乃奇耻大辱。"

贡特尔告诉王后，齐格弗里德拥有自己的领土和城堡。"他极为富有，"贡特尔说，"因此我很高兴克里姆希尔德能够得此夫婿。"

但布伦希尔德依旧愁眉不展，也不肯接受劝解。

宴会结束后，众人各自返回卧房。布伦希尔德拒绝履行妻子的义务，除非国王把关于齐格弗里德和克里姆希尔德的事情全部交代清楚。贡特尔火冒三丈，拒不回答，试图用爱抚来讨她欢心。不料布伦希尔德一把按住他，令他无力反抗。随后，布伦希尔德用腰带捆住国王，把他吊在了墙上。

第二天早上，贡特尔把夜里的遭遇告诉了齐格弗里德，王子再次承诺助他一臂之力。等到夜幕降临，齐格弗里德披上隐身斗篷，进入贡特尔的卧房，与女王展开了搏斗。两人经历了一番苦战，布伦希尔德还以为跟她对抗的人就是她的丈夫。最终，齐格弗里德获得了胜利。他从王后身上取下了她的丝绸腰带，还出其不意地从她指间摘下了一枚纯金戒指。①

就这样，布伦希尔德被迫俯首。从那以后，她便失去了超乎寻常女子的伟力。

齐格弗里德把腰带和戒指交给了克里姆希尔德。因为这两样东西，曾经有无数骑士在冰岛王宫的竞技场上断送了性命。

庆典进入尾声，宾客们各自离去。齐格弗里德回到自己的祖国，齐格蒙德和齐格琳德拥抱、亲吻了他和他那美丽的新娘。

"从今往后，"齐格蒙德说，"我的儿子将执掌王权。"他把这一决定昭告于民，人们欢天喜地，因为齐格弗里德是一位强大的勇士。

十年过去了，克里姆希尔德生下了一个男孩，他被命名为贡特尔。与此同时，布伦希尔德也孕育了一个孩子，并给他取名为齐格弗里德。

一切顺遂如意，直到布伦希尔德出于对克里姆希尔德的妒忌，说服了贡特尔邀请齐格弗里德和他的王后来沃尔姆斯赴宴。

盖莱（Gary）带着国王的口信出发了。齐格弗里德和克里姆希尔德欢欢喜喜地迎接了他。他们叫盖莱回禀贡特尔，两人定会出席宴会。

盖莱回到沃尔姆斯后，布伦希尔德向他询问："克里姆希尔德还是跟从前一样漂亮吗？"

信使给出了肯定的答复，这令布伦希尔德耿耿于怀。

在布伦希尔德眼里，齐格弗里德仍然是贡特尔国王的封臣。可齐格弗里德既不交纳岁贡，又不来沃尔姆斯觐见，并没有尽到属国小君的义务。布伦希尔德因此心生怒意。

---

① 她的神力显然来自那条魔法腰带。在《小玫瑰园》（*Der Kleine Rosengarten*）中，侏儒劳林（Laurin）也有一条腰带，它赋予了他等同于十二个人的力量。伯尔尼的狄特里希在扭打之中扯下了那条腰带，从而制服了侏儒。

35
齐格弗里德遭到背叛
The Betrayal of Siegfried

齐格弗里德和克里姆希尔德领着一支热热闹闹的队伍,骑马前往沃尔姆斯。每个人的心中都洋溢着喜悦。但是,这次旅程注定将以沉重的悲伤收场。贡特尔王子没有与他们同去。从那以后,他再也见不到自己的父母了。

老国王齐格蒙德与儿子并辔而行。他很想见见贡特尔和他的骑士们。倘若预先知晓自己会遭遇怎样的不幸,他绝不会踏出尼德兰一步。

贡特尔十分热情地欢迎所有来宾,两位王后互相致以亲切的问候。然而从那一刻起,布伦希尔德便无法克制地对克里姆希尔德投去嫉妒的目光……看到齐格弗里德麾下那一千两百名骑士,她念叨着:"从来没有哪个属国的国王比他更加阔绰。"尽管如此,王后还是给予了宾客得体的款待。可没过多久,友爱之情就被嫉妒压倒了。齐格弗里德和他的王后是如此富有、强大,让布伦希尔德心里很不是滋味。

终于有一天,当骑士们在庭院里比试的时候,克里姆希尔德夸耀起了丈夫的本领。

她说:"齐格弗里德超越了其他所有骑士,正如明月使群星黯然失色。我有充分的理由为他感到骄傲。"

"他或许是很英勇,"布伦希尔德答道,"但你的兄弟比他更加强大。在所有国王之中,贡特尔是最卓越的一个。"

"我的兄弟确实是一名高贵的骑士,"克里姆希尔德说,"可我的丈夫和他不相上下。"

布伦希尔德说:"国王可是在冰岛用力量胜过了我,当时齐格弗里德还在船上留守呢。他只不过是我丈夫的一介封臣,这是他亲口向我承认的。"

"要是齐格弗里德只是个封臣,"克里姆希尔德反驳道,"你觉得我的兄弟会把我许配给他吗?求求你别再重复刚才的话了。"

"我偏要说,"布伦希尔德毫不退让,"齐格弗里德是我们的附庸。一旦得到征召,他的骑士们就会听候我们差遣。"

克里姆希尔德发火了,说道:"你无权要求任何人听命。我的丈夫比你的丈夫更了不起。若非如此,他就会进献贡品,但他从未称臣纳贡。我拜托你别无理取闹了。"

布伦希尔德怒吼道:"停止你虚荣的自吹自擂,我比你要尊贵得多。"

"现在请你搞清楚,"齐格弗里德的王后反驳道,"我的丈夫不是你丈夫的封臣。事实上,他是一位更加伟大的君主。他凭借强有力的右臂拿下了尼伯龙人的王国,还从自己的父亲那里继承了尼德兰。他无须向任何人效忠。我的确是一位不受拘束、有权有势的王后。你竟敢责骂我。瞧好了,等我们一同进入教堂的时候,我可不会走在你后面。"

"要是你并非我的附庸,那你就该走你自己的,而不是混在我的队伍里。"布伦希尔德说。

克里姆希尔德怒气冲冲地撇下了勃艮第王后,然后命自己的侍女们换上她们最华丽的衣装。

看到两位王后分道扬镳,众人惊诧不已……往后的日子里,这件事注定会让许多人伤心痛苦。

两队人在教堂前相遇了。克里姆希尔德率先向内走去,布伦希尔德却出言制止："你是我的封臣，不可先我而行。"

"你最好还是闭嘴吧，"克里姆希尔德反唇相讥，"封臣的姘头怎么能走在王后前面？"

"你什么意思？"布伦希尔德气愤地质问，"你叫谁姘头呢？"

"除了你还会是谁？"克里姆希尔德答道，"难道不是我的丈夫替你的丈夫赢得了你？你现在把他唤作封臣，从前却更加属意于他……别再跟我废话了，现在你知道真相了。"

说完，克里姆希尔德走进了教堂。布伦希尔德跟在她身后，凄楚地抹着眼泪。两人之间结下了不共戴天之仇，许多优秀的骑士将会因此踏入坟墓。

礼拜结束之后，布伦希尔德拦住克里姆希尔德，说："你称我为姘头，我要求你当场证明你的话。"

"想要证明很容易。"克里姆希尔德骄傲地还击，并向布伦希尔德展示了齐格弗里德从她身上摘下的戒指和腰带。

"你确实是齐格弗里德的姘头。"她说。

布伦希尔德深感耻辱地垂下了头，痛哭起来。贡特尔问她为何悲伤，她便把克里姆希尔德的话告诉了他。

于是，贡特尔召来了齐格弗里德。他当着布伦希尔德的面发誓，克里姆希尔德所吹嘘的那番狂言绝非出自他口。

他说："我的妻子伤害了布伦希尔德，对此我感到痛心。"

在场的骑士们议论纷纷。"但愿女人们能停止她们的闲言碎语，"其中一人说道，"不可让你们的妻子夸耀丈夫，否则我们所有人都会遭遇纷争、蒙受耻辱。"

然而布伦希尔德并没有得到安慰。哈根走到她身旁，发现她正在哭泣，便向她询问，是什么令她如此悲伤。布伦希尔德把克里姆希尔德的话转告给他，哈根听后勃然大怒，因为他曾发誓效忠于布伦希尔德，全心全意地为她效劳，捍卫她的尊严和生命。

他恶狠狠地说："齐格弗里德要用他的心头血来偿还这份羞辱。啊，王后，我誓死为您复仇。"

哈根向贡特尔和其他骑士表达了同样的立场，并号召众人同仇敌忾，对付齐格弗里德，而他们的目标对阴谋诡计毫无戒备。

哈根首先设计让几名骑士假扮成吕德加斯特国王的信使，造访沃尔姆斯，向贡特尔国王宣战。齐格弗里德自告奋勇地为贡特尔效劳，这既令克里姆希尔德感到骄傲，又使她担忧丈夫的安危，因为他在战场上向来冲动莽撞。

哈根怀着不轨之心去找她套话。克里姆希尔德告诉他，她的丈夫沐浴龙血时，有片叶子粘在了他的两肩之间，若此处受创，他必死无疑。布伦希尔德的骑士心中窃喜，却信誓旦旦地说自己会为齐格弗里德保驾护航。他还建议克里姆希尔德在齐格弗里德的衣服上绣一枚小小的红色十字，用以标出他的弱点，这样他便能知道要替她的爱人护住哪里。

随后，哈根向国王禀报了此事。贡特尔安排了一场持续数日的盛大的森林狩猎。

"不要前往，"克里姆希尔德恳求丈夫，"我梦见有两头野猪追赶你，还看见森林中的花朵被鲜血染红。"

"不要为我担忧，我心爱的人儿，"齐格弗里德说，"跟我一起狩猎的不是仇敌，而是你的血亲。"

克里姆希尔德痛苦地流下了眼泪，哭着说道："唉！我担心你会性命不保。就在昨晚，我梦见两座山丘坍塌在你身上，把你卡在中间，你的身影消失在我眼前……和我一起留下来吧，齐格弗里德，否则我将陷入永无止境的悲伤。"

齐格弗里德温柔地拥吻她，然后匆匆加入了狩猎的队伍。

透过泪水，克里姆希尔德眼睁睁地看着他离去。她再也见不到爱人鲜活的模样了。

在狩猎时，齐格弗里德表现得无与伦比。他捕杀了许多野兽，还活捉了一头熊，把它绑了起来。然后他解开绳子，让众人一起追逐。要不是靠着齐格弗里德的勇武，这头熊便从他们手中逃脱了。

狩猎结束后，人们坐了下来，一起享用美食。虽然食物十分充足，但少了美酒。齐格弗里德对此很是不满，因为他口渴得厉害。他还发誓再也不跟他们出来打猎了。齐格弗里德根本想不到，置他于死地的陷阱已经设好。

哈根说，附近有一口清澈的泉眼，可以供他们解渴。他向齐格弗里德发起赛跑的挑战，最先到达泉眼的人可以赢得赌注。

哈根轻装上阵，而齐格弗里德穿着全套盔甲就跑了起来，身上还扛着他的盾牌、长矛和弓箭。就算是这样，齐格弗里德还是率先到达了泉眼。但他并没有饮水，而是卸下盔甲，把武器放在草地上，等待国王的到来，好让贡特尔第一个解渴。

齐格弗里德为自己的恭敬付出了惨痛的代价。等到国王喝够了，齐格弗里德才俯身饮水。哈根趁机偷偷挪开他的剑和弓，然后对准克里姆希尔德绣上的十字，用长矛从背后刺穿了英雄的身躯。他没有把凶器拔出来，就慌慌张张地逃离现场。无论面对任何敌人，他都不曾逃得这么快。齐格弗里德愤怒地一跃而起，背上还牢牢地插着那根长矛。他搜寻着自己的弓和剑，想要向哈根报仇，却只找到了盾牌。齐格弗里德朝那叛徒掷出盾牌，哈根被砸翻在地，撞击发出的重响回荡在林间。要是齐格弗里德手中有剑，哈根定会当场丧命。

贡特尔的贵客身受重创，双颊变得像雪一样白。他瘫倒在地，浑身的力气正在流逝。他的脸庞蒙上了暮气。唉！有多少丽人将会为他垂泪。

朵朵鲜花环绕着克里姆希尔德高贵的丈夫，被他的生命之血染成了红色。

齐格弗里德轻声低语，尖刻地斥责阴谋背叛他的人，把他们全都称作懦夫。"我尽职尽责地为你们效劳，"他说，"而你们就是这样回报我的。这桩卑鄙之举将会使尚未出世的子孙后代蒙羞受辱。"

贡特尔落泪了。"不要惺惺作态，你就是背叛的罪魁祸首。"齐格弗里德说。

哈根喊道："现在所有的危险都过去了，扳倒他真是太快活了。"

"别自吹自擂，你这个谋杀犯，"齐格弗里德警告他，"在公平的对决中，你根本不会让我感到害怕……哦，克里姆希尔德，克里姆希尔德，最让我难过的就是你……要是我们的儿子从未出生就好了，因为他的亲人是谋杀犯和背叛者，他的仇家定会抓住这个把柄来中伤他。"

对于贡特尔，齐格弗里德谴责他的忘恩负义。"我救过你的命，"他说，"我捍卫了你的荣誉。你却用这种龌龊的手段来'报答'我……要是你尚存半分廉耻之心，就保护好我的妻子——你的姐妹……"

齐格弗里德感到伤口一阵剧痛，不由地呻吟起来。他再次开口说道："之后的日子里，你们将因这卑劣行径而遭到报应，杀我者必将自寻死路。"

齐格弗里德再也没有出声。他躺在浸满鲜血的花丛中，垂死挣扎……

他们用一块金色的盾牌抬起他的遗体，送回沃尔姆斯，趁着夜色来到克里姆希尔德的宫殿，把遗体留在了门前。

天亮了，美丽的王后正要出门祷告，却看到已经死去的齐格弗里德。

她哭喊道："我的丈夫死了。布伦希尔德想要置他于死地，哈根动手谋害了他的性命。"她的心中满是无法言说的悲伤，什么都不能抚平她的痛楚。

老国王齐格蒙德抱住死去的儿子，流下了苦痛的泪水。

人们轻柔地把齐格弗里德抬进宫殿，清洗了他的伤口，又为他换上庄重的服饰，然后把他送上了灵床。

经过三日悼念，遗体被送进教堂。许许多多的人聚在这里，悲伤地注视着死去的英雄。

贡特尔出席了葬礼，并声称齐格弗里德是死于强盗之手。"他的死令我感到难过。"他告诉克里姆希尔德。

她应道："倘若你的心中真有悲伤之情，我的丈夫此刻就不会躺在棺材里。我真希望死的那个人是我，而他还活着！"

哈根也来到了现场。他一靠近齐格弗里德的遗体，长矛造成的创口就重新流出血来。真相由此大白于众——哈根就是杀人凶手。

到了齐格弗里德下葬那日，万众哀悼。大批大批的百姓走上街头哭泣。克里姆希尔德来到墓前，想要在棺木永闭之前再看一眼丈夫的容颜。她的心愿得到了满足。克里姆希尔德用洁白的双手捧起齐格弗里德英俊的头颅，吻了吻死者冰冷而死寂的嘴唇。然后她就昏了过去，直到第二天早晨才睁开双眼。

没过多久，齐格蒙德就动身返回祖国。克里姆希尔德不愿与他同去，因为她想为丈夫报仇。克里姆希尔德无时无刻不在伤心难过，而布伦希尔德出于骄傲，对她漠不关心。

最后，贡特尔请她放下仇恨，认为她悼念得太过长久。克里姆希尔德说："就算我嘴上原谅，我的心也永远不会和解。"然而，她终究不得不宽恕了所有参与谋划齐格弗里德之死的人，除了哈根——就连看他一眼都叫她难以忍受。

哈根对尼伯龙人的宝藏念念不忘，便向贡特尔提起此事。国王设法说服了克里姆希尔德取回宝藏。于是，一支强大的军队受命出发，去往齐格弗里德曾经统领的王国。

侏儒阿尔贝里希对隐身斗篷的遗落感到痛惜，不过他还是交出了巨大的宝藏。其中有一根神奇的魔杖，拥有它的人可以得到一切想要的东西，然而无人知晓它的妙用。

就这样，克里姆希尔德获得了尼伯龙人的全部财富。她把黄金分发给众人，无论对方是富有还是贫穷。许多喜欢冒险的骑士纷纷来访，想要从中分一杯羹。克里姆希尔德为大批人马提供了资助，因此没过多久，她就拥有了一支听命于她的强大军队。

这让哈根深感忧虑，他把克林姆希尔德的所作所为告诉了国王，并提出应当把宝藏从她手中拿走。但贡特尔已经发过誓，不肯做出有损于姐妹的事情。于是，哈根强行夺取了宝藏，把它们搬到洛赫海姆（Lochheim），沉入了莱茵河，指望着日后凭此致富。

就这样，克里姆希尔德即刻复仇的希望破灭了。她离开了沃尔姆斯，搬到洛尔施（Lorsch）与母亲同住，在那里织绣挂毯，一针一线描绘的都是巴德尔——那位被亲兄弟杀害的神明。

克里姆希尔德在洛尔施住了许多年，一直等待着复仇的时机。终于，从远在莱茵河之外的地方传来了消息，这使齐格弗里德的遗言离成真更近了一步——"杀我者必将自寻死路"。

36

尼伯龙根悲剧
The Nibelungen Tragedy

齐格弗里德死后的第十三年，匈人的王后赫尔歇（Helche）去世了，信仰异教的国王埃策尔（Etzel）①打算续弦。埃策尔手下有位名叫吕迪格（Rudiger）的勋爵，此人十分阔绰，人送绰号"好人"。埃策尔派吕迪格出使沃尔姆斯，向克里姆希尔德求亲。这让贡特尔十分欢喜，因为埃策尔是一位强大的君主，但心思阴暗的哈根对此感到恼火，生怕齐格弗里德的未亡人会挑拨两国的关系。克里姆希尔德从未停止过对已逝爱人的哀思，可她的兄弟们和母后乌特都敦促她嫁给强大的匈人君王。最终，克里姆希尔德同意了这门婚事。随后，她派人去找哈根索要尼伯龙人的宝藏，打算用来犒赏匈人勇士们。不料哈根拒绝交出宝藏，还说："她休想把财宝献给我的仇敌。"

克里姆希尔德被他气得火冒三丈。所幸她还留有一部分宝藏，她将这些财宝赏赐给了跟随吕迪格前来的骑士们。

---

① 即"上帝之鞭"阿提拉。

漫长而深重的哀愁并没有折损这位再嫁孀妇的绝世之姿。当克里姆希尔德走进埃策尔的宫廷，群臣信誓旦旦地称她比先王后赫尔歇还要美丽。克里姆希尔德亲吻了国王，又在婚礼结束之后接受了十二名高贵骑士的献吻，其中包括埃策尔的兄弟布勒德尔（Blœdel）和伟大的勇士王——伯尔尼的狄特里希。狄特里希的叔叔厄尔曼纳里克依靠奸诈的手段夺取了阿梅隆人（Amelungs）的王国，并迫使侄子逃到埃策尔的宫廷中避难。克里姆希尔德与众多悍将建立了友谊，获得了他们的效力。她的势力强大无比。所有不曾被哈根夺去的财宝，都被她赠给了骑士们。最后，她自语道：

"如今我已大权在握，可与齐格弗里德的仇人一战。我的心依然呼唤着齐格弗里德。"

日升日落，数载光阴流逝，克里姆希尔德复仇的渴望愈发强烈。每个匈人骑士都心甘情愿地听命于她，可谁也没有看出她狠辣的意图。

克里姆希尔德为埃策尔国王生下了一个儿子。这个孩子被命名为奥尔特利布（Ortlieb），他的容貌酷似美丽的母亲。因为这个孩子，国王愈发喜爱克里姆希尔德，所以当她终于向国王求取恩典时，国王欣然准允。王后请他派遣信使前往沃尔姆斯，邀请贡特尔和他手下的所有骑士来参加宫廷庆典。克里姆希尔德的愿望得到了满足。她还私下召见了信使，嘱咐他们务必把哈根也请来。

贡特尔收到消息后十分高兴，丝毫没有怀疑克里姆希尔德心存歹意。可是当国王向骑士们征询意见时，哈根对他提出了警告："我们不敢冒险前往埃策尔的宫廷。我们会有性命之危，因为克里姆希尔德从未忘记是谁杀死了她的丈夫齐格弗里德……她对此难以释怀。"

贡特尔的兄弟们却嘲弄哈根，其中一人说道："你自知有罪，所以必须好好保护自己。不如把你留在沃尔姆斯，让其他无畏的人去匈人那里住上些日子。"

哈根被他激怒了，说道："我比你们之中的任何人都更加敢于冒险。倘若你们决意要拜访埃策尔的宫廷，我将与你们一同上路。"

于是众人决定应邀前去。在那之后，哈根把此行形容为"死亡之旅"。

乌特太后极欲让儿子们留在本国。"我做了一个噩梦，"她说，"我梦见美丽的勃艮第境内百鸟俱灭。"

哈根说："依照梦兆行事，非义，非英雄之举。放我们去参加克里姆希尔德的庆典吧。"

他们启程时，众多女眷纷纷垂泪。随贡特尔一起策马而行的骑士共计一千零六十人，此外还有一支九千人的大军护送他们。队伍行至多瑙河畔，只见河水高涨，急流汹涌。此地的船夫无心摆渡，除非有重金厚赏。哈根去找船夫，途经一条小溪，一群水精灵正在溪中沐浴。他蹑手蹑脚地摸过去，拿走了她们的衣服，因此水精灵们不得不把渡河的诀窍告诉这名凶猛的骑士，好让他和同伴们继续前行。其中一个水精灵向他许诺，他们定会一路顺遂且受到尊崇，可另一位却说："调头回家才是上策……你们全都在劫难逃。策马前往埃策尔的宫廷乃是自寻死路。除了牧师，谁也无法返回沃尔姆斯。"

随后哈根找到船夫，杀了这个放肆之徒。他扛起渡船，回到贡特尔身边，把众骑士和所有随从都送到了对岸。就在他载着最后一队人马渡河之时，他发现其中一人正是牧师。想起水精灵的预言，哈根当即抓住牧师，把他扔进了水里。虽然牧师不通水性，但在波浪的推动下，他竟安然无恙地回到了岸边。看到牧师踏上归途，哈根明白水精灵的预言不假，心道："我们这些勇士都已与死尸无异。"

上岸后，哈根毅然决然地把船劈成了碎片，确保无人能退缩。巴伐利亚人（Bavarians）来找他们报船夫被杀之仇，但被他们击退了。贡特尔和他的战士们一路向前，抵达贝希拉恩（Bechlaren）才停下来休息。在那里，他们得到了好人吕迪格的款待，还获赠了许多礼物。

他们即将到来的消息传到了克里姆希尔德的耳朵里。她对自己说道："算账的日子就在眼前。我好想立刻杀死那个毁掉我幸福的人……他害我伤心痛苦，我必让他付出惨痛的代价。"

年迈的希尔德布兰特告诉伯尔尼的狄特里希，勃艮第人即将到来，并建议他骑马前去迎接。哈根曾经是狄特里希亲密的战友，两人关系十分要好。因此，凶悍的勃艮第骑士对自己的友人致以真挚的问候。

见到来自沃尔姆斯的勇士们，狄特里希既高兴，又暗自忧虑。

"莫非你们不知道，"他说，"克里姆希尔德从未停止悼念齐格弗里德……就在今天，我还听到她为亡夫发出悲叹。"

贡特尔争辩道，埃策尔在接待他们时用了恰当的王室礼仪，而且克里姆希尔德也送上了热情的欢迎。而哈根心知肚明，迎接他们的将是厄运。

匈人国王对王后的阴谋一无所知。他热诚而坦率地欢迎来客，克里姆希尔德却表现得高傲而冷漠。她只亲吻了自己的兄弟吉赛海尔，因为他没有参与谋害齐格弗里德。她对哈根说：

"你先前从我手中夺走了尼伯龙人的宝藏，此行可有把它带来？"

哈根回应道："我不曾挪用这些宝藏。它被藏在莱茵河的波涛下，直到审判日才会现世。"

"所以你并没有把宝藏带来，"她冷冰冰地说，"这份宝藏以及曾经拥有它的高贵骑士，令我多日以来苦恼不已。"

"除了我的兵器和盔甲，我什么也没带。"哈根顶撞道。

克里姆希尔德叹息道："我不需要黄金，但我很想获得丈夫被害和财产遭劫的补偿。"

随后，王后要求勃艮第人放下武器。但哈根替众人回绝了她，声称勃艮第人习惯于在庆典的头三天全副武装。

没过多久，克里姆希尔德又催促手下的一批骑士去除掉哈根。可是哈根那阴沉的眉宇和狡猾的眼睛吓退了他们，磨灭了他们的战意。

夜幕降临后，宾客们被领到下榻之处。担心克里姆希尔德再施诡计，阴险的哈根和吟游诗人伏尔凯（Volker）不打算就寝。两人穿上雪亮的盔甲，手持佩剑和盾牌，站在门外为同伴们守卫。过了一阵子，伏尔凯取出他的乐器，坐在门廊里的一块石头上，奏起了欢快的旋律。屋内的人闻之心情舒畅，淡忘了烦忧。然后，他又为众人送去舒缓动听的乐音，让他们放松地入睡。事毕，伏尔凯重新拾起盾牌，与哈根并肩立在门口，为勃艮第人防备着克里姆希尔德手下的战士。

深更半夜，彪悍的匈人潜行而至，但看见正在放哨的两位骑士，他们便撤了回去。伏尔凯想要邀战，却被哈根阻拦。于是伏尔凯向克里姆希尔德的手下们喊道："一群胆小鬼，连趁别人睡着的时候来行凶都不敢？"无人应答他的话。克里姆希尔德的计划失败了，这纵然令她难过，却并没有让她放弃谋害来客。

众人在埃策尔的庭院里举办了一场比武大赛。在比拼中，伏尔凯杀死了一名匈人勇士。但国王并没有因为此事而寻求报复。"他的死是无心之失造成的，"埃策尔说，"让我的客人们平安地离开吧。"

随后，克里姆希尔德去找伯尔尼的狄特里希和老希尔德布兰特商量，请求他们帮助自己杀死哈根。

希尔德布兰特答道："只靠一个人可没法击败他。"狄特里希则说："啊，王后，我恳请您不要再提这件事了。这些人是您的亲人，他们从没做过任何不利于我的事情。倘若您真的对他们造成了伤害，就会让自己蒙羞，因为他们现在是您的客人。齐格弗里德被杀之仇不该由我来报。"

于是，克里姆希尔德又去求埃策尔国王的兄弟布勒德尔，并许以他丰厚的报偿。布勒德尔承诺为她实现心愿。他率领着一千名手下攻向了贡特尔的人马。面对布勒德尔的突袭，旦克瓦特担起了指挥之责，与他展开了激烈的交锋。

与此同时，贡特尔、哈根及其他骑士正陪着埃策尔国王坐在宴席上。克里姆希尔德唤来了儿子奥尔特利布，让他坐在哈根身边。国王说："看啊！这是我唯一的儿子，让他和自己亲人共处吧。"

哈根不喜欢这个小伙子。"这人面相软弱，"他说，"他的宫廷中永远不会有我的一席之地。"

突然间，旦克瓦特冲进了宴会厅。所有战士中，唯有他逃过了布勒德尔的利剑，还靠反击杀死了对方。他浑身上下都被敌人的鲜血染红。他喊道："哈根兄，你为什么还在这里耽搁？我们的人都被杀死在了自己的屋里。"

"守住大门！"哈根吼道。他抓起佩剑，当着国王的面削掉了奥尔特利布王子的脑袋，紧接着又杀死了小伙子的老师。他也没有放过替克里姆希尔德到沃尔姆斯送信的吟游诗人，斩下了此人的右手。伏尔凯也拔剑厮杀。埃策尔、贡特尔和狄特里希这三位君主企图平息战火，却只是徒劳。众多匈人骑士丧命，因为勃艮第人心中满是战斗的怒火，渴望实施残酷的报复。他们在大厅里杀出了一条血路，谁也抵挡不住。

克里姆希尔德立即求助于伯尔尼的狄特里希，请他出手支援。狄特里希正站在一条长椅上，观望着昔日战友哈根的英勇壮举。

"请保护我和埃策尔国王离开这严峻的险境。"王后呼喊道。

"我只能试试看，"狄特里希回答，"我已经很多年没有见过如此激烈的战斗了。"

他大吼了一声，那声音就如战斗的号角那样响亮。听见他的喊声，贡特尔号令手下停止战斗。他说："或许我们伤及了狄特里希的骑士们。"

"你们并没有伤害到我本人或我的手下，"狄特里希说，"但我想请你准许我和我的同伴们安全离开。"

"我成全你的心愿。"贡特尔回答。

狄特里希用一只胳膊夹住不省人事的克里姆希尔德王后，又把埃策尔国王夹在另一只胳膊下。就这样，他带着自己的六百名骑士离开了大厅。吕迪格也带着五百人走了出去。两人都不愿参与这场战斗。

随后，轰轰烈烈的战斗再度打响，直到厅内的匈人全军覆没，勃艮第人才鸣金收兵。

勃艮第人休息了片刻，然后把敌人的尸体扔了出去。死难者的亲人们大放悲声。

埃策尔国王拿起盾牌，想要带头迎战异乡人。可克里姆希尔德警告他，哈根的攻击十分凶猛，他定然抵挡不住。他的骑士们只好强行阻止他出战。见到这幅情景，哈根挖苦起了国王。

"齐格弗里德的娇妻和她的新丈夫都是心志软弱之徒，"他喊道，"哈，埃策尔！齐格弗里德跟你的妻子恩恩爱爱的时候，还轮不到你呢。是我杀了齐格弗里德，你跟我发什么火？"

他的话激怒了克里姆希尔德。"要是有哪位骑士能杀了哈根，"王后说，"我就给他大笔黄金，还有城堡和土地。"

伏尔凯挑衅道："我还从来没有见过这么多胆小如鼠的骑士。一个个都是懦夫！你们拿着国君给的俸禄，却在他遇险的时候抛弃他。我替你们所有人害臊！"

许多大胆的勇士朝着勃艮第的骑士们冲去，在场的异国骑士们也加入了战斗。丹麦的伊林（Iring）身手敏捷，屡次打出重击，终于使哈根挂彩。当他精疲力竭地从混战中脱身，克里姆希尔德王后对他大加称赞，并敦促他再接再厉。然而，等到新一波战斗打响，伊林却被哈根杀死了。

许多勇士就这样陨落了。夏季漫长的白昼逝去，夜幕降临，混战暂且止息。

这时，勃艮第人请求埃策尔国王准许他们离开宴会厅，去战场上定胜负，却被克里姆希尔德回绝。

克里姆希尔德的兄弟吉赛海尔对报仇心切的王后说道："我不该死在你的手上。对你我从无二心。我之所以会来到这里，是因为我爱着你，而且你也邀请了我。现在你必须对我们发发慈悲。"

"从来没有人怜悯过我，我岂能展现出慈悲？"她答道，"卑鄙的哈根杀了我的孩子，所以他的同伴们也必须跟他一起遭殃。但我可以向你保证，要是你们即刻交出哈根，我们这就同意休战。"

盖尔诺特应道："你永远也别想得逞。我们宁可去死，也不会用一位骑士来赎回自己的性命。"

"那么就让我们以勇士的方式赴死吧！"吉赛海尔说。

"我的兄弟哈根可不是孤家寡人，"旦克瓦特喊道，"拒绝宽恕者必然也不会得到原谅。会有盟友为我们报仇的。"

到了午夜时分，克里姆希尔德命人放火点燃宴会厅。手下们欣然从命。火焰迅猛席卷了大厅，厅内有一人高声呼叫："苦啊！我们注定难逃一死，我宁愿战死沙场。"

汹涌的热浪烤得众骑士口干舌燥，哈根吩咐他们把战死者的血液当作水源。其中一人干渴难耐,便在一具尸体旁屈膝跪下,饮血解渴。喝下后,他又充满了力量。"这比葡萄酒更妙。"他说。

其他人也纷纷效仿,整支队伍的精力都得到了恢复,足以忍受置身火海的煎熬。一捆捆熊熊燃烧的木柴砸向他们,但勇士们有盾牌防身。高温可怕极了。英雄们永远也不该像那一夜的他们那样承受此等痛苦。

哈根下令:"贴着墙站立,用盔甲护住自己,用鲜血浇灭火把。"

天亮后,哈根和伏尔凯又站在大厅门口守卫。见到他们,匈人惊讶极了。

匈人再次发起了猛烈的进攻,却被对方击退。这场厮杀持续良久,直到埃策尔麾下优秀的骑士们全部战死。

于是,克里姆希尔德和国王向吕迪格请求支援,可他并不想攻打英勇的勃艮第人。

"我曾在自己家里款待过他们,怎能对他们痛下杀手?"他大声呼喊,"我可没忘记昔日的友谊。"

但吕迪格还是不得不上了战场。勃艮第人和他一道为他的命运而哀叹。

"你的盾牌坚固无比,要是我能有一块同样坚固的就好了,"哈根说,"我自己的盾牌已经被砍得残破不堪。"

吕迪格把自己的盾牌赠给了哈根,然后才奉埃策尔之命攻向自己的朋友。经过漫长的激战,吕迪格最终和盖尔诺特同归于尽。

在从伯尔尼来的骑士中,有一位名叫沃尔夫哈特(Wolfhart)的勇者。他率领着狄特里希的手下们前来为吕迪格报仇。他们一个接一个地死于贡特尔麾下的英雄们之手,只有希尔德布兰特活了下来,还杀死了伏尔凯。哈根找他寻仇,使这名老将负伤逃走。他匆匆找到狄特里希,喊道:"我们的人全被杀了,而勃艮第人也只剩下贡特尔和哈根还活着。"

狄特里希勃然大怒。他为自己英勇的骑士们感到悲痛,再也不能袖手旁观。于是,狄特里希披上盔甲,赶赴宴会大厅。他先是请贡特尔和哈根投降,却被两人拒绝。

狄特里希拔剑向哈根猛扑过去，很快就让他见了血。

"你已经战至筋疲力尽，"狄特里希喊道，"我不杀你。"

狄特里希言而有信，徒手将哈根擒住。就这样，勇猛的英雄成了阶下囚。

狄特里希把被缚的哈根送到了克里姆希尔德面前。王后见了喜不自禁，说道："现在，我所有的伤痛都得到了补偿。狄特里希，我将一生一世感激你。"

狄特里希说："请不要杀他。也许有一天，他会为您效劳，从而弥补他曾经犯下的过错。"

哈根被扔进了一座黑暗的地牢，在那里等待他的结局。

接着，狄特里希与贡特尔交手。贡特尔比哈根还要凶猛，狄特里希险些死在他的手上。不过贡特尔最终还是被狄特里希制服并绑了起来。

当勃艮第国王被带来面见克里姆希尔德时，她说："啊，贡特尔，欢迎你的到来。"

贡特尔回应道："假如你真心欢迎我，我会向你道谢。但我清楚得很，你压根是在冷嘲热讽。"

狄特里希恳请王后饶恕贡特尔和哈根，可克里姆希尔德对他的话充耳不闻。

克里姆希尔德走进牢房，要求哈根把他劫走的财宝还给她。

哈根答道："我发过誓，只要我的国王还活着，我就绝不透露藏宝的地点。"

于是王后命人处死了自己的兄弟。她抓住首级的头发，用自己雪白的手提起贡特尔滴血的头颅，高举在哈根面前。

"现在你的兄弟全死了，"哈根喊道，"只有上帝和我知道宝藏藏在哪里……你这个恶魔，永远也别想得到宝藏！"

克里姆希尔德怒火冲天，拿起一柄剑，斩下了哈根的头颅。

埃策尔国王高呼："唉！冲锋陷阵最为勇猛的一位骑士死在了一个女人手里！"

老希尔德布兰特不顾自身的安危，拔剑劈向王后。克里姆希尔德从双唇间爆发出一声响亮的哀鸣，没过多久就一命呜呼了。

埃策尔国王的庆典就这样收场了。喜乐必然以伤悲告终——世间之事向来如此。

之后发生的事情非我所能讲述，但见骑士与战士、妇人和少女纷纷恸哭，为他们的友人哀叹。

《尼伯龙根之歌》至此完结。

吟游诗人们在为齐格弗里德之死和尼伯龙人的覆灭吟唱悲歌的时候，还曾提起布伦希尔德王后和乌特太后并肩而坐，在挂毯上绣着巴德尔之死。

布伦希尔德反反复复地告诉贡特尔的母后："每次我运针描绘巴德尔，他的脸总会变幻成齐格弗里德的模样。"

贡特尔及其手下全军覆没的消息很快传到了她们的耳朵里。布伦希尔德没有流泪。她走出门，走入黑暗之中，再也没有回来。

人们寻找她的下落，最终在齐格弗里德的墓中发现了她的尸体。布伦希尔德与她曾经的爱人同穴而亡。

37

伯尔尼的狄特里希

Dietrich of Bern

狄特里希是伯尔尼的王子,他的父亲是伟大的狄特马尔(Dietmar),他的叔叔是暴君厄尔曼纳里克。在他七岁那年,希尔德布兰特来到了他父亲的宫廷。此人曾创下许多英勇战绩,是一位声名远播的战斗英雄。年幼的王子被托付给这位杰出的勇士教导,向他学习男子汉的智慧和使用武器的技艺。两人很快就成了亲密的好友。在之后的岁月里,他们始终忠于彼此,直到死亡把他们分开。

小伙子长大、变强后,正盼着经历一场大胆的冒险。此时,碰巧有个巨人和一个女巨人在境内纵火劫掠,抢夺了许多财物。他们俩名叫格里姆和希尔德。狄特马尔召集了一支强大的军队,前去征讨巨人,却无法找出怪物的藏身之处,因为他们总是神不知鬼不觉地出来作恶。

狄特里希既勇敢又强壮,他最大的心愿就是赢得勇士的名望,因此十分渴望与巨人和女巨人一战。在一个美丽的早晨,他和希尔德布兰特结伴去林中狩猎。当他们走进一片长满绿草的空地时,突然有个侏儒一跃而起,从他们身边逃开。小伙子拔腿疾追,很快就制服了那个小家伙。侏儒

的名字叫作阿尔贝里希,他是个出了名的奸诈盗贼,同时也是一名巧匠。狄特里希想要杀了他,可侏儒喊道:

"不要杀我!啊,伯尔尼的王子!你可以拿走我为格里姆和希尔德铸造的宝剑。它被称为纳格林(Naglering),是一把举世无双的神剑。我还会领你去一个山洞,里面藏着一大堆财宝。"

狄特里希答应侏儒,只要他能兑现诺言,就饶他一命。阿尔贝里希说:"想要将宝藏据为己有,你必须先击败格里姆和希尔德。前者拥有堪比十二个人的力气,而后者甚至更加可怕。"

阿尔贝里希立下不可违背的誓言,保证在日暮之时带着神剑回来。侏儒遵守了自己的承诺。他在一座高崖边和狄特里希、希尔德布兰特碰头,交出了那把闪闪发光的纳格林宝剑。这柄神兵成了小伙子的骄傲,并在之后的岁月里给他带来了无上的名望。

侏儒随即消失了。希尔德布兰特和狄特里希朝着峭壁走去。没过多久,他们就发现了一道暗门。两人打开大门,让阳光洒进山洞,只见瘦骨嶙峋的格里姆和希尔德正躺在火堆旁。两个巨人立刻愤怒地扑了过来,想要报复他们。格里姆伸手去抓纳格林,却摸了个空——侏儒盗贼窃走宝剑的手段当真巧妙。

于是巨人抄起一根熊熊燃烧的木柴,冲向狄特里希。他的攻击又快又狠,若非手持宝剑,小伙子定已丢了性命。

希尔德朝希尔德布兰特扑了过去,和他扭打在一起。两人展开了一场漫长的激战。勇士虽然身具神力,却被女巨人死死地掐住了脖子。最终,希尔德布兰特喘不过气来,倒在了地上。他已被彻底击垮,性命危在旦夕。

这位老将徒然地呼唤着狄特里希,而小伙子正与巨人打得天昏地暗。最终,狄特里希获胜。他一个侧跳闪过一记重击,然后挥起纳格林劈向格里姆,砍下了巨人的脑袋。就这样,这个曾经摧毁狄特马尔大半国土的凶残的巨人命丧黄泉。

与此同时,希尔德布兰特正深陷于痛苦之中。希尔德想要把他绑起来，好将他折磨至死，不料狄特里希猛攻过来，一剑把她劈成了两半。然而，她的双手并没有就此松开，仍旧狠狠地钳制着晕厥的勇士。小伙子眼睁睁地看着她用魔力使裂开的身体重新合而为一。他再次从正中间把女巨人劈成两半，可她又像之前那样合成了一体。

希尔德布兰特气息奄奄地对狄特里希说："下次劈开这恶女巫之后，你就跳到她的伤口中间，不要把目光落在她身上。"

狄特里希按照希尔德布兰特的指示，把希尔德劈成两半，然后立刻用自己的身体隔开残躯，丝毫没有左顾右盼。

希尔德即将命丧于此。[①] 她再也没法干坏事了。死前，她大喊道：

"要是格里姆能像我对抗希尔德布兰特那样与狄特里希搏斗，我们绝对不会落败！"

女巨人命绝，松开了希尔德布兰特。老将抱住王子，连声夸赞他的勇气和武艺。狄特里希的双眼因战斗而闪耀着荣光。

山洞中藏着的财宝极其丰富。狄特里希为自己选了一顶闪闪发亮的神奇头盔。此物得名于那对巨人，叫作希尔德格里姆（Hildegrim）。戴上它之后，英雄就能获得超越凡人的力量。

王子戴上头盔，头盔赋予他的力量令他无比自豪。就这样，狄特里希带着希尔德布兰特回到了父亲身边。得知儿子的英勇功绩，狄特马尔国王高兴极了，当着所有子民的面正式封他为骑士。

在西边的群山里，住着一名魁梧的巨人，他名叫西格诺特（Sigenot），是格里姆和希尔德的侄子。由于狄特里希杀了那对巨人，并占有了他们的宝藏，尤其是希尔德格里姆头盔，西格诺特发誓要找他报仇。一天，狄特里希独自骑马去森林里狩猎，正好碰见西格诺特躺在林子里熟睡。小伙子以自己的力量为豪，甚至有些自负，极其渴望与巨人一战。于是他跳下马背，无所畏惧地走向巨人，一脚踢在他身上。西格诺特愤怒地跳了起来。

[①] 赫拉克勒斯（Hercules）曾与九头蛇海德拉（Hydra）作战。海德拉有一个永生不死的头，其余的头一被砍断，立刻就会再生。赫拉克勒斯的侄子用火把灼烧断头的伤口，助了他一臂之力。参见《古典神话与传说》(*Classic Myth and Legend*)，第 103 页。

"你总算来了，"他吼道，"伯尔尼的王子，我等你很久了，只为替我的血亲格里姆报杀身之仇！"

巨人握住自己粗重的长矛，狄特里希拔出纳格林宝剑。然而这并非一场势均力敌的较量。巨人只用矛柄抽了一下，王子就被打倒了。西格诺特麻利地把狄特里希绑了起来，扛着他穿过森林，把他丢进了一个黑暗的地洞里。这座洞窟曾经是一头龙的巢穴。群蛇四处游走，在黑暗中发出嘶嘶的声音，王子不得不抗击这些爬虫。

与此同时，希尔德布兰特正在森林中穿行，寻觅王子的踪迹。他没有听到王子狩猎的号角声，因此心生疑虑。终于，他找到了王子拴在树上的坐骑。希尔德布兰特担心狄特里希已经遭遇不测，心中悲痛万分……

突然间，林子里传来了沉重的脚步声。没过多久，魁梧的西格诺特就出现在他面前。

"你是何人？你在找谁？"巨人咆哮道。

"我的名字是希尔德布兰特，"大胆的勇士答道，"我在寻找伯尔尼的王子狄特里希。"

巨人向他刺出自己的长矛，希尔德布兰特持剑猛烈地反击。他虽然勇气十足，但没过多久就被对手缴了械。西格诺特攥住他的胡子，一边拖着他穿过森林，一边大吼：

"跟我来，长胡子，跟我来。如今格里姆和希尔德大仇得报。你很快就会见到伯尔尼的王子了。"

从来没有哪个敌人胆敢对希尔德布兰特的髭须无礼。因此，希尔德布兰特的怒火压倒了对巨人的恐惧。他就这样被西格诺特拽着，狼狈不堪地被拖往狄特里希受缚的洞窟。突然，他看见了掉落在地上的纳格林宝剑。抢在巨人发现之前，希尔德布兰特敏捷地抓起宝剑，发起了猛攻。巨人被他刺伤，瞬间放松了掌控，勇士得以摆脱牵制，纵身跃起。紧接着，勇敢的希尔德布兰特向西格诺特猛劈过去，只一下就结果了他的性命。格里姆的亲族方才还骄傲地自以为完成了复仇，转眼就成了剑下亡魂。

关押狄特里希的洞穴深不可测。希尔德布兰特朝下方呼唤，王子闻声,请他速速施以援手。

"活着的蛇还有不少,"狄特里希说,"尽管我已经消灭了很多。"

希尔德布兰特脱下自己的衣服,一件件撕成布条。然后,他把布条连成绳索,放入群蛇出没的黑暗洞穴,好将王子从折磨中解救出来,让他摆脱无穷无尽的厮杀。

狄特里希抓住绳子,可希尔德布兰特刚开始向上拉,绳子就断裂了。

这时,侏儒埃格里希(Eggerich)出现在他们身边。得知西格诺特被杀,埃格里希高兴极了。他很快弄来了一道绳梯,把它伸进洞里。狄特里希这才逃出龙穴,甩掉了洞穴里嘶嘶作响的群蛇。

王子抱住自己的救星,希尔德布兰特却把他狠狠地数落了一番,责怪他不该冒险独自进入森林。

两人告别了侏儒埃格里希,一起回到伯尔尼。巨人西格诺特的死讯让人们欣喜若狂,希尔德布兰特和狄特马尔那勇敢的儿子博得了万众喝彩。

如今,举国上下没有任何一个年轻的勇士能够与狄特里希相提并论。他的威名传到了四面八方,大胆的骑士们纷纷策马来到伯尔尼,想要通过比武切磋来赢得他的青睐。王子从中选出值得尊敬且出身高贵的佼佼者,纳入麾下。通过这种方式,他很快就统领了一大批英勇善战的骑士。其中有两人,分别名叫维泰格(Witege)和海梅(Heime),他们凶悍无比,胆量过人,且极其阴沉冷酷,不仅在对敌之时令人畏而退避,下了战场也同样可怕。他们把男人当成肉靶子,对女人鄙视憎恶。他们的手上沾染了无数少年英豪的血。两人本是乡野村夫,我们这就来说说他们得到狄特里希封赏的经过。

先来到伯尔尼的人是海梅。此人生就一副五短身材,却心怀万丈勇气,有着超越年龄的力量。尽管王子是出了名的强大,可他丝毫也不畏惧。海梅的父亲名叫斯图达斯(Studas),他以放牧为生,在山间饲养了一群战马。他给了海梅一匹名叫里斯帕(Rispa)的灰色骏马,还有一把名为布卢特冈(Blutgang)的宝剑。

海梅骑在马背上,鲁莽地闯进了伯尔尼的城堡庭院,向狄特里希要求单挑。这可把王子给惹火了。狄特里希立即穿上铠甲，戴上光彩熠熠的希尔德格里姆头盔。他一手握住长矛，一手举起巨大的红底金狮盾牌，冲向这个胆大包天、出身低微的陌生人。一阵惊天动地的打斗过后，海梅的盾牌被刺了个洞，而狄特里希的马也绊了一跤，险些把王子甩下马背。两人的长矛双双折断。

接着，两位年轻的勇士跳下马，扔掉断矛，各自拔出了雪亮的宝剑。战况十分激烈。当两剑相撞之时，布卢特冈被纳格林击得轻声嗡鸣。海梅固然武艺高强，且胆量十足，但没过多久，他的剑还是被劈成了碎片，他只能任由狄特里希发落。王子被海梅的勇武吸引，因此并没有取他性命，反而慷慨大方地嘉奖了这个乖戾的陌生人，并让他成为自己身边的骑士。

才过了几天，又有一位寻求冒险的年轻勇士向狄特马尔之子发起了挑战。此人名叫维泰格，乃是从丹麦快马加鞭赶来的。王子对他很是恼火，因为已经有太多勇敢的陌生人想要找他切磋武艺和胆量，使他疲于一一应战。谁知，这名凶狠的丹麦人是个比他还要厉害的骑士。

维泰格的父亲是神匠维兰德——一位声名远播的巧手铁匠。小伙子继承了叔叔艾格尔（Eigel）的本领，长于弯弓射箭之道。他不屑于围着熔炉忙活，反而渴望冒险，渴望以勇士的身份博取名望。一天，他听说了狄特里希的英名，便下定决心要找此人单挑。

维兰德想要劝他留下，但没能成功。他只好为维泰格打造了一身闪闪发亮的铠甲、一顶饰有龙纹的华美头盔、一根威力十足的长矛，以及一面绘着锤子和火钳的白色盾牌。他还给了小伙子一柄名为米蒙（Mimung）的宝剑。此剑锋利无双，是他从前受迫于一位暴君而铸造的。

维泰格随即启程前往伯尔尼，向阿梅隆人的领地奔去。半路上，他遇上了希尔德布兰特和海梅。两人正与一名不知名的骑士策马同行，他们的目的地也是狄特马尔的宫廷。一行人打算稍事休息，但维泰格并没有为他们停下脚步。

维泰格很快来到了一座坚固的城堡跟前，这座城堡是十二名强盗的老巢。看见这位年轻的骑士向他们靠近，强盗们交头接耳道："让我们剥下他那闪亮的盔甲，砍断他的右手，然后打发他回老家去。"

于是，强盗们逼近了强壮的维兰德之子。其中两人骑马冲在前面，命令小伙子束手就擒，不料维泰格拔出米蒙宝剑，干净利落地杀死了他们。其余匪徒朝着他冲了过去，展开了一场以众击寡的激烈厮杀。

这时，希尔德布兰特、海梅和那名陌生骑士走了过来。希尔德布兰特催促同伴们快去帮助维泰格，可海梅却说："不要帮他。此人甚是高傲，现在就让他来证明自己的英勇吧。"

然而，这位老将不愿让年轻的英雄死在强盗手里。他驱马加入战斗，陌生骑士也随他上前。他们联手与这群凶残的匪徒激战，唯有海梅袖手旁观。片刻后，就有七名强盗倒地身亡，余党见状飞快地逃走了。

维泰格向希尔德布兰特道谢，双方缔结了骑士盟约，发誓从今往后永远忠诚不移地待彼此如兄弟。

"你要往哪里去，勇敢的年轻人？"年长的勇士问道。

"我要骑马去伯尔尼，"维兰德之子回答，"因为我期盼着与狄特里希来一场一对一的较量。"

希尔德布兰特并不愿从这名威猛的少年英雄口中听到这番豪言壮语，他着实为狄特里希的安危感到担忧。因此，等到夜幕降临、丹麦人入睡，希尔德布兰特从小伙子的剑鞘中抽出了米蒙宝剑，替换成自己的佩剑。

第二天早上，维泰格前去拜访狄特里希，打算大显神通。但前文已经提到，狄特马尔之子对此大为光火，因为这个丹麦人出身低微——他的父亲只是区区铁匠。

希尔德布兰特提醒他，这个年轻人有着非凡的英勇和武艺，却是白费口舌。

狄特里希说："是时候让这个国家获得安宁了。我绝不允许来路不明的乡巴佬给我下战书。他必将为自己的狂妄付出惨痛的代价。"

"说不定，"希尔德布兰特说，"你没法胜过这个勇猛的年轻人。"

"今天我定会把他吊在伯尔尼的城门外。"王子回答。

"在你做到此事之前，"希尔德布兰特说，"你还有一场恶仗要打。我祝愿你得胜，但我心里还是有些不安。"

狄特里希从来没有遇到过比维泰格更加勇猛强悍的战士。他的攻击又狠又快，王子的脑袋挨了一记重击，幸好希尔德格里姆头盔抵御住了希尔德布兰特佩剑的剑锋。见自己的兵器威力甚小，丹麦人诅咒起了父亲维兰德。

他喊道："要是我有一把配得上我的力量的宝剑，胜利马上就是我的了。"

狄特里希步步紧逼。他双手紧握纳格林宝剑，大胆地发起猛攻，意图砍下维兰德之子的头颅。然而希尔德布兰特分开了两位年轻的勇士，呼吁暂时停战。

他对狄特里希喊道："饶他一命吧，这样你的追随者中又能增添一名勇猛的骑士了。"

王子怒斥道："这狗东西今天必死无疑！你站到一边去，让我结果了他的性命。"

老将发火了。他从自己的剑鞘中拔出维兰德所铸的那把宝剑，把它递给维泰格，说：

"我把你的米蒙宝剑交还给你。尽力发挥你的勇武，保护你自己吧。"

维兰德之子心中大喜，他大声说："唉，我不该诅咒我父亲！啊，狄特里希，瞧瞧这柄米蒙宝剑。此刻我热切地渴望一战，就如口渴之人亟欲饮水，饥饿的狗渴求食物。"

随后，剑鸣之声大作。盔甲和盾牌一碰到米蒙就统统碎裂，仿佛它们是用布糊成的一样。维兰德之子的攻击着实威猛，狄特里希很快负了伤。王子的身上被划出了五道伤口，他不得不唤希尔德布兰特来终止战斗。但老将还在生他的气，因而对他不理不睬。

狄特马尔国王呼吁维兰德之子停战，并许给他一大笔赠礼和一位高贵的新娘。可维泰格战意正浓，一心只想杀死傲慢的王子。他一下接一下地猛劈，终于把希尔德格里姆头盔砍成了碎片，狄特里希金色的发丝露了出来。

希尔德布兰特并不想让王子被杀。见王子身陷险境,他的怒气平息了下来。希尔德布兰特一跃而上,给这场战斗画上了句号。接着,他援引维泰格和自己对彼此立下的誓言,请维泰格发誓追随狄特里希,成为王子的骑士。

维泰格与这名老将惺惺相惜。他把自己的剑插回剑鞘,然后发誓为王子效劳。两人成了亲密的朋友,他们一同走进城堡,共饮美酒。

由于没有像从前那样取得胜利,狄特里希耿耿于怀。他决定外出闯荡,去追求更加大胆的冒险,以保自己在阿梅隆人领土上的声名不坠。

38
巨人的国度
The Land of Giants

　　在漆黑的夜色中，狄特里希骑马穿过森林，朝着约克格里姆山（Jochgrimm）前行。那里住着几位美丽的公主，她们听说了狄特里希的威名，十分盼望能见他一面。王子没有料到，她们竟会出卖他，使他不得不闯过重重险境。

　　有三名年轻的巨人正在追求这些少女。他们是三兄弟，分别名叫埃克（Ecke）、法佐尔德（Fasold）和埃本罗特（Ebenrot）。埃克这个名字意为"可怖者"，他只有十八岁，却已经凭借一场对决成了知名的勇士。可是在杀死那个仇人之后，他再也找不到第二个敢于和他交战的对手。埃克经常听闻狄特里希的英勇气概和不凡事迹，便发誓要打倒他。巨人国许诺埃克，只要他杀死狄特里希，就把约克格里姆三公主中最漂亮的塞伯格（Seburg）许配给他。

　　埃克拥有超凡的力量。他可以十四个日夜不停赶路，不会感到丝毫疲惫；他可以像猎豹那样，从一座山头跃到另一座山头；他不需要坐骑代步，也没有任何一匹马驮得动他。

　　得知狄特里希正从伯尔尼策马而来，这个强壮的巨人便准备出击……

塞伯格公主为爱人披上雪亮的盔甲，祝愿他一切顺利。随后，埃克迅速出发……他一进入森林，鸟儿们就受惊飞起。他所过之处，枝丫纷纷低垂，并剧烈摇晃。树冠摆荡，发出呻吟，一些树惨遭他劈砍，轰然倒地，然后被连根拔起……埃克就这样一路疾奔，直抵伯尔尼，然而那里的人告诉他，狄特里希已经沿着另一条路前往约克格里姆了。

巨人立刻动身追赶英勇的王子。他的脚步是如此迅疾，以至于不到天黑就已接近了目标。只见四名骑士倒在地上，只有一个人还留着口气，却也身负重伤。

伤者对他说："不要去找伯尔尼的骑士，他的剑势如闪电。"

埃克继续前行，一路横冲直撞。他对狄特里希毫无惧意，反而由衷地想要与这位傲慢的英雄一战。就在埃克穿过树林的时候，夜幕降临了。

一片漆黑之中，他听见一人一马正在靠近。"你是何人，"他喊道，"居然在森林里骑马夜行？"

一个低沉有力的声音答道："伯尔尼的狄特里希。"

"你必须跟我较量一番。"埃克大叫起来，迫不及待地想要赢得名声。

但狄特里希并不想在黑暗中与敌人交手，只是继续策马赶路。

埃克大步流星地与狄特里希并肩而行，还向他夸耀起了自己的铠甲。

"它是由神匠维兰德打造的，"埃克说，"就连你的纳格林也无法将它劈开。我的宝剑埃克－萨克斯（Ecke-sax）铮亮又锋利，和纳格林出自同一位匠人之手。它的剑柄是用黄金做的，剑身也镶嵌着黄金。我的腰带同样是用上好的纯金制成的。如果你击败了我，这些全都是你的战利品。"

然而，宝剑和财宝并没能打动狄特里希，他还是不肯在黑暗的森林里作战。

埃克被激怒了，他喊道："我要告诉别人你是个懦夫，因为你害怕了……"

狄特里希说："天亮以后，我会与你交手。在这样漆黑的地方，我们根本看不见彼此。"

但埃克急不可耐地拦住他，对他说："倘若你现在就能与我一战，塞伯格公主就会嫁作你的新娘。她可是世界上最美丽的少女。"

狄特里希跳下马背。"诸神为证，"他高呼，"我这就与你对决，不是为了你的财宝，也不是为了你的宝剑，而是为了美丽的塞伯格！"

两人挥剑劈在石头上……灿烂的火星瞬间绽放，他们借着焰光看清了彼此，随即展开了交锋。每当他们的兵刃相接，两柄宝剑像火焰似的光芒四射，在黑暗中熠熠生辉，照亮了夜色。战斗的喧嚣像雷鸣一般响彻整片森林，盾牌撞击的轰鸣直冲云霄……恐怖弥漫了整个夜晚。两人所到之处，树木化作焦炭，足下的青草也被踩进了泥土里。

他们缠斗了很久，但谁也没能伤到对方。这时，埃克用尽浑身力气绊住王子，两人的盾牌锁在了一起，狄特里希失足跌倒。埃克把他按在地上，说：

"要是你肯束手就擒，我就饶你一命。我很乐意把你绑起来，连同甲胄和坐骑一起送到塞伯格面前。"

"与其受辱，不如一死。"狄特里希回答。

于是两人在黑暗中扭打起来。埃克想要制服伯尔尼的骑士，却是白费力气。终于，狄特里希钳住了巨人粗大的喉咙，试图翻身压住对方。这场激战漫长而又可怕。双方不相上下，谁也不肯开口求和。

王子请埃克发誓与他结盟，却是白费口舌。

最终，狄特里希的坐骑挣脱了缰绳。它听见了主人的呼喊，便在黑夜中循声而至。这匹马名叫法尔克（Falke），它爱王子胜过爱自己的生命。这匹勇敢的骏马赶来助阵，它高高立起，猛地踏在埃克的身上，踩断了他的脊背。

狄特里希一跃而起，抓起巨人的长剑敲出火星，借着一闪而过的光芒一击砍下了对手的头颅。森林随之归于宁静。

待到晨光穿过森林，狄特里希剥下了巨人闪亮的盔甲，把它套在自己身上，又挎上威力强大的埃克-萨克斯宝剑，然后继续策马前行。埃克的脑袋被他挂在鞍头，随着坐骑的步伐晃来荡去。

狄特里希并没有因胜利而感到高兴，因为他担心被人冤枉，说他趁埃克睡着行凶杀人。①

狄特里希一路奔驰，来到一口林中清泉旁。只见有位水仙女正躺在泉边安睡。狄特里希碰了碰水仙女，使她醒了过来。水仙女治好了王子的伤，从而让他恢复了体力。她为狄特里希指明了通往约克格里姆山的路线，并向他警示了前方潜在的危险。然后，狄特里希再度跨上骏马，向着巨人的领土扬鞭而去。

就在狄特里希穿越森林的时候，一位美丽的少女朝他跑来。她脚步仓促，脸色煞白，神情惊恐。这是因为巨人法佐尔德——埃克的兄弟——正领着一群凶狠的猎犬追赶她。②

狄特里希为这名少女提供了庇护，并前去抗击追逐她的巨人。看到王子穿着埃克的盔甲，法佐尔德喊道：

"骑马过来的可是我的兄弟埃克？"

狄特里希应道："我不是你的兄弟，他已经被我杀了。"

"你这个报丧的家伙！"法佐尔德咆哮道，"他肯定是在睡梦中遭到了你的暗算，否则他绝不会被人击败。"

狄特里希辩称："我要驳回你的诬陷。你的兄弟以美丽的塞伯格为赌注，邀我在黑夜中对决。要是早知道他拥有这般神力，我定然不会和他刀剑相向。"

法佐尔德勃然大怒，冲向了狄特里希。和埃克相比，他的力量更加强大。在战斗中，他向来只需一招即可克敌制胜，根本不屑于出手第二次。法佐尔德狠狠地击中了杀死自己兄弟的凶手，狄特里希从马背上跌落，倒

---

① 这个故事原本是一则风暴神话，狄特里希对应神话中的桑诺尔（索尔），埃克则象征暴风雨。三位公主乃是蒂罗尔民间传说中的巨人少女，她们在约克格里姆山上酝酿风暴。有一名高地恶女巫也是风暴酝酿者。她与四月的第一个星期相关，那一星期被称为"卡莉亚赫"。在克罗默蒂（Cromarty），传说来自西南方向的飓风是由一名四月恶女巫造成的。当地至今还流传着：这名恶女巫会使渔民因无法出海而变得一贫如洗。
② 这又是一则自然神话。博因河、泰河（Tay）和内瑟河（Ness）的女神们，以及其他河流的诸女神，同样要逃避井中妖魔的怒火。追赶她们的妖魔有时是一个巨人，有时是一头龙，有时是一个水鬼。追赶者发怒的原因或是她们在汲水时没有遵循某种仪式，或是她们偷了东西。正如蒙茅斯的杰佛里所说，塞文河（Severn）的故事或许原本也具有与之相似的特性。在希腊也有一些类似的故事。

地晕厥。巨人以为王子已经丧命，便转身离开，朝着城堡走去。

狄特里希并没有在地上躺很久。他很快就恢复了力气，站起身来。他跳上马背，匆匆追赶巨人，想要一雪前耻。

法佐尔德曾经发誓，要是有哪个敌人能够受他一击而不死，他就不会再向对方动手。可狄特里希却出言嘲讽："你害怕与我为敌。法佐尔德是个胆小鬼，要不然他就会和杀死自己兄弟的凶手战上一场。"

巨人气势汹汹地转过身来，他再也忍受不了王子的话语了。两人飞速抽出各自的宝剑，展开了激烈而漫长的交锋。狄特里希三度负伤，但他用埃克-萨克斯宝剑五次砍伤巨人法佐尔德。最终，巨人大喊着求他手下留情。

"要是你能饶我一命，"法佐尔德说，"我将听你差遣，永远做你忠实的追随者。"

狄特里希回答："假如你的兄弟不曾死在我的手上，我会欣然接纳你为我的骑士，但我无法在伤害了一个人的亲人之后还让他为我效力。不过我愿和你立下结盟的誓约。现在让我们许诺：碰到困难互相帮助，并且在所有人面前都要待彼此如兄弟。"

于是，他们立下了骑士之间的结义誓言，然后结伴前往约克格里姆山。

两人在路上碰到了一头巨兽，据说它似乎是一头大象。法佐尔德打算给它让道，但狄特里希下了马，挥动着埃克-萨克斯发起猛攻。他把巨兽砍得伤痕累累，却没有办法置它于死地。巨兽抬脚上前，想要把狄特里希踩在脚下，不料他的坐骑再次赶来相救。法尔克挣脱缰绳，奋力跃起，用蹄子蹬向巨兽，暂时把它从王子身边引开。然后，狄特里希伏在巨兽的肚子下方，向上刺出了锋利的宝剑，并在巨兽倒地身亡之前敏捷地躲开。①

狄特里希和法佐尔德继续赶路。没过多久，他们又看到一头巨龙低空飞来。它叼着一名骑士，此人正在大声呼救。

---

① 《贝奥武甫》中的龙和希格尔德所诛的恶龙法夫纳都是这样被杀的。只有从腹部下手，才能对它们造成致命的伤害。

狄特里希攻向怪兽，可就连埃克-萨克斯也无法刺穿龙的身躯。这时，那名骑士喊道："只有用我的剑才能消灭这头龙，不过剑被它含在了嘴里。"

伯尔尼的王子伸手探进龙口，抽出了那柄剑。

"斩龙之时千万别伤到我。"骑士喊道。

狄特里希挥剑猛劈，击杀了巨龙，又把那名骑士从龙嘴里拉了出来。

"你姓甚名谁，是谁家血脉？"王子问他。

"我的名字是辛特拉姆（Sintram），"骑士答道，"伯尔尼的希尔德布兰特是我的亲族。我正在赶往伯尔尼，想要成为狄特里希王子的部下。这头龙趁我睡觉的时候偷袭了我，否则它绝无可能把我捉住。"

狄特里希很是欣喜。他把神剑交还给辛特拉姆，并说："我就是你想要侍奉的人——伯尔尼的王子狄特里希。"

于是两人和法佐尔德一道前行。当他们走到约克格里姆山下，巨人忘记了他的誓言，企图逃跑。但在抵达公主居住的城堡之前，狄特里希不肯放他离开。

不久后，一行人来到了一座宏伟的城堡跟前。只见城门两侧各立着一尊巨人雕像。法佐尔德领着王子向城内走去，可王子刚走到两座雕像之间，它们的胳膊就挥落下来。要不是他即时闪避，石像手中的大棒就已要了他的命。

狄特里希被激怒了，立刻转身向法佐尔德袭去，杀死了这个背信弃义的家伙。随后，狄特里希走进大厅，三位公主和她们的母后以为他是埃克，全都迎了上来。

"你们想见伯尔尼的狄特里希，"王子说，"现在他来向你们致意了。"

他一边说，一边把巨人埃克的头颅丢到她们脚边，然后扭头离去……他匆匆走出宫殿，乘上自己的坐骑，和辛特拉姆相伴奔向伯尔尼。

海梅出来迎接狄特里希，予以他热情的问候。狄特里希因此把阿尔贝里希为巨人格里姆打造的神剑纳格林赠给了他。埃克-萨克斯则被狄特里希留作己用。

看到同侪的骑士获得了这般嘉奖，维泰格心生不悦。

他对海梅说："我可还记得，在我被强盗包围的时候，你并没有拔剑出鞘。"

"你这个傲慢的家伙，倒是生了张恶毒的嘴。我真想让它安静安静。"海梅回击道。

两名骑士双双拔剑，准备打上一场。狄特里希发起火来，拦在两人中间，然后对海梅说：

"鲁莽的骑士，现在请你离开这里。当你的同伴遭遇强盗，你不该袖手旁观……等你用功绩证明了自己是个英雄，你才能重返伯尔尼。"

"凭借你赠给我的宝剑，"海梅说，"我会赢得大笔财富，多到任谁也搬不走。"

他孤身一人离开了。海梅向强盗们开战，剿灭了他们，然后亲自当上了匪帮的头领。许多旅行者倒在了他的剑下，就连英勇的骑士们也畏惧他。直到靠着行凶作恶敛聚了大量财富，海梅才回到狄特里希身边。

王子曾经和众多巨人交过手，而最危险的对手莫过于侏儒劳林。在那一战中，劳林控制住了王子和他的骑士们，使他们全部沦为俘虏。

39
美妙的玫瑰园
The Wonderful Rose Garden

首先要说说丹麦人迪特莱布（Dietleib），他是美人昆希尔德（Kunhild）的兄弟，因勇猛强悍而享誉祖国。他的父亲名叫比特罗夫（Biterolf），是一位英勇的领袖，曾创下丰功伟绩。迪特莱布、昆希尔德和比特罗夫三人在前往伯尔尼的途中经过一片树林，却遭海梅所率领的匪徒袭击。丹麦人大胆地反击，几乎消灭了全部强盗，只有海梅一人幸存。迪特莱布用佩剑韦尔松格（Welsung）在海梅的前额留下了一道伤口，然后放他逃走了。

在这之后，年轻的丹麦人以伊尔蒙里克（Ilmenrik）为假名，成了狄特里希的仆役。恰逢王子前去造访厄尔曼纳里克的宫廷，沃斯根斯坦的瓦尔特（Walter of Wasgenstein）嘲弄起了他的丹麦侍从。迪特莱布火冒三丈，赌上性命来挑战这名傲慢的骑士，想要靠展示神力来战胜他。宫中所有人都聚拢过来围观比试。那名骑士夸夸其谈，趾高气扬，不料丹麦人迪特莱布力大无穷，当他投掷石头和锤子时，众人都看得目瞪口呆。沃斯根斯坦的瓦尔特一败涂地。

厄尔曼纳里克国王掏钱为爱吹牛的骑士赎回了性命。然后，迪特莱布举办了一场盛大的宴会，他的主人邀请了许多勇武的战士前来赴宴。

狄特里希对自己的侍从引以为傲，便封他为骑士。这时，海梅已经回归，并出席了这场宴会。迪特莱布在海梅身边坐下。没过多久，他对海梅说道：

"海梅，你的前额上挂着一道倒霉的疤。你是怎么受伤的？"

海梅答道："伊尔蒙里克，我要告诉你一个秘密。我是在跟丹麦人迪特莱布作战时受伤的。我要用他的生命之血来洗刷我的耻辱，否则我永远不得安宁。"

"那我告诉你，"新晋的骑士低语，"你领着匪帮袭击的那个人就是我。看看我的脸……我不是别人，正是迪特莱布本人。要不是你的马跑得快，你也难逃一死。不过我并不打算立即当着狄特里希的面拆穿你。就让这成为我们两个人之间的秘密吧。"

有一天，美丽的昆希尔德——迪特莱布的姐妹——一时兴起，和侍女们在青翠的草地上跳起舞来。她来到一棵椴树旁，然后突然消失不见了。掳走她的人是侏儒国王劳林。长久以来，劳林一直因她的美貌而爱慕她，想要娶她为妻。于是他偷偷接近少女，在椴树下抛出他的隐形斗篷，把她裹了起来。他将美丽的昆希尔德带到了蒂罗尔的群山之间，藏在他的城堡里。

迪特莱布深爱着自己的姐妹，因此心中很是忧伤。他匆匆赶往加尔达（Garda），去希尔德布兰特的城堡里寻求帮助。他说：

"劳林的城堡位于蒂罗尔的一座山上，城堡前有一座美妙的玫瑰花园。"

希尔德布兰特说："在救出昆希尔德之前，恐怕要牺牲很多人的性命。让我们去跟狄特里希和他的骑士们商量商量，听听他们的意见。"

两人把昆希尔德被侏儒国王掳走的事告诉了众骑士，沃尔夫哈特像往常一样大胆地宣告：

"我愿单枪匹马前去救出美丽的女郎。"

狄特里希没有理会他的豪言壮语，而是向睿智的老希尔德布兰特问道:"劳林的玫瑰花园是什么样的,你岂会一无所知?"

"有传言称,"希尔德布兰特说,"那座花园有四道金门,却没有围墙。玫瑰花园的周围环绕着一根丝线,谁若是冲破了这条线,就会被剁掉右手和左脚。侏儒国王劳林时刻守望着他美妙的花园,那里的景色绮丽至极。"

维泰格说:"想要惩罚进犯花园的人,劳林得先在单挑中战胜对方。"

"那么我们应当一去,"狄特里希说,"我们只想找到昆希尔德,并不需要破坏玫瑰花园。"

于是,王子策马奔向了侏儒国王劳林所在的那座位于蒂罗尔的山峰,赫里布兰特(Heribrand)之子希尔德布兰特、维兰德之子维泰格、丹麦人迪特莱布及希尔德布兰特的亲族沃尔夫哈特与他同行。

狄特里希和维泰格两人冲在最前面,这是因为王子受到了希尔德布兰特的刺激。希尔德布兰特从前教导过他,故而惯于拿他打趣。"要是没有我陪着你,"希尔德布兰特说,"你可没法胜过那个侏儒。"

就这样,狄特里希和维兰德之子率先抵达了美妙的玫瑰花园。维泰格砸碎了一道金门,然后两人一起踏入了花园。只见朵朵玫瑰娇艳欲滴,散发着甜美清新的芬芳。优美的风景令人心旷神怡,狄特里希不忍将其破坏。而维泰格存心要触怒侏儒,他骑着马从花丛中穿过,无情地践踏它们。这座漂亮的花园很快就变得如荒野一般凄凉。

侏儒国王劳林气坏了。他披盔戴甲,手持长矛,亲自骑马出战。虽然他的身高只有三拃,但他的力量和武艺非同凡响。

"我到底哪里得罪过你,你怎能对我的玫瑰下此毒手?"他痛苦地大声呼喊,"现在我非得取走你的右手和左脚不可。"

维泰格回以嘲笑和讥讽,他并不知道这侏儒拥有魔力。劳林的盔甲上镶嵌着许多光芒璀璨的钻石,它们使盔甲变得刀枪不入。他还系着一根腰带,此物赋予了他等同于十二个人的力量。劳林头戴一顶闪闪发亮的王冠,而他的弱点就藏在其中。王冠上立着几只用黄金打造的鸟儿,它们发出啁啾的鸣唱,宛若鲜活的生灵。

维泰格放低了手中的长矛。劳林凶猛地冲上去,只用一击就把维泰格从马上扫了下来。维兰德之子被侏儒绑了起来，陷入巨大的危机。狄特里希提出用黄金来赔偿他所造成的破坏。

他对劳林说："你的玫瑰将在五月再次开放。"

侏儒回答说，自己的黄金已经够多了，但玫瑰却没法重获生机。

维泰格对狄特里希出言相激。"难道你害怕跟他较量？"他说，"因为你不敢面对劳林，我就非死不可？"

王子勃然大怒。他把骑士犯下的过错揽到自己身上，立马向侏儒国王要求单挑。

幸好，老希尔德布兰特和他的族人沃尔夫哈特、丹麦人迪特莱布一起及时骑马赶到。这位老将建议王子不要和侏儒在马背上比武。他说："你最好在地面上跟他比拼剑法。他的铠甲无法被刺穿，因为那些钻石给了它抵御所有兵器攻击的魔力。你就照着他的脑门猛击。"

狄特里希听取了希尔德布兰特的建议。他跳下马背，邀劳林以剑对决。两人打得十分激烈。王子连续重击侏儒的脑袋，把他敲得头晕目眩。不料劳林打着打着，披上了隐身斗篷，从王子眼前消失不见。

狄特里希被砍得遍体鳞伤，而战斗的激情却在他心中愈燃愈旺。突然间，他伸手擒住隐身的侏儒，和他扭打在一起。王子从口中喷出熊熊烈焰，却毫无作用。他无法对劳林造成伤害。

"抽走他的腰带！"希尔德布兰特大喊。

很快，狄特里希就抢到了那根魔法腰带。侏儒失去了神力，立刻就被王子制服了。狄特里希把矮小的国王摔到地上，扯掉了他的隐身斗篷。

劳林担心性命不保，便找昆希尔德的兄弟迪特莱布替他求情，因为这位年轻的丹麦人最大的心愿就是找出自己美丽的姐妹被囚禁在何处。就这样，侏儒国王得以免受狄特里希的报复。他向迪特莱布道了谢，并发誓待他如兄弟。然后，劳林邀请王子和所有骑士去他的山中城堡做客。

众人一道走过了一片宜人的平原，又穿过了一座美丽的森林。林中有一棵高大的椴树，还有许多芬芳的果树。鸟儿们在枝头欢快地歌唱，听得狄特里希心中愉悦。他和着它们的调子吹起了口哨，但老希尔德布兰特警告他，要等到离开森林之后才可以吹口哨。骑士们全都优哉游哉，唯独维泰格没有放松。败在侏儒手上给他留下了苦涩的回忆，他还认为侏儒有背信弃义的嫌疑。沃尔夫哈特嘲弄了他一番，而维兰德之子骑到了队伍的最前面，抢先抵达了城堡的入口。只见门口用锁链悬挂着一支金灿灿的号角，他吹动号角，发出了一声响亮的轰鸣。大门随着号角声敞开，众人走进了城堡。一道铁门打开了，随即在他们身后关闭。接着，他们又通过了一道闪闪发光的金门，然后它也像前一道门那样紧紧地关上了。

转眼间，狄特里希和他的骑士们已置身于一间明亮、宽敞的大厅。里面有成百上千个侏儒正在欢庆作乐：有的踏乐起舞，有的比武竞技。他们向异乡来客献上美酒，就连维泰格也打消了疑虑，和其他人一起享乐。这时，劳林开始实施他的诡计。他对狄特里希和骑士们施展了魔咒，使他们看不到彼此的身影，眼中只有快活的侏儒们和富丽堂皇的山中殿堂。

终于，美丽的昆希尔德现身了。她已成了劳林的王后，戴起了璀璨的王冠。许多佳丽围绕着她，而她则是冠绝群芳。侏儒们又是奏乐，又是起舞，还表演了许多神奇的特技，在她的前后左右蹦来跳去。昆希尔德的王冠上镶嵌着一颗光芒四射的宝石，它驱散了魔法生成的迷雾，让勇士们重新看见了彼此。

随后，他们举办了一场盛大的宴会。昆希尔德的座位和劳林的挨在一起。她温柔地拥抱了迪特莱布，并让他坐在自己的另一侧。两人窃窃私语。昆希尔德非常渴望抛下此地的所有盛景和财富，回到亲人们身边。

侏儒劝诱骑士们把武器放在一边。他们是那样快活，以至于一个个都毫无戒备地照做了。

夜幕降临后，劳林把迪特莱布领进了一个偏僻的房间，想要用丰厚的财宝诱使他抛弃狄特里希及其麾下的骑士们。年轻的丹麦人坚决不肯当叛徒，因此侏儒扔下了他，并牢牢地锁上了房门，还弄瞎了迪特莱布的眼睛。

接下来，异乡人们饮下了使人沉睡的魔酒，全部落入了复仇心切的劳林国王的魔爪。他命人把俘虏们绑起来，丢进深深的地牢，好让他们为毁坏玫瑰园而付出代价。一群人无助地躺在地牢里，眼前只剩下一片黑暗。

他们的遭遇令昆希尔德黯然泪下。等到侏儒们全都睡下，她悄悄溜进兄弟所在的房间，给了他一枚金戒指，从而为他解除了致盲的魔咒。然后，年轻的丹麦人把自己和同伴们的武器都拿了回来。

与此同时，狄特里希醒了过来。发现自己镣铐加身，他大发雷霆。狄特里希靠侏儒的腰带恢复了视力，又从嘴里喷出火焰，烧熔了铁索，从而得以站起身来。他走到每个同伴身边，助他们一一重获自由。

这时，迪特莱布带着所有人的武器找了过来。他和王子一起奋力对抗侏儒大军。终于，狄特里希从一名侏儒手上夺得了一枚金戒指。他把戒指给了希尔德布兰特，使他恢复了视力。然后，这位老将也加入了战斗，三人所向披靡。劳林的城堡里没有一人能够阻挡这三位强悍的勇士，成千上万的侏儒死在他们的手上。

劳林总算冲了出来，他隆隆地吹响号角，召来了五名手持大棒的巨人助阵。

虽然沃尔夫哈特和维泰格依然什么也看不见，但他们听到了周围轰轰烈烈的作战声，无法置身事外。于是，两人也闯进战场，勇敢地厮杀了起来。随后，昆希尔德给了他们两枚宝石戒指，驱散了令人眼盲的迷障。

五个巨人对阵五位骑士，双方展开了一场漫长而可怕的搏斗。怪物一个接一个地被消灭，狄特里希和他的骑士们获得了胜利。英雄们在劳林的国度杀敌无数，以至于血水都漫到了他们的膝盖。

侏儒国王沦为囚徒，昆希尔德则恢复了自由。狄特里希和他的骑士们满载着财宝凯旋，劳林和迪特莱布的美人姐妹也被带回了伯尔尼。

劳林成了人们嘲笑和羞辱的对象。他极其渴望报复狄特里希和克敌夺宝的骑士们，于是盘算起了阴谋诡计。劳林有个名叫瓦尔贝兰（Walberan）的叔叔，此人统治着高加索（Caucasus）东部的巨人和侏儒们。劳林给他送去了一封密信，请他出手搭救。

劳林偷偷找昆希尔德商议此事。昆希尔德承诺，只要他与狄特里希立誓结为盟友，她就随他返回山中城堡，做回他的王后。

劳林被她说服了。"我的玫瑰花园,"他说,"我将重新栽种。在五月的阳光下,玫瑰会绽放出美丽与芬芳。"

侏儒国王和伯尔尼王子把酒言和,劳林发誓做狄特里希一辈子的盟友和臂助。

两人正同坐欢宴,狄特里希收到了瓦尔贝兰国王的传讯,信中要求他交出伯尔尼的所有财宝和武器,并让每个破坏过玫瑰园的骑士奉上自己的右手和左脚。王子拒绝了瓦尔贝兰的勒索，并做好了应战的准备。

狄特里希和瓦尔贝兰向彼此下了单挑的战书。两人进行了一场异常激烈的对决。双方都伤痕累累，却还是分不出高下，眼看着就要同归于尽了。

这时，劳林骑马上前，抱住了自己的叔父，劝他化干戈为玉帛。希尔德布兰特也用同样的话恳求狄特里希。这场战斗就这样画上了句号。他们共同入席宴饮，并缔结了友好的誓约，以保他们之间和平长存。

昆希尔德跟随劳林回到了他的山中城堡。劳林重新栽种的玫瑰明媚地盛开在五月的阳光之下。

漫游群山的牧人和深入山间的猎人总是说，劳林和美丽的昆希尔德会于月明之夜现身，在青翠的森林中或在蒂罗尔群山间的山谷里翩翩共舞。迪特莱布的姐妹仍像旧时那样生活在金碧辉煌的城堡里。她成了侏儒们的女王，就永远也不会死去。

那座美丽的玫瑰花园永恒地盛放在五月的阳光下，只是不为凡夫俗子所见。许多人曾试图寻访，却都无功而返。

40
群山女王维尔吉娜
Virginal, Queen of the Mountains

狄特里希在伯尔尼的时候,听说群山女王维尔吉娜(Virginal)陷入了危难境地:有个巨人蹂躏了她的领土,并且每到新月之时都会向她索要一名美貌的少女,作为给他填肚子的贡品。

王子和年迈的希尔德布兰特一起前去襄助。这位女王是个绝色佳人,她统治着蒂罗尔群山中的侏儒和巨人,她的臣民从未企图对人类不利。欺凌她的巨人叫作奥尔基塞(Orkise),他的儿子亚尼巴斯(Janibas)是个邪恶的魔法师。

两位英雄骑马穿过森林时,碰到了一个名叫比邦(Bibung)的侏儒。他领着两人向女王宫殿的所在地耶拉斯本特(Jeraspunt)行去,可到了晚上,他就消失不见了。第二天早上下起了雪,两位骑士和彼此走散了。不久后,希尔德布兰特听到了痛苦的哭声,一个俏丽的少女出现在他面前,她是被人送进森林供巨人享用的。在维尔吉娜女王的侍女中,她的容貌最为出众。骑士挺身相护,发誓要救她脱险。少女满心感激,眼中盈满了喜悦的泪水。

转眼间，可怕的喧嚣撼动了森林——巨人带着他的狗来捕捉猎物了。希尔德布兰特拔出佩剑，双方立即打了起来。没过多久，他就杀死了巨人，还赶跑了邪恶的巨人之子亚尼巴斯。

侍女兴高采烈地回到女王身边，把巨人奥尔基塞被杀的经过告诉了她。城堡上下欢天喜地，维尔吉娜和她的所有臣民急切地等待着两位英雄的到来。

与此同时，狄特里希对上了巨人麾下的大批人马。隆隆的战斗声远近回响。等到希尔德布兰特赶来支援的时候，巨人军团已被击垮，无数敌人倒毙、溃逃。

两人继续结伴去往位于耶拉斯本特的宫殿。眼看着天色暗了下来，他们骑马奔向奥尔基塞的城堡。因为巨人已被打败，他们自认为有权成为城堡的主人。然而他们并没有受到热情的款待。两人刚一提出进门的要求，凶狠的巨人们就向他们攻来。巨人们的大棒十分沉重，攻势也异常残暴，但没过多久，他们就被勇武的英雄们打得落花流水。这时，一名黑衣骑士出现了。他怪声怪调地说了些什么，就有许多巨人从地下冒了出来，继续与他们作战。一批倒下，又有一批上来迎战。等到巨人被杀光，又出现了嘶嘶作响的群蛇和不可名状的爬虫。它们朝着狄特里希和希尔德布兰特扑来，迫使他们持续战斗了整整一夜。这名黑衣骑士并没有亲自加入战斗，天亮之后，他就消失了。英雄们终于进入了城堡。他们在城堡里找到了维尔吉娜女王的三名侍女，并解救了她们。

夜里，英雄们还杀死了一头恶龙。有位英勇的骑士被龙衔在嘴里，他的名字叫作伦特温（Rentwin）。狄特里希和希尔德布兰特把他送到了他父亲的城堡，顺便留在那里养伤。

伤口痊愈后，王子和他的老搭档与伦特温及其父亲一起，继续赶往耶斯本拉特。狄特里希急于一睹维尔吉娜女王的芳容，驱使坐骑走在最前面，可没过多久就和同伴们走散了。这条路陌生又荒凉。狄特里希因为没有等待同伴，结果倒霉地走上了岔道。他碰巧闯进了尼特格尔（Nitger）公爵的城堡，此堡名为穆特尔（Muter）。

公爵手下有许多巨人，狄特里希见其中一人外出，便请他指引自己前往维尔吉娜女王的宫殿。狄特里希如愿得到了答复，可当他调转马头离开的时候，巨人抡起大棒，重重地击中了英雄，使他从马背上摔了下来。英勇的狄特里希被人擒住，镣铐加身，被扔进了一间黑暗的地牢。公爵的姐妹待他十分友善，若没有她的庇护，王子已然丧命。

希尔德布兰特到了维尔吉娜的宫殿，这才得知王子被俘。于是他匆匆赶回伯尔尼，率领着众多英勇的骑士出击，沃尔夫哈特、维泰格和海梅皆在其中。他们包围了穆特尔堡，与十二名巨人交锋。就在双方激战之时，狄特里希逃了出来，加入了战斗。伯尔尼的英雄们取得了胜利，巨人们被杀得一干二净。

骑士们打算处死尼特格尔，但公爵的姐妹为他说情，狄特里希因此饶恕了他的性命。

随后，众人一起动身前往耶拉斯本特。半路上，有个侏儒骑着马迎面而来。这个小家伙告诉狄特里希，凶狠的亚尼巴斯率领大军包围了维尔吉娜女王的宫殿，要求她交出全部侍女以及王冠上的魔法宝石——那枚宝石赋予了她统治众多子民的力量。

英雄们继续踏上征途。他们在冰雪覆盖的群山上攀登，很快就听到了激烈的厮杀声。亚尼巴斯的黑色巨犬的狂吠宛若冬日里暴风雨的怒号。妖魔鬼怪纷纷上阵，女王的护卫们陷入苦战。巨人们的吼声就像雷鸣一样响亮。

在战场上，狄特里希发现了那名黑衣骑士，认出此人就是亚尼巴斯。他手拿一块铁板，正在上面勾勒咒语。王子朝亚尼巴斯扑了过去，宝剑上都擦出了火星。那块铁板被他砍得四分五裂，那可怕的作恶者也死在了他的剑下。蒂罗尔群山中响起了隆隆的雷声。冰川瓦解，亚尼巴斯的邪恶军团被雪崩埋葬，消失于一瞬。这片土地很快便恢复了静谧与安宁，恐怖的战争就此结束。

维尔吉娜女王独自坐在她的山中宫殿里，高居于王座之上，冰冷无情却又美艳动人。那枚宝石从王冠上放射出璀璨的光芒。她周身笼着一层荧荧的银纱，侍女们颤抖着匍匐在她的脚边。

战争结束后，狄特里希走进宫殿。女王称他为英雄，并满怀柔情地欢迎了他。

"我再也没法留在精灵国进行统治了，"她说，"因为我目睹了你卓著的功绩。我要为了你背井离乡，从此和人类生活在一起。我将成为你的新娘，一生一世爱你不渝。"

狄特里希和维尔吉娜女王举办了隆重的婚礼，就地结为夫妻。精灵们和英雄们在山中宫殿里飨宴欢庆、饮酒作乐。不久后，狄特里希带着他的新娘和诸位英勇的骑士一道返回了伯尔尼，人们用欢呼喝彩迎接他们的归来。

狄特里希和维尔吉娜女王幸福地生活在一起。狄特马尔国王去世后，王子继承了他的王位。王国之中一片祥和。然而，另一片土地上正孕育着灾祸，狄特里希国王命中注定要流亡他乡，然后才能彻底战胜邪恶的敌人。

41

流亡的狄特里希

Dietrich in Exile

有位国王名叫厄尔曼纳里克，他的力量非常强大，南境的所有统治者都臣服于他，并年年纳贡。狄特里希是他的侄子。他不仅亲自为厄尔曼纳里克助战，还送出了自己的两员猛将——维泰格和海梅。

不巧的是，厄尔曼纳里克手下有位邪恶的谋士，名叫西贝歇。① 西贝歇的妻子曾受过国王的侮辱。他起初想要杀了厄尔曼纳里克，后来又觉得不如教唆这位伟大的君王害死亲生骨肉，并让他与自己的血亲兵戎相见。西贝歇的复仇着实可怕，许多英勇的骑士都因此而死，绵延多年的悲惨战事也由此爆发。

厄尔曼纳里克有三个儿子。西贝歇诬陷其中一人与国王的继室斯万希尔德有染。那位王子被送上了绞刑架，古德露恩的女儿则遭万马践踏而死。另一位王子受命出使不列颠，但他所乘坐的船暗藏漏洞，导致他淹死在了海里。在西贝歇的怂恿下，第三位王子前去挪威索要贡品，结果在那

---

① 西贝歇对应着沃尔松格家族故事中的比克；厄尔曼纳里克则是乔蒙瑞克。

里被人杀害。随后，西贝歇对国王的侄族哈尔伦格（Harlung）一族发起了恶毒的指控。国王出兵征讨，哈尔伦格一族不敌，被杀死在了他们位于莱茵兰的要塞。

狄特里希也没能幸免。西贝歇往厄尔曼纳里克的脑中灌输了谗言，使他与这位英勇的阿梅隆国王为敌。

"你侄子的疆域一年又一年地扩大，"西贝歇告诉善妒的国王，"要不了多久，他就会来抢你的地盘。你应该要求他年年纳贡。"

骑士兰多尔特（Randolt）被派往伯尔尼索要贡品，不料狄特里希轻蔑地拒绝了他。厄尔曼纳里克因此勃然大怒，发誓要把自己的侄子作为叛徒吊死。

维泰格和海梅向国王求情，却于事无补。他听信了西贝歇的谗言，率领一支大军朝着伯尔尼进发。狄特里希出击迎敌，在战场上与父亲的兄弟对阵。经过一场激烈的夜战，狄特里希以压倒性的胜利击退了厄尔曼纳里克。

然而，狄特里希财力不足，无法继续作战。年迈的希尔德布兰特把自己的所有黄金都捐了出来，波拉的贝尔特拉姆（Bertram of Pola）也是如此。五百匹马驮着这批财宝向伯尔尼行去，这两人和沃尔夫哈特、丹麦人迪特莱布及其他英雄一起护送马队。厄尔曼纳里克得知此事，便设伏拿下了他们。就这样，狄特里希麾下最勇敢的几位骑士沦为俘虏，他的军费也落入他人之手。只有迪特莱布一人逃脱，他向狄特里希禀报了这个令人悲伤的消息。

狄特里希遣使拜访厄尔曼纳里克，向他提出交换俘虏，从而让自己的骑士们重获自由。可残暴的厄尔曼纳里克回应道，狄特里希必须以自己的王国为赎金，否则被俘的骑士们全都会被处以绞刑。

狄特马尔的伟大后裔拥有高贵的心性。要是自己忠实的追随者们被杀，他绝不忍心继续坐在王位上。此时维尔吉娜王后已经病逝，狄特里希黯然神伤。他传信给厄尔曼纳里克，表示愿意离开自己的王国，只要此举能够换回希尔德布兰特、沃尔夫哈特和其他骑士的性命。

厄尔曼纳里克率领军队进驻伯尔尼。狄特里希作别了自己的国家，那些深深地爱戴着他的民众以悲叹相送。他的弟弟狄特尔（Diether）还是个孩子，也随他一同离开了。老希尔德布兰特抛下了妻子乌特（Ute）和幼子哈杜布兰特（Hadubrand），追随在自己的国王左右，其他几位狄特里希用王国赎回的骑士也是如此。

狄特里希在匈人王埃策尔①的宫廷中避难。他受到了当地人的欢迎和敬重。狄特里希与埃策尔一同抗击维尔基纳兰（Wilkina-land）②的国王及俄罗斯和波兰的国王，立下了赫赫战功。狄特里希和他的骑士们所给予的帮助令埃策尔很是感激。

然而狄特里希始终为自己失去的王国而悲伤。赫尔歇王后见他一直郁郁不乐，心生怜悯，便把自己的侄女——温柔体贴的赫拉德（Herrad）公主——许配给他。不久后，埃策尔国王又许下诺言，将在早春时节为狄特里希募集一支大军，让他得以向厄尔曼纳里克开战，夺回阿梅隆人的王国。

自从狄特马尔之子策马离开伯尔尼，已经过去了好几个年头。他的弟弟狄特尔长成了一个小男子汉，不失为一名勇敢的青年骑士。埃策尔的两个儿子埃尔普（Erp）和奥尔特温（Ortwin）与他十分要好。当大军集结完成，三个年轻的伙伴非要一起上战场不可，因为他们十分渴望凭借作战之英勇而闻名。

埃策尔的王后很想让他们留下来。她做了一个噩梦，梦中有一头龙闯进城堡，劫走了这些小伙子，她眼睁睁看着他们被龙吞下了肚。但三人求到了国王那里，国王遂了他们的心愿。狄特里希发誓会保护他们远离危险，埃策尔还派了封疆勋爵吕迪格及其手下无畏的骑士们相护。随狄特里希出战的有狄特尔、老希尔德布兰特、沃尔夫哈特、丹麦人迪特莱布，以及其他陪伴国王流亡到匈人王国的英雄。

---

① 即阿提拉。
② 挪威和瑞典。

厄尔曼纳里克患上了重病，他的军队由西贝歇指挥。西贝歇来到阿梅隆人国境旁的拉韦纳，在河的南岸等待敌军来犯。

狄特里希朝着伯尔尼进军。路过伊斯特拉城（Istria）时，他把自己的弟弟狄特尔和埃策尔的两个儿子——埃尔普和奥尔特温——留了下来，交给老埃尔桑（Elsan）照看，以免他们受到伤害。狄特里希认为，他们年纪太小，不能冒险对阵身经百战的英雄们。

小伙子们对此很是不满，决心跟上军队的脚步。他们骗过了老埃尔桑，偷偷溜出城去，火速骑马赶往前线，奔向自己的劫数。

开战前夜，狄特里希的军队在河流北岸摆开了阵形。老希尔德布兰特外出侦查。从敌军的营地里走来了一位骑士，此人也是前来探察敌情的。他们迎面碰上，却并没有动起手来，因为那名骑士乃是希尔德布兰特的朋友雷纳尔德（Reinald）。两人一同哀叹战争阻隔了友人，然后相互拥抱、亲吻，这才道别。

天亮了，狄特里希率领骑士们行至希尔德布兰特发现的一处浅滩，然后从那里过河。他们向西贝歇的军团发起攻击，把敌人打得落花流水。维泰格跟在西贝歇身边，但他并没有逃跑，反而策马上前，杀死了狄特里希的旗手。然而，战争的巨浪从他身边呼啸而过，他很快就落了单。

就在这时，狄特尔和埃策尔的两个儿子抵达了前线。他们一见维泰格，就称他为叛徒。奥尔特温朝他攻去，可没过多久就倒下了。接着，埃尔普冲向这名凶悍的骑士，要为自己的兄弟报仇。维泰格徒劳地想要把他吓退，唯恐他踏上奥尔特温的后尘，可埃尔普凛然无畏——要是他活了下来，本该成为一名了不起的勇士。他们的较量很快就分出了胜负，维泰格抽出米蒙宝剑，朝王子猛劈过去，斩下了他的头颅。

狄特尔悲愤交加。他拔剑在手，驱马迎战维泰格。

眼见他步步逼近，维兰德之子对小伙子说：

"你该不会是狄特里希的弟弟狄特尔吧？倘若真的是你，我不愿和你动手。"

狄特尔说："我正是狄特里希的弟弟。我马上就会叫你尝到失败的滋味。"

"那你去跟别人搏斗吧,"维泰格说,"上别处去寻求战斗的荣光。我不想背上你的性命。"

狄特尔喊道:"埃尔普和奥尔特温已经死在了你的剑下,你休想从我手里逃脱。你这个遭人鄙视、忘恩负义的畜生,要是杀不了你,我宁可去死。"

他立即勇猛地攻上去,但维泰格并不怕他,只是挡下他的攻击。最终,维泰格的坐骑被狄特尔砍掉了脑袋,因此他不得不跳到地上。

"请伊尔明神作证,"维泰格高呼,"我动手仅为自保。"

说完,他用米蒙宝剑猛击狄特尔,把年轻的英雄劈成了两半。

维泰格黯然泪下。他之所以心中难过,不仅是因为他杀死了小伙子,还因为他害怕承受狄特里希的怒火。

与此同时,埃尔桑追着三个年轻人离开伊斯特拉,找到了狄特里希,并把他们的命运告诉了他。狄特里希将他斩首,然后匆匆赶往那个悲伤之地。他找到了年轻的英雄们的尸体,为他们而悲泣。

他哭喊道:"唉,我太伤心了!我到底犯了什么罪,竟要遭受这样的惩罚?我身受重创,但这并不是战斗造成的。虽然我打了胜仗,但我的弟弟却被人从我身边夺走,埃策尔的儿子们也倒下死去了。我永无可能重返匈人的国度。"

狄特里希环顾四周,发现维泰格正骑着狄特尔的马在荒原上逃窜。他的心迫切地想要复仇。狄特里希一跃而起,跳上自己的坐骑法尔克,驱马向那叛逃的骑士追去。他愤怒至极,以至于从嘴里喷出了火焰。

接近维泰格之后,狄特里希喊道:"别一见我就抱头鼠窜,你这头地狱来的恶犬!假如你贪生怕死的本事不比忘恩负义的本领更高强,现在就给我站住,让我为我的弟弟报仇。"

维泰格并没有停下。他高声回应道:"为了保命,我不得不对抗狄特尔。与他为敌并非我所愿。"

维泰格一路狂奔到了河流尽头的湖畔。狄特里希在后面紧紧追逼,他把长矛握在手里,朝着叛徒掷了出去……

但维泰格没有停下,而是骑着马径直冲进了水里。暴怒的狄特里希离他只有一个马身的距离……

这时，维泰格的曾祖母——人鱼瓦格希尔德（Waghild）——突然现身于湖中。她抓住维泰格和他的坐骑，把他们拖进了波涛之中……狄特里希继续追赶，直到他的马四蹄没入水中，可他怎么也找不到杀死弟弟的凶手……再也没有人看见过维泰格，因为人鱼把他带进了自己的水下洞穴，在那里守护着他。

狄特里希回到战场，击溃了西贝歇的残兵。由于埃策尔的两个儿子为人所害，狄特马尔的伟大后裔既没有因胜利而感到半点欢欣，也没有率领匈人将士继续追击。狄特里希别无他求，只想替助他复国的恩人报仇雪恨。

狄特里希为狄特尔哀悼，也为埃尔普和奥尔特温哀悼。三人下葬之后，他请吕迪格带领军队回到匈人的国度。吕迪格照办了，他领着埃策尔的英雄儿郎回到了国王的身边。然后，吕迪格站在国王面前，向他禀报了两位王子牺牲的噩耗。

王后放声哀泣。国王虽心如刀绞，但还是说：

"战争中总有旦夕祸福，此乃常事。谁都无法逃脱命定的死期。"

然后他问吕迪格："狄特里希和希尔德布兰特在哪？他们为什么没有来见我？"

"他们在远方悼念，"吕迪格回答，"他们不肯见您，是因为埃尔普和奥尔特温被人杀害。"

埃策尔派了两名骑士去找狄特里希，但他仍然拒绝随他们一同觐见国王。王后起初因此对他心生怒气，后来却站起身来，亲自去造访英雄。

王后对他说："我的儿子埃尔普和奥尔特温是如何战斗的？他们在战场上是否勇敢无畏？是否对得起他们的血脉？"

"正因无所畏惧，"狄特里希回答，"他们才会上阵厮杀，然后一个接一个地倒下。他们是如此友爱，以至于无法被分开。"

王后流着泪亲吻了他，然后把他领到了埃策尔国王的面前。

狄特里希扑倒在他伟大盟友的脚边，愿为王子被杀之事以死谢罪。埃策尔却扶他起身，并亲吻了他，两人一起入座。他们的友谊因此变得更加牢固。

两个夏季过后，王后去世了。临终时她告诫国王，切莫娶来自尼伯龙人领地的女子。"否则，"她说，"不光是你，她所孕育的后代也会遭遇难以想象的不幸。"

然而，善良的王后的遗言被埃策尔忘到了脑后，他遣使传信给贡特尔国王，求娶克里姆希尔德。

克里姆希尔德胡作非为，把埃策尔的宫廷变成了战场。狄特里希和老希尔德布兰特与贡特尔国王和哈根曾是盟友，因此并没有插手此事，直到冲动的沃尔夫哈特被卷入战局，老希尔德布特兰特也负了伤，狄特里希麾下的所有骑士惨遭杀害。

正如前文所述，狄特马尔的伟大后裔此时终于将剑指向了哈根和贡特尔，并制服了他们。此二人被处死后，希尔德布兰特称克里姆希尔德为恶魔，然后将她斩杀。

埃策尔说："她的确是个恶魔。要不是因为她，许多高贵的骑士仍然活在世上。"

现在要讲的是埃策尔国王是怎样离开人世的。哈根之子阿尔德里安（Aldrian）发誓要为父报仇，他前去造访埃策尔，对他说起了尼伯龙人的宝藏。

"要是你愿意与我同去，"他说，"我就只对你一人透露藏匿黄金的地点。"

埃策尔上路了。哈根之子把他引入一个位于莱恩河水下的秘密洞穴。只见里面堆积着无数财宝，令他大饱眼福。不料，阿尔德里安突然退了出去，说道：

"现在你就尽情享受你所渴求的黄金吧，而我将为我的父亲报仇。"

说着，阿尔德里安关上了洞穴的大门。在这个封闭而坚固的囚牢里，在他梦寐以求的财宝的包围下，埃策尔饿死了。

岁月流逝，狄特里希听说，有两位王子为了替斯万希尔德报仇，杀死了厄尔曼纳里克，西贝歇想要趁机登上王位。于是他募集了一支军队，打入自己的故国，年迈的希尔德布特兰特跟随在他身边。

"我宁可死在伯尔尼，"狄特里希说，"也不愿继续流亡了，即便是和匈人在一起。"

42

国王归来

The King's Homecoming

狄特里希已经流亡三十二年之久，他无时无刻不想重返伯尔尼。狄特里希的悲伤也好，希望也好，希尔德布兰特都与他共享。希尔德布兰特年事已高，据传超过了一百岁，但他仍然像从前那样能征善战、智勇双全。

狄特里希领着他的匈人军队前往伯尔尼，逼近了阿梅隆人的北方国境，正逢哈杜布兰特带着一支劲旅前来迎战。敌对的双方在战场上摆开了阵形。狄特里希命中注定要孑然一身地回到伯尔尼。

战斗开始之前，两军之中各有一名英勇的骑士驱马上前，邀战单挑。两人皆毫无惧意，仪表堂堂。其中一人是老希尔德布兰特，另外一人则是哈杜布兰特——他的亲生儿子。当老希尔德布特兰特追随狄特里希离开伯尔尼的时候，哈杜布兰特还在襁褓之中。他们分别了许多年，此刻终于团聚，却要彼此为敌，刀剑相向。

父子俩对各自的盔甲进行了精心的调整。他们身披锁子甲，将宝剑束在甲胄上，然后骑马进入了战场。

两人靠近彼此后，赫里布兰特之子希尔德布兰特率先开了口。和对手相比，他更加年长，也更有智慧。他平日里少言寡语，此时却主动发问：

"你的父亲是何人？你是哪一辈的后裔？你若肯告诉我任何一位族人的姓名，我对其他人也就心中有数了，这个国家的所有王公贵族都是我的相识。"

哈杜布兰特答道："那些早已故去的睿智的老者总是告诉我，我父亲名叫希尔德布兰特……我的名字是哈杜布兰特。多年以前，希尔德布兰特跟着狄特里希一众人马远走东方。他抛下了孤单无助的妻子和孩子，抛下了自己的族人。狄特里希失去了王位，变得孤立无援；而我的父亲则憎恨厄尔曼纳里克——那位可敬的英雄！希尔德布兰特一直领导着狄特里希的那帮人马。他热衷于征战，他的名声也的确在勇士们之间广为流传……我并不认为他还在世。"

希尔德布兰特深受触动，开口道："现在我请我族的守护神伊尔明①作证，我不敢与你搏斗，因为你我至亲至近。"

年迈的英雄一边说着，一边从手臂上摘下狄特里希所赐的纯金绞丝臂环。他把臂环递给自己的儿子，说：

"我把它送给你，因为我爱你，哈杜布兰特。"

儿子并没有上前接受父亲的赠礼，反而怀疑对方在耍花招，说道：

"勇士必须靠以矛对矛的厮杀来赢得礼物……你是一位老谋深算的英雄，如今想要用软语温言来诱骗我……时机一到，你就会朝我掷出长矛……你是如此精明老道、诡计多端，简直成了个冷酷无情的骗子。"

希尔德布兰特悲痛地摇头否认。

"海员们曾告诉我，"他的儿子辩道，"从东边传来消息称，在文德尔海（Wendel-sea）②上的战斗中，赫里布兰特之子希尔德布兰特已经牺牲了。"

"啊，主宰万物的神明！我们怎会有这样的命运？"希尔德布兰特呼喊道，"我流亡在外，漂泊了三十多个冬夏。我甚至抗击过一群弓兵，但他

---

① "伊尔明之路"就是银河。
② 即地中海。

们都没能置我于死地……现在，我的亲生骨肉要用他的剑把我砍倒，用他的矛把我推翻……否则我就得杀了他……"

他无声地端详了自己的儿子片刻。看着年轻人高贵的相貌，希尔德布兰特既悲伤，又自豪。

他说："你若气力不凡，或许可以轻松打赢我这么一个老迈的对手。倘若你真的取得了胜利，我的财产就给你当战利品了。"

哈杜布兰特一改之前的刻薄，柔和了声音回应道："从你的盔甲来看，你所侍奉的是一位贤良的君主，我还以为你从来不曾被迫流亡。"

听到哈杜布兰特的这番话，他的父亲很是欣慰。希尔德布兰特十分喜爱自己的儿子，因为他勇敢无畏且渴望战斗。但是他无法再拖着不去交手，否则敌友双方都会说他是个懦夫。于是，希尔德布兰特开口说道：

"事到如今，只有东方人里最没出息的家伙，才会拒绝跟你作战。你对荣耀的渴望是多么强烈！依据战争中的普适权利，今日此战将在你我之间分出高下，并决定谁才有资格向世人夸耀。"

对决开始了。两人手持长矛冲向对方，又双双用盾牌挡下了猛烈的攻击……接着，他们拔出佩剑，用那锋刃坚硬的利器骇人地劈砍，直到两块白色盾牌都化为碎片……他们把破碎的圆盾抛到一边……随后，他们仅凭利剑相搏。

敌对的两支大军陷入了死寂。没有一个人作声。每一双眼睛都注视着激烈厮杀的勇士们……双方都对结果毫无把握……希尔德布兰特从未和谁打得这般不分上下；而哈杜布兰特也不曾遇到过如此强大的对手。

两人打了很久很久，这场战斗仿佛永远也不会结束……最后一剑终于刺出，剑锋的来势快如闪电、无可躲避，哈杜布兰特中剑倒地，致命的伤口鲜血直流。

希尔德布兰特扔掉佩剑，跪在倒下的英雄身边。坚毅的老将流下了痛苦的泪水。

他哭喊道："唉，我杀死了自己的亲生儿子！"

哈杜布兰特一边忍受着剧痛，一边回光返照似的抬起了双眼。

"你的确就是我的父亲，"他说，"除了希尔德布兰特，没有人能战胜我。"

希尔德布兰特用双臂搂住垂死的英雄。他的脸色一片煞白，就跟他儿子的一模一样。命运给了他沉痛的打击……战争在他身边打响，又从他头顶掠过……日暮时分，王公贵族来到他身边，他也一声不吭……倒下的那位勇士的双眼已蒙上死亡的阴影，他的嘴唇冷冷冰冰，盔甲被血染红。哈杜布兰特因伤死去；而赫里布兰特之子希尔德布兰特则死于心碎……

狄特里希赢得了胜利。他的敌人被打得溃不成军，侥幸活命者逃回了家乡。

狄特里希骑着马凯旋伯尔尼，然而他的心却为老希尔德布特兰特的死而哀伤。民众欢天喜地地欢迎他的归来。他朝着自己的宫殿行去，王公贵族把他迎了进去，并宣誓效忠于他。他们献上许多黄金与宝石，呈在他的脚边。就这样，狄特里希被拥立为正统的国王。

从那之后，狄特里希的军队接连取胜。西贝歇徒然地企图遏制对方的连胜。他率领一支大军攻打国王，可他终究只打了一场战斗。一位英勇的骑士邀他单挑，经过一场激烈而漫长的战斗，他被砍成了两半，他的军队随之溃败。那些没有死于狄特里希的复仇的人放下了武器，向他投诚。于是，狄特马尔的伟大后裔统治了昔日属于厄尔曼纳里克的全部土地，高居于世人之上。埃策尔去世后，他还被立为匈人的国王。就这样，曾经长年漂泊的流亡者成了那个时代最伟大的君王。

狄特里希在位的时间很长。他既勇猛强大，又睿智英明，因此他治下的辽阔领土一片祥和。

他活到了惊人的高龄。吟游诗人们在各地的英雄宴会厅里歌颂他的事迹时，说他从未死去。有一天，狄特里希去森林里狩猎。即使他已年老体衰，可还是没有哪个猎手能够与他相提并论。追猎结束后，他在一片小池塘中沐浴。这时，一个侏儒走近他，大声喊道：

"啊，国王，人类所见过的最高大的雄鹿正狂奔而过，它在躲避猎人的追捕。"

狄特里希走出池水，裹上一条毯子，然后召唤自己的坐骑，但他的马并没有听到他的呼唤。

这时，树林间冲出一匹阔步奋蹄的神骏的黑马，它的背上没有骑手。狄特里希跳上马鞍，驱马前行。这匹黑马跑了起来，比风还要迅捷。

侏儒骑马跟在他后面。"您骑着马跑得真快，"他喊道，"啊，国王，您何时归来？"

狄特里希答道："我勒不住这匹恶马，也没法从马上下来。除非上帝和圣母马利亚有意，否则我是回不去了。"

就这样，狄特里希消失不见，再也没有出现在人世间。然而，每当狂风大作，世界被暴风雨席卷，半空中就会响起马蹄声。人们知道，那是狄特里希骑在他的黑色骏马上，像从前那样追着雄鹿跨过天穹。①

---

① 就像奥丁、查理曼（Charlemagne）、亚瑟王（King Arthur）等人一样，他成为狂猎军团的一员。

图书在版编目（CIP）数据

北欧神话与传说 /（英）唐纳德·A.麦肯齐
(Donald A. Mackenzie) 著；Iggy 绘；管昕玥译 . --
南京：江苏凤凰文艺出版社 , 2023.11
    ISBN 978-7-5594-7942-6

Ⅰ . ①北… Ⅱ . ①唐… ②I… ③管… Ⅲ . ①神话 -
作品集 - 北欧 Ⅳ . ① I530.73

中国国家版本馆 CIP 数据核字 (2023) 第 158223 号

北欧神话与传说

[英] 唐纳德·A.麦肯齐 著　　Iggy 绘　　管昕玥 译

编辑统筹	张　鹏
责任编辑	曹　波
特约编辑	谢妤婕
装帧设计	Iggy
内文排版	郭爱萍
出版发行	江苏凤凰文艺出版社
	南京市中央路 165 号，邮编：210009
网　　址	http://www.jswenyi.com
印　　刷	北京盛通印刷股份有限公司
开　　本	655 毫米 ×1000 毫米 1/16
印　　张	27
字　　数	387 千字
版　　次	2023 年 11 月第 1 版
印　　次	2023 年 11 月第 1 次印刷
书　　号	ISBN 978-7-5594-7942-6
定　　价	99.80 元

江苏凤凰文艺版图书凡印刷、装订错误，可向出版社调换，联系电话 025－83280257

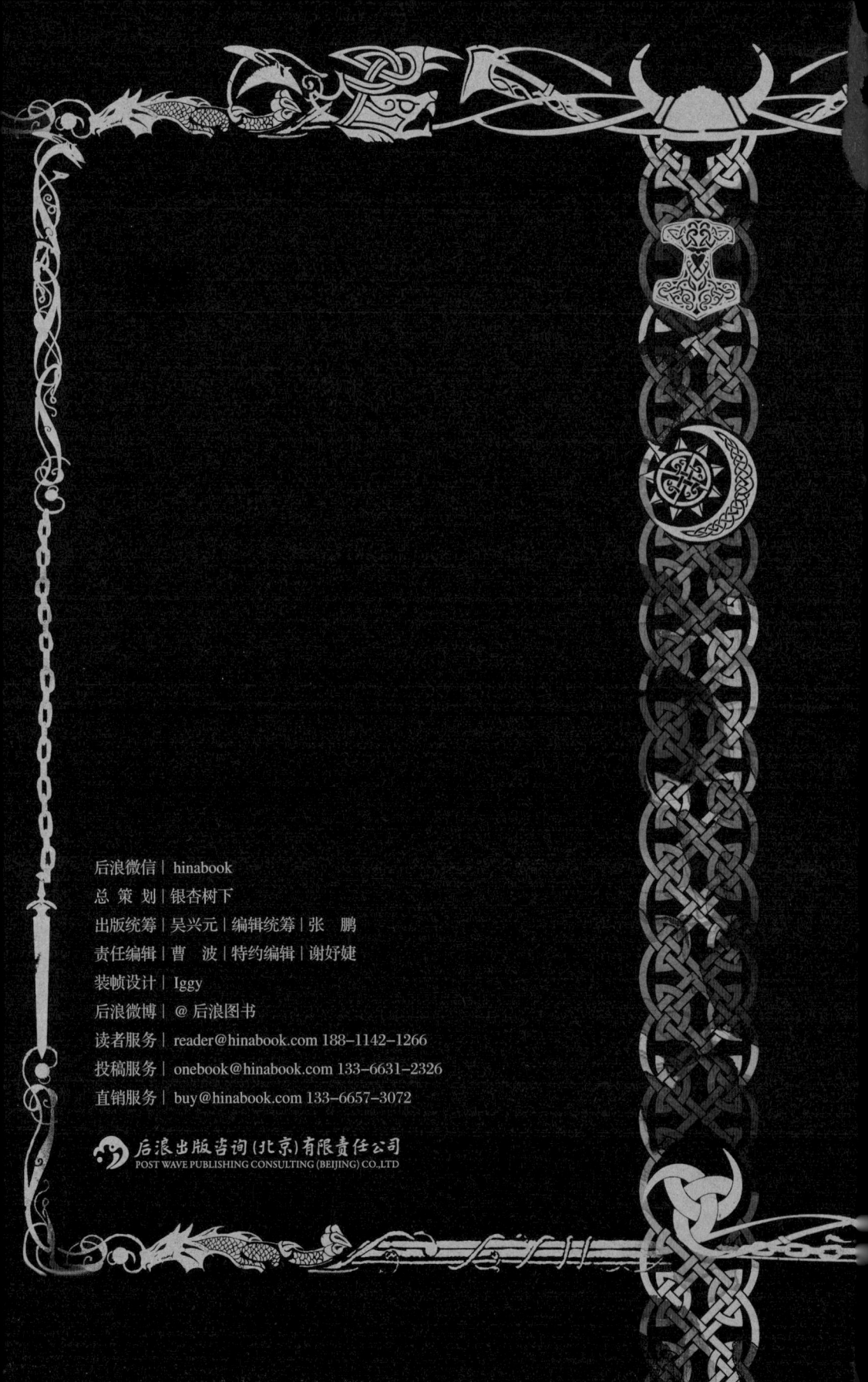

后浪微信｜hinabook
总　策　划｜银杏树下
出版统筹｜吴兴元｜编辑统筹｜张　鹏
责任编辑｜曹　波｜特约编辑｜谢妤婕
装帧设计｜Iggy
后浪微博｜@后浪图书
读者服务｜reader@hinabook.com 188-1142-1266
投稿服务｜onebook@hinabook.com 133-6631-2326
直销服务｜buy@hinabook.com 133-6657-3072

后浪出版咨询(北京)有限责任公司
POST WAVE PUBLISHING CONSULTING (BEIJING) CO.,LTD